全国期货从业人员资格考试参考用

期货及衍生品基础

（第三版）

Fundamental Futures and Other Derivatives

■中国期货业协会◎编

中国财经出版传媒集团
中国财政经济出版社

图书在版编目（CIP）数据

期货及衍生品基础／中国期货业协会编. --3版. --北京：中国财政经济出版社，2021.12（2025.3重印）
全国期货从业人员资格考试参考用书
ISBN 978-7-5223-1005-3

Ⅰ.①期… Ⅱ.①中… Ⅲ.①期货交易-资格考试-自学参考资料 Ⅳ.①F830.9

中国版本图书馆CIP数据核字（2021）第253105号

责任编辑：贾延平 潘 飞　　责任校对：张 凡
封面设计：中通世奥　　责任印制：刘春年

期货及衍生品基础（第三版）
QIHUO JI YANSHENGPIN JICHU（DISANBAN）

中国财政经济出版社 出版
URL：http：//www.cfeph.cn
E-mail：cfeph@cfeph.cn

社址：北京市海淀区阜成路甲28号　邮政编码：100142
营销中心电话：010-88191522　编辑部电话：010-88190957
天猫网店：中国财政经济出版社旗舰店
网址：https：//zgczjjcbs.tmall.com
中煤（北京）印务有限公司印刷　各地新华书店经销
成品尺寸：170mm×240mm　16开　32.25印张　502 000字
2021年12月第3版　2025年3月北京第13次印刷
定价：72.00元
ISBN 978-7-5223-1005-3
（图书出现印装问题，本社负责调换，电话：010-88190548）
本社质量投诉电话：010-88190744

前　言

习近平总书记在十九届六中全会上表示，要立足新发展阶段、贯彻新发展理念、构建新发展格局、推动高质量发展。进一步深化供给侧结构性改革，提高风险管理水平，提升市场资源配置效率和服务实体经济能力，是新时代期货市场顺应新形势、迎接新挑战、实现新作为的必由之路。经过 30 年的发展，中国期货市场已经形成了商品与金融、期货与期权、场内与场外协同发展的多元化格局。尤其是近年来，在党中央、国务院“稳步发展期货市场”政策指引下，中国期货市场坚持把握新发展阶段、贯彻新发展理念、构建新发展格局，大力发展期货及衍生品市场，提升重要大宗商品的价格影响力，更好地服务和引领实体经济发展。同时，中国期货市场正逐步建设成为具有国际影响力的定价中心，全球化资源配置能力显著提升，必将更好、更快、更准地服务新发展格局。截至 2021 年 9 月末，我国境内共上市期货与期权品种 94 个，基本覆盖了农产品、金属、能源化工、金融等国民经济主要领域，商品期货交易量连续十多年位居世界第一。期货市场的规模、产品创新、法规制度和国际影响力等方面已取得很大成就，为国民经济健康发展和平稳运行提供了有效的风险管理场所和手段，为指导实体企业长期资源配置、服务供给侧改革提供了有力保证，与中国经济发展和金融改革日益紧密地联系在一起，已成为我国市场经济的重要组成部分。

期货市场和行业的发展对人才及其知识结构和知识储备的更新提出了更高的要求。特别是随着全球经济不确定性增强，各种商品和金融资产的风险管理日益复杂，实体经济对多层次和多元化衍生品市场的需求与日俱增，场内场外衍生品层出不穷，中国期货市场必将逐步完成从期货向衍生品时代的转变。2001 年中国期货业协会组织各方专家学者编写了《期货市场教程》。该教程推出后，先后经历八次修改，2016 年又增加了其他衍生品相关内容，将书名改为《期货及衍生品基础》，并进行了两次修改，在普及期货基础知识、辅导参考人员应试、推动期货市场人才队伍建设、提高从业人员及市场参与者素质方面发挥了积极的作用。为了更好地满足行业需求、服务行业发展，中国期货业协会组织多年来参与期货教材编写和考试命题的有关专家，在吸取前八版《期货市场教程》和两版《期货及衍生品基础》经验的基础上，秉承原教材“知识性与可操作性相结合，理论性和实践性相结合，系统性与针对性相结合”的宗旨，突出了实践与应用，对期货及其他衍生品所涉及的基本概念、基本理论和基本框架进行了较为全面的梳理和修订。全书共分为十三章，以期货及衍生品市场成熟理论为主要内容，结合中国市场实践，介绍了期货、远期、互换和期权市场的基本概念、组织架构、品种合约、交易制度、交易流程、交易策略和价格分析等知识。全书力争做到内容务实，语言简练，概念明确，名词统一，案例丰富，难易适当，更加符合期货从业人员基本资格考试的要求。

在听取了各方不同意见和建议的基础上，《期货及衍生品基础（第三版）》吸收了期货交易市场的一些最新研究成果。在此，我们对所有在本书编写和出版过程中付出辛勤劳动的相关人员表示衷心感谢。由于编写时间紧迫，书中错误和疏漏在所难免，恳请业内人士和读者批评指正。

中国期货业协会

2021 年 12 月

目　录

第一章　期货及衍生品概述

本章学习目的与要求：

通过本章学习，了解国内外衍生品市场的产生和发展过程；掌握远期、期货、互换和期权等基础衍生工具的基本概念，了解衍生品的交易特征与市场类型、不同衍生品之间的联系与区别，以及衍生品市场的功能和作用。

学习重点：

基础衍生工具的定义；衍生品市场的基本功能和作用。

知识结构图：

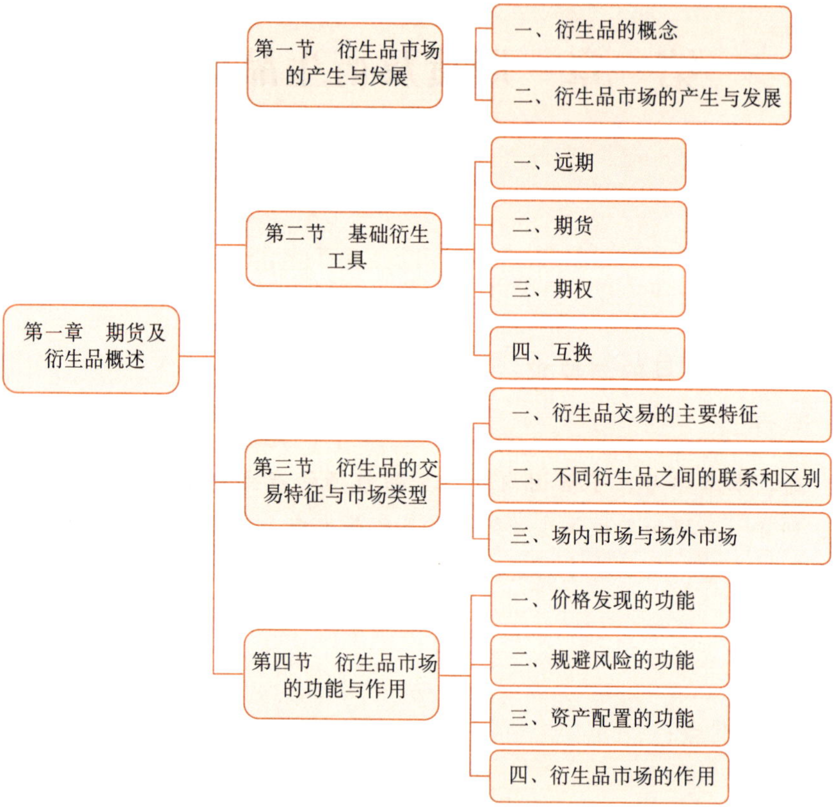

第一节　衍生品市场的产生与发展

学习内容	知识点
衍生品的概念	衍生品的基本概念
衍生品市场的产生与发展	现代期货市场的形成；国内外期货市场的发展历程与趋势；国内外远期、互换和期权市场的发展

一、衍生品的概念

衍生品的英文为“derivatives”，翻译成中文就是派生的、衍生的意思，即这些衍生品的价值由其他资产或者利率、指数等其他变量（也称为“标的资产”，Underlying Asset）确定，随着标的资产的变化而变化。这里的标的资产可以是商品、利率、汇率、股权、信用等。

在实践中，为了更好地理解衍生品，各国及国际权威机构给衍生品下了比较明确的定义。经济合作与发展组织（OECD）给出的衍生品的定义是：“衍生交易是一份双边合约或支付交换协议，它们的价值是从基本的资产或某种基础性的利率或者指数衍生出来的。衍生交易依赖的基础包括利率、汇率、商品、股票及其他指数。”根据巴塞尔银行监管委员会的定义，衍生品是“一种合约，该合约的价值取决于一项或多项标的资产或指数的价值”。国际互换和衍生工具协会（International Swaps and Derivatives Association，ISDA）将衍生品描述为：“旨在为交易者转移风险的双边合约。合约到期时，交易者所欠对方的金额由基础商品、证券或指数的价格决定。”美国财务会计准则委员会（FASB）颁布的一系列公告将衍生品定义为：价值衍生于一个或多个标的资产的业务或合约。2014 年国际会计准则理事会发布的《国际财务报告准则第 9 号——金融工具》（IFRS 9）和 2017 年我国财政部重新修订的《企业会计准则第 22 号——金融工具确认和计量》基本沿用了 FASB 的衍生品定义。

虽然不同机构对衍生品的具体描述不尽相同，但其基本含义却是清楚的，即衍生品是由其所依附的标的物的特定变量所决定的合约。随着世界经济金融的快速发展，衍生品所依附的标的物不断扩充，到目前为止，衍生品标的物可以是包括股票、债券等在内的传统基础证券，可以是外汇、黄金、白银，可以是小麦、玉米、大豆、棉花等农产品，也可以是石油、钢材，甚至还可以是天气、污染指数等无形物。

二、衍生品市场的产生与发展

（一）现代期货市场的形成

1. 期货市场的萌芽

一般认为，期货交易最早萌芽于欧洲。早在古希腊和古罗马时期，欧洲就出现了集中的交易场所和大宗易货交易，形成了既定时间在固定场所开展的交易活动。在此基础上，产生了远期交易的雏形。每年在农产品收获以前，商人先向农民预购农产品，待收获以后再进行交付，这就是比较原始的远期交易。中国的远期交易同样源远流长，春秋时期中国商人的鼻祖陶朱公范蠡就曾开展远期交易。

随着交通运输条件的改善和现代城市的兴起，远期交易逐步发展成为集中的市场交易。公元1215年，英国大宪章正式规定允许外国商人到英国参加季节性的交易会，商人可以随时把货物运进或运出英国，极大地促进了英国的国际贸易。在交易过程中，出现了商人提前购买在途货物的做法。具体过程是：交易双方先签订一份买卖合同，列明货物的品种、数量、价格等内容，并预交一笔订金，待货物运到时再交收全部货款和货物，了结合约。在实际操作过程中，买卖双方为了转移价格波动带来的风险，获得更大的收益，往往在货物运到之前将合同转售，这就使合同具备了流动性。后来，来自荷兰、法国、意大利和西班牙等国的商人又组成公会，为会员合同的买卖提供公证和担保。

期货交易萌芽于远期交易。交易方式的长期演进，尤其是远期现货交易的集中化和组织化，为期货交易的产生和期货市场的形成奠定了基础。

2. 现代期货交易的形成

规范的现代期货市场在十九世纪中期产生于美国芝加哥。十九世纪三四十年代，芝加哥作为连接美国中西部产粮区与东部消费市场的枢纽，已经发展成为全美最大的谷物集散中心。随着经济的发展，农产品交易量越来越大，同时由于农产品生产的季节性、交通不便和仓储能力不足等，农产品的供求矛盾日益突出。具体表现是：收获季节，农场主将谷物运到芝加哥，短期内谷物集中上市与落后的仓储运输能力之间的矛盾造成供大于求，谷物价格一跌再跌，使生产者蒙受巨大损失。到了来年春季，又出现谷物供不应求和价格飞涨的现象，使消费者深受其苦，粮食加工商也因原料短缺而困难重重。在这种情况下，储运经销商应运而生。储运经销商在交通要道设立商行，修建仓库，在收获季节向农场主收购谷物，来年春季再运到芝加哥出售。储运经销商的出现，缓解了季节性的供求矛盾和价格的剧烈波动，稳定了粮食生产。但是，储运经销商仍面临谷物过冬期间价格波动的风险。为了规避风险，储运经销商在购进谷物后就前往芝加哥，与那里的谷物经销商和加工商签订来年交货的远期合同。

随着谷物远期现货交易的不断发展，1848 年 82 位粮食商人在芝加哥发起组建了世界上第一家较为规范的期货交易所——芝加哥期货交易所（Chicago Board of Trade，CBOT）。当初的芝加哥期货交易所并非是一个市场，只是一家为促进芝加哥工商业发展而自发形成的商会组织。交易所成立之初，采用远期合同交易的方式。交易的参与者主要是粮食生产商、经销商和加工商，其特点是实买实卖，交易者通过交易所寻找交易对手，在交易所缔结远期合同，待合同到期，双方进行实物交割，以商品货币交换了结交易。当时的交易所主要起稳定产销、规避季节性价格波动风险的作用。

但是这种远期交易方式在随后的交易过程中遇到了一系列困难，如商品品质、等级、价格、交货时间、交货地点等都是根据双方的具体情况一对一达成的，当双方情况或市场价格发生变化，需要转让已签订的合同，则非常困难。另外，远期交易最终能否履约主要依赖对方的信誉，而对对方信誉状况做全面细致的调查，费时费力，成本较高，难以进行，结果使交易中的风险增大。

针对上述情况，芝加哥期货交易所于 1865 年推出了标准化合约，同时实行了保证金制度，向签约双方收取不超过合约价值 10% 的保证金，作为履约保证。这是具有历史意义的制度创新，促成了真正意义上的期货交易的诞生。随后，在 1882 年，交易所允许以对冲方式免除履约责任，这更加促进了投机者的加入，使期货市场流动性加大。1883 年，成立了结算协会，向芝加哥期货交易所的会员提供对冲工具。但结算协会当时还算不上规范严密的组织，直到 1925 年芝加哥期货交易所结算公司（BOTCC）成立以后，芝加哥期货交易所所有交易都要进入结算公司结算，现代意义上的结算机构形成。

随着这些交易规则和制度的不断健全和完善，交易方式和市场形态发生了质的飞跃。标准化合约、保证金制度、对冲机制和统一结算的实施，标志着现代期货市场的确立。

（二）国内外期货市场发展趋势

1. 国际期货市场的发展历程

经过长期的发展，国际期货市场大致经历了由商品期货到金融期货、交易品种不断增加、交易规模不断扩大的过程。

（1）商品期货。商品期货是指标的物为实物商品的期货合约。商品期货历史悠久，种类繁多，主要包括农产品期货、金属期货和能源化工期货等（见图1－1）。

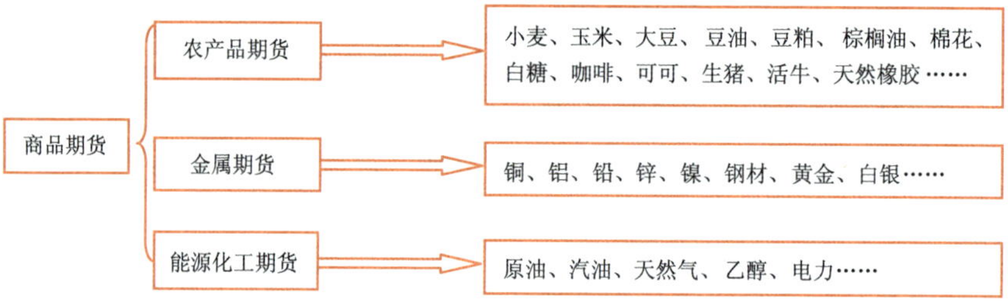

图1－1 商品期货的种类

农产品期货。1848年芝加哥期货交易所的诞生以及1865年标准化合约推出后，随着现货生产和流通的扩大，不断有新的期货品种推出。除小麦、玉米、大豆等谷物外，从19世纪后期到20世纪初，棉花、咖啡、可可等经济作物，黄油、鸡蛋、活牛、猪腩等畜禽产品，木材、天然橡胶等林产品期货也陆续上市。

金属期货。最早的金属期货交易诞生于英国。1876年成立的伦敦金属交易所（LME），开金属期货交易之先河，主要从事铜和锡的期货交易。1899年伦敦金属交易所将每天上下午进行两轮交易的做法引入铜、锡交易中。目前，伦敦金属交易所已推出了铜、铝、铅、锌、镍和铝合金、白银等金属品种。伦敦金属交易所自创建以来一直交易活跃，至今其价格依然是国际有色金属市场的“晴雨表”。

美国金属期货的出现晚于英国。19 世纪后期到 20 世纪初，随着美国开始建立现代工业生产体系，期货合约的种类也从农产品扩大到金属、制成品和加工品等。隶属于芝加哥商业交易所集团的纽约商品交易所（COMEX）成立于 1933 年，由经营皮革、生丝、橡胶和金属的交易所合并而成，交易品种有黄金、白银、铜、铝等，其中 1974 年推出的黄金期货合约，在二十世纪七八十年代的国际期货市场上有一定影响。

能源化工期货。20 世纪 70 年代初发生的石油危机给世界石油市场带来巨大冲击，油价的剧烈波动直接导致了能源期货的产生。目前，纽约商业交易所（NYMEX）和位于伦敦的洲际交易所（ICE）是世界上最具影响力的能源期货交易所，上市品种有原油、汽油、取暖油、乙醇等。

（2）金融期货。随着第二次世界大战后布雷顿森林体系解体，20 世纪 70 年代初国际经济形势发生急剧变化，固定汇率制被浮动汇率制取代，利率管制等金融管制政策逐渐取消。汇率、利率频繁剧烈波动，促使人们向期货市场寻求避险工具，金融期货应运而生。1972 年 5 月，芝加哥商业交易所（CME）设立了国际货币市场分部（IMM），首次推出包括英镑、加元、西德马克、法国法郎、日元和瑞士法郎等在内的外汇期货合约。1975 年 10 月，芝加哥期货交易所上市的国民抵押协会债券（GNMA）期货合约是世界上第一个利率期货合约。1977 年 8 月，美国长期国债期货合约在芝加哥期货交易所上市，是国际期货市场上交易量较大的金融期货合约。1982 年 2 月，美国堪萨斯期货交易所（KCBT）开发了价值线综合指数期货合约，股票价格指数也成为期货交易的对象。中国香港在 1995 年开始个股期货的试点，从此个股期货登上历史舞台。金融期货的出现，使期货市场发生了翻天覆地的变化，彻底改变了期货市场的格局。目前，金融期货已经在国际期货市场上占据了主导地位，对世界经济产生了深远影响（见图1 –2）。

2. 国际期货市场的发展趋势

期货市场的发展和世界经济的发展紧密联系在一起。从 20 世纪 70 年代初布雷顿森林体系解体开始，世界经济呈现出货币化、金融化、自由化、一体化的发展趋势。特别是 20 世纪最后十几年以来，全球化进程加速发展，全球市场逐步形成。在这一进程中，国际期货市场起到了重要作用。目前，国际期货市场的发展呈现出以下特点。

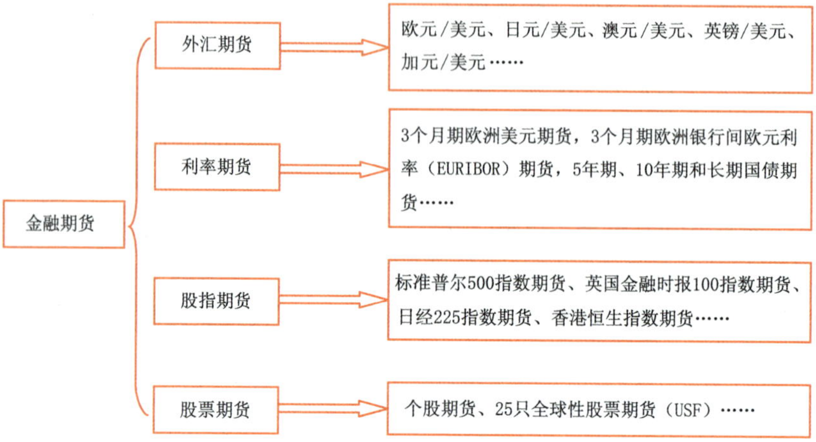

图1-2 金融期货的种类

（1）交易中心日益集中。目前全球大约有百余家期货交易所，但称得上国际期货交易中心的，主要有芝加哥、纽约、伦敦、法兰克福等地。20世纪90年代以来，新加坡、中国香港、德国、法国、巴西等国家和地区的期货市场发展较快，具备了一定的国际影响力。中国的商品期货市场发展迅猛，自2010年起已经成为全球交易量最大的商品期货市场。

（2）交易所由会员制向公司制发展。近年来，公司制改革和公开发行上市成为全球交易所发展的一个新方向。1993年，瑞典斯德哥尔摩证券交易所改制成为全球第一家股份制的交易所。中国香港证券交易所和期货交易所也成为改制上市的成功范例。2000年3月，香港联合交易所与香港期货交易所完成股份化改造，与香港中央结算有限公司合并，成立香港交易及结算所有限公司（Hong Kong Exchanges and Clearing Limited，HKEx），于2000年6月以引入形式在香港交易所上市。2000年，芝加哥商业交易所成为美国第一家公司制交易所，并在2002年成功上市。纽约-泛欧交易所集团（NYSE Euronext）成为一家完全合并的交易所集团，于2007年4月4日在纽交所和欧交所同时挂牌上市。

出现这一趋势的根本原因是竞争加剧：一是交易所内部竞争加剧；二是场内交易与场外交易竞争加剧；三是交易所之间竞争加剧。而会员制体制造成交易所决策效率较低，不能适应激烈竞争的需要，改制上市则可以免去会员投票的复杂程序，提高交易所运行效率，同时，改制上市也能给交易所会员带来利益。

（3）交易所兼并重组趋势明显。各交易所纷纷以合并的方式扩大自身规模并提升市场影响力。期货市场是一个通过现代化通信手段联结起来的公开市场，因此，市场规模越集中，市场流动性越大，形成的价格越公平、权威。2007 年芝加哥商业交易所（CME）与芝加哥期货交易所（CBOT）合并组成芝加哥商业交易所集团，2008 年纽约商业交易所（NYMEX）和纽约商品交易所（COMEX）又加入进来，形成了基本统一的芝加哥期货市场。目前，芝加哥商业交易所集团已经成为全球最具影响力的衍生品交易所集团之一。在世界其他地区，英国、德国、巴西等国的交易所也纷纷进行重组，甚至出现了跨大洲兼并的案例：2006 年 6 月，纽约证券交易所集团和总部位于巴黎的泛欧交易所达成总价约 100 亿美元的合并协议，组成全球第一家横跨大西洋的纽交所－泛欧交易所集团；2012 年，香港交易及结算所有限公司（HKEx）以 13.88 亿英镑的价格收购英国伦敦金属交易所（LME）；成立于 2000 年的美国洲际交易所（ICE）于 2001 年在伦敦收购国际石油交易所（IPE）后，于 2007 年与纽约期货交易所合并，随后在 2010 年又与气候交易所合并，并在 2013 年 11 月，完成对纽交所－泛欧交易所集团（NYSE－Euronext）的收购。洲际交易所异军突起，成为全球最大的金融和商品期货的交易所和结算中心集团之一。

交易所合并的原因主要有：一是经济全球化的影响；二是交易所之间的竞争更为激烈；三是场外交易发展迅速，对交易所构成威胁。

（4）金融期货发展后来居上。近 30 年来，金融期货品种的交易量已远超商品期货，上市品种呈现金融化趋势。这种趋势可以从两个方面加以说明：其一，从美国近 30 年期货交易统计数据中可以看出，商品期货交易量占总交易量的份额呈下降趋势，而金融期货交易量占总交易量的份额呈明显上升趋势。美国期货的主导产品逐渐从农产品转变为利率品种，进入 20 世纪 90 年代，股票指数期货和个股期货又得到迅速发展。其二，从全球期货交易的统计数据中同样可以看出金融期货品种的绝对优势。

（5）交易所竞争加剧，服务质量不断提高。随着国际期货市场一体化进程的加快，各国交易所积极开拓国际市场，交易所之间的竞争有所加剧。一方面，各国交易所积极吸引外国投资者参与本国期货交易；另一方面，各国交易所纷纷上市以外国金融工具为标的的期货合约。具体措施有：各交易所在国外设立分支机构，积极吸纳外国会员；开设夜盘交易，延长交易时间，便于外国客户参与。

交易所的综合服务包括控制风险的能力、交易成本的降低、结算系统的效率、电子交易系统的服务质量、交易品种的开发、技术服务的创新、为场内交易员提供方便高效的交易场所等。各交易所纷纷在提高服务质量上做文章，以吸引更多的投资者参与。

3. 我国期货市场的发展历程

（1）我国期货市场产生的背景。我国期货市场的产生源于20世纪80年代的改革开放，新的经济体制要求国家更多地依靠市场这只“无形的手”来调节经济。改革是沿着两条主线展开的，即价格改革和企业改革。价格改革最早从农产品开始。国家实行价格“双轨制”后，出现了农产品价格大升大降、农业生产大起大落、买难卖难问题此消彼长、政府用于农产品补贴的财政负担日益加重等一系列难题。其中有两点引起了有关领导和专家学者的重视：一是现货价格失真；二是市场本身缺乏保值机制。这两点最终又归结到市场体系不完善、不配套。20世纪80年代中后期，一批学者提出了建立农产品期货市场的设想。

为了解决价格波动这一难题，使资源得到更加合理的配置，中央和国务院领导先后做出重要指示，决定研究期货交易。1988年3月，七届人大第一次会议上的《政府工作报告》指出：“加快商业体制改革，积极发展各类批发市场贸易，探索期货交易。”从而确定了在中国开展期货市场研究的课题。1988年初，国务院发展研究中心、国家体改委、商业部等部门根据中央领导的指示，组织力量开始进行期货市场研究，并成立了期货市场研究小组，系统地研究国外期货市场的现状和历史，组织人员对国外期货市场进行考察，开始有关期货市场的研究设计工作。

（2）初创阶段（1990—1993年）。1990年10月12日，经国务院批准，郑州粮食批发市场以现货交易为基础，引入期货交易机制，作为我国第一个商品期货市场开始起步。1991年6月10日，深圳有色金属交易所宣告成立，并于1992年1月18日正式开业。同年5月28日，上海金属交易所开业。1992年9月，我国第一家期货经纪公司——广东万通期货经纪公司成立。随后，中国国际期货公司成立。

到1993年，由于人们在认识上存在偏差，尤其是受部门和地方利益驱动，在缺乏统一管理的情况下，各地各部门纷纷创办各种各样的期货交易所。到1993年下半年，全国各类期货交易所达50多家，期货经纪机构数百家。由于对期货市场的功能、风险认识不足，法规监管严重滞后，期货市场一度陷入了一种无序状态，酿成多次期货市场的风险事件，直接影响到期货市场的功能发挥。

（3）治理整顿阶段（1993—2000年）。1993年11月，国务院发布《关于制止期货市场盲目发展的通知》，提出了“规范起步、加强立法、一切经过试验和从严控制”的原则，明确中国证监会作为国务院期货监督管理机构，对期货市场进行集中统一监管，标志着第一轮治理整顿的开始。在治理整顿中，首当其冲的是对期货交易所的清理，15家交易所作为试点被保留下来。1998年8月，国务院发布《关于进一步整顿和规范期货市场的通知》，开始了第二轮治理整顿。1999年，期货交易所数量再次精简合并为3家，分别是郑州商品交易所、大连商品交易所和上海期货交易所，期货品种也由35个降至12个。同时，对期货代理机构也进行了清理整顿。1995年底，330家期货经纪公司经重新审核获得“期货经纪业务许可证”，期货代理机构的数量大大减少。1999年，期货经纪公司最低注册资本金提高到3000万元人民币（见表1－1）。

表1－1　　中国期货交易所和期货品种的治理整顿

<table>
<tr><th>类别</th><th>第一次清理整顿</th><th colspan="2">第二次清理整顿</th></tr>
<tr><td rowspan="3">期货交易所</td><td rowspan="3">由清理整顿前的50多家缩减为15家，对期货交易所进行会员制改造</td><td rowspan="3">由15家精简合并为3家</td><td>上海期货交易所（SHFE）</td></tr>
<tr><td>大连商品交易所（DCE）</td></tr>
<tr><td>郑州商品交易所（CZCE）</td></tr>
<tr><td rowspan="3">期货品种</td><td rowspan="3">期货品种削减为35个</td><td rowspan="3">期货品种削减为12个</td><td>SHFE：铜、铝、胶合板、天然橡胶、籼米</td></tr>
<tr><td>DCE：大豆、豆粕、啤酒大麦</td></tr>
<tr><td>CZCE：小麦、绿豆、红小豆、花生仁</td></tr>
</table>

为了规范期货市场行为，国务院及有关政府部门先后颁布了一系列法规，对期货市场的监管力度不断加强。1999年6月，国务院颁布《期货交易管理暂行条例》，与之配套的《期货交易所管理办法》《期货经纪公司管理办法》《期货经纪公司高级管理人员任职资格管理办法》和《期货业从

业人员资格管理办法》陆续发布实施，并相继进行了修改。2000 年 12 月，中国期货业协会成立，标志着中国期货行业自律管理组织的诞生，从而将新的自律机制引入监管体系。

（4）规范发展阶段（2000—2009 年）。进入 21 世纪，“稳步发展”成为中国期货市场的主题。在这一阶段，中国期货市场走向法制化和规范化，监管体制和法规体系不断完善，新的期货品种不断推出，期货交易量实现恢复性增长后连创新高，积累了服务产业及国民经济发展的初步经验，具备了在更高层次上服务国民经济发展的能力。

其间中国期货保证金监控中心于 2006 年 3 月成立，2015 年 4 月 15 日更名为中国期货市场监控中心有限责任公司（以下简称“中国期货市场监控中心”）。它是经国务院同意，中国证监会决定设立的非营利性公司制法人。其股东单位有上海期货交易所、中国金融期货交易所、郑州商品交易所以及大连商品交易所。作为期货保证金安全存管机构，监控中心为有效降低保证金被挪用的风险，保证期货交易资金安全以及维护投资者利益发挥了重要作用。

（5）全面发展阶段（2010 年至今）。2010 年以来，以金融期货和场内期权交易的推出为标志，从商品期货到金融期货、从期货到期权、从场内交易到场外交易、从境内市场到境外市场，国内期货及衍生品市场进入全面发展阶段。

2010 年 4 月，中国金融期货交易所推出股指期货交易，标志着国内期货市场进入了商品期货、金融期货共同发展的新阶段。

在期货公司业务方面，2011 年推出期货投资咨询业务，2012 年推出资产管理业务和风险管理业务，由期货公司设立风险管理公司提供风险管理服务和相关衍生品场外交易服务。同时，境外期货经纪业务开始试点。以“期货 + 保险”和场外期权业务为代表，期货市场服务实体经济功能得到有效发挥。

2014 年，《中国证券期货市场场外衍生品交易主协议（2014 年版）》及补充协议、《中国证券期货市场场外衍生品交易权益类衍生品定义文件（2014 年版）》正式发布，为国内场外衍生品市场发展奠定了基础。

2015 年 2 月 9 日，上海证券交易所推出上证 50ETF 期权交易。2017 年，大连商品交易所和郑州商品交易所分别于 3 月 31 日和 4 月 19 日推出豆粕和白糖期货期权交易，国内场内期权交易平稳起步。

（三）国内外远期、互换和期权市场的发展

经过长期的发展，国际衍生品市场形成了远期、期货、互换、期权、资产支持证券和信用衍生工具六大类产品相互补充的完整架构，衍生品市场交易品种不断增加，交易规模不断扩大，已成为金融市场不可或缺的一部分。其中，远期、互换和期权在大宗商品交易和金融衍生品交易中发挥着越来越重要的作用。

1. 远期市场

欧洲的远期交易萌芽于古希腊和古罗马时期，而现代化远期合约最早作为一种套期保值的工具兴起于20世纪80年代。第一个外汇远期市场于19世纪70年代诞生于维也纳，而真正兴起却是在布雷顿森林体系解体后，各国汇率风险加剧，外汇远期合约于1973年应运而生。截至2014年6月，其名义本金金额已居远期市场第二位，居于第一位的是于1983年诞生于伦敦银行间同业拆借市场的远期利率协议。目前，远期利率协议和远期外汇协议占到远期市场名义本金金额的90%以上，商品远期协议市场规模相对较小。然而，这并不意味着远期将在商品领域被期货替代，相反，远期的连续交易、单次大量交易、可选择交易伙伴等特质使得某些商品远期仍十分活跃。例如，Brent、WTI石油远期与期货同样成功，是重要的石油参考价格；远期运费协议（FFA）在海运市场仍旧发挥着重要的避险作用。

我国的远期交易可追溯到春秋时期，但是现代意义的远期协议合约却是20世纪末才开始起步的。1997年中国银行开始进行远期结售汇试点，2003年四大国有商业银行全面展开远期结售汇业务。在亚洲金融危机后，离岸市场出现了人民币无本金交割远期（NDF）。由于我国资本管制，境内人民币远期市场迟迟得不到发展，直到2005年人民币汇率机制改革之后，中国人民银行才正式建立人民币远期市场。而人民币远期利率协议直到2007年才被正式推出。

此外，受2008年金融危机影响，世界各国纷纷将场外业务纳入场内结算，实行中央对手结算体系，中国也适时建立上海清算所，为场外市场提供结算服务。目前，上海清算所已推出了外汇远期、人民币远期运费协议等远期合约。

2. 互换市场

互换市场的起源可以追溯到 20 世纪 70 年代末，当时的货币交易商为了逃避英国的外汇管制而开发了货币互换。1981 年 IBM 与世界银行之间在伦敦签署的利率互换协议是世界上第一份利率互换协议，并于 1982 年引入美国。从那以后，互换市场发展迅速，成为增长速度最快的金融产品市场之一，其中利率互换已成为所有互换交易乃至所有金融衍生品中最为活跃、交易量最大、影响最深远的品种之一。

早期的互换交易中，金融机构扮演着经纪人角色，为客户寻找交易对手并赚取佣金。但是短期内匹配对手相当困难，因此，许多国际金融机构引入了做市商制度，作为交易双方的对手方，为互换市场提供了充足的流动性。与此同时，互换的标准化也稳步推进。1985 年国际互换商协会（International Swaps Dealers Association，ISDA）成立，1993 年更名为国际互换与衍生品协会（International Swaps and Derivatives Association，ISDA），并制定了互换交易的行业标准、协议范本和定义文件等。国际互换商协会（ISDA）制定的 ISDA 主协议已成为全球金融机构签订互换及其他多种 OTC 衍生品的范本。ISDA 主协议具有特殊的三项制度基础，即单一协议、瑕疵资产与终止净额结算，包括协议主文、附件和交易确认书三部分，有效维系了国际金融衍生品市场的平稳发展，并为越来越多国家或地区的立法机关所认可。

我国互换市场起步较晚，2005 年 11 月 25 日，中国人民银行在银行间外汇市场与包括 4 家国有银行在内的 10 家商业银行首次进行了美元与人民币 1 年期货币掉期（中国人民银行一般称货币互换为货币掉期）业务操作，宣告中国人民银行与商业银行之间的货币掉期业务正式展开。自此，货币互换参与机构不断增加，业务不断丰富，2007 年商业银行之间可以两两进行交易，2011 年允许外汇指定银行对客户开展人民币外汇货币掉期业务，2012 年汇丰银行在外汇市场上达成了首笔无本金交换人民币外汇货币掉期业务，现阶段银行间远期外汇市场已开展了美元、欧元、日元、港币、英镑、澳元兑人民币 6 个货币对的货币掉期业务。利率互换是伴随着我国利率市场化逐渐兴起的，2004 年中国人民银行扩大金融机构贷款利率浮动区间，2006 年开展了利率互换试点，国家开发银行与光大银行进行了第一笔利率互换交易。经过两年试点，2008 年人民币利率互换交易开始正式全面推进，并且自2010年之后，利率互换市场发展尤为迅速，成交量不断增加。

此外，股票互换也获得了较大突破，2013年1月，中国证监会批准光大证券以场外交易形式开展金融衍生品交易。

3. 期权市场

期权萌芽于古希腊和古罗马时期，在17世纪30年代的“荷兰郁金香”时期出现了最早的期权交易。到了18世纪和19世纪，美国和欧洲的农产品期权交易已相当流行，但均为场外交易，直到1973年芝加哥期权交易所（Chicago Board Options Exchange，CBOE）建立后，第一张标准化期权合约才出现。1982年芝加哥期货交易所推出了以长期国债期货为标的物的期权交易，1983年芝加哥商品交易所推出了S&P500股价指数期权。随着指数期权的成功，1984—1986年，芝加哥期货交易所陆续推出了大豆、玉米、小麦等品种的期货期权。美国期权交易的示范作用带动了世界各国期权市场的发展。目前，全球有影响的期权市场有韩国期货交易所（KOFEX）、芝加哥期权交易所、欧洲交易所、纽约泛欧交易所等。

伴随着场内标准化期权的繁荣，场外期权也获得了长足发展。20世纪90年代之后，场外奇异期权日益增多，既保证了交易者的个性化需求，也满足了开发者的利润空间。场外期权越来越有竞争力，反过来迫使一些交易所开始推出非标准化的期权交易，如灵活期权。另外，促使交易所合作日益加强，购并浪潮不断涌现，如纽约泛欧交易所收购了群岛交易所（ARCA），纳斯达克OXM集团收购了费城股票交易所（PHLX）。

中国银行在外汇期权的创新方面走在前列，2002年12月12日，中国银行上海分行在中国人民银行的批准下，推出个人外汇期权交易“两得宝”，打响了中国期权交易的第一枪。初期的外汇期权业务交易的品种为普通欧式期权，客户只能办理买入外汇看涨或看跌期权业务；2011年11月，外汇管理局规定客户可以同时买入或卖出期权形成外汇看跌期权风险逆转期权组合和外汇看涨风险逆转期权组合。

另外，我国场内期权也获得了突破性进展，2015年2月9日，上证50ETF期权正式在上海证券交易所挂牌上市，迎来了中国衍生品市场产品创新的新篇章。随着股票期权和股指期权、商品期权的陆续推出，将形成远期、互换、期货、期权完整的衍生品体系，为广大投资者提供良好的资产组合工具。

第二节 基础衍生工具

学习内容	知识点
远期	远期、远期合约与远期交易的概念
期货	期货、期货合约与期货交易的概念
期权	期权、期权合约与期权交易的概念
互换	互换与互换交易的概念

一、远期

远期，也称为远期合同或远期合约。远期合约指一种交易双方约定在未来的某一确定时间，以确定的价格买卖一定数量的某种标的资产的合约。远期交易最早是作为一种套期保值的工具，交易双方需要确定交易的标的物、有效期和交割时的执行价格等内容，双方都必须履行协议。一般说来，双方协议确定合约的各项条款，其合约条件是为买卖双方量身定制的，满足了买卖双方的特殊要求，一般通过场外交易（OTC）市场达成。与所有场外衍生品的交易一样，远期合约通常是在场外交易市场中金融机构之间或金融机构与其客户之间的交易。在当今的远期市场上，一些流行的、供求量较大的远期产品，通常有做市商对其双向报价。比如，银行常常是外汇远期的做市商。

在远期合约中，同意在将来某一时刻以约定价格买入资产的一方被称为多头，而同意在将来某一时刻以约定价格卖出资产的一方被称为空头。远期合约在到期日交割。空头持有者支付标的资产给多头的持有者，多头按远期合约的协议价格支付现金给空头。常见的远期交易包括商品远期交易、远期利率协议（FRA）、外汇远期交易、无本金交割外汇远期交易（NDF）以及远期股票合约等。在外汇远期方面，1997 年中国银行开始进行远期结售汇试点，2003 年四大国有商业银行全面展开远期结售汇业务。

在亚洲金融危机后，离岸市场出现了人民币 NDF。2005 年人民币汇率机制改革之后，中国人民银行正式建立人民币远期市场，2007 年人民币远期利率协议正式推出。此外，受 2008 年金融危机影响，世界各国纷纷将场外业务纳入场内结算，实行中央对手方结算体系，中国适时建立上海清算所，为场外市场提供结算服务。目前，上海清算所已推出了外汇远期、人民币远期运费协议等远期合约。

远期合约交易与即期交易的区别在于，在即期交易中，交易双方就交易的资产价格和数量达成一致后，一般立即或在约定的几天内进行款项和资产的交割，相应的价格称为即期价格。而远期合约的实质是通过商业合约的形式将双方未来交易的权利和义务确定下来。在未来确定的时间，无论利弊盈亏，双方都有按合约完成交易的权利与义务。

二、期货

远期合约作为最早的衍生工具，在发展的早期对于帮助交易者规避市场风险、争取经营的主动权方面发挥了重要作用。可以说，即使到现在，远期合约因不断与时俱进地创新和发展，仍保持了其勃勃的生机。但是，人们在使用远期合约的过程中，也始终受困于其固有的缺陷和局限性。作为场外交易的产品，交易成本高、效率低、流动性差、信用风险大是始终与远期合约相伴的缺陷。随着经济的快速发展和市场交易规模的迅速扩大，交易者迫切需要能够克服远期合约中的缺陷或局限性的金融衍生工具。这样，有集中交易场所的、标准化的远期交易——期货交易应运而生了。

什么是期货？期货与现货相对应，并由现货衍生而来。期货不是货，通常是指以某种大宗商品或金融资产为标的可交易的标准化合约。期货合约是期货交易所统一制定的、规定在将来某一特定的时间和地点交割一定数量标的物的标准化合约。期货合约包括商品期货合约和金融期货合约及其他期货合约。期货合约中的标的物即为期货品种，期货品种既可以是实物商品，也可以是金融产品或相关指数。标的物为实物商品的期货合约称作商品期货，标的物为金融产品的期货合约称作金融期货。

三、期权

期权是一种选择的权利，即买方能够在未来的特定时间或者一段时间内按照事先约定好的价格买入或者卖出某种约定好的标的物的权利。期权是给予买方（或持有者）购买或出售标的资产的权利，期权持有者可以在规定的时间内选择买或者不买、卖或者不卖，既可以行使该权利，也可以放弃该权利。而期权的卖出者则负有相应的义务，即当买方行使权利时必须按照指定的价格买入或者卖出。

期权有在交易所交易的，这种交易是标准化的合约；期权也有在场外市场（OTC）交易的，它由交易双方协商确定合同的要素，签订非标准化的合约，满足交易双方的特殊需求。与交易所期权相比，场外期权在合约条款方面更加灵活，可以根据投资者的个性化需求进行量身定制，包括行权时间、行权条件和执行价格等。由于场外期权是一对一交易，在整个交易过程中只涉及买方、卖方和经纪人，市场透明度较低。按照标的物来划分，常见的期权包括利率期权、外汇期权、权益类期权等金融期权和商品期权。

四、互换

互换是双方或多方约定好交换物品或者权利义务等的一个过程。将互换运用到金融领域，即将互换的标的附加于金融工具之上，便产生了金融范畴的互换。具体来说，金融领域的互换是指两个或两个以上的当事人按照商定条件，在约定时间内交换一系列现金流的合约，它是一种场外衍生品。通常，互换协议要确定支付现金流的日期以及现金流的计算方法。交换的现金流（这些现金流被称为互换的“腿”）取决于所涉及的金融工具类型。例如，涉及不同债券现金流的互换，则需定期交换债券的利息或与债券相关的款项。

远期可被看作互换的最简单形式，相应地可将远期合约看成仅交换一次现金流的互换。在大多数情况下，由于互换双方会约定在未来交换多次现金流，又可将互换可看作一系列远期的组合。

根据互换标的物以及计算现金流的方式不同，互换可分为很多类型，其中最常见的有利率互换和货币互换，此外还有商品互换、权益类互换和远期互换等。

互换市场的参与者主要有政府部门、金融机构、出口信贷公司和工商企业等。互换是参与者进行风险管理的重要工具，同时也是联系债券市场和货币市场的重要桥梁。在欧美发达市场，利率互换是场外利率衍生品中成交量最大的品种，在衍生品市场中占有重要地位。货币互换在场外外汇衍生品中具有举足轻重的地位。目前，人民币互换市场的发展仍处于成长阶段。随着我国利率市场化进程的逐步推进，以及资本项目对外逐渐开放，我国互换市场必将迎来发展的春天，中国广大投资者有必要对互换这一基础衍生工具有一个全面而深入的了解。

第三节　衍生品的交易特征与市场类型

学习内容	知识点
衍生品交易的特征	远期交易、期货交易、期权交易、互换交易的基本特征
不同衍生品的联系和区别	期货与远期的联系与区别；期货与期权的联系与区别；期货与互换的联系与区别
场内市场与场外市场	场内市场与场外市场的概念；场内市场与场外市场的联系与区别

一、衍生品交易的主要特征

（一）远期交易的基本特征

远期交易是最古老的简单衍生品交易，经过不断完善，现在的远期交易已得到很大发展，但仍然保留了以下特征：

1. 远期交易属于场外交易

远期交易在场外进行。场外市场是一个分散的市场，交易双方通过谈判签订远期合约，合约内容是非标准化的。在合约签订时，双方根据彼此的需求通过协商来确定到期时间、交割价格、交易数量等合约条款，具有很大的灵活性，能够更好地满足双方个性化的需要。

2. 远期交易通常采用实物交割

远期合约买方和卖方了结合约的方式，通常是在合约规定的结算时间，通过支付交割款项，并转移特定数量和特定品质的标的资产的方式了结合约。实物交割是远期合约最常见的交割方式。随着远期交易的不断发展和进步，目前也有一些远期合约采用现金交割的方式，即通过计算到期的盈亏，以亏损方支付盈利方与盈亏数额相等的货币结清交易。还有提前转让持有的合约或类似平仓的结清合约的方式。

3. 远期交易的流动性较差

场外交易灵活性大是其优点，同时也是其缺点。远期交易的一方希望把合约转让给第三方从而提前终止合约，但很难找到刚好需要同样标的资产、同样数量、同样到期期限等各种条款都符合已存合约的转让对手，而且原来的交易对手也有可能不同意改变交易对手。因此，远期合约流动性一般较差，提前终止合约通常较难。

4. 远期交易的违约风险较大

远期合约交易双方均面临违约风险。由于场外市场原本只涉及交易双方，只要双方合意，即可达成交易。合约能否按期履约，主要取决于双方的信用状况。对场外交易，监管措施普遍较少。这样，在履约担保较少的情况下，一旦市场价格的变动对一方不利，其违约的可能性就会增加。

实体经济中，因管理风险或其他目的需要进行远期交易的经济主体，由于有交易数量、交易时间、对手信用状况等方面的要求，寻找满足自己需要的交易对手非常困难，这实质上构成了经济学意义上的市场摩擦。在这种背景下，以银行为代表的金融机构往往作为一些大宗交易的做市商参与其中。这些金融机构像传统的存贷款业务一样，承担了远期交易的信用中介，减少了市场摩擦，提高了市场效率，同时他们也因此扩展了业务范围，增加了盈利点。做市商交易可有效克服远期合约的流动性差、违约风险高等缺陷，当前利率远期、汇率远期等都有金融机构的做市交易。

（二）期货交易的基本特征

期货交易是在现货交易、远期交易的基础上发展起来的。在市场经济发展过程中，商流与物流的分离呈扩大的趋势，期货交易是两者分离的极端形式。期货交易是在交易所内或者通过交易所的交易系统进行的标准化远期合同（期货合约）的买卖行为。期货交易的基本特征可以归纳为以下几个方面。

20 世纪后半叶，衍生品市场快速崛起。最早出现的是简单的衍生品，如远期、期货、期权、互换等，随后出现了多种复杂产品。过去，通常把市场区分为商品（劳务）市场和金融市场，进而根据金融市场工具的期限特征把金融市场分为货币市场和资本市场。衍生品的普及改变了整个市场结构：它们将传统的商品市场和金融市场连接起来，并深刻地改变了金融市场与商品市场的界限；衍生品的期限可以从几天扩展至数十年，已经很难将其简单地归入货币市场或是资本市场。

相对于传统的金融产品，衍生品有其自身的特点：一是杠杆交易特征撬动了巨大的交易量，它们无穷的派生能力使所有的现货交易都相形见绌；二是衍生品有强大的构造特性，不但可以用衍生工具合成新的衍生品，还可以复制出几乎所有的基础产品。这些特征颠覆传统意义上基础产品与衍生品之间的关系，两者关系成为不折不扣的“鸡与蛋孰先孰后”的不解之谜。

此外，衍生品所具有的灵活方便、设计精巧、高效率等特征，是风险管理和金融投资的利器，不能因为衍生品曾引致金融“海啸”就彻底否定它，对衍生品的研究和运用有待进一步深化。

衍生品交易的主要特征表现在期货上，主要可以归纳为以下几个方面。

1. 合约标准化

期货合约是由交易所统一制定的标准化合约。在合约中，标的物的数量、规格、交割时间和地点等都是既定的。这种标准化合约给期货交易带来极大的便利，交易双方不需要事先对交易的具体条款进行协商，从而节约了交易成本，提高了交易效率和市场流动性。

2. 场内集中竞价交易

期货交易实行场内交易，所有买卖指令必须在交易所内进行集中竞价成交。只有交易所的会员方能进场交易，其他交易者只能委托交易所会员，由其代理进行期货交易。

3. 保证金交易

期货交易实行保证金制度。交易者在买卖期货合约时按合约价值的一定比率缴纳保证金（一般为5%—15%）作为履约保证，即可进行数倍于保证金的交易。这种以小博大的保证金交易，也被称为“杠杆交易”。期货交易的这一特征使期货交易具有高收益和高风险的特点。保证金比率越低，杠杆效应就越大，高收益和高风险的特点就越明显。

4. 双向交易与对冲了结

期货交易采用双向交易方式。交易者既可以买入建仓，即通过买入期货合约开始交易，也可以卖出建仓，即通过卖出期货合约开始交易；前者也称为“买空”，后者也称为“卖空”。双向交易给予投资者双向的投资机会，也就是在期货价格上升时，可通过低买高卖来获利；在期货价格下降时，可通过高卖低买来获利。

与双向交易的特点相联系的还有对冲机制。交易者在期货市场建仓后，大多并不是通过交割（即交收现货）来结束交易，而是通过对冲了结。买入建仓后，可以通过卖出同一期货合约来解除履约责任；卖出建仓后，可以通过买入同一期货合约来解除履约责任。对冲了结使投资者不必通过交割来结束期货交易，从而提高了期货市场的流动性。

5. 当日无负债结算

期货交易实行当日无负债结算，也称为逐日盯市（Marking - to - Market)。结算部门在每日交易结束后，按当日结算价对交易者结算所有合约的盈亏、交易保证金及手续费、税金等费用，对应收应付的款项实行净额一次划转，相应增加或减少保证金。如果交易者的保证金余额低于规定的标准，则须追加保证金，从而做到“当日无负债”。当日无负债结算制度可以有效防范风险，保障期货市场的正常运转

（三）期权交易的基本特征

与期货及其他交易方式相比，期权交易的最大特点是买卖双方权利、

义务、收益和风险均不对等，主要表现为：

第一，权利不对等。合约中约定的买入或卖出标的物的选择权归属买方。期权买方向卖方支付一定数额的期权费后，便取得了在约定的期限内以约定价格向卖方购买或出售一定数量标的物的权利。

第二，义务不对等。卖方负有必须履约的义务，即卖方获得期权费后，便负有向期权买方出售标的物或购买标的物的义务，当买方要求执行期权时，卖方必须履约。

第三，收益和风险不对等。当标的物市场价格向有利于买方变动时，买方可能获得巨大收益，卖方则会遭受巨大损失；而当标的物市场价格向不利于买方变动时，买方可以放弃期权，买方的最大损失等于权利金，卖方的最大收益也等于期权费。所以，在期权交易中，买方的最大损失为权利金，潜在收益巨大；卖方的最大收益为权利金，潜在损失巨大。

第四，保证金缴纳情况不同。因为卖方面临较大风险，所以必须缴纳保证金作为履约担保；而买方的最大风险限于已经支付的权利金，所以无须缴纳保证金。

第五，独特的非线性损益结构。期权交易的非线性盈亏状态，与期货交易线性的盈亏状态有本质的区别。

以看涨期权买方损益状态为例：当标的物市场价格小于执行价格时，看涨期权买方处于亏损状态，但损失并不随标的物市场价格的下跌而增加，其最大损失不变，为权利金；当标的物市场价格上涨至执行价格以上时，期权买方的损益会随着标的物市场价格的涨跌而增减。以上情况表明，期权交易者的损益并不随标的物市场价格的变化呈线性变化，其最大损益状态图是折线而不是一条直线，即在执行价格的位置发生转折。正是期权的非线性损益结构，使其在风险管理、组合投资方面具有明显的优势。通过不同期权、期权与其他投资工具的组合，投资者可以构造出不同风险收益状况的投资组合。

（四）互换交易的基本特征

互换一般是非标准化的，这里探讨互换交易的基本特征主要在于明确互换与掉期的区别。互换与掉期都叫“swaps”，二者在大多数情况下是等价的，但在外汇市场二者存在较大差别。

1. 在合约与交易上的区别

外汇掉期（Foreign Exchange Swaps，FX Swaps）是金额相等但不同期限的同种外汇做相反方向交易，可分解为一笔即期交易与远期交易（或两笔不同期限的远期交易）。外汇掉期是一种交易方式而非一种衍生工具，并没有实质性的合约。

外汇市场上的互换称为货币互换或货币掉期（Currency Swaps），是交易双方对不同货币或利息（或二者同时）进行交换的交易，它有实质性合约，是一种重要的金融衍生工具。

2. 是否有专门交易市场的区别

外汇掉期在外汇市场上进行，它本身没有专门的市场，而货币互换已经形成了自身专门的交易市场。

二、不同衍生品之间的联系和区别

远期、期货、期权、互换是衍生品市场上四大类产品，它们之间存在着一定的联系，也有很多不同。现实中，远期与期货、期货与期权、期货与互换之间的联系和区别往往容易混淆，因此有必要对上述三对衍生品进行比较。

（一）期货与远期

1. 期货与远期的联系

远期交易是指买卖双方签订远期合同，规定在未来某一时间进行实物商品交收的一种交易方式。现货交易组织的是现有商品的流通，远期交易进行的是未来生产出的、尚未出现在市场上的商品的流通。从这个意义上来说，远期交易在本质上属于现货交易，是现货交易在时间上的延伸。

期货交易与远期交易有许多相似之处，其中最突出的一点是两者均为买卖双方约定于未来某一特定时间以约定价格买入或卖出一定数量的商品。远期交易是期货交易的雏形，期货交易是在远期交易的基础上发展起来的。

2. 期货与远期的区别

（1）交易对象不同。期货交易的对象是交易所统一制定的标准化期货合约，可以说期货不是货，是一种合同，是一种可以反复交易的标准化合约，在期货交易中（除实物交割外）并不涉及具体的实物商品买卖，因此适合期货交易的品种是有限的。远期交易的对象是交易双方私下协商达成的非标准化合同，对所涉及的商品没有任何限制。远期合同交易代表两个交易主体的意愿，交易双方通过一对一的谈判，就交易条件达成一致意见从而签订远期合同。

（2）功能作用不同。期货交易的主要功能是规避风险和发现价格。期货交易是众多的买主和卖主根据期货市场的规则，通过公开、公平、公正、集中竞价的方式进行的期货合约的买卖，易于形成一种真实而权威的期货价格，指导企业的生产经营活动，同时又为套期保值者提供了回避、转移价格波动风险的机会。远期交易尽管在一定程度上也能起到调节供求关系、减少价格波动的作用，但因为远期合同的流动性不足，所以限制了其价格的权威性和分散风险的作用。

（3）履约方式不同。期货交易有实物交割与对冲平仓两种履约方式，其中绝大多数期货合约都是通过对冲平仓的方式了结的。远期交易履约方式主要采用实物交收方式，虽然也可采用背书转让方式，但最终的履约方式是实物交收。

（4）信用风险不同。在期货交易中，以保证金制度为基础，实行当日无负债结算制度，每日进行结算，信用风险较小。远期交易从交易达成到最终完成实物交割有相当长的一段时间，此间市场会发生各种变化，各种不利于履约的行为都有可能出现。如买方资金不足，不能如期付款；卖方生产不足，不能保证供应；市场价格趋涨，卖方不愿按原定价格交货；市场价格趋跌，买方不愿按原定价格付款等这些都会使远期交易不能最终完成，加之远期合同不易转让，所以，远期交易具有较高的信用风险。

（5）保证金制度不同。期货交易有特定的保证金制度，按照成交合约价值的一定比例向买卖双方收取保证金，通常是合约价值的5%—15%。而远期交易是否收取或收取多少保证金由交易双方商定。

（二）期货与期权

1. 期货与期权的联系

期货合约和场内期权合约均是场内交易的标准化合约，均可以进行双向操作，均通过结算所统一结算。场内期权中又以期货期权与期货的联系最为密切，期货期权交易的是未来买卖一定数量期货合约的权利，因此，期货期权是期权和期货合约的有机结合。

期货交易是期货期权交易的基础。期货市场越发达，期权市场也就越成熟，而期权市场的繁荣和发展也为交易者提供了更多的可选择工具，扩大和丰富了期货市场的交易内容。

2. 期货与期权的区别

（1）交易对象不同。期货交易的是可转让的标准化合约，合约的标的物是实物商品或者金融工具，而期权交易的则是未来买卖某种资产的权利，其标的物的范围更广，期权的标的物不仅限于商品和金融工具，还可以是其他衍生品合约。

（2）权利与义务的对称性不同。期货交易双方都要承担期货合约到期交割的义务，如果不愿实际交割，则必须在有效期内对冲。期权的买方在支付权利金后即获得了标的资产买卖选择权，可以选择执行期权，也可以放弃执行，而不必承担义务；而期权的卖方则有义务在买方行使权利时按约定向买方买入或卖出标的资产。

（3）保证金制度不同。在期货交易中，买卖双方都要根据期货合约价值缴纳保证金，作为履约的保证；期权交易中，买方向卖方支付权利金后，获得买卖标的资产的权利，而不必承担义务，其风险是权利金的损失，因此期权买方不需要再缴纳保证金。但对期权卖方来讲，他在收取对方权利金的同时要随时应对买方要求履约，因此，需要缴纳一定的保证金，以保证履行期权合约。

（4）盈亏特点不同。期权买方的收益随市场价格的变化而波动，可能很大，其亏损则只限于购买期权的权利金，而卖方的收益最高不超过出售期权的权利金，其亏损则可能很大。期权交易双方的盈亏曲线是非线性的。期货交易的盈亏是对称的，其盈亏曲线为线性。

（5）了结方式不同。期货交易中，投资者可以通过对冲平仓或实物交割的方式了结仓位，而大多数投资者均选择对冲平仓而非到期交割。期权交易中，投资者了结的方式包括三种：对冲、行使权利或到期放弃权利。在标的资产向有利方向变化时，有的美式期权提前执行更为有利，而欧式期权选择对冲了结的则更多。在标的资产向不利方向变化时，期权买方可以持有到期，放弃权利。

（三）期货与互换

1. 期货与互换的联系

期货交易是在远期交易基础上发展起来的，是对远期交易进行合约标准化、交易场所由场外转移到场内等一系列交易机制进行的变革；互换交易是交易双方按照商定条件，在约定时间内交换一系列现金流的交易，是一系列远期交易的组合，在远期交易的数量上有了突破。因此，可以说，远期合约是期货和互换的基础，期货和互换是对远期合约在不同方面创新后的衍生工具。远期协议可以被用来给期货定价，也可以被用来给互换定价。利率互换是互换市场的一大品种，互换利率是市场重要的参考利率，而互换利率与短期利率期货的利率联系密切。实践中还常用期货给互换进行套期保值。

2. 期货与互换的区别

（1）标准化程度不同。期货交易的对象是交易所统一制定的标准化期货合约，期货合约的商品品种、数量、质量、等级、交货时间、交货地点等条款都是既定的，是标准化的，唯一的变量是价格，交易双方不用再为合约条款进行逐一商谈。而互换交易的对象则是交易双方私下协商达成的非标准化合同，合同的标的物及其数量、质量、等级等均由交易双方自行协商决定，是个性化的，不同互换在标的物的数量、质量上均有差异。ISDA 成立以来做了很多推进互换协议标准化的工作，当前，国际互换市场的标准化程度也在不断提高。但是，互换毕竟是 OTC 产品，标准化程度不能与期货同日而语。

（2）成交方式不同。期货交易是在交易所组织的有形的公开市场内通过电子交易系统撮合成交，价格具有公开性、权威性，而互换交易一般无固定的交易场所和交易时间，可以在银行间市场或者柜台市场的交易商之间进行，也可以与最终客户直接交易，主要通过人工询价的方式撮合成交。

（3）合约双方关系不同。互换协议是由交易双方直接签订的，是一对一的，互换的违约风险主要取决于对手的信用，因此，在签约前，交易双方都会对对方的信用和实力等方面做充分的了解。而期货交易则不同，合约的履行不取决于交易对手，而取决于期货结算机构在期货交易中充当中央对手的角色，成为所有买方的卖方、所有卖方的买方，因此，交易者无须关心交易对手是谁、信用如何，只需在交易所完成交易即可，市场信息成本很低。

三、场内市场与场外市场

（一）场内市场

场内市场，又称为交易所市场（Exchange－Traded Derivatives，ETD），是指所有的供需方集中在固定的场所（交易所）进行竞价交易。

期货属于场内交易产品，而期权既有场内交易，又有场外交易。这些提供衍生品交易的交易所中既有专门从事期货和期权交易的交易所，如美国芝加哥商业交易所（CME）、美国芝加哥期权交易所（CBOE）、欧洲期货交易所（EUREX）、我国的中国金融期货交易所（CFFEX）和上海期货交易所（SHFE）等，也有传统的证券交易所，如美国的纽约证券交易所（NYSE）和美国证券交易所（AMEX）都有期权交易业务，我国的上海证券交易所（SSE）也开展了上证50ETF基金、沪深300ETF基金的期权交易。在场内交易中，交易所提供固定的交易场所与交易时间，负责制定包括具体条款、交易机制、履约方式、交割规定等在内的标准化的衍生品合约。由于合约标准化、交易者交易场所集中，一般情况下，其市场流动性较高。交易所作为衍生品交易的组织者，本身并不参与交易，只是为交易双方创造条件，集中办理符合规定的衍生品的上市、成交、结算和交割业务，监管交易行为，担保合约履约。传统的场内市场竞价交易方式是公开喊价系统（Open－Out－Cry System），而目前世界各地的交易所都逐渐采用了电子化交易系统。交易者的交易指令通过各自经纪商与交易所结算机构联网的计算机网络输入结算机构的主机系统进行集中竞价。

（二）场外市场

场外市场，也称为柜台交易市场（Over－the Counter，OTC），它最早源于银行兼营股票买卖业务，在柜台向客户出售股票，是最古老的证券交易市场。如今的 OTC 市场已不是传统意义的柜台交易市场，它是指交易者通过私下直接议价的交易方式进行交易的场所，与交易所的集中交易方式相区别。这种交易方式的优势在于可以根据投资者的不同需求设计不同的产品，满足投资者个性化的风险管理、投资等需求。在传统的场外交易市场，交易双方通过电话或者电脑网络，协商确定价格进行交易，如今部分场外市场也可以公开竞价。互换和远期是最具有代表性的场外交易衍生品。

场外衍生品市场的发展是一个不断演进的过程，如今的场外衍生品市场的主要参与者由投资者、交易商、第三方清算机构（中央对手方，即 CCP）以及监管方和自律组织四个主体组成。其中，中央对手方清算模式作为场外衍生品三种清算模式（非标准化双边清算、标准化双边清算、中央对手方清算）之一，在以《多德 - 弗兰克法案》为代表的监管法律颁布后，已经占据绝对优势。

由于历史原因和市场发展的差异，各国对衍生品市场的监管模式不尽相同。2008 年金融危机之前，场外衍生品的监管以行业自律为主导，以官方监管和国际组织监管作为补充，形成了一个宽松、有弹性的监管体系。2008 年金融危机爆发以来，场外衍生品市场备受争议，包括美国、欧盟在内的各个国家和经济体意识到金融监管的重要性之后，都着手重塑金融监管体系，特别是场外衍生品市场监管体系。在行业自律方面，国际上通过国际掉期与衍生品协会（ISDA）制定了相关文件，各国一般都设有类似的行业自律组织，引导市场发展。ISDA 是全球规模和影响力最大、最具权威性的场外衍生品行业组织，目前，有来自 71 个国家超过 900 个机构会员，包括全球大部分从事场外衍生品交易的企业、投资公司、保险公司、政府及国际组织、能源和大宗商品类企业、国际和地区性银行等，其所建立的整套标准化文件（ISDA 协议）已经成为国际衍生品市场的基础性制度安排和交易的重要发展平台。其中，衍生品交易主协议（ISDA Master Agreement）极大地降低了市场参与者的风险，减少了交易所需的时间和成本，提高了市场运作的效率，对衍生品市场的迅速发展起到了非常重要的作用。

国内场外衍生品市场经过十几年的发展，已具有一定的规模和影响力，与场内市场形成互补，在满足投资者风险管理、财富管理、丰富市场宽度和深度方面发挥了重要作用。与国外自下而上的发展模式不同，国内场外衍生品市场的发展是由监管机构自上而下进行主导的。不同监管体系下的子市场相互独立发展且采用不同的主协议体系，因此形成了 NAFMII 体系下的银行间场外衍生品市场、SAC 体系下的证券期货场外衍生品市场以及 ISDA 体系下的外资机构柜台市场三大市场体系三足鼎立的市场格局。

银行间场外衍生品市场通常是指在中国人民银行管辖范围内的中国场外衍生品市场，包括在人民银行认可的交易系统上达成的场外衍生品交易和在商业银行柜台开展的场外衍生品交易，交易对手间签署 NAFMII 主协议。

证券期货场外衍生品市场通常是指在中国证券监督管理委员会管辖范围内，以证券期货经营机构为核心市场参与者的中国场外衍生品市场，交易的品种主要包括远期、互换、期权和信用保护工具，标的类型以权益类、商品类、贵金属等为主，交易对手间签署 SAC 主协议。

由于国家和地区之间的法律差异，外资金融机构在境内开展场外衍生品交易普遍倾向于使用 ISDA 版本的主协议，而非银行间交易商协会发布的 NAFMII 版或证券业协会发布的 SAC 版主协议。因此，在我国，由 ISDA 推出的主协议及相关交易法律文本和产品定义文件主要应用于有外资金融机构参与的场外衍生品交易。根据交易对手类型的不同，ISDA 项下的场外衍生品交易可以进一步分为与中资金融机构间的交易和与中资工商企业进行的交易。

因为每个子市场由不同的监管机构主导，所以在监管标准、产品种类、组织形式、主要参与机构以及投资者门槛等方面并不统一，市场碎片化的问题近年来不断加剧。

（三）场内市场与场外市场对比

首先，场内市场交易场所集中，通过公开集中竞价达成交易。交易信息集中、透明，竞价公开、公平、公正，市场效率高。相比之下，场外交易则是通过面对面商谈、电话、互联网，或通过经纪人的中介分散地协商成交。因此，信息传递不够畅通，常发生信息不对称现象。交易对手搜寻成本常常较高，因而市场效率较低。然而，随着通信网络技术的发展，以及场外交易标准化程度的提高，场外交易的这一弱点正在迅速克服。

其次，场内市场交易的对象是标准化的衍生品合约，包括合约标的、合约规模、报价单位和方式、最小变动单位、涨跌停板、合约到期月份、交割地点、交割方式和保证金规定等，都是交易所事先设计好的标准化内容，只有成交价格由市场竞争得到。这一做法极大地增加了合约的流动性，进一步增加了市场效率。但标准化合约也限制了交易者的选择范围，往往不能满足交易者个性化的需求。场外市场则是由交易双方自由协商达成的协议，合约的签订具有极大的灵活性，能够最大限度地满足交易双方特定的需求。随着科学技术的进步和市场交易方式的发展，场内市场和场外市场都在不断创新，吸收对方的优点，场内市场的交易变得越来越灵活，而场外市场交易产品的标准化程度则在不断提高。

最后，场内市场有一套完整的交易和结算机制，有许多规则约束和比较完善的风险控制制度和措施，且只有交易所会员才能参与交易，非交易所会员只能通过交易所会员代理交易。这就为合约的最终履约提供了保障。虽然理论上不能绝对杜绝违约的发生，但实际上场内交易的违约风险非常小。而场外交易属于较少管制的私下的市场，它的准则就是商业中基本的诚实守信，交易双方需承担对手的违约风险。因此，场外市场信用风险较大。

场外市场与场内市场各有优缺点，近年来交易规模都得到了稳定发展。比较而言，场外市场由于其合约品种灵活多样，对交易者限制较少，能满足交易者个性化需求，交易规模始终大于场内市场。

第四节 衍生品市场的功能与作用

学习内容	知识点
价格发现功能	期货及衍生品市场价格发现功能的定义和原因；价格发现的特点
规避风险功能	规避风险与套期保值；套期保值的原理
资产配置功能	资产配置的原因和原理
衍生品市场的作用	衍生品市场在宏观经济和微观经济中的作用

衍生品市场自产生以来，之所以不断发展壮大并成为现代市场体系中

不可或缺的重要组成部分，就是因为衍生品市场具有难以替代的功能和作用。正确认识衍生品市场的功能作用，可以进一步加深对衍生品市场的理解。

一、价格发现的功能

价格发现的功能是指期货及衍生品市场能够预期未来现货价格的变动，发现未来的现货价格。期货价格可以作为未来某一时期现货价格变动趋势的“晴雨表”。价格发现不是期货市场所特有的，只是期货市场比其他市场具有更高的价格发现效率。这是基于期货市场的特征决定的。

相关研究表明，信息不完全和不对称会导致价格扭曲和市场失灵，而期货市场是一个近乎完全竞争的高度组织化和规范化的市场，聚集了众多的买方和卖方，采取集中公开竞价的方式，各类信息高度聚集并迅速传播。期货市场投入的是信息，产出的是价格，因此，价格机制更为成熟和完善，能够形成真实反映供求关系的期货价格。

（一）价格发现的原因

期货交易之所以具有发现价格的功能，主要是因为：期货交易的参与者众多，除了会员以外，还有他们所代表的众多的商品生产者、销售者、加工者、进出口商以及投机者等。这些成千上万的买家和卖家聚集在一起进行竞争，可以代表供求双方的力量，有助于公平价格的形成。

期货交易中的交易者大多熟悉某种商品行情，有丰富的商品知识和广泛的信息渠道以及一套科学的分析、预测方法。他们把各自的信息、经验和方法带到市场上，结合自己的生产成本、预期利润，对商品供需和价格走势进行判断、分析和预测，报出自己的理想价格，与众多对手竞争。这样形成的期货价格实际上反映了大多数人的预测，因而能够比较接近地代表供求变动趋势。

期货交易的透明度高，竞争公开化、公平化，有助于形成公正的价格。期货市场是集中化的交易场所，自由报价，公开竞争，避免了现货交易中一对一的交易方式容易产生的欺诈和垄断行为，因此，期货交易发现的价格具有较高的权威性。

（二）价格发现的特点

通过期货交易形成的价格具有以下特点：

1. 预期性

期货价格具有对未来供求关系及其价格变化趋势进行预期的功能。期货交易者大都熟悉某种现货行情，有丰富的经营知识和广泛的信息渠道以及分析、预测方法，他们结合自己的生产成本、预期利润对现货供求和价格走势进行分析和判断，报出自己的理想价格，与众多的对手竞争，这样形成的期货价格实际上反映了大多数人的预期，因而能够反映供求变动趋势。

2. 连续性

期货价格是连续不断地反映供求关系及其变化趋势的一种价格。这是因为期货交易是一种买卖期货合约的交易，而不是实物商品交易。实物交易一旦达成一个价格之后，如果买入实物的一方不再卖出该商品或不马上卖出该商品，新的商品交易就不会再产生或不会马上产生，从而就不可能有一个连续不断的价格。而期货交易则不然，它是买卖期货合约的交易，实物交割的比例非常小，交易者买卖期货合约的本意大多不是为了实物交割，而是利用期货合约做套期保值交易或投机交易，因而，在买进或卖出后，必须再卖出或买进相同数量的期货。同时，由于期货合约是标准化的，转手极为便利，买卖非常频繁，这样，就能不断地产生期货价格。

3. 公开性

期货价格是集中在交易所内通过公开竞争达成的，依据期货市场的信息披露制度，所有在期货交易所达成的交易及其价格都必须及时向会员报告并公之于众。通过传播媒介，交易者能够及时了解期货市场的交易情况和价格变化，并迅速传递到现货市场。

4. 权威性

正是因为期货价格真实地反映供求及价格变动趋势，具有较强的预期性、连续性和公开性，所以在期货交易发达的国家，期货价格被视为一种权威价格，成为现货交易的重要参考依据，也是国际贸易中研究世界市场行情的依据。

随着期货交易和期货市场的不断发展完善，尤其是随着期货市场国际联网的出现，期货市场的价格发现功能越来越完善，期货价格在更大范围内综合反映了更多的供求影响因素，更准确地预测未来价格变化的趋势。也正是由于期货价格的上述特点，使得现货市场参与者纷纷将期货价格作为制定现货价格的最重要参考，采取“期货价格＋升贴水＋运费”的方式确定现货价格，这就让期货市场从价格发现中逐渐具备了定价的功能。

二、规避风险的功能

（一）规避风险的实现过程

任何一个衍生品的推出都是出于避险的需要。期货市场规避风险的功能是通过套期保值实现的。套期保值是指在期货市场上买进或卖出与现货数量相等但交易方向相反的期货合约，在未来某一时间通过卖出或买进期货合约进行对冲平仓，从而在期货市场和现货市场之间建立一种盈亏冲抵的机制（可能是用期货市场的盈利来弥补现货市场亏损，也可能是用现货市场盈利来弥补期货市场亏损），最终实现期货市场和现货市场盈亏大致相抵。

以大豆期货交易为例，来说明大豆种植者如何通过期货市场规避价格风险。在我国东北，大豆每年 4 月份开始播种，到 10 月份收获，有半年多的生长期。大豆价格受市场供求变化影响，经常发生波动，价格下跌给生产者带来损失的可能性是客观存在的。如果大豆生产者预计在收获期大豆价格可能会下降，为了规避价格风险，他可以在播种时就在期货市场卖出交割月份在 11 月份的与预计大豆产量相近的大豆期货合约。如果大豆价格在 10 月份时果然出现下跌，尽管他在现货市场上以低价格出售承担了一定的损失，但他可以在期货市场上将原来卖出的合约进行对冲平仓来获得相应收益，期货市场的收益可以弥补现货市场的亏损。如果生产者判断错误，10 月份现货价格不仅未跌反而上涨，那么对生产者来说，套期保值的结果是用现货市场上的盈利去弥补期货市场上的亏损。这样大豆种植者的风险就被转移出去了，规避风险的目的就实现了。

（二）在期货市场上通过套期保值规避风险的原理

期货市场是如何通过套期保值来实现规避风险的功能？其基本原理在于：对于同一种商品来说，在现货市场和期货市场同时存在的情况下，在同一时空内会受到相同的经济因素的影响和制约，因而一般情况下两个市场的价格变动趋势相同，并且随着期货合约临近交割，现货价格与期货价格趋于一致。套期保值就是利用两个市场的这种关系，在期货市场采取与现货市场上交易方向相反的交易（如现货市场卖出的同时在期货市场买进，或者相反），在两个市场上建立一种相互冲抵的机制，无论价格怎样变动，都能取得在一个市场亏损的同时在另一个市场盈利的结果。最终，亏损额与盈利额大致相等，两相冲抵，从而将价格变动的风险大部分转移出去。

（三）投机者的参与是套期保值实现的条件

生产经营者通过套期保值来规避风险，但套期保值并不是消灭风险，只是将其转移，转移出去的风险需要有相应的承担者，期货投机者正是期货市场的风险承担者。从客观上看，投机者的存在为生产经营者参与套期保值提供了很大便利。因为，套期保值者在期货市场进行交易时，必须有相应的交易者作为对手方，交易方可成功。如果没有投机者的参与，而完全依赖其他套期保值者的参与来保证每笔交易的达成，那么成交的可能性是微乎其微的。例如，当商品生产者想在期货市场卖出期货合约进行保值时，客观上必须有一个或多个其他交易者恰巧在同一时间希望在期货市场上买入期货合约进行保值，并且交易数量、交割月份等细节应完全匹配。可以想象，在只有套期保值者参与的期货市场上，流动性是非常差的，反过来也会影响套期保值者参与的积极性。因此，从这个角度看，投机者虽然在主观上是出于获取投机利润的目的而参与期货交易，但在客观上却为套期保值的实现创造了条件。投机者在获取投机利润的同时也承担了相应的价格波动的风险，是期货市场的风险承担者。

三、资产配置的功能

随着全球化程度日益加深以及全球经济不稳定因素增多，国际大宗商品市场和金融市场波动加大，各国金融市场中参与主体面临的风险增多，因此在后金融危机时代，越来越多的投资者开始重视衍生品市场，并期望借助衍生品市场的独特优势为其持有的资产进行优化配置。而金融衍生品的迅猛发展以及大宗商品交易金融化程度的提高，也为越来越多的机构和个人提供了资产配置的平台，衍生品市场也相应地具备了资产配置的功能，从而在一定程度上满足了投资者对于规避风险以及个性化、分散化、多元化的资产配置的需求。

（一）资产配置的原因

投资者将衍生品作为资产配置的组成部分主要基于以下两个原因：首先，借助衍生品能够为其他资产进行风险对冲。进入21世纪以来，全球经济不稳定因素增多，市场波动加大，特别是2008年爆发于美国的金融危机更是严重破坏了市场秩序，给投资者带来了严重损失。在这样的背景下，越来越多的投资者开始重视衍生品市场，并借助套期保值来为持有的资产进行保护。其次，期货及衍生品市场的杠杆机制、保证金制度使投资期货及衍生品更加便捷和灵活，虽然风险较大，但同时也能获取高额的收益。借助商品交易顾问（CTA）等专业投资机构，普通投资者也能够较为安全地参与期货及衍生品市场。因此，越来越多的投资者开始以直接或间接的方式参与期货及衍生品投资。

（二）资产配置的原理

首先，期货及衍生品能够以套期保值的方式为现货资产或投资组合对冲风险，从而起到稳定收益、降低风险的作用。投资者利用期货及衍生品对投资组合的风险进行对冲，主要利用期货及衍生品的双向交易机制以及杠杆效应的特性。对冲交易的实质是同时进行两笔方向相反、数量相当的交易，利用期货及衍生品对投资组合进行保险。具体而言，持有一定资产组合的投资者，在预期资产价格变化方向与该组合的持仓方向相反时，需进行反方向的期货及衍生品交易对冲。

其次，商品期货是良好的保值工具。金融危机以来，各国为刺激经济纷纷放松银根，造成流动性过剩，通货膨胀压力增大。而期货合约的背后是现货资产，期货价格也会随着投资者的通胀预期而水涨船高。因此，持有商品期货合约能够在一定程度上抵消通货膨胀的影响。特别是贵金属期货，能够以比投资现货低得多的成本来为投资者实现资产保值。

最后，将衍生品纳入投资组合能够形成更好的风险－收益组合。衍生品的交易方式更加灵活，能够借助金融工程的方法与其他资产创造出更为灵活的投资组合，从而满足不同风险偏好的投资者的需求。投资者不仅可以利用衍生品降低组合的风险，同样利用衍生品增加投资组合的风险度，增强进攻性以获得更高的收益。例如，对于一个持有股票的投资者，当预期股指上涨之时，可以买入股指期货增强投资组合的 β 系数。当指数上行，则不但组合本身能获取收益，股指期货多头头寸同样能带来收益；当投资者预期股指下跌之时，可以做空股指期货降低 β 系数，且股指期货沽空头寸大于股票头寸，这样，在下跌行情也是进攻性的头寸，股票价格下降不但保护了原有组合资产，同时还能获取一定的收益。

四、衍生品市场的作用

衍生品市场的作用是衍生品市场基本功能的外在表现，其发挥的程度依赖于社会、经济、政治等外部条件的完善程度。我国正在进行市场经济体制改革，综合来看，衍生品市场的作用是多元的、综合的，可分为宏观和微观两个层面。

（一）衍生品市场在宏观经济中的作用

1. 提供分散、转移价格风险的工具，有助于稳定国民经济

衍生品源自原生品，涉及农产品、金属、能源、金融等行业，而这些行业在国民经济中都处于举足轻重的地位。衍生品市场为这些行业提供了分散、转移价格风险的工具，有利于减缓价格波动对行业发展的不利影

响，有助于稳定国民经济。例如，以芝加哥期货交易所（CBOT）为代表的农产品期货市场促进了美国农业生产结构的调整，保证了农产品价格的基本稳定；美国芝加哥商业交易所（CME）和芝加哥期权交易所（CBOE）为国债和股市投资者提供了避险的工具，促进债市和股市的平稳运行。中国期货及衍生品市场的发展也起到了规避风险、稳定经济的作用。

2. 为政府制定宏观经济政策提供参考依据

为了促进和引导国民经济的快速增长与协调发展，政府需要制定一系列的宏观经济政策。关系国计民生的重要商品物资的供求状况及价格趋势，是政府制定宏观经济政策所重点关注的。由于现货市场的价格信息具有短期性的特点，仅反映一个时点的供求状况，以此做参考制定的政策具有滞后性。通过现时的市场价格指导未来的生产或者进行产业结构调整，经常造成下一阶段市场供求失衡，容易产生社会生产盲目扩张或收缩，造成社会资源的极大浪费。而期货及衍生品交易是通过对大量信息进行加工，进而对远期价格进行预测的一种竞争性经济行为。它所形成的未来价格信号能反映多种生产要素在未来一定时期的变化趋势，具有超前性。政府可以依据期货市场的价格信号确定和调整宏观经济政策，引导工商企业调整生产经营规模和方向，使其符合国家宏观经济发展的需要。例如，上海期货交易所的铜、铝、锌等期货报价已经为国家和行业所认可，成为资源定价的依据，并在国际上产生了影响，充分体现了期货市场的价格发现功能。

3. 促进本国经济的国际化

随着现代科学技术的发展和社会生产力的提高，许多市场经济国家都在努力寻找突破现货市场的地域分割和相关贸易政策限制的方法，促进本国经济的国际化发展。标准化的期货合约交易，为期货交易成为全球无差别性的交易方式提供了条件。同时，期货交易具有公开、公平、公正的特点，市场透明度高，形成的价格是国际贸易中的基准价格，这使期货市场成为各个国家合理配置资源的基础。利用期货及衍生品市场能够把国际、国内两个市场联系起来，促进本国经济的国际化发展。

4. 有助于市场经济体系的完善

现代市场经济体系是相互关联、有机结合的市场群体，不仅包括消费资料和生产资料等商品市场，也包括劳务、技术、信息、房地产等生产要素市场以及包括证券、期货市场在内的金融市场。其中，期货及衍生品市场是市场经济发展到一定历史阶段的产物，是市场体系中的高级形式。期货及衍生品市场的发展和创新是现代市场体系健全和完善的突出表现。从20世纪70年代的金融期货创新到80年代的期权交易的广泛开展，都表现出期货及衍生品市场发展和创新的强劲势头。从另一个角度讲，现货市场和期货市场是现代市场体系的两个重要组成部分，建立由现货市场和期货及衍生品市场共同构成的现代市场体系，能够真正发挥市场机构的全面的基础性调节作用。同时，期货及衍生品市场的形成和高效、安全运行大大增强了金融市场与商品市场的关联度，提高了市场体系的运行效率，降低了市场交易成本，提高了市场机制优化资源配置的能力。因此，期货及衍生品市场有助于现代化市场经济体系的完善。

（二）衍生品市场在微观经济中的作用

1. 锁定生产成本，实现预期利润

利用期货及衍生品市场进行套期保值，可以帮助生产经营者规避现货市场的价格风险，达到锁定生产成本、实现预期利润的目的，避免企业生产活动受到价格波动的干扰，保证生产活动的平稳进行。据国际掉期与衍生工具协会（ISDA）统计，2015年世界500强企业中有471家使用衍生品工具对冲风险，占比94%。在美国，道琼斯工业平均指数30家成分股中，29家使用衍生品对冲行业或宏观经济风险。销售额超过20亿美元的上市公司中，有2/3使用衍生品对冲风险。销售额在5亿—20亿美元的上市公司中有一半以上参与衍生品市场。在我国，随着市场经济体制的逐步完善，企业面临的市场风险增大，许多企业开始利用期货及衍生品市场进行套期保值交易。中粮集团、五矿集团、黑龙江农垦、江西铜业等许多大型企业多年来利用期货市场开展套期保值业务，取得了很好的经济效益。

2. 利用期货及衍生品价格信号，组织安排现货生产

期货及衍生品市场具有价格发现的功能，对现货商品的未来价格走势有一定的预期性，利用期货及衍生品市场的价格信号，有助于生产经营者调整相关产品的生产计划，避免生产的盲目性。例如，目前我国大连商品交易所大豆期货价格对东北大豆生产区的生产以及大豆产业都起到重要的指导作用，成为全国大豆市场的主导价格；黑龙江等大豆主产区自1997年

开始参考大连商品交易所大豆期货价格安排大豆生产，确定大豆种植面积；上海期货交易所的铜、铝、铅、锌、镍、锡等期货价格已经成为有色金属行业的定价基准；郑州商品交易所的白糖、棉花、PTA 等期货价格的权威性也日益显现。

3. 期货及衍生品市场拓展现货销售和采购渠道

现货市场交易存在的最大问题之一，就是合同兑现率不高，信用风险大。原因主要是交易双方单个、分散签约，缺乏履约的约束力，往往是一方违约，不仅给对方造成损失，而且容易形成债务链。期货交易集中竞价，市场组织化和规范化程度高，进场交易的必须是交易所的会员，这些会员都经过严格的信用审查，并缴纳一定的履约保证金，加之交易所也负有履约担保的责任，因而使合约的履行有了切实的保证。在现货市场发展不完善的情况下，持有或需要现货的生产经营者利用期货市场进行实物交割，可以弥补现货市场流通功能的不足。企业通过期货市场销售和采购现货，最大的好处是严格履约，资金安全，质量保证，库存降低，节约采购费用。

第二章　期货市场组织结构

本章学习目的与要求：

通过本章学习，了解期货市场的组成、期货公司的发展现状、期货市场相关服务机构、期货交易者的分类、境外交易者、做市商的交易策略和风险管理；掌握期货交易所、期货结算机构、期货公司的性质与职能，会员制与公司制期货交易所的差异，我国上市的期货和期权品种，我国期货结算机构和结算制度，期货公司的业务类型、功能和作用，风险管理制度和相关要求，风险管理公司的试点业务，居间人的分类和要求，做市商的概念；熟悉商品投资基金的概念及其构成，做市商的权利和义务。

学习重点：

期货交易所、期货结算机构、期货公司的性质与职能，期货交易所的组织架构，我国期货市场上市品种，我国期货结算制度，期货公司的业务类型，风险管理公司的试点业务，居间人的分类和要求。

知识结构图：

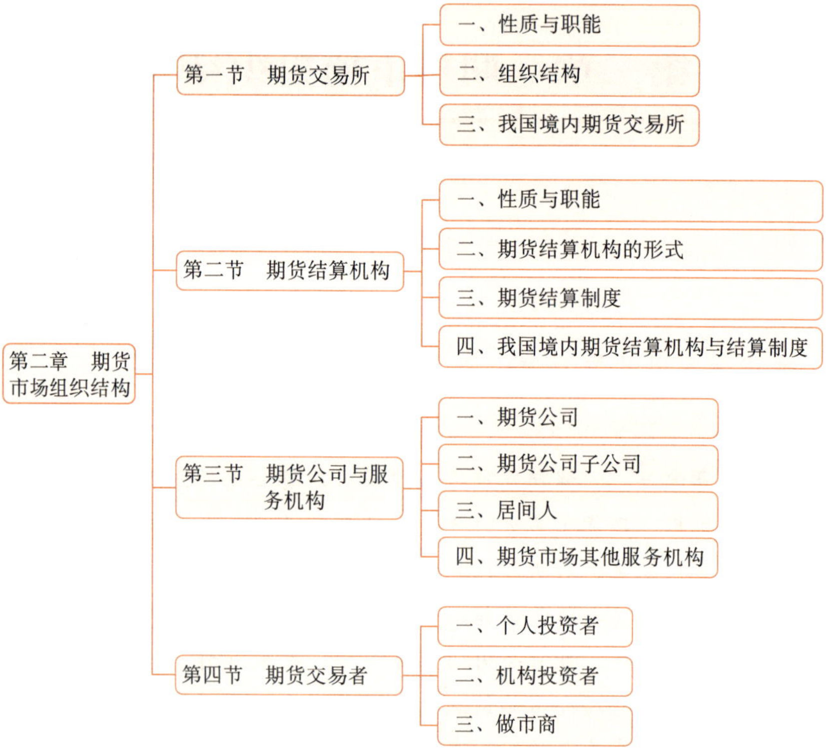

期货市场由期货交易所、期货结算机构、期货公司与服务机构、期货交易者、期货监督管理机构与行业自律机构组成。其中，期货公司与服务机构包括期货公司、居间人、期货保证金存管银行、交割仓库、中证商品指数公司等。中国证券监督管理委员会（以下简称“中国证监会”）、中国证监会地方派出机构、期货交易所、中国期货市场监控中心和中国期货业协会作为我国期货监督管理机构与行业自律机构，已形成“五位一体”的期货监管协调工作机制，该部分内容详见本书第十三章。

第一节 期货交易所

学习内容	知识点
性质与职能	期货交易所性质
	期货交易所五个重要职能
组织结构	会员制期货交易所组织架构
	公司制期货交易所组织架构
	会员制和公司制期货交易所的主要区别
我国境内期货交易所	境内期货交易所组织形式
	境内期货交易所会员管理
	境内期货交易所上市品种
	国际化品种
	境内期货交易所的场外交易平台

一、性质与职能

期货交易所是为期货交易提供场所、设施、相关服务和交易规则的机构。它自身并不参与期货交易。在现代市场经济条件下，期货交易所已成为具有高度系统性和严密性、高度组织化和规范化的交易服务组织。期货交易所致力于创造安全、有序、高效的市场机制，以营造公开、公平、公正和诚信透明的市场环境与维护投资者的合法权益为基本宗旨。期货交易所的职能都围绕上述宗旨展开。

期货交易所通常具有以下五个重要职能。

（一）提供交易的场所、设施和服务

期货交易实行场内交易，即所有买卖指令必须在交易所内进行集中竞价成交。因此，期货交易所必须为期货交易提供交易场所、必要的设施、先进的通信设备、现代化的信息传递和显示设备等一整套硬件设施，再辅

之以完备、周到的配套服务，以保证集中公开的期货交易能够有序运行。

（二）设计合约、安排合约上市

制定标准化合约、及时安排合约上市是期货交易所的主要职能之一。期货交易所应结合市场需求开发期货品种，精心设计并选择合适的时间安排新的期货合约上市，增强期货市场服务国民经济的功能；同时，科学合理地设计合约的具体条款，满足交易者的投资需求，并安排合约的市场推广。

（三）制定并实施期货市场制度与交易规则

根据国务院颁布的《期货交易管理条例》及中国证监会发布的《期货交易所管理办法》等法规，交易所建立了交易运作和市场管理的规章制度体系。期货交易所通过制定保证金制度、涨跌停板制度、持仓限额制度、大户持仓报告制度、强行平仓制度、当日无负债结算制度、风险准备金制度等一系列制度，从市场的各个环节控制市场风险，保障期货市场的平稳、有序运行。

在上述制度的基础上，交易所进一步强化和细化管理，建立健全统一的期货交易规则，包括交易、风险控制、结算、交割、违约情况管理、信息管理等管理细则，以保证买卖双方交易行为的规范化，保证期货交易顺畅运行。

（四）组织并监督期货交易，监控市场风险

在制定相关期货市场制度与交易规则的基础上，期货交易所组织并监督期货交易，通过实时监控、违规处理、市场异常情况处理等措施，保障相关期货市场制度和交易规则的有效执行，动态监控市场的风险状况，并及时化解与防范市场风险。

（五）发布市场信息

期货交易所须及时把本交易所内形成的期货价格和相关信息向会员、投资者及公众公布，以保证信息的公开透明。

二、组织结构

期货交易所的组织形式一般分为会员制和公司制两种。无论是会员制还是公司制期货交易所，其职能基本相同，都是为期货合约集中竞价交易提供场所、设施、服务、交易规则的机构。进入交易所场内交易，或者利用交易所交易系统交易，都必须获得会员资格，即只有会员有权在交易所进行交易；期货交易所内均设有各种业务部门；交易所都要接受期货监督管理机构的管理和监督。

（一）会员制期货交易所

会员制期货交易所是由全体会员共同出资组建，缴纳一定的会员资格费作为注册资本，以其全部财产承担有限责任的非营利性法人。

1. 组织架构

会员制期货交易所一般设有会员大会、理事会、专业委员会、经营管理层和业务管理部门。其中，会员大会由会员制期货交易所的全体会员组成，它是会员制期货交易所的最高权力机构。理事会是会员大会的常设机构，对会员大会负责，执行会员大会决议。按照国际惯例，理事会由交易所全体会员通过会员大会选举产生。

理事会可根据需要下设若干专门委员会，一般由理事长提议，经理事会同意设立。一般设置监察、交易、会员资格审查、调解、财务、技术等专门委员会。

总经理是负责期货交易所日常经营管理工作的高级管理人员。

期货交易所根据工作职能需要设置相关业务部门，一般包括交易、交割、研究发展、市场开发、财务等部门。

2. 会员资格的获取

只有取得会员资格才能进入期货交易所场内交易。会员制期货交易所的出资者也是期货交易所的会员，享有直接进场进行期货交易的权利。会员制期货交易所会员资格的获取方式有多种，主要是：以交易所创办发起人的身份加入，接受发起人的资格转让加入，接受期货交易所其他会员的资格转让加入和依据期货交易所的规则加入。

3. 会员的基本权利与义务

交易所会员的基本权利包括：参加会员大会，行使表决权、申诉权；在期货交易所内进行期货交易，使用交易所提供的交易设施、获得期货交易的信息和服务；按规定转让会员资格，联名提议召开临时会员大会等。

会员应当履行的主要义务包括：遵守国家有关法律、法规、规章和政策；遵守期货交易所的章程、业务规则及有关决定；按规定缴纳各种费用；执行会员大会、理事会的决议；接受期货交易所的业务监管等。

（二）公司制期货交易所

公司制期货交易所通常由若干股东共同出资组建，以营利为目的，股份可以按照有关规定转让，其盈利来自从交易所进行的期货交易中收取的各种费用。

1. 组织架构

公司制期货交易所一般下设股东大会、董事会、监事会（或监事）及高级管理人员，他们各负其责，相互制约。

其中，股东大会由全体股东共同组成，是公司制期货交易所的最高权力机构。股东大会就公司的重大事项做出决议。

董事会是公司制期货交易所的常设机构，行使股东大会授予的权力，对股东大会负责，执行股东大会决议。

监事会（或监事）对股东大会负责，对公司财务以及公司董事、经理等高级管理人员履行职责的合法性进行监督，维护公司及股东的合法权益。

总经理是负责期货交易所日常经营管理工作的高级管理人员。他对董事会负责，由董事会聘任或解聘。

公司制期货交易所还设有一些业务部门，和会员制期货交易所基本相同，这里不再赘述。

2. 会员资格

与会员制期货交易所类似，在公司制期货交易所内进行期货交易，使用期货交易所提供的交易设施，必须获得会员资格。

（三）会员制和公司制期货交易所的主要区别

在国际上，会员制和公司制期货交易所的区别一般表现为三个方面。

1. 是否以营利为目标

会员制期货交易所通常不以营利为目标；公司制期货交易所通常以营利为目标，追求交易所利润最大化。

2. 适用法律不同

会员制期货交易所一般适用民法的有关规定；公司制期货交易所首先适用公司法的规定，只有在公司法未作规定的情况下，才适用民法的一般规定。

3. 决策机构不同

会员制期货交易所的权力机构是会员大会，公司制期货交易所的权力机构是股东大会。会员制期货交易所权力机构的常设机构是理事会，公司制期货交易所权力机构的常设机构是董事会。

三、我国境内期货交易所

我国境内现有郑州商品交易所、大连商品交易所、上海期货交易所、中国金融期货交易所、广州期货交易所五家期货交易所。

（一）我国境内期货交易所的组织形式

按照《期货交易管理条例》的规定，期货交易所可以采取会员制或公司制的组织形式。会员制期货交易所的注册资本划分为均等份额，由会员出资认缴。公司制期货交易所采用股份有限公司的组织形式。在我国境内期货交易所中，上海期货交易所、大连商品交易所和郑州商品交易所是会员制期货交易所；中国金融期货交易所、广州期货交易所是公司制期货交易所。

《期货交易管理条例》规定，我国期货交易所不以营利为目的，按照其章程的规定实行自律管理。期货交易所以其全部财产承担民事责任。因此，尽管境内期货交易所在组织形式上有公司制和会员制之分，但均不以营利为目的。

（二）我国境内期货交易所的会员管理

在国际上，交易所会员往往有自然人会员与法人会员之分、全权会员与专业会员之分、结算会员与非结算会员之分等。欧美国家会员以自然人为主。

境内期货交易所会员应当是在中华人民共和国境内登记注册的企业法人或者其他经济组织。取得期货交易所会员资格，应当经期货交易所批准。

期货交易所对会员实行总数控制。只有成为交易所的会员，才能取得场内交易席位，在期货交易所进行交易。非会员则必须通过期货公司代理交易。

会员制期货交易所会员享有的权利有：参加会员大会，行使选举权、被选举权和表决权；在期货交易所从事规定的交易、结算和交割等业务；使用期货交易所提供的交易设施，获得有关期货交易的信息和服务；按规定转让会员资格；联名提议召开临时会员大会；按照期货交易所章程和交易规则行使申诉权；期货交易所章程规定的其他权利。

会员制期货交易所会员应当履行的义务包括：遵守国家有关法律、行政法规、规章和政策；遵守期货交易所的章程、交易规则及其实施细则和有关决定；按规定缴纳各种费用；执行会员大会、理事会的决议；接受期货交易所监督管理。

公司制期货交易所会员享有的权利包括：在期货交易所从事规定的交易、结算和交割等业务；使用期货交易所提供的交易设施，获得有关期货交易的信息和服务；按照交易规则行使申诉权；期货交易所交易规则规定的其他权利。

公司制期货交易所会员应当履行的义务包括：遵守国家有关法律、行政法规、规章和政策；遵守期货交易所的章程、交易规则及其实施细则和有关决定；按规定缴纳各种费用；接受期货交易所监督管理。

（三）我国境内期货交易所概况

1. 上海期货交易所

1998 年 8 月，上海期货交易所（以下简称“上期所”）由上海金属交易所、上海粮油商品交易所和上海商品交易所合并组建而成，于 1999 年 12 月正式营运。截至 2021 年 9 月 30 日，上海期货交易所上市交易的主要品种有铜、铝、锌、铅、螺纹钢、线材、热轧卷板、天然橡胶、黄金、白银、燃料油、石油沥青、锡、镍、纸浆、不锈钢、低硫燃料油、20 号胶、国际铜、原油期货，还在期货合约的基础上，上市了铜、铝、锌、天然橡胶、黄金、原油期权。2013 年 11 月 22 日，上海期货交易所成立上海国际能源交易中心（INE），按照“国际化、市场化、法治化、专业化”的原则，为境内外投资者参与我国期货交易发挥扩大开放的窗口和平台作用，其中，原油、20 号胶、国际铜、低硫燃料油期货以及原油期权都在 INE 交易。

2. 郑州商品交易所

郑州商品交易所（以下简称“郑商所”）是在郑州粮食批发市场的基础上发展起来的，成立于 1990 年 10 月 12 日。最初开展即期现货交易，之后开展现货远期交易，1993 年 5 月 28 日正式推出标准化期货合约，实现由现货远期交易到期货交易的转变。截至 2021 年 9 月 30 日，郑州商品交易所上市交易的主要品种包括棉花、白糖、精对苯二甲酸（PTA）、菜籽油、小麦、早籼稻、甲醇、动力煤、玻璃、油菜籽、菜籽粕、粳稻、晚籼稻、铁合金、棉纱、苹果、红枣、尿素、花生、短纤、纯碱期货等。除此之外，还在期货合约的基础上，上市了白糖、棉花、甲醇、PTA、菜籽粕、动力煤期权。

3. 大连商品交易所

大连商品交易所（以下简称“大商所”）成立于 1993 年 2 月 28 日。截至 2021 年 9 月 30 日，大连商品交易所上市交易的主要品种有玉米、黄大豆、豆粕、豆油、棕榈油、线型低密度聚乙烯（LLDPE）、聚氯乙烯（PVC）、聚丙烯、焦炭、焦煤、铁矿石、鸡蛋、胶合板、纤维板、玉米淀粉、粳米、生猪、乙二醇、苯乙烯期货、液化石油气期货等。除此之外，还在期货合约的基础上，上市了豆粕、玉米、铁矿石、聚乙烯、聚丙烯、聚氯乙烯、棕榈油、液化石油气期权。

4. 中国金融期货交易所

中国金融期货交易所（以下简称“中金所”）是经国务院同意、中国证监会批准，由上海期货交易所、郑州商品交易所、大连商品交易所、上海证券交易所和深圳证券交易所共同发起设立的金融期货交易所。中国金融期货交易所于 2006 年 9 月 8 日在上海成立，其上市交易的是金融期货和金融期权品种，目前上市交易的主要品种有沪深 300 股指期货、上证 50 股指期货、中证500股指期货、5年期国债期货、10年期国债期货、2年期国债期货，还上市了沪深300股指期权。

5. 广州期货交易所

广州期货交易所股份有限公司（以下简称“广州期货交易所”或“广期所”）是经国务院同意、中国证监会批准，由上海期货交易所、郑州商品交易所、大连商品交易所、中国金融期货交易所、中国平安保险（集团）股份有限公司、广东珠江投资控股集团有限公司、广州金融控股集团有限公司、香港交易及结算所有限公司投资组建的创新型期货交易所。广州期货交易所是我国第一家混合所有制的交易所，股东构成多元，包括中国证监会管理的4家期货交易所、广东国资企业、民营企业和境外企业。2021年1月22日，中国证监会批准设立广州期货交易所。2021年4月19日，广州期货交易所正式揭牌。

广州期货交易所立足服务实体经济、服务绿色发展，秉持创新型、市场化、国际化的发展定位。

6. 境内交易所上市品种概况

截至2021年9月30日，我国境内有郑州商品交易所、大连商品交易所、上海期货交易所、中国金融期货交易所、广州期货交易所5家期货交易所，94个上市品种，其中商品期货64个，金融期货6个，期权品种24个（见表2－1）。

表2－1　中国境内上市的期货和期权品种（截至2021年9月30日）

交易所	上市品种	
上海期货交易所	期货	铜、铝、锌、铅、镍、锡、黄金、白银、线材、螺纹钢、热轧卷板、燃料油、石油沥青、天然橡胶、纸浆、不锈钢、20号胶、低硫燃料油、国际铜、原油期货
	期权	铜、铝、锌、天然橡胶、黄金、原油期货期权
郑州商品交易所	期货	优质强筋小麦、普通小麦、棉花、白糖、精对苯二甲酸（PTA）、油菜籽、菜籽油、菜籽粕、早籼稻、甲醇、玻璃、动力煤、粳稻、晚籼稻、硅铁（铁合金）、锰硅（铁合金）、棉纱、苹果、红枣、尿素、花生、短纤、纯碱期货
	期权	白糖、棉花、甲醇、PTA、菜籽粕、动力煤期货期权

续表

交易所		上市品种
大连商品交易所	期货	黄大豆1号、黄大豆2号、豆油、豆粕、玉米、玉米淀粉、棕榈油、鸡蛋、胶合板、线型低密度聚乙烯（LLDPE）、聚氯乙烯（PVC）、聚丙烯、焦炭、焦煤、铁矿石、纤维板、粳米、生猪、乙二醇、苯乙烯、液化石油气期货
大连商品交易所	期权	豆粕、玉米、铁矿石、聚乙烯、聚丙烯、聚氯乙烯、液化石油气、棕榈油期货期权
中国金融期货交易所	期货	沪深300股指期货、上证50股指期货、中证500股指期货、5年期国债期货、10年期国债期货、2年期国债期货
中国金融期货交易所	期权	沪深300股指期权
上海证券交易所	期权	上证50ETF期权、华泰柏瑞沪深300ETF期权
深圳证券交易所	期权	嘉实沪深300ETF期权

2018年3月26日，我国首个国际化期货品种原油期货在上海期货交易所子公司——上海国际能源交易中心挂牌上市。原油期货的上市不仅丰富了中国期货品种，还引入了境外投资者。其总体方案为“国际平台、净价交易、保税交割、人民币计价”，原油期货采用人民币计价和结算，接受美元等外汇资金作为保证金使用。全面引入境外交易者和境外经纪机构参与交易，报价为不含税的净价。2021年6月18日，我国首个国际化期权产品——棕榈油期权在大连商品交易所上市；6月21日，原油期权挂牌上市，成为以人民币计价并向境外投资者全面开放的期权品种。

截至2021年9月30日，在94个上市品种中，我国原油、20号胶、PTA、铁矿石、低硫燃料油、国际铜、棕榈油期货以及棕榈油期权、原油期权均已经获批成为对外开放的境内特定品种，引入了境外交易者。

我国场内衍生品除了可以在5家期货交易所进行交易外，还可以在经国务院及其衍生品监督管理部门批准的场所交易。2015年2月9日，上海证券交易所上市了上证50ETF期权；2019年12月23日，上市华泰柏瑞沪深300ETF期权。2019年12月23日，深圳证券交易所上市了嘉实沪深300ETF期权。

7. 境内期货交易所场外交易平台

为了更好地服务实体经济，满足实体企业“多元、灵活”的风险管理需求，让交易更安全、高效和规范，更好地发挥期货定价功能，上海期货交易所、郑州商品交易所和大连商品交易所均构建了场外交易平台。

大连商品交易所基差交易平台于2019年9月25日上线试运行，推广以“期货价格＋基差”为定价模式的现货贸易。

上海期货交易所上期标准仓单交易平台于2018年5月28日正式上线，开展与期货交易相关的标准仓单与场外衍生品业务，标准仓单平台业务一站式解决了公司销售的交易、交收、结算、仓储物流、风险管理等问题。一是解决实体企业对商品交割不同时间、地点、规格等多样化和个性化需求；二是能够促进交割商品地区升贴水、品牌升贴水与等级升贴水的形成；三是提升交割商品流通的效率，使期货市场更加有效地服务实体经济发展。

郑州商品交易所综合业务平台业务种类包括仓单交易、基差贸易、仓单质押式回购、仓单竞拍、场外期权、商品互换以及交易所推出的其他业务，具体业务种类由业务指引另行规定；其主要功能是为仓单业务、期现结合业务、衍生品业务提供交易、结算、交收等服务。

第二节　期货结算机构

学习内容	知识点
性质与职能	期货结算机构性质
	期货结算机构三个重要职能
期货结算机构的形式	期货结算机构的形式
期货结算制度	会员分级结算制度的概念
我国境内期货结算机构与结算制度	全员结算制度的概念
	会员分级结算制度的概念
	境内期货交易所采用的结算制度类型
	中金所的会员类型
	结算担保金制度

一、性质与职能

期货结算机构是负责交易所期货交易的统一结算、保证金管理和结算风险控制的机构，其主要职能包括担保交易履约、结算交易盈亏和控制市场风险。

（一）担保交易履约

当期货交易成交之后，买卖双方缴纳一定的保证金，结算机构就承担起保证每笔交易按期履约的责任。交易双方并不发生直接关系，只和结算机构发生关系，结算机构成为所有合约卖方的买方和所有合约买方的卖方。如果交易者一方违约，结算机构将先代替其承担履约责任，由此可大大降低交易的信用风险。

也正是由于结算机构代替了原始对手，结算会员及其客户才可以随时对冲合约而不必征得原始对手的同意，使得期货交易的对冲平仓方式得以实施。

（二）结算交易盈亏

结算交易盈亏是指每一交易日结束后，期货结算机构对会员的盈亏进行计算和资金划拨。计算完成后，采用发放结算单或电子传输等方式向会员提供当日盈亏等结算数据，会员以此作为对客户结算的依据。

（三）控制市场风险

结算机构担保履约，往往是通过对会员保证金的结算和动态监控实现的。在此过程中，尽管市场状况一直是不断变化的，但结算机构要求会员保证金一直处于规定的水平之上。当市场价格的不利变动导致亏损，使会员保证金不能达到规定水平时，结算机构会向会员发出追加保证金的通知。会员收到通知后必须在下一交易日规定时间内将保证金缴齐，否则结算机构有权对其持仓进行强行平仓。结算机构通过对会员保证金的管理、控制而有效控制市场风险，以保证期货市场平稳运行。

二、期货结算机构的形式

根据期货结算机构与期货交易所的关系不同，一般可分为两种形式：

第一，结算机构是某一交易所的内部机构，仅为该交易所提供结算服务。这种形式使得结算机构直接受控于交易所，便于交易所掌握市场参与者的资金情况，可以根据交易者的资金和头寸情况及时控制市场风险。该种结算机构的风险承担能力是有限的。

第二，结算机构是独立的结算公司，可为一家或多家期货交易所提供结算服务。这种形式可保持交易和结算的相对独立性，有针对性地防止某些期货交易所在利益驱动下可能出现的违规行为。结算机构独立结算，还可以有效避免期货交易所分别结算下，当某一期货交易所出现结算问题时，所有交易所都不能正常开市的情形（因为投资者账号是统一的），有助于增强期货市场的稳定性。因为交易所和结算机构各为独立法人，所以需要付出一定的沟通和协调成本。

目前，我国采取第一种形式。

三、期货结算制度

国际上，结算机构通常采用分级结算制度，即只有结算机构的会员才能直接得到结算机构提供的结算服务，非结算会员只能由结算会员提供结算服务。这种分级结算制度使期货结算大致可分为三个层次。第一个层次是由结算机构对结算会员进行结算，结算会员是交易所会员中资金雄厚、信誉良好的期货公司或金融机构；第二个层次是结算会员与非结算会员的结算、结算会员与其所代理客户之间的结算；第三个层次是结算会员对非结算会员所代理客户的结算。

这种金字塔形的分级结算制度通过建立多层次的会员结构，逐级承担化解期货交易风险的作用，形成多层次的风险控制体系，提高了结算机构整体的抗风险能力。因此，这种分级结算制度有利于建立期货市场风险防范的防火墙。

自 2008 年美国金融危机发生后，交易所为场外衍生品交易提供结算服务，成为发展的新趋势。

四、我国境内期货结算机构与结算制度

我国境内 5 家期货交易所的结算机构均是交易所的内部机构，因此期货交易所既提供交易服务，也提供结算服务。这意味着我国境内期货交易所除了具有组织和监督期货交易的职能外，还具有下述职能：组织并监督结算和交割，保证合约履行；监督会员的交易行为；监管指定交割仓库。正是从这个意义上，我国境内期货交易所兼具期货结算职能。

我国境内期货结算制度分为全员结算制度和会员分级结算制度两种类型。

（一）全员结算制度

全员结算制度是指期货交易所会员均具有与期货交易所进行结算的资格，期货交易所的会员均既是交易会员，也是结算会员，没有结算会员与非结算会员之分。在全员结算制度下，期货交易所对会员进行结算，会员对其受托的客户结算。郑州商品交易所、大连商品交易所、上海期货交易所和广州期货交易所实行全员结算制度。

实行全员结算制度的期货交易所会员由期货公司会员和非期货公司会员组成。期货公司会员按照中国证监会批准的业务范围开展相关业务，可以代理客户进行期货交易；非期货公司会员不得从事《期货交易管理条例》规定的期货公司业务。

（二）会员分级结算制度

在会员分级结算制度下，期货交易所将交易所会员区分为结算会员与非结算会员。结算会员与非结算会员是根据会员能否直接与期货交易所进行结算来划分的。结算会员具有与交易所进行结算的资格；非结算会员不具有与期货交易所进行结算的资格。在会员分级结算制度下，期货交易所

对结算会员结算，结算会员对非结算会员结算，非结算会员对其受托的客户结算。

1. 会员分级结算制度

中国金融期货交易所采取会员分级结算制度。

在中国金融期货交易所，按照业务范围，会员分为交易会员、交易结算会员、全面结算会员和特别结算会员四种类型。其中，交易会员不具有与交易所进行结算的资格，它属于非结算会员。交易结算会员、全面结算会员和特别结算会员均属于结算会员。结算会员具有与交易所进行结算的资格。交易结算会员只能为其受托客户办理结算、交割业务。全面结算会员既可以为其受托客户办理结算、交割业务，也可以为与其签订结算协议的交易会员办理结算、交割业务。特别结算会员只能为与其签订结算协议的交易会员办理结算、交割业务。结算会员权限不同，交易所对其资本金、盈利状况、经营合法性等方面的要求不同。结算权限越大，相应的资信要求就越高。

2. 结算担保金制度

根据《期货交易管理条例》，实行会员分级结算制度的期货交易所应当配套建立结算担保金制度。结算会员通过缴纳结算担保金实行风险共担。结算担保金，是指由结算会员依交易所规定缴存的，用于应对结算会员违约风险的共同担保资金。结算担保金由结算会员以自有资金向期货交易所缴纳，属于结算会员所有，用于应对结算会员违约风险。当市场出现重大风险时，所有结算会员都有义务共同承担市场风险，确保市场能够正常运行。结算担保金包括基础结算担保金和变动结算担保金。基础结算担保金，是指结算会员参与交易所结算交割业务必须缴纳的最低结算担保金数额；变动结算担保金是指结算会员结算担保金中超出基础结算担保金的部分，随结算会员业务量的变化而调整。结算担保金应当以现金形式缴纳。

第三节 期货公司与服务机构

学习内容	知识点
期货公司	期货公司的界定
	期货公司的特征
	期货公司的业务类型
	期货公司的功能与作用
	期货公司的风险管理制度与其他要求
期货公司子公司	风险管理公司的试点业务
居间人	居间人的概念
	居间人的类型
	券商 IB
	对开展居间业务的自然人的要求
期货市场其他服务机构	其他服务机构的界定
	其他服务机构的类型

本节将重点阐述期货公司，之后简要介绍期货公司子公司、中国期货市场监控中心、保证金存管银行、交割仓库、期货信息资讯机构等其他期货服务机构。

一、期货公司

（一）期货公司的界定

期货公司，是指代理客户进行期货交易并收取交易佣金的中介组织。期货公司的主要职能包括：根据客户指令代理买卖期货合约、办理结算和交割手续；对客户账户进行管理，控制客户交易风险；为客户提供期货市场信息，进行期货交易咨询，充当客户的交易顾问；为客户管理资产，实现财富管理等。

（二）期货公司的性质与特征

期货公司属于非银行金融机构。非银行金融机构是指银行以外的各种经营金融业务的信用机构，主要包括保险公司、证券公司、期货公司、基金公司、信用合作社、消费信用机构、信托投资公司（有些国家也称为金融公司）等机构。

与其他金融机构相比，期货公司具有明显的差异性：第一，期货公司是依托从商品、资本、货币市场等衍生出来的市场提供风险管理服务的中介机构。第二，期货公司具有独特的风险特征，客户的保证金风险往往成为期货公司的重要风险源。期货市场实行保证金制度，客户资产面临较大的风险，而期货公司通过当日无负债结算来确保客户履约，一旦出现保证金不足而客户无法履约时，期货公司必须以自有资金弥补保证金的不足，此时，客户的风险就成为期货公司的风险。第三，期货公司高度重视客户利益，面临双重代理关系，即公司股东与经理层的委托代理问题以及客户与公司的委托代理问题。期货公司应在充分保障客户利润最大化的前提下，争取为公司股东创造最大价值。

（三）期货公司的业务类型

期货公司可以依法从事商品期货经纪业务，从事金融期货经纪、境外期货经纪、期货投资咨询业务时，应当取得相应业务资格。从事资产管理业务，应当依法登记备案。期货经营机构应当将其期货经纪业务、资产管理业务、期货做市交易业务和其他相关业务分开办理，不得混合操作。在期货公司实践运行中，期货公司成立单独的风险管理公司，从事其他相关业务和期货做市交易业务，以建立业务之间的防火墙。为此，本部分阐述了风险管理业务概念，其他内容放到期货公司子公司部分详细阐述。

1. 期货经纪业务

期货经纪业务是指期货公司通过自己的交易通道代理客户进行期货交易，并收取交易佣金的中介业务。期货公司从事经纪业务，必须接受客户委托，以自己的名义为客户进行期货交易，交易结果由客户承担。国内期货公司可依法从事商品期货经纪业务，从事金融期货经纪、境外期货经纪业务时，需要取得相应的业务资格。

期货经纪业务属于期货公司的传统业务，交易佣金是期货公司业务收入的重要来源。期货公司开展经纪业务，应为客户提供交易、结算、风险管理、行情资讯、信息咨询等相应的配套服务。期货经纪业务的开展和有序竞争，有利于期货市场规模的扩大和期货市场功能的有效发挥。

2. 期货投资咨询业务

期货投资咨询业务是指基于客户委托，取得期货投资咨询资格的期货公司可以向客户提供风险管理顾问服务、信息研究分析服务、交易咨询服务等业务，并收取相应的咨询费用。

期货投资咨询业务主要有：(1) 协助客户建立风险管理制度、操作流程，提供风险管理咨询、专项培训等风险管理顾问服务；(2) 收集整理期货市场信息及各类相关经济信息，研究分析期货市场及相关现货市场的价格及其相关影响因素，制作、提供研究分析报告或者资讯信息的研究分析服务；(3) 为客户设计套期保值、套利等投资方案，拟定期货交易策略等交易咨询服务。

3. 资产管理业务

资产管理业务是指期货公司可以接受客户委托，根据《期货公司监督管理办法》《私募投资基金监督管理暂行办法》规定和合同约定，运用客户资产进行投资，并按照合同约定收取费用或者报酬的业务活动。资产管理业务的投资收益由客户享有，损失由客户承担。期货公司从事资产管理业务，应当与客户签订资产管理合同，通过专门账户提供服务。期货公司可以依法为单一客户办理资产管理业务，也可依法为特定多个客户办理资产管理业务。

资产管理业务的投资范围包括：(1) 期货、期权及其他金融衍生品；(2) 股票、债券、证券投资基金、集合资产管理计划、央行票据、短期融资券、资产支持证券等；(3) 中国证监会认可的其他投资品种。资产管理业务的投资范围应当遵守合同约定，不得超出规定的范围，且应当与客户的风险认知与承受能力相匹配。

期货公司及其从业人员从事资产管理业务时，不得以欺诈手段或者其他不当方式误导、诱导客户；不得向客户做出保证其资产本金不受损失或者取得最低收益的承诺；接受客户委托的初始资产不得低于中国证监会规定的最低限额；不得占用、挪用客户委托资产；不得以转移资产管理账户收益或者亏损为目的，在不同账户之间进行买卖，损害客户利益；不得以获取佣金或者其他利益为目的，使用客户资产进行不必要的交易；不得利用管理的客户资产为第三方牟取不正当利益，进行利益输送；不得从事法律、行政法规以及中国证监会规定禁止的其他行为。

期货公司及其子公司开展资产管理业务应依法登记备案，向中国期货业协会履行登记手续，期货公司“一对多”资产管理业务还应满足《私募投资基金监督管理暂行办法》中关于投资者适当性和托管的有关要求，资产管理计划应当通过中国证券投资基金业协会私募基金登记备案系统进行备案。

4. 风险管理业务

期货公司通过成立风险管理公司，为实体企业、金融机构、投资机构等法人或组织、高净值自然人客户提供适当风险管理服务和产品的业务模式。作为期现结合的一种模式，该业务实行备案制并自 2012 年开始试点。试点业务类型包括基差交易、仓单服务、合作套保、定价服务、做市业务、其他与风险管理服务相关的业务，并对不同类型业务实施分类管理。

（四）期货公司的功能与作用

期货公司的功能主要体现为：

第一，期货公司作为衔接期货交易者与期货交易所之间的桥梁和纽带，降低了期货市场的交易成本。期货公司代理期货交易后，期货交易所、期货公司与非期货公司会员、交易者之间就形成了期货交易所服务期货公司与非期货公司会员、期货公司服务数量众多的交易者的专业分工。这种分工比期货交易所直接面对数量众多的交易者，将交易者的审核、撮合、结算、交割交给交易所完成，更为高效，因此，降低了期货交易成本。此外，期货市场的特定交易安排与结算制度，即通过结算，买卖双方不需要了解对手的资信情况，就能使期货交易本身较其他方式的交易成本大幅降低。

第二，期货公司可以降低期货交易中的信息不对称程度。期货公司通过客户开发、开户、交易、信息服务和风险管理环节将有市场需求、有风险承受能力、资信水平较高的客户尽可能吸引到期货市场内，并通过专业化的市场信息、交易咨询、风险管理、资产管理等服务实现规模经营，为整个市场的投资者服务，降低了客户的信息不对称状况，最大限度地避免逆向选择的发生。

第三，期货公司可以高效率地实现转移风险的职能，并通过结算环节防范系统性风险的发生。期货市场因现货市场风险对冲的需求而产生，期货公司通过各种业务、技术和管理手段，将空间和时间两个维度的风险分散到市场中那些愿意承担风险的经济体当中去，分散、转移和控制金融、经济及社会活动中的各种风险，优化了风险的资源配置。期货公司凭借其在期货市场中的地位，促使这种风险转移更有效率地实现。

第四，期货公司可以通过专业服务实现资产管理的职能。期货公司通过资产管理计划，合理地将期货、期权等衍生工具和股票、债券、基金等基础资产有效结合，可以增强产品设计和产品配置的灵活性，更为主动地、低成本地为不同偏好、不同承受能力和不同回报要求的投资者提供更丰富的投资理财产品，优化了财富管理的投资策略，满足客户需要，实现了财富增值管理。这些产品不仅包括为中小客户设计的投资性理财产品、为机构投资者开发的资产配置类产品，还包括为特定企业提供的风险管理类产品。

随着期货公司业务范围的拓展，期货公司在衍生品市场开发、企业风险管理、客户资产管理、金融产品创新等方面的作用日益突出。

（五）期货公司的风险管理制度与相关要求

1. 完善的期货公司治理结构

期货公司是现代公司的一种表现形式，首先遵循《中华人民共和国公司法》（以下简称《公司法》）关于公司治理结构的一般要求：建立由期货公司股东会、董事会、监事会、经理层和公司员工组成的合理的公司治理结构；明确股东会、董事会、监事会、经理层的职责权限，完善决策程序，形成协调高效、相互制衡的制度安排；确立董事、监事、高级管理人员的义务和责任。

期货市场实行保证金制度，具有高风险高收益的特点，期货公司作为专门从事风险管理的金融机构，对投资者利益保护、市场稳定有重要影响。《期货公司监督管理办法》明确规定，期货公司应当按照明晰职责、强化制衡、加强风险管理的原则，建立并完善公司治理。因此，风险防范成为期货公司法人治理结构建立的立足点和出发点，风险控制体系成为公司法人治理结构的核心内容。

（1）期货公司独立性的要求。期货公司与控股股东、实际控制人之间保持经营独立、管理独立和服务独立。经营独立是指期货公司与其控股股东、实际控制人在业务、人员、资产、财务等方面应当严格分开，独立经营，独立核算；管理独立是指期货公司的控股股东、实际控制人不得超越期货公司股东会或董事会任免期货公司的董事、监事、高级管理人员，或者非法干预期货公司经营管理活动；服务独立是指期货公司向股东、实际控制人及其关联人提供服务，不得降低风险管理要求。期货公司的股东、实际控制人和其他关联人不得滥用权力，不得占用期货公司资产或者挪用客户资产，不得侵害期货公司、客户的合法权益。

（2）设定股东及实际控制人与期货公司之间出现重大事项时的通知义务：当期货公司的股东及实际控制人出现重大事项时，应当在规定时间内通知期货公司；当期货公司出现重大事项时，应当立即书面通知全体股东，并向期货公司住所地的中国证监会派出机构报告。

（3）设立董事会和监事会（或监事）。期货公司应当设立董事会，并按照《公司法》的规定设立监事会（或监事），切实保障监事会和监事对公司经营情况的知情权。期货公司可以设立独立董事，期货公司的独立董事不得在期货公司担任董事会以外的职务，不得与本期货公司存在可能妨碍其做出独立、客观判断的关系。

（4）设立首席风险官。期货公司应当设首席风险官，对期货公司经营管理行为的合法合规性、风险管理进行监督、检查。首席风险官发现涉嫌占用、挪用客户保证金等违法违规行为或者可能发生风险的行为，应当立即向住所地中国证监会派出机构和公司董事会报告。期货公司拟解聘首席风险官的，应当有正当理由，并向住所地中国证监会派出机构报告。

2. 建立有效的期货公司风险管理制度

期货公司风险管理制度的建立既要满足期货市场风险管理体系的要求，有效实施动态风险监控，又要符合《期货交易管理条例》相关要求，切实有效保护客户资产。期货公司风险管理制度的建立，主要是按照审慎经营的原则，健全风险防范的管理制度，从而有效执行风险管理、内部控制、期货保证金存管等业务制度及相关流程，保持财务稳健，确保客户的交易安全和公司资产安全。从实践来看，我国期货公司已经建立了一套行之有效的、与期货市场风险管理体系相匹配的动态风险管理制度。

期货公司风险管理制度主要体现为：

（1）期货公司应建立与风险监管指标相适应的内控制度，建立以净资本为核心的动态风险监控和资本补足机制，确保净资本等风险监管指标持续符合标准。

（2）期货公司应严格执行保证金制度，客户保证金全额存放在期货保证金账户和期货交易所专用结算账户内，并按照保证金存管监控的规定，及时向保证金存管监控中心报送真实的信息。严禁给客户透支交易，客户保证金不足时，应当及时追加保证金或者自行平仓，客户未在期货公司规定时间内及时追加保证金或者自行平仓的，期货公司应当强行平仓。

（3）期货公司应当建立独立的风险管理系统，规范、完善的业务操作流程和风险管理制度。合理设置业务部门及其职能，建立岗位责任制度，不相容岗位应当分离。交易、结算、财务业务应当由不同部门和人员分开办理。期货公司应当设立风险管理部门或者岗位，管理和控制期货公司的经营风险。期货公司应设立合规审查部门或者岗位，审查和稽核期货公司经营管理的合法合规性。这些方面均从不同角度体现了期货公司对风险的控制能力和管理能力。

3. 期货公司对分支机构的管理

期货公司对分公司、营业部等分支机构的管理包括三个层次：一是期货公司应当对分支机构实行集中统一管理，不得与他人合资、合作经营管理分支机构，不得将分支机构承包、租赁或者委托给他人经营管理。二是分支机构经营的业务不得超出期货公司的业务范围，并应当符合中国证监会对相关业务的规定。三是期货公司对营业部实行“四统一”。所谓“四统一”，是指期货公司应当对营业部实行统一结算、统一风险管理、统一资金调拨、统一财务管理和会计核算。期货公司可根据需要设置不同规模的营业部。

（六）期货公司发展现状

截至 2021 年 6 月底，我国有 150 家期货公司，1903 家分支机构，64992 名从业人员（其中期货公司 31303 人）。

1. 机构资本实力不断增强，代理交易规模逐步扩大。截至 2021 年 6 月底，期货公司注册资本 928.5 亿元，净资产 1467.9 亿元，客户权益 10352 亿元，分别是 2010 年的 4.3 倍、5.8 倍与 6.5 倍。期货行业总资产 12110 亿元。

2. 收入及盈利情况明显改善，2021 年上半年期货公司营业收入和净利润持续高速增长，净利润 61 亿元，同比增长 81.4%，手续费收入同比增长 88.4%，期货公司多年“增产不增收”的情况有所改善。

3. 期货公司业务更加多元。部分头部公司已逐步摆脱经纪业务独大的局面，风险管理业务、资产管理业务、投资咨询业务等创新业务开始在总收入中占有一席之地，并逐步成为新的利润增长点。

4. 服务实体经济能力不断增强。期货公司业务模式不断扩展，逐步实现从传统经纪业务向综合衍生品服务商的转型。风险管理公司已经成为期货行业服务实体经济的新亮点。目前风险管理公司资产规模扩张明显，2021 年 6 月底，行业总资产为 1077.6 亿元，较 2020 年增长 13.9%。以基差贸易为代表的期现业务不断成熟，场外衍生品业务发展迅速，利润贡献占比逐年提高，做市业务规模和品种参与度明显增长，有效提升了期货市场的运行效率。期货公司资产管理业务日趋规范，业务规模有序增长，产品结构总体稳定。2021 年 6 月底，资产管理业务规模达 2681.9 亿元，主动管理类产品规模占比 77.8%，相比券商资管和私募基金，期货资管产品投向场内衍生品的规模占比较高，衍生品交易的专业优势逐步显现。

二、期货公司子公司

为适应期货市场服务实体经济发展的需要，期货公司设立子公司（以下简称“风险管理公司”）开展以风险管理服务为主的业务试点工作。2013 年 3 月 20 日，中国期货业协会网站发布《关于期货公司风险管理服务子公司业务试点第一批备案结果的公告》，批复永安期货、浙商期货、万达期货、广发期货、鲁证期货、大地期货、方正期货、宏源期货八家公司设立子公司，开展以风险管理服务为主的业务试点。这标志着风险管理业务正式开启。这将使期货公司子公司真正参与到现货市场中来，更好地为实体企业提供风险管理服务，促进期货市场与现货市场的结合。风险管理公司主要是在中国期货业协会《期货公司风险管理公司业务试点指引（2019 年修订）》下进行试点探索。截至 2021 年 6 月底，我国期货行业共有 91 家风险管理公司。

风险管理公司可以开展以下试点业务：基差贸易、仓单服务、合作套保、场外衍生品业务、做市业务、其他与风险管理服务相关的业务。风险管理公司开展试点业务，应当按照各项交易的业务实质归入上述基本类型，并对不同类型业务实施分类管理。

（一）基差贸易

基差贸易是指风险管理公司以确定价格或以点价、均价等方式提供报价并与客户进行现货交易的业务行为。

（二）仓单服务

仓单服务是指风险管理公司以商品现货仓单串换、仓单质押、约定购回等方式为客户提供服务的业务行为。仓单是指以实物商品为标的标准仓单、仓储物流企业出具的普通仓单、可转让提单等提货凭证或货权凭证。

案例 2－1

标准仓单质押回购

2018 年 4 月，某贸易公司与风险管理公司发生一笔棉花标准仓单质押回购业务（带保值头寸）。该公司通过基差点价（CF1809－700）的方式，即以低于棉花期货 1809 合约 700 元/吨的价格，将标准仓单销售给风险管理公司（基差包含质押利润和其他成本），标准仓单通过郑商所仓转系统实现货物所有权转移，100% 货款通过交易所进行划转收付（价格为双方协商价）。

双方约定在当年 8 月 24 日前，该公司具有回购同批次仓单的权利。5 月上旬及中旬，该公司分两次完成了约定的回购。

案例 2－2

标准仓单串换

2018 年 12 月，某上市公司子公司有意采购黑龙江某交割仓库大豆，向风险管理公司询价。当时公司仅持有大连地区大豆仓单，无客户意向仓库仓单，但经农产品部业务人员协调，最终实现了仓单的串换业务：与上海某一外资企业签订仓单基差买卖合同，卖出公司持有的大连地区仓单同时采购（置换）对方持有的黑龙江地区仓单。与此同时，与前述上市公司子公司签订基差销售合同，将置换回的标的仓单销售给了该客户。

此业务中，标准仓单通过大连商品交易所仓转系统实现货物所有权转移，款项通过银行汇款支付。公司通过提供仓单串换服务，赚取了销售利润，满足了客户意向采购要求。

（三）合作套保

合作套保是指为规避客户现货生产经营中的市场风险，风险管理公司为客户提供套期保值服务，以抵销被套期项目全部或部分价格风险的业务行为。

（四）场外衍生品业务

场外衍生品业务是指风险管理公司根据与交易对手达成的协议，直接进行场外衍生品交易的业务行为。其中，标的资产包括但不限于商品、股票、指数、基金、利率、汇率、信用及相关衍生品；合约类型包括远期、互换（掉期）、期权或具备其中一种或多种特征的组合。大力发展场外衍生品业务，一方面可以更好地匹配企业风险管理需求，另一方面也可以对场内市场进行有效补充。

“保险＋期货”是场外衍生品业务应用中的重要形式。“保险＋期货”模式是指农户或合作社向保险公司购买农产品保险合同，保险公司向风险管理公司购买场外期权进行风险保障，风险管理公司再通过期货市场进行风险转移和对冲，最终形成风险分散、各方受益的闭环。

风险管理公司通过与交易对手签订一对一的场外协议，有效解决了实体企业在场内标准化合约和个性化需求之间不匹配的问题，同时企业通过参与场外市场，用更少的资金成本实现场内风险管理的效果。

（五）做市业务

做市业务是指风险管理公司按照交易所相关规则，为特定的期货、期权等衍生品合约提供连续报价或者回应报价等服务。做市业务主要是通过连续报价或者回应报价等服务达到提供市场流动性的效果。

对于风险管理公司的风险管理，期货公司应当将风险管理公司的合规风控纳入公司全面风险管理体系，构建对风险管理公司业务风险的监测和风险处置机制，防范风险管理公司相关业务的合规风险、流动性风险、市场风险、信用风险、操作风险等各类风险，防止风险向期货公司或其他子公司传递。期货公司对风险管理公司每年至少开展一次合规检查，检查内容包括但不限于治理结构、合规运营、风险控制、业务和产品设计、交易执行、客户管理、财务管理、自有资金投资等。

三、居间人

根据中国期货业协会发布的《期货公司居间人管理办法》，居间人是指受期货公司委托，为期货公司提供订立期货经纪合同的中介服务，独立承担基于中介服务所产生的民事责任，期货公司按照约定向其支付报酬的机构及自然人。由此可见，居间人的居间服务是指，机构或个人接受期货公司委托，介绍客户给期货公司并按约定收取一定报酬的业务。

居间人可以分为两类：一类是经有关金融监管部门批准设立的证券公司等金融机构开展中介服务，国内称为券商 IB（Introducing Broker，简称 IB，意指介绍经纪商）；第二类是提供居间服务的自然人。券商 IB 遵循《证券公司为期货公司提供中间介绍业务试行办法》，居间人遵循《期货公司居间人管理办法》。

（一）券商 IB

在我国，证券公司受期货公司委托，可以将客户介绍给期货公司，并为客户开展期货交易提供一定的服务，期货公司因此向证券公司支付一定的佣金。这种为期货公司提供中间介绍业务的证券公司就是券商 IB。

根据《证券公司为期货公司提供中间介绍业务试行办法》，证券公司受期货公司委托从事中间介绍业务，应当提供下列服务：（1）协助办理开户手续；（2）提供期货行情信息和交易设施；（3）中国证监会规定的其他服务。证券公司不得代理客户进行期货交易、结算或交割，不得代期货公司、客户收付期货保证金，不得利用证券资金账户为客户存取、划转期货保证金。

证券公司从事介绍业务，应当与期货公司签订书面委托协议。委托协议应当载明下列事项：介绍业务的范围；执行期货保证金安全存管制度的措施；介绍业务对接规则；客户投诉的接待处理方式；报酬支付及相关费用的分担方式；违约责任；中国证监会规定的其他事项。

2012 年 10 月，我国已取消了券商 IB 业务资格的行政审批，证券公司为期货公司提供中间介绍业务实行依法备案。《期货公司监督管理办法》提出，期货公司可以按照规定委托其他机构或者接受其他机构委托从事中间介绍业务。这不仅允许证券公司成为期货公司的 IB，还允许期货公司成为证券公司的 IB。

（二）开展居间服务的自然人

我国期货行业开展居间服务的自然人，遵循《期货公司居间人管理办法（试行）》规定。其主要职责是介绍客户，凭借手中的客户资源和信息渠道优势为期货公司和投资者“牵线搭桥”。因从事居间活动付出的劳务，有按合同约定向公司获取酬金的权利。居间人应当守法合规，诚实守信，勤勉尽责，恪守《期货公司居间人管理办法（试行）》规定的行为规范，履行信义义务。

自然人从事居间服务需要满足一定基本条件。要求年满 18 周岁，具有完全民事行为能力；品行端正，具有良好的职业道德；承诺遵守法律法规及《期货公司居间人管理办法（试行）》等的规定；取得期货从业人员资格考试成绩合格证；已完成中国期货业协会（以下简称“协会”）要求的培训课程以及协会规定的其他条件。居间人可以同时与不超过三家期货公司签订居间合同。

期货公司应当加强居间人管理，不和不符合条件的自然人开展居间合作。开展居间合作的自然人不得有下列情况之一：（1）最近三年内受过刑事处罚的；（2）被中国证监会等金融监管部门采取市场禁入措施，禁入期未满的；（3）最近三年内被中国证监会及其派出机构采取行政处罚或者行政监管措施的；（4）被协会给予资格限制纪律惩戒措施，限制期未满的；（5）被协会列入居间人失信名单的；（6）中国证监会及协会认定的其他情况。

需要注意的是，居间人与期货公司没有隶属关系，不是期货公司订立期货经纪合同的当事人。为加强合规管理和风险控制，建立健全能够覆盖居间人管理的利益冲突防范机制，及时、有效地识别、评估、管理和披露期货公司及其工作人员、居间人及其工作人员、投资者等主体之间的利益冲突，切实保护投资者合法权益。《期货公司居间人管理办法（试行）》规定：（1）期货公司不得与下列个人开展居间合作，包括期货公司工作人员，本公司工作人员的配偶、父母、子女及其配偶，本公司客户的开户代理人、指定下单人、资金调拨人、结算单确认人，机构居间人的工作人员；（2）期货公司不得接受特殊单位客户成为居间人名下客户；（3）机构客户的工作人员不得成为其所在机构与期货公司签订期货经纪合同的居间人；（4）客户本人不得成为其与期货公司签订期货经纪合同的居间人；（5）期货公司应当在合理范围内收取居间人名下客户的交易手续费；（6）其他存在利益冲突的情形。

期货公司承担居间人管理主体责任，应当加强居间人职业道德教育，建立健全居间人管理制度，及时准确登记居间人信息。自然人从事居间介绍业务时，需要遵循相应行为规范。居间人应当客观、准确地宣传期货市场，不得向客户夸大收益宣传、降低风险告知、以期货居间人的名义从事期货居间以外的经纪活动等。

期货公司应当要求居间人不得有下列行为：（1）以任何形式参与期货配资，变相非法集资或者融资；（2）接受投资者委托，代理投资者从事期货交易，或者代理投资者办理账户开立、销户、结算签字、资金存取、划转、查询等事宜；（3）为投资者提供集中交易场所或者交易设施，以期货公司员工、代理人的身份对外开展业务，擅自印刷和发放宣传资料，以及向投资者发出容易使其对居间人身份产生误解的其他信息；（4）虚构或者担任挂名居间人；（5）隐瞒重要事实或者进行误导性陈述，提供、传播虚假或者误导投资者的信息，夸大或者片面宣传投资业绩，向投资者作获利保证或者共担风险的承诺，诱使投资者进行期货交易；（6）为投资者介绍代理人代其进行期货交易；（7）要求期货公司支付与居间合作无关的费用；（8）超过居间合同约定的合作范围开展居间活动；（9）委托他人代理其开展居间活动；（10）以任何形式向投资者提供包括但不限于品种、价位、方向、数量等指向明确的交易建议；（11）法律法规、中国证监会规定和协会自律规则禁止的其他行为。

居间人行为规范方面明确了居间人的合作范围，主要包括：（1）向期货公司介绍投资者，并促成投资者与期货公司签订期货经纪合同；（2）向投资者介绍期货公司的基本情况；（3）向投资者介绍期货投资的基本常识包括但不限于开户、交易、追加保证金、强行平仓、资金存取等；（4）向投资者介绍与期货投资有关的法律法规、部门规章、自律规则和期货公司的有关规定；（5）向投资者传递由期货公司统一提供的公司宣传推介材料；（6）协会认定的其他活动。

我国期货市场居间人发展规模：2019 年我国期货市场开展居间合作的自然人居间人数量为 48437 人，机构居间人数量为 6323 家，因同一居间人可能同时为多家期货公司提供中介服务，实际居间人数量应当小于上述统计数量。

四、期货市场其他服务机构

（一）中国期货市场监控中心

中国期货市场监控中心承担如下服务职能：期货市场统一开户、为期货投资者提供交易结算信息查询、商品及其他指数的编制和发布、为监管机构和期货交易所等提供信息服务、宏观和产业分析研究。此外，中国期货市场监控中心还负有期货保证金安全监控、期货市场运行监测监控、期货中介机构监测监控、期货市场调查、协助风险公司处置、代管期货投资者保障基金等其他职能。

（二）期货保证金存管银行

期货保证金存管银行（以下简称“存管银行”）属于期货服务机构，是由交易所指定、协助交易所办理期货交易结算业务的银行。经交易所同意成为存管银行后，存管银行须与交易所签订相应协议，明确双方的权利和义务，以规范相关业务行为。交易所有权对存管银行的期货结算业务进行监督。

期货保证金存管银行的设立是国内期货市场保证金封闭运行的必要环节，也是保障投资者资金安全的重要组织机构。我国五家期货交易所分别采用全员结算制度和会员分级结算制度两种制度，期货保证金存管银行享有的权利和应履行的义务在两种结算制度下略有差异。

（三）交割仓库

交割仓库是期货品种进入实物交割环节为交割提供交割服务和生成标准仓单所必经的期货服务机构。在我国，交割仓库是指由期货交易所指定的、为期货合约履行实物交割的交割地点。期货交易的交割，由期货交易所统一组织进行。期货交易所不得限制实物交割总量，并应当与交割仓库签订协议，明确双方的权利和义务。

为保障交割环节的有序运行，成为期货交易所的指定交割仓库，需要进行申请和审批。交割仓库享有一定的权利，并需承担相应的义务。

指定交割仓库的日常业务分为三个阶段：商品入库、商品保管和商品出库。指定交割仓库应保证期货交割商品优先办理入库、出库。

交割仓库不得有下列行为：出具虚假仓单；违反期货交易所业务规则，限制交割商品的入库、出库；泄露与期货交易有关的商业秘密；违反国家有关规定参与期货交易；违反国务院期货监督管理机构规定的其他行为。

（四）中证商品指数公司

2020 年 12 月，中证商品指数有限责任公司由上海期货交易所、郑州商品交易所、大连商品交易所、中国金融期货交易所共同发起出资设立，成为全国首家商品指数编制运营服务平台。作为中国证监会直接管理的证券期货类金融机构，中证商品指数有限公司主要业务职能是商品指数、宏观指数、国债等金融指数的编制、运维、发布、授权及相关数据信息和技术服务，高起点高标准构建中国商品指数体系。设立中证商品指数公司，整合期货业指数业务资源，统一编制发布商品指数，有利于高质量增加我国的指数产品供给。

（五）期货信息技术服务机构

期货信息技术服务机构主要提供期货行情软件、交易系统及相关信息技术服务，是投资者进行期货交易时不可或缺的环节，也是网上交易的重要工具，其系统的稳定性、价格传输的速度对于投资者获取投资收益发挥着重要作用。现在，期货信息技术服务机构正通过差异化信息服务和稳定、快捷的交易系统达到吸引客户的目的。

除了上述期货服务机构外，会计师事务所、律师事务所、资产评估机构、产品质量检验机构等服务机构向期货交易所和期货公司等市场相关参与者提供相关服务时，应当遵守期货法律、行政法规以及国家有关规定，并按照国务院期货监督管理机构的要求提供相关资料。

第四节　期货交易者

学习内容	知识点
个人投资者	个人投资者适当性
机构投资者	机构投资者分类
商品投资基金	商品投资基金的概念
	商品投资基金的构成
	对冲基金的概念
做市商	做市商
	做市商制度
	做市商的权利义务

期货交易者是市场的主要参与者，机构投资者因为具有较强的资金实力、风险承受能力和专业投资能力，成为该市场的重要力量。

基于不同的分类方法，期货交易者可以分为不同类型。

根据进入期货市场目的的不同，期货交易者可分为套期保值者与投机者。套期保值者通过期货合约买卖活动以减小自身面临的、由于市场变化而带来的现货价格波动风险。投机者是指运用一定资金通过期货交易以期获取投资收益的投资者。他们通过预期某期货合约价格的未来走向，进行买卖操作以获取价格波动差额，当预期价格上涨时买入，预期价格下跌时卖出。

按照交易者是自然人还是法人划分，期货交易者可分为个人投资者和机构投资者。

按照开户身份和交易特征来划分，可以将交易者划分为自然人、产业客户、特殊法人、期货资管等。

在《期货法》草案中，根据财产状况、金融资产状况、投资知识和经验、专业能力等因素，交易者可以划分为普通交易者和专业交易者。

一、个人投资者

参与期货交易的自然人被称为个人投资者。为保障市场平稳、规范、健康运行，防范风险，保护投资者的合法权益，在金融期货和股票期权市场上，个人投资者参与交易均受到投资者适当性制度规定、规则所制约。需要指出的是，自然人中也有专业知识充足或者规模相当大的投资者。

根据《金融期货投资者适当性制度实施办法》，个人投资者在申请开立金融期货交易编码前，需先由期货公司会员对投资者的基础知识、财务状况、期货投资经历和诚信状况等方面进行综合评估。具体条件如下：申请开户时保证金账户可用资金余额不低于人民币 50 万元；具备金融期货基础知识，通过相关测试；具有累计 10 个交易日、20 笔以上（含）的金融期货仿真交易成交记录，或者最近三年内具有 10 笔以上（含）的期货交易成交记录；不存在严重不良诚信记录；不存在法律、行政法规、规章和交易所业务规则禁止或者限制从事金融期货交易的情形。期货公司会员除按上述标准对投资者进行审核外，还应当按照交易所制定的投资者适当性制度操作指引，对投资者进行综合评估，不得为综合评估得分低于规定标准的投资者申请开立交易编码。

根据上海证券交易所《期货公司参与股票期权业务指南》，期货公司应严格执行股票期权投资者适当性管理制度，向客户全面介绍期权产品特征，充分揭示期权交易风险，对客户的适当性进行评估，并对客户实施交易权限分级管理。期货公司不得接受不符合投资者适当性标准的客户从事股票期权交易。

个人投资者参与期权交易，应满足资金、交易经历、风险承受能力、诚信状况等条件。具体应当符合下列条件：（1）申请开户时托管在其委托的期货公司的上一交易日日终的证券市值与资金可用余额，合计不低于人民币 50 万元；（2）在期货公司开立期货保证金账户 6 个月以上，并具备金融期货交易经历；（3）具备期权基础知识，通过交易所认可的相关测试；（4）具有交易所认可的期权模拟交易经历；（5）具有相应的风险承受能力；（6）不存在严重不良诚信记录，不存在法律、法规、规章和交易所业务规则禁止或者限制从事期权交易的情形；（7）上海证券交易所规定的其他条件。个人投资者参与期权交易，应当通过期权经营机构组织的期权投资者适当性综合评估。

在风险管理子公司提供风险管理服务或产品时，其可以选择的自然人客户也要符合条件，即可投资资产高于 100 万元的高净值自然人客户。

二、机构投资者

理论上讲，与自然人相对的法人投资者都可被称为机构投资者，其范围涵盖一般法人交易者、产业客户、金融机构、养老基金、对冲基金、投资基金、商品投资基金等多种类型。

期货市场是一个高风险的市场，与个人投资者相比，机构投资者一般在资金实力、风险承受能力和交易的专业能力等方面更具有优势，因此，机构投资者成为稳定期货市场的重要力量。

（一）特殊单位客户和一般单位客户

在我国金融期货市场上，将机构投资者区分为特殊单位客户和一般单位客户。特殊单位客户是指证券公司、基金管理公司、信托公司、银行和其他金融机构，以及社会保障类公司、合格境外机构投资者等法律、行政法规和规章规定的需要资产分户管理的单位客户，以及交易所认定的其他单位客户；一般单位客户系指特殊单位客户以外的机构投资者。一般单位客户在金融市场开立交易编码前，也需根据投资者适当性制度的规定，由期货公司会员对一般单位客户的基本情况、相关投资经历、财务状况、诚信状况和相关制度等进行综合评估。特殊单位客户符合投资者适当性制度的有关规定，不用进行综合评估就可为其交易申请开立交易编码。

（二）专业机构投资者和普通机构投资者

在我国股票期权市场上，将机构投资者区分为专业机构投资者和普通机构投资者。除法律、法规、规章以及监管机构另有规定外，专业机构投资者参与期权交易，不对其进行适当性管理综合评估。专业机构投资者包括：一是商业银行、期权经营机构、保险机构、信托公司、基金管理公司、财务公司、合格境外机构投资者等专业机构及其分支机构；二是证券投资基金、社保基金、养老基金、企业年金、信托计划、资产管理计划、银行及保险理财产品，以及由第一项所列专业机构担任管理人的其他基金或者委托投资资产；三是监管机构及交易所规定的其他专业机构投资者。

普通机构投资者系指专业机构投资者以外的机构客户。普通机构投资者参与股票期权交易，需要依据《期货公司参与股票期权业务指南》对其适当性进行综合评估，符合要求的普通机构投资者可以开立交易编码。

境外交易者。我国原油、20 号胶、PTA、铁矿石、低硫燃料油、国际铜、棕榈油期货以及棕榈油期权、原油期权等已经成为国际化品种，有助于引入境外交易者。境外交易者中，既有个人投资者，也有法人投资者。他们参与境内交易遵循《境外交易者和境外经纪机构从事境内特定品种期货交易管理暂行办法》。境外交易者可以委托境内期货公司或境外经纪机构参与境内特定品种期货交易，通过期货公司风控，暂不允许直接连接交易所下单。目前，我国对境内外客户的管理实行统一原则，必须实名认证，一户一码，开户要求一致。境外交易者遵循交易者适当性原则，交易者有交易经历要求、资金要求和知识测试要求。

（三）商品投资基金

商品投资基金属于机构投资者，因其近年发展较快，特点鲜明，故单独抽取出来进行专门介绍。

商品投资基金（Commodity Pool，CP），是指广大投资者将资金集中起来委托给专业的投资机构，并通过商品交易顾问（CTA）进行期货和期权交易，投资者承担风险并享受投资收益的一种集合投资方式。

商品投资基金专注于投资期货和期权合约，既可以做多，也可以做空，可以投资于如外汇期货、利率期货、股指期货或商品期货中的某一类市场。商品投资基金从他人手中募集资金以投资于衍生品市场获取投资收益，它给予中小投资者通过专业机构参与期货和期权市场投资，获取多元化的好处。

由于商品投资基金给投资者提供了一种投资传统的股票和债券所不具有的特殊的获利方式，并且其投资资产同传统资产相关度很低，因此，商品投资基金通常被称为另类投资工具或其他投资工具（Alternative Investment Asset）。在国际期货市场上，商品投资基金已成为非常重要的机构投资者。近年来，我国商品投资基金也得到了快速发展。

商品投资基金在不同国家的组织结构有一定差异，现以美国为例进行介绍。

1. 商品基金经理（CPO）

CPO 是基金的主要管理人，是基金的设计者和运作的决策者，负责选择基金的发行方式，选择基金主要成员，决定基金投资方向等。

2. 商品交易顾问（CTA）

CTA 是可以向他人提供买卖期货、期权合约指导或建议，或以客户名义进行操作的自然人或法人。在商品投资基金中，CTA 受聘于 CPO，对商品投资基金进行具体的交易操作，决定投资期货的策略。CTA 不能接受客户资金，客户资金必须以期货佣金商的名义存入客户账户。CTA 必须遵守期货监管机构商品期货交易委员会（CFTC）的一系列规则。

CTA 是期货投资方面的专家，不同的 CTA 有不同的风险偏好和工作方式。比如，CTA 可以对其他人就买卖期货或期权合约的可行性或营利性进行指导，间接地为客户进行期货交易的买卖提供建议，也可以通过书面出版物或其他媒介为大众提供咨询，通过建议和咨询获取报酬。

3. 交易经理（TM）

交易经理受聘于 CPO，主要负责帮助 CPO 挑选 CTA，监视 CTA 的交易活动，控制风险，以及在 CTA 之间分配基金。

4. 期货佣金商（FCM）

FCM 和我国期货公司类似，是美国主要的期货中介机构。许多 FCM 与商品基金经理有着紧密的联系，并为 CTA 提供进入各交易所进行期货交易的途径。FCM 负责执行 CTA 发出的交易指令，管理期货头寸的保证金。实际上，许多 FCM 同时也是 CPO 或 TM，向客户提供投资项目的业绩报告，同时也为客户提供投资于商品投资基金的机会。

5. 托管人（Custodian）

为了充分保障基金投资者的权益，防止基金资产被挪用，CPO 通常委托一个有资格的机构负责保管基金资产和监督基金运作，托管人一般是商业银行、储蓄银行、大型投资公司等独立的金融机构。其主要职责有：记录、报告并监督基金在证券市场和期货市场上的所有交易；保管基金资产，计算财产本息，催缴现金证券的利息；办理有关交易的交割事项；签署基金决算报告。

商品投资基金所涉及的五个主体之间的关系见图 2－1。

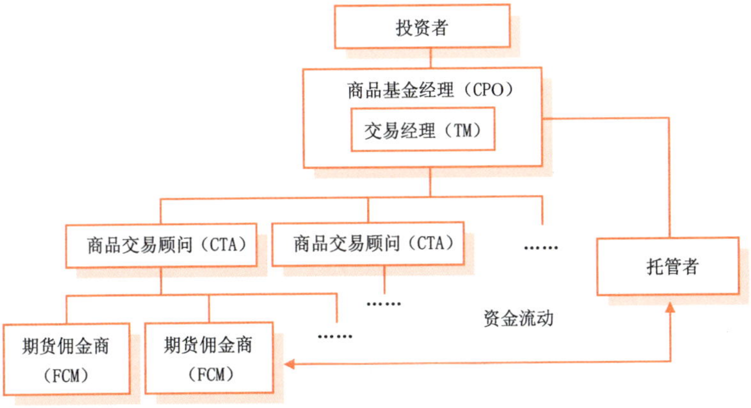

图 2－1　商品投资基金组织结构图

6. 对冲基金

对冲基金（Hedge Fund），又称避险基金，是指“风险对冲过的基金”。最初，对冲基金的运作宗旨是利用期货、期权等金融衍生品和对相关联的不同股票进行买空卖空以及风险对冲的操作，在一定程度上规避和化解证券投资风险。经过几十年的发展，对冲基金已转变为一种充分利用各种金融衍生品的杠杆效应，承担较高风险、追求较高收益的投资模式。

关于对冲基金没有统一的定义，在路透金融词典中，将对冲基金解释为：“对冲基金是一种私人投资基金，目标往往是从市场短暂快速的波动中获取高水平的回报，常进行高杠杆比率的操作，运用如卖空、互换、金融衍生工具、程序交易和套利等交易手段。因最低投资额往往很高，对冲基金的投资者通常限于金融机构和富人。”

对冲基金是私募基金，可以通过做多、做空以及杠杆交易（融资交易）等投资于公开市场上的各种证券、货币和衍生工具等任何资产品种。因此，期货和期权市场等衍生品市场实际上是对冲基金资产组合配置中的重要组成部分。此外，对冲基金还有一个显著特征，就是经常运用对冲的方法去抵消市场风险，锁定套利机会。随着对冲基金的发展，出现了“对冲基金的组合基金”。对冲基金的组合基金是将募集的资金投资于多个对冲基金，通过对对冲基金的组合投资，而不是投资于股票、债券以实现分散风险的目的。

三、做市商

（一）做市商与做市商制度

做市商是指经交易所认可，为指定品种的期货、期权合约提供双边报价等服务的法人或者非法人组织。期货做市商一般由具备一定实力和信誉的期货经营法人作为特许交易商，不断地向公众投资者报出某些特定期货的交易价格，并在该价位上接受公众投资者的买卖要求，以其自有资金和期货投资者进行期货交易。通过做市商这种不断买卖来维持市场的流动性，满足公众投资者的投资需求。

做市商制度，就是以做市商报价形成交易价格、驱动交易发展的期货交易方式。

期货交易所按品种实行做市商资格管理。申请做市商资格，需要具备净资产、专业人员、做市交易实施方案和风控制度、诚信合规、做市交易系统、交易经历等条件。以《上海期货交易所做市商管理办法（修订版）》为例，申请做市商应当具备下列条件：（1）净资产不低于人民币5000万元；（2）具有专门机构和人员负责做市交易，做市人员应当熟悉相关法律法规和交易所业务规则；（3）具有健全的做市交易实施方案、内部控制制度和风险管理制度；（4）最近三年无重大违法违规记录；（5）具备稳定、可靠的做市交易技术系统；（6）应当具有交易所认可的交易、做市或者仿真交易做市的经历；（7）交易所规定的其他条件。

根据协议和做市情况，做市商可以享有交易手续费减收等权利。做市商的义务是持续报价、回应报价和交易所业务规则以及协议规定的其他义务。当市场出现某些特定情形时，期货、期权合约做市商报价义务可以免除，不同交易所适用各自的规定，以大连商品交易所为例，期货合约做市商报价义务在下述四种条件下免除：（1）期货合约开盘集合竞价期间，免除做市商在所有做市合约上的报价义务；（2）协议约定的主力合约达到涨跌停板价格时，免除做市商在该品种所有做市合约上的报价义务；（3）做市合约达到涨跌停板价格时，免除做市商在该做市合约上的报价义务，若该做市合约为协议约定的主力合约，则按上述（2）的规定处理；（4）出现交易所认定的以及协议约定的其他情形时，交易所可以免除相应的报价义务。报价义务免除的情形消失后，做市商应继续履行相应的报价义务。

期权合约做市商在下述五种条件下免除：（1）期权合约开盘集合竞价期间，免除做市商在所有做市合约上的报价义务；（2）标的期货合约达到涨跌停板价格时，免除做市商在以该期货合约为标的的所有期权合约上的报价义务；（3）期权合约达到涨跌停板价格时，免除做市商在该期权合约上的报价义务；（4）做市商在某期权合约上的卖出报价低于协议规定时，免除该做市商在该期权合约上的买入报价义务；（5）出现交易所认定的以及协议约定的其他情形时，交易所可以免除做市商相应的报价义务。报价义务免除的情形消失后，做市商应当继续履行相应的报价义务。

（二）衍生品做市商的交易策略和风险管理

衍生品做市商需要有相应的资金要求、人员团队要求，建立相应的做市交易系统，以 BS 定价模型为基础采取一定的交易策略。其交易策略包括 BSM 定价模型，实行仓位均衡报价策略（买卖均衡 vega 中性），实行 delta 动态对冲和 vega 对冲的对冲策略，以及 Edge 管理，即在市场价格低于自算理论价格时买入，Edge 买入报价为理论价减市场价之差；在市场价格高于自算理论价时卖出，Edge 卖出报价为市场价与理论价之差，从而获得正的 Edge。

衍生品做市商在履行报价义务的同时，需要加强自身风险防范。衍生品做市商需要对报价价差宽度、数量进行实时监控，对不满足义务要求的报价区间进行预警。

第三章　期货合约与期货交易制度

本章学习目的与要求：

通过本章学习，掌握期货标准化合约的概念，了解选择合约标的需考虑的因素，熟悉期货合约的主要条款及其含义；掌握期货交易的基本制度；熟悉期货交易的基本流程，能够对客户期货保证金账户进行逐日盯市与逐笔对冲结算。

学习重点：

标准化合约的主要条款；保证金制度与当日无负债结算制度；涨跌停板制度；持仓限额与大户报告制度；逐日盯市与逐笔对冲结算；实物交割与现金交割。

知识结构图：

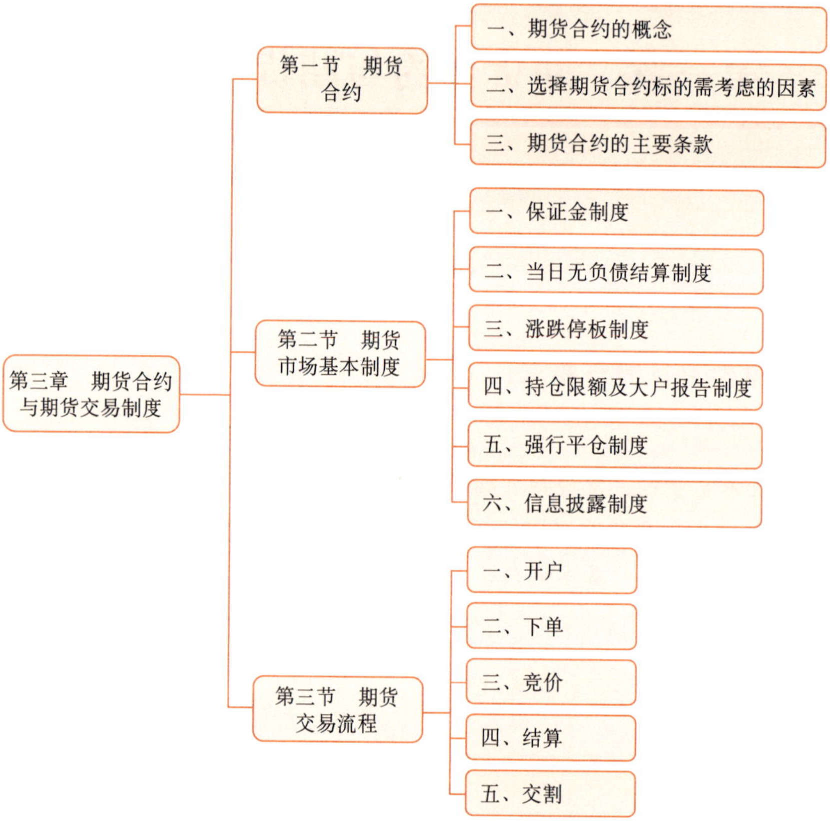
第三章　期货合约与期货交易制度
第一节　期货合约
一、期货合约的概念
二、选择期货合约标的需考虑的因素
三、期货合约的主要条款
第二节　期货市场基本制度
一、保证金制度
二、当日无负债结算制度
三、涨跌停板制度
四、持仓限额及大户报告制度
五、强行平仓制度
六、信息披露制度
第三节　期货交易流程
一、开户
二、下单
三、竞价
四、结算
五、交割

第一节　期货合约

学习内容	知识点
期货合约的概念	期货合约的概念
选择期货合约标的需考虑的因素	选择期货合约标的需考虑的因素
期货合约的主要条款	合约名称与代码、数量条款、报价条款、时间条款、交割条款等

一、期货合约的概念

期货合约，是指由期货交易所统一制定、规定在未来某一特定的时间和地点交割一定数量和质量标的物的标准化合约。

期货合约是期货交易的对象。期货交易参与者通过在期货交易所买卖期货合约，转移现货经营的价格风险或获取期货交易的风险收益。期货合约的标准化使期货合约的连续买卖更加便利，并使之具有很强的市场流动性，极大地简化了交易过程，降低了交易成本，提高了交易效率。

二、选择期货合约标的需考虑的因素

现货商品和金融产品不计其数，但并非都适合作为期货合约的标的，交易所为了保证期货合约上市后能有效地发挥其功能，在选择标的时，一般需要考虑以下因素：

（一）规格或质量易于量化和评级

期货合约的标准化条款之一是交割等级，这要求标的规格或质量能够进行量化和评级，以便确定标准品，以及标准品和其他可替代品级之间的价格差距。这一点对金融工具和初级大宗商品如小麦、大豆、金属等很容易做到，但对于工业制成品等来说则很难，因为这类产品加工程度高，品质、属性等方面存在诸多差异，不同的人对完全相同的产品可能有完全不同甚至相反的评价。

（二）价格波动幅度大且频繁

期货交易者分为套期保值者和投机者。套期保值者利用期货交易规避价格风险；投机者利用期货价格波动赚取价差收益。若没有现货价格波动，就无须担心价格风险，保值者也就失去了参与期货交易规避价格风险的需求。对投机者而言，因为没有风险收益，则失去了参与期货交易的动力。所以，现货价格和期货价格频繁波动既迫使套期保值者参加市场交易，又刺激投机者投身于期货市场，如果价格缺乏波动性，则期货市场将不能生存和发展。

（三）供应量较大，不易为少数人控制和垄断

在现货市场上必须有较大的供应量，才适合作为期货品种的标的。否则，其价格很容易被操纵，即垄断现货市场之后在期货市场进行大量买入该商品对应的期货合约，并一直持仓到交割月，使交易对手无法获得现货进行交割，只能按高价平仓了结。如果价格过高，交易对手可能蒙受巨额亏损，由此会引发违约风险，增加期货市场的不稳定性。

三、期货合约的主要条款

期货合约各项条款的设计对期货交易有关各方的利益以及期货交易能否活跃至关重要。期货合约的标准化条款主要包括合约名称与代码、数量条款、报价条款、时间条款、交割条款、风险管理条款等，具体如下：

（一）合约名称

合约名称注明了该合约的品种名称及其上市交易所名称。以上海期货交易所铜合约为例，合约名称为“上海期货交易所阴极铜期货合约”。

（二）交易单位/合约价值

交易单位，是指在期货交易所交易的每手期货合约代表的标的物的数量。如大连商品交易所豆粕期货合约的交易单位为“10 吨/手”。

合约价值，是指每手期货合约代表的标的物的价值。如沪深 300 指数期货的合约价值为“300 元 × 沪深 300 指数期货的点数”（其中 300 元为沪深 300 指数期货的合约乘数）。在进行期货交易时，只能以交易单位或合约价值的整数倍进行买卖。

确定期货合约交易单位的大小，主要应当考虑合约标的的市场规模、交易者的资金规模、期货交易所的会员结构和该品种的现货交易习惯等因素。一般来说，某品种的市场规模较大，交易者的资金规模较大，期货交易所中愿意参与该期货交易的会员单位较多，则该合约的交易单位就可以设计得大一些；反之，则设计得小一些。

（三）报价单位

报价单位，是指在公开竞价过程中对期货合约报价所使用的单位，即每计量单位的货币价格。例如，国内阴极铜、铝、小麦、大豆等期货合约的报价单位以“元（人民币）/吨”表示。

（四）最小变动价位

最小变动价位，是指在期货交易所的公开竞价过程中，对合约每计量单位报价的最小变动数值。在期货交易中，每次报价的最小变动数值必须是最小变动价位的整数倍。最小变动价位乘以交易单位，就是该合约价值的最小变动值。例如，上海期货交易所锌期货合约的最小变动价位是 5 元/吨，即每手合约的最小变动值是 5 元/吨 × 5 吨 = 25 元。

期货合约最小变动价位的确定，通常取决于该合约标的的种类、性质、市场价格波动情况和商业规范等。

最小变动价位的设置是为了保证市场有适度的流动性。一般而言，较小的最小变动价位有利于市场流动性的增加，但过小的最小变动价位将会增加交易协商成本；较大的最小变动价位，一般会减少交易量，影响市场的活跃程度，不利于交易者进行交易。

（五）每日价格最大波动限制

每日价格最大波动限制又称为涨跌停板，规定了期货合约在一个交易日中的交易价格波动不得高于或者低于规定的涨跌幅度。每日价格最大波动限制一般是以合约上一交易日的结算价为基准确定的。期货合约上一交易日的结算价加上允许的最大涨幅构成当日价格上涨的上限，称为涨停板；而该合约上一交易日的结算价减去允许的最大跌幅则构成当日价格下跌的下限，称为跌停板。在我国期货市场，每日价格最大波动限制设定为合约上一交易日结算价的一定百分比。

每日价格最大波动限制的确定主要取决于该种标的市场价格波动的频繁程度和波幅的大小。一般来说，标的价格波动越频繁，越剧烈，该商品期货合约允许的每日价格最大波动幅度就应设置得大一些。

（六）合约交割月份（或合约月份）

合约交割月份，是指某种期货合约到期交割的月份。

商品期货合约交割月份的确定一般受该合约标的商品的生产、使用、储藏、流通等方面特点的影响。例如，许多农产品期货的生产与消费具有很强的季节性，因而其交割月份的规定也具有季节性特点。

（七）交易时间

期货合约的交易时间由期货交易所统一规定。交易者只能在规定的交易时间内进行交易。日盘交易时间一般分上午和下午进行，每周 5 天，此外，我国期货交易所还对部分品种开展夜盘交易，从而形成期货合约的连续交易。

（八）最后交易日

最后交易日，是指某种期货合约在合约交割月份中进行交易的最后一个交易日，过了这个期限的未平仓期货合约，必须按规定进行实物交割或现金交割。期货交易所根据不同期货合约标的物的现货交易特点等因素确定其最后交易日。

（九）交割日期

交割日期，是指合约标的物所有权进行转移，以实物交割或现金交割方式了结未平仓合约的时间。

（十）交割等级

交割等级，是指由期货交易所统一规定的、允许在期货交易所上市交易的合约标的物的质量等级。在进行期货交易时，交易双方无须对标的物的质量等级进行协商，发生实物交割时按交易所期货合约规定的质量等级进行交割。

对于商品期货来说，期货交易所在制定合约标的质量等级时，常常采用国内或国际贸易中最通用和交易量较大的标准品的质量等级为标准交割等级。

一般来说，为了保证期货交易顺利进行，许多期货交易所都允许在实物交割时，实际交割的标的质量等级与期货合约规定的标准交割等级有所差别，即允许用与标准品有一定等级差别的商品作替代交割品。期货交易所统一规定替代品的质量等级和品种。交货人用期货交易所认可的替代品代替标准品进行实物交割时，收货人不能拒收。用替代品进行实物交割时，需要对价格进行升贴水处理。交易所根据市场情况统一规定和适时调整替代品与标准品之间的升贴水标准。

（十一）交割地点

交割地点，是指由期货交易所统一规定的进行实物交割的指定地点。

商品期货交易大多涉及大宗实物商品的买卖，因此，统一指定交割仓库可以保证卖方交付的商品符合期货合约规定的数量与质量等级，保证买方收到符合期货合约规定的商品。期货交易所在指定交割仓库时主要考虑的因素有：指定交割仓库所在地区的生产或消费集中程度，指定交割仓库的储存条件、运输条件和质检条件等。

金融期货交易不需要指定交割仓库，但期货交易所会指定交割银行。负责金融期货交割的指定银行，必须具有良好的资信状况、较强的大额资金结算能力，以及先进、高效的结算手段和设备。

（十二）交易手续费

交易手续费，是指由期货交易所按成交合约金额的一定比例或按成交合约手数收取的费用。交易手续费的高低对市场流动性和成交量有一定影响，交易手续费过高会增加期货市场的交易成本，扩大无套利区间，降低市场的交易量，不利于市场的活跃，但可以起到抑制过度投机的作用。

（十三）交割方式

期货交易的交割方式分为实物交割和现金交割两种。商品期货、股票期货、外汇期货、中长期利率期货通常采取实物交割方式，指数类期货和短期利率期货通常采用现金交割方式。

（十四）交易代码

为便于交易，期货交易所对每一期货品种都规定了交易代码。例如，中国金融期货交易所沪深300指数期货的交易代码为IF，郑州商品交易所白糖期货的交易代码为SR，大连商品交易所豆油期货的交易代码为Y，上海期货交易所铜期货的交易代码为CU。

除了上述条款，期货合约中还规定了最低交易保证金这一重要条款，将在下一节基本制度中专门介绍。

表3－1和表3－2分别为上海期货交易所铜期货合约和中国金融期货交易所沪深300股指期货合约。读者可以对照阅读。

表3－1　上海期货交易所阴极铜期货合约

项目	合约内容
交易品种	阴极铜
交易单位	5吨/手
报价单位	元（人民币）/吨
最小变动价位	10元/吨
涨跌停板幅度	上一交易日结算价±3%
合约月份	1—12月
交易时间	上午9:00—11:30，下午1:30—3:00和交易所规定的其他交易时间

续表

项目	合约内容
最后交易日	合约月份的 15 日（遇国家法定节假日顺延，春节月份等最后交易日交易所可另行调整并通知）
交割日期	最后交易日后连续三个工作日
交割品级	标准品：阴极铜，符合国标 GB/T467 – 2010 中 1 号标准铜（Cu – CATH – 2）规定，其中主成分铜加银含量不小于 99.95%
	替代品：阴极铜，符合国标 GB/T467 – 2010 中 A 级铜（Cu – CATH – 1）规定；或符合 BS EN 1978：1998 中 A 级铜（Cu – CATH – 1）规定
交割地点	交易所指定交割仓库
最低交易保证金	合约价值的 5%
交割方式	实物交割
交割单位	25 吨
交易代码	CU
上市交易所	上海期货交易所

资料来源：上海期货交易所（发布时间为 2020 年 8 月 31 日）。

表 3 – 2　　　　沪深 300 股指期货合约

项目	合约内容
合约标的	沪深 300 指数
合约乘数	每点 300 元
报价单位	指数点
最小变动价位	0.2 点
合约月份	当月、下月及随后两个季月
交易时间	上午：9:30—11:30，下午：13:00—15:00
每日价格最大波动限制	上一个交易日结算价的 ±10%
最低交易保证金	合约价值的 8%
最后交易日	合约到期月份的第三个周五，遇国家法定假日顺延
交割日期	同最后交易日
交割方式	现金交割
交易代码	IF
上市交易所	中国金融期货交易所

资料来源：中国金融期货交易所。

第二节　期货市场基本制度

学习内容	知识点
保证金制度	保证金制度的含义、特点
当日无负债结算制度	当日无负债结算制度的含义、特点
涨跌停板制度	涨跌停板制度的含义、特点、作用
持仓限额及大户报告制度	持仓限额及大户报告制度的含义、特点、作用
强行平仓制度	强行平仓制度的含义、适用情形、相关规定
信息披露制度	信息披露制度的含义及相关规定

为了维护期货交易的“三公”原则与期货市场的高效运行，对期货市场实施有效的风险管理，期货交易所制定了相关制度与规则。

本节重点介绍保证金制度、当日无负债结算制度、涨跌停板制度、持仓限额及大户报告制度、强行平仓制度、信息披露制度等基本制度。

一、保证金制度

（一）什么是保证金制度

期货交易实行保证金制度。在期货交易中，期货买方和卖方必须按照其所买卖期货合约价值的一定比例（通常为5%—15%）缴纳保证金，用于结算和保证履约。保证金制度是期货市场风险管理的重要手段。

（二）国际期货市场上保证金制度实施的一般性特点

在国际期货市场上，保证金制度的实施一般有如下特点：

第一，对交易者的保证金要求与其面临的风险相对应。一般来说，交易者面临的风险越大，对其要求的保证金也越多。比如，在美国期货市场，对投机者要求的保证金要大于对套期保值者和套利者要求的保证金。

第二，交易所根据合约特点设定最低保证金标准，并可根据市场风险状况等调节保证金水平。比如，价格波动越大的合约，其交易者面临的风险也越大，设定的最低保证金标准则越高；当出现过度投机时，交易所可提高保证金水平，提高交易者入市成本，抑制投机行为，控制市场风险。

第三，保证金的收取分级进行。一般而言，交易所或结算机构只向其会员收取保证金，作为会员的期货公司则向其客户收取保证金，两者分别称为会员保证金和客户保证金。保证金的分级收取与管理，对于期货市场的风险进行分层次分担与管理具有重要意义。

（三）我国境内期货交易保证金制度的特点

我国境内期货交易的保证金制度除了采用国际通行的一些做法外，在施行中，还具有自身的一些特点。

我国境内期货交易所对商品期货交易保证金比例的规定有如下特点：

第一，商品期货一般对期货合约上市运行的不同阶段规定不同的交易保证金比例。一般来说，距交割月份越近，交易者面临到期交割的可能性就越大，为了防止实物交割中可能出现的违约风险，促使不愿进行实物交割的交易者尽快平仓了结，所以交易保证金比例会随着交割期的临近提高。

例如，按照《郑州商品交易所期货交易风险控制管理办法》，期货合约的交易保证金标准按照该期货合约上市交易的时间分期间依次管理，各期间交易保证金标准为：自挂牌至交割月前一个月第15个日历日期间交易日的保证金比例为5%（苹果、红枣期货为7%）；交割月前一个月第16个日历日至交割月前一个月最后一个日历日期间交易日保证金比例为10%；交割月份为20%。

第二，随着合约持仓量的增大，交易所将逐步提高该合约交易保证金比例。一般来说，随着合约持仓量的增加，尤其是持仓合约所代表的期货商品的数量远远超过相关商品现货数量时，往往表明期货市场投机交易过多，蕴含较大的风险。因此，随着合约持仓量的增大，交易所将逐步提高该合约的交易保证金比例，以控制市场风险。

第三，当某期货合约出现连续涨跌停板时，交易保证金比例相应提高。

第四，当某品种某月份合约按结算价计算的价格变化，连续若干个交易日的累积涨跌幅达到一定程度时，交易所有权根据市场情况，对部分或全部会员的单边或双边持仓，按同比例或不同比例提高交易保证金水平，限制部分或全部会员划出资金，暂停部分或全部会员增开新仓，调整涨跌停板幅度，采取限期平仓或强行平仓等一种或多种措施，以控制风险。

第五，当某期货合约交易出现异常情况时，交易所可按规定的程序调整交易保证金比例。

在我国，期货交易者缴纳的保证金可以是现金，也可以是现金等价物，比如价值稳定、流动性强的标准仓单或国债等有价证券。

二、当日无负债结算制度

当日无负债结算制度，又称为逐日盯市制度，是指在每个交易日结束后，由期货结算机构对期货交易保证金账户当天的盈亏状况进行结算，并根据结算结果进行资金划转。当交易发生亏损，进而导致保证金账户资金不足时，则要求必须在结算机构规定的时间内向账户中追加保证金，以做到“当日无负债”。

当日无负债结算制度的实施为及时调整账户资金、控制风险提供了依据，对于控制期货市场风险，维护期货市场的正常运行具有重要作用。

当日无负债结算制度的实施呈现如下特点：

第一，对所有账户的交易及头寸按不同品种、不同月份的合约分别进行结算，在此基础上汇总，使每一交易账户的盈亏都能得到及时、具体、真实的反映。

第二，在对交易盈亏进行结算时，不仅对平仓头寸的盈亏进行结算，而且对未平仓合约产生的浮动盈亏也进行结算。

第三，对交易头寸所占用的保证金进行逐日结算。

第四，当日无负债结算制度是通过期货交易分级结算体系实施的。由期货交易所（结算所）对会员进行结算，期货公司根据期货交易所（结算所）的结算结果对客户进行结算。期货交易所会员（客户）的保证金不足时，会被要求及时追加保证金或者自行平仓；否则，其合约将会被强行平仓。

三、涨跌停板制度

（一）什么是涨跌停板制度

涨跌停板制度，又称每日价格最大波动限制制度，是指期货合约在一个交易日中的交易价格波动不得高于或者低于规定的涨跌幅度，超过该涨跌幅度的报价将被视为无效报价，不能成交。

（二）我国境内期货涨跌停板制度的特点

在我国境内期货市场，每日价格最大波动限制设定为合约上一交易日结算价的一定百分比。一般而言，对期货价格波动幅度较大的品种及合约设定的涨跌停板幅度也相应大些。

交易所通常会根据市场风险状况对涨跌停板幅度进行调整。其调整一般具有以下特点：

第一，新上市的品种和新上市的期货合约，其涨跌停板幅度一般为合约规定涨跌停板幅度的两倍或三倍。如合约有成交，则于下一交易日恢复到合约规定的涨跌停板幅度；如合约无成交，则下一交易日继续执行前一交易日涨跌停板幅度。

第二，在某一期货合约的交易过程中，当合约价格在同方向上连续出现涨跌停板，遇国家法定长假，或交易所认为市场风险明显变化时，交易所可以根据市场风险调整其涨跌停板幅度。

第三，对同时适用交易所规定的两种或两种以上涨跌停板情形的，其涨跌停板按照规定涨跌停板中的最高值确定。

在出现涨跌停板情形时，交易所一般将采取如下措施控制风险。

第一，当某期货合约以涨跌停板价格成交时，成交撮合实行平仓优先和时间优先的原则，但平当日新开仓位不适用平仓优先的原则。

第二，在某合约连续出现涨（跌）停板单边无连续报价时，实行强制减仓。当合约出现连续涨（跌）停板的情形时，空头（多头）交易者会因为无法平仓而出现大规模、大面积亏损，并可能因此引发整个市场的风险，实行强制减仓正是为了避免此类现象的发生。实行强制减仓时，交易所将当日以涨跌停板价格申报的未成交平仓报单，以当日涨跌停板价格与该合约净持仓盈利客户按照持仓比例自动撮合成交。其目的在于迅速、有效化解市场风险，防止会员大量违约。

涨（跌）停板单边无连续报价也称为单边市，一般是指某一期货合约在某一交易日收盘前5分钟内出现只有停板价位的买入（卖出）申报，没有停板价位的卖出（买入）申报，或者一有卖出（买入）申报就成交但未打开停板价位的情形。

（三）涨跌停板制度的作用

涨跌停板制度的实施，能够有效地减缓、抑制一些突发性事件和过度投机行为对期货价格的冲击而造成的狂涨暴跌，减小交易当日的价格波动幅度，会员和客户的当日损失也被控制在相对较小的范围内。由于涨跌停板制度能够锁定会员和客户每一交易日所持有合约的最大盈亏，为保证金制度和当日结算无负债制度的实施创造了有利条件，因为向会员和客户收取的保证金数额只要大于在涨跌幅度内可能发生的亏损金额，就能够保证当日期货价格波动达到涨停板或跌停板时也不会出现透支情况。

四、持仓限额及大户报告制度

（一）持仓限额及大户报告制度的概念

持仓限额制度，是指交易所规定会员或客户可以持有的、按单边计算的某一合约投机头寸的最大数额。大户报告制度，是指当交易所会员或客户对某品种某合约的持仓达到交易所规定的持仓报告标准时，会员或客户应向交易所报告。

（二）持仓限额及大户报告制度的特点

1. 在国际期货市场，持仓限额及大户报告制度的实施呈现如下特点

第一，交易所可以根据不同期货品种及合约的具体情况和市场风险状

况制定和调整持仓限额和持仓报告标准。

第二，通常来说，一般月份合约的持仓限额及持仓报告标准高；临近交割时，持仓限额及持仓报告标准低。

第三，持仓限额通常只针对一般投机头寸，套期保值头寸、风险管理头寸及套利头寸可以向交易所申请豁免持仓限额。

2. 我国境内期货持仓限额及大户报告制度的特点

大连商品交易所、郑州商品交易所和上海期货交易所对持仓限额及大户报告标准的设定一般有如下规定：

第一，交易所可以根据不同期货品种的具体情况，分别确定每一品种每一月份的限仓数额及大户报告标准。

第二，当会员或客户的某品种持仓合约的投机头寸达到交易所对其规定的投机头寸持仓限量 80% 以上（含本数）时，会员或客户应向交易所报告其资金情况、头寸情况等，客户须通过期货公司会员报告。

第三，市场总持仓量不同，适用的持仓限额及持仓报告标准也不同。当某合约市场总持仓量大时，持仓限额及持仓报告标准也会设置得高一些；反之，当某合约的市场总持仓量小时，持仓限额及持仓报告标准也会低一些。

第四，一般应按照各合约在交易全过程中所处的不同时期来分别确定不同的限仓数额。比如，一般月份合约的持仓限额及持仓报告标准设置得高；临近交割时，持仓限额及持仓报告标准设置得低。

第五，期货公司会员、非期货公司会员、一般客户分别适用不同的持仓限额及持仓报告标准。

在具体实施中，我国还有如下规定：采用限制会员持仓和限制客户持仓相结合的办法控制市场风险；各交易所对套期保值交易头寸实行审批制，其持仓不受限制，而在中国金融期货交易所，套期保值和套利交易的持仓均不受限制；同一客户在不同期货公司开仓交易，其在某一合约的持仓合计不得超出该客户的持仓限额；会员（客户）持仓达到或者超过持仓限额的，不得同方向开仓交易。

（三）持仓限额及大户报告制度的作用

通过实施持仓限额及大户报告制度，可以使交易所对持仓量较大的会员或客户进行重点监控，了解其持仓动向、意图，有效防范操纵市场价格的行为，同时也可以防范期货市场风险过度集中于少数投资者。

五、强行平仓制度

（一）什么是强行平仓制度

强行平仓是指按照有关规定对会员或客户的持仓实行平仓的一种强制措施，其目的是控制期货交易风险。强行平仓分为两种情况：一是交易所对会员持仓实行的强行平仓；二是期货公司对其客户持仓实行的强行平仓。

强行平仓制度适用的情形一般包括：

第一，因账户交易保证金不足而实行强行平仓。这是最常见的情形。当价格发生不利变动，当日结算后出现保证金账户资金不足以维持现有头寸的情况，而会员（客户）又未能按照期货交易所（期货公司）通知及时追加保证金或者主动减仓，且市场行情仍朝其持仓不利的方向发展时，期货交易所（期货公司）会强行平掉会员（客户）部分或者全部头寸，将所得资金填补保证金缺口。强行平仓制度的实施，有利于会员（客户）避免账户损失扩大，通过控制个别账户的风险，可有力地防止风险扩散，是一种行之有效的风险控制措施。

第二，因会员（客户）违反持仓限额制度而实行强行平仓，即会员（客户）的持仓超过了规定的持仓限额，且未在期货交易所（期货公司）规定的期限内自行减仓，其超出持仓限额的部分头寸将会被强行平仓。强行平仓成为持仓限额制度的有力补充。

（二）我国境内期货交易所强行平仓制度的规定

我国境内期货交易所规定，当会员（客户）出现下列情形之一时，交易所有权对其持仓进行强行平仓：（1）会员结算准备金余额小于零，并未能在规定时限内补足的；（2）客户、从事自营业务的交易会员的持仓量超出其限仓规定；（3）因违规受到交易所强行平仓处罚的；（4）根据交易所的紧急措施应予强行平仓的；(5) 其他应予强行平仓的。

强行平仓的执行过程如下：

(1) 通知。交易所以“强行平仓通知书”（以下简称“通知书”）的形式向有关会员下达强行平仓要求。

(2) 执行及确认。

①开市后，有关会员必须首先自行平仓，直至达到平仓要求，执行结果由交易所审核；

②超过会员自行强行平仓时限而未执行完毕的，剩余部分由交易所直接执行强行平仓；

③强行平仓执行完毕后，由交易所记录执行结果并存档；

④强行平仓结果发送。

我国境内的期货公司有专门的风险控制人员实时监督客户的持仓风险，当客户除保证金外的可用资金为负值时，期货公司会通知客户追加保证金或自行平仓，如果客户没有自己处理，而价格又朝不利于持仓的方向继续变化，各期货公司均会根据具体的强行平仓标准，对客户的持仓进行强行平仓。

六、信息披露制度

信息披露制度，是指期货交易所按有关规定公布与期货交易有关信息的制度。

我国《期货交易管理条例》规定，期货交易所应当及时公布上市品种合约的成交量、成交价、持仓量、最高价与最低价、开盘价与收盘价和其他应当公布的即时行情，并应保证即时行情真实、准确。期货交易所不得发布价格预测信息。未经期货交易所许可，任何单位和个人不得发布期货交易即时行情。

《期货交易所管理办法》规定，期货交易所应当以适当方式发布下列信息：(1) 即时行情；(2) 持仓量、成交量排名情况；(3) 期货交易所交易规则及其实施细则规定的其他信息。

期货交易涉及商品实物交割的，期货交易所还应当发布标准仓单数量和可用库容情况。期货交易所应当编制交易情况周报表、月报表和年报表，并及时公布。期货交易所对期货交易、结算、交割资料的保存期限应当不少于20年。

第三节　期货交易流程

学习内容	知识点
开户	开户流程、交易编码
下单	指令内容、常用指令及含义、指令下单方式
竞价	公开喊价与计算机撮合方式、连续竞价与集合竞价
结算	结算的概念、程序、相关术语，交易所对会员的结算、对客户的逐日盯市结算、对客户的逐笔对冲结算
交割	交割的概念与作用、实物交割的概念与流程、集中交割与滚动式交割、交割结算价与标准仓单、现金交割
期转现	期转现的概念与优越性、期转现的基本流程

一般而言，客户进行期货交易可能涉及以下几个环节：开户、下单、竞价、结算、交割。在期货交易的实际操作中，大多数期货交易都是通过对冲平仓的方式了结履约责任的，进入交割环节的比重非常小，所以交割环节并不是交易流程中的必经环节。

一、开户

可直接进入期货交易所进行交易的只能是期货交易所的会员，所以，普通投资者在进入期货市场交易之前，应首先选择一个具备合法代理资格、信誉好、资金安全、运作规范和收费比较合理的期货公司。在我国，由中国期货市场监控中心有限责任公司（以下简称“监控中心”）负责客户开户管理的具体实施工作。期货公司为客户申请、注销各期货交易所交易编码，同时为客户修改与交易编码相关的客户资料。投资者应当统一通过监控中心办理开户。

一般来说，开立账户的程序及所需的文件细节基本是相同的。开户流程如图 3－1 所示。

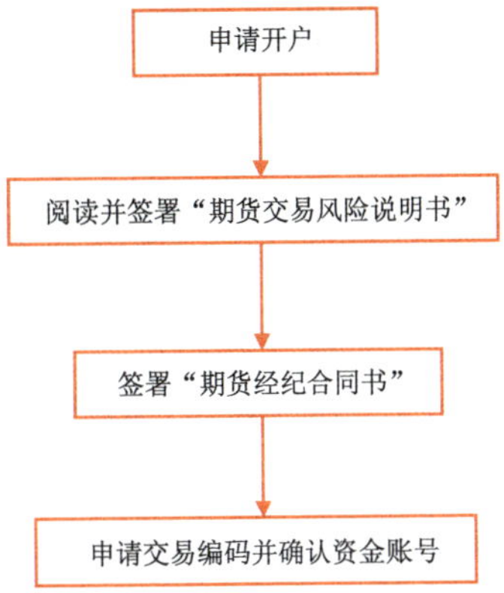

图 3－1　开户流程

（一）申请开户

投资者在经过对比、判断，选定期货公司之后，即可向该期货公司提出委托申请，开立账户，成为该公司的客户。开立账户实质上是确立投资者（委托人）与期货公司（代理人）之间的一种法律关系。

客户可以分为个人客户和单位客户。单位客户中，除了一般单位客户外，还有证券公司、基金管理公司、信托公司和其他金融机构，以及社会保障类公司、合格境外机构投资者等法律、行政法规和规章规定的需要资产分户管理的特殊单位客户。

个人客户应当由本人亲自办理开户手续，签署开户资料，不得委托代理人代为办理开户手续。除中国证监会另有规定外，个人客户的有效身份证明文件为中华人民共和国居民身份证；单位客户应当出具单位的授权委托书、代理人的身份证和其他开户证件。除中国证监会另有规定外，一般单位客户的有效身份证明文件为组织机构代码证和营业执照；证券公司、基金管理公司、信托公司和其他金融机构，以及社会保障类公司、合格境外机构投资者等法律、行政法规和规章规定的需要资产分户管理的特殊单位客户，其有效身份证明文件由监控中心另行规定。期货公司应当对客户的开户资料进行审核，确保开户资料合规、真实、准确和完整。

（二）阅读“期货交易风险说明书”并签字确认

期货公司在接受客户开户申请时，必须向客户提供“期货交易风险说明书”。个人客户应在仔细阅读并理解后，在该“期货交易风险说明书”上签字；单位客户应在仔细阅读并理解之后，由单位法定代表人或授权他人在该“期货交易风险说明书”上签字并加盖单位公章。

（三）签署“期货经纪合同书”

期货公司在接受客户开户申请时，双方必须签署“期货经纪合同”。个人客户应在该合同上签字，单位客户应由法定代表人或授权他人在该合同上签字并加盖单位公章。

个人客户开户应提供本人身份证，留存印鉴或签名样卡。单位客户开户应提供“企业法人营业执照”复印件，并提供法定代表人及本单位期货交易业务执行人的姓名、联系电话、单位及其法定代表人或单位负责人印鉴等内容的书面材料，以及法定代表人授权期货交易业务执行人的书面授权书。

（四）申请交易编码并确认资金账号

期货公司为客户申请各期货交易所交易编码，应当统一通过监控中心办理。监控中心应当建立和维护期货市场客户统一开户系统，对期货公司提交的客户资料进行复核，并将通过复核的客户资料转发给相关期货交易所。期货交易所收到监控中心转发的客户交易编码申请资料后，根据期货交易所业务规则对客户交易编码进行分配、发放和管理，并将各类申请的处理结果通过监控中心反馈给期货公司。监控中心应当为每一个客户设立统一开户编码，并建立统一开户编码与客户在各期货交易所交易编码的对应关系。当日分配的客户交易编码，期货交易所应当于下一交易日允许客户使用。

交易编码是客户和从事自营业务的交易会员进行期货交易的专用代码。交易编码由 12 位数字构成，前 4 位为会员号，后 8 位为客户号。客户在不同的会员处开户的，其交易编码中客户号相同。比如，某客户在中国金融期货交易所 0012 号会员处开户，假设其获得的交易编码为 001201005688，其中，前 4 位 0012 为会员号，后 8 位 01005688 为客户号。如果之后该客户又在中国金融期货交易所 0123 号会员处开户，则其新的交易编码为 012301005688。

客户在与期货公司签署期货经纪合同之后，在下单交易之前，应按规定缴纳交易保证金。期货公司应将客户所缴纳的保证金存入期货经纪合同中指定的客户账户中，供客户进行期货交易之用。

二、下单

客户在按规定足额缴纳开户保证金后，即可开始委托下单，进行期货交易。下单，是指客户在每笔交易前向期货公司业务人员下达交易指令，说明拟买卖合约的种类、数量、价格等的行为。

交易指令的内容一般包括：期货交易的品种及合约月份、交易方向、数量、价格、开平仓等。通常，客户应先熟悉和掌握有关的交易指令，然后选择不同的期货合约进行具体交易。

（一）常用交易指令

国际上期货交易的指令有很多种。

1. 市价指令

市价指令是期货交易中常用的指令之一。它是指按当时市场价格即刻成交的指令。客户在下达这种指令时不需指明具体的价位，而是要求以当时市场上可执行的最好价格达成交易。这种指令的特点是成交速度快，一旦指令下达后不可更改或撤销。

2. 限价指令

限价指令是指执行时必须按限定价格或更好的价格成交的指令。下达限价指令时，客户必须指明具体的价位。它的特点是可以按客户的预期价格成交，但成交速度相对较慢，有时甚至无法成交。

3. 止损指令

止损指令是指当市场价格达到客户预先设定的触发价格时，即变为市价指令予以执行的一种指令。客户利用止损指令，既可有效地锁定利润，又可以将可能的损失降至最低限度，还可以相对较小的风险建立新的头寸。

4. 停止限价指令

停止限价指令是指当市场价格达到客户预先设定的触发价格时，即变为限价指令予以执行的一种指令。它的特点是可以将损失或利润锁定在预期的范围，但成交速度较止损指令慢，有时甚至无法成交。

5. 触价指令

触价指令是指在市场价格达到指定价位时，以市价指令予以执行的一种指令。

触价指令与止损指令的区别在于其预先设定的价位不同。就卖出指令而言，卖出止损指令的止损价低于当前市场价格，而卖出触价指令的触发价格高于当前市场价格；买进指令则与此相反。此外，止损指令通常用于平仓，而触价指令一般用于开新仓。

6. 限时指令

限时指令是指要求在某一时间段内执行的指令。如果在该时间段内指令未被执行，则自动取消。

7. 长效指令

长效指令是指除非成交或由委托人取消，否则持续有效的交易指令。

8. 套利指令

套利指令是指同时买入和卖出两种或两种以上期货合约的指令。

9. 取消指令

取消指令又称为撤单，是要求将某一指定指令取消的指令。通过执行该指令，可将客户以前下达的指令完全取消，并且没有新的指令取代原指令。

目前，我国各期货交易所普遍采用了限价指令。此外，郑州商品交易所还采用了市价指令、跨期套利指令和跨品种套利指令。大连商品交易所则采用了市价指令、限价指令、止损指令、停止限价指令、跨期套利指令和跨品种套利指令。我国境内各期货交易所的指令均为当日有效。在指令成交前，投资者可以提出变更和撤销。

（二）指令下达方式

客户可以通过书面、电话、互联网或者国务院期货监督管理机构规定的其他方式，向期货公司下达交易指令。目前，通过互联网下单是我国客户最主要的下单方式。

1. 书面下单

客户填写书面交易指令单，填好后签字交期货公司，再由期货公司将指令发至交易所参与交易。

2. 电话下单

客户通过电话直接将指令下达到期货公司，再由期货公司将指令发至交易所参与交易。期货公司须将客户的指令同步录音，以备查证。

3. 互联网下单

客户通过互联网或局域网，使用期货公司配置的网上下单系统进行网上下单。进入下单系统后，客户需输入自己的客户号与密码，经确认后即可输入指令。指令通过因特网或局域网传到期货公司后，通过专线传到交易所主机进行撮合成交。客户可以在期货公司的下单系统获得成交回报。期货公司应当对互联网交易风险进行特别提示；须将客户的指令以适当方式保存，以备查证。

三、竞价

（一）竞价方式

竞价方式主要有公开喊价方式和计算机撮合成交两种方式。其中，公开喊价属于传统的竞价方式。21 世纪以来，随着信息技术的发展，越来越多的交易所采用了计算机撮合成交方式，而原来采用公开喊价方式的交易所也逐步引入了电子交易系统。

1. 公开喊价方式

公开喊价方式又可分为两种形式：连续竞价制和一节一价制。

连续竞价制，是指在交易所交易池内由交易者面对面地公开喊价，表达各自买进或卖出合约的要求。按照规则，交易者在报价时既要发出声音，又要做出手势，以保证报价的准确性。这种公开喊价有利于活跃场内气氛，维护公开、公平、公正的定价原则。这种公开喊价方式曾经在欧美期货市场较为流行。

一节一价制，是指把每个交易日分为若干节，每节交易由主持人最先叫价，所有场内经纪人根据其叫价申报买卖数量，直至在某一价格上买卖双方的交易数量相等时为止。每一节交易中一种合约一个价格，没有连续不断的竞价。这种叫价方式曾经在日本较为普遍。

2. 计算机撮合成交方式

计算机撮合成交方式是根据公开喊价的原理设计而成的一种计算机自动化交易方式，是指期货交易所的计算机交易系统对交易双方的交易指令进行配对的过程。这种交易方式相对公开喊价方式来说，具有准确、连续等特点，但有时会出现交易系统故障等因素造成的风险。

我国境内期货交易所均采用计算机撮合成交，分为连续竞价与集合竞价两种方式。其中，集合竞价原理与一节一价制相同。进行连续竞价时，计算机交易系统一般将买卖申报单以价格优先、时间优先的原则进行排序。当买入价大于、等于卖出价则自动撮合成交，撮合成交价等于买入价（bp）、卖出价（sp）和前一成交价（cp）三者中居中的一个价格，即：

当 bp≥sp≥cp，则最新成交价＝sp。

当 bp≥cp≥sp，则最新成交价＝cp。

当 cp≥bp≥sp，则最新成交价＝bp。

【例 3－1】 假设连续竞价计算机撮合成交中，交易者在某期货合约上的买入申报价为 3020 元/吨，卖出申报价为 3018 元/吨，而前一成交价为 3022 元/吨，则其撮合成交价为 3020 元/吨；若买入申报价为 3020 元/吨，卖出申报价为 3018 元/吨，而前一成交价为 3016 元/吨，则其撮合成交价为 3018 元/吨；若买入申报价为 3020 元/吨，卖出申报价为 3018 元/吨，而前一成交价为 3019 元/吨，则其撮合成交价为 3019 元/吨。

开盘价由集合竞价产生。

开盘价集合竞价在某品种某月份合约每一交易日开市前 5 分钟内进行。其中，前 4 分钟为期货合约买、卖价格指令申报时间，后 1 分钟为集合竞价撮合时间，开市时产生开盘价。

交易系统自动控制集合竞价申报的开始和结束，并在计算机终端上显示。夜盘交易合约开盘集合竞价在每一交易日夜盘开市前 5 分钟内进行，日盘不再集合竞价。

集合竞价采用最大成交量原则，即以此价格成交能够得到最大成交量。高于集合竞价产生的价格的买入申报全部成交；低于集合竞价产生的价格的卖出申报全部成交；等于集合竞价产生的价格的买入或卖出申报，根据买入申报量和卖出申报量的多少，按少的一方的申报量成交。

集合竞价产生价格的方法是：

（1）交易系统分别对所有有效的买入申报按申报价由高到低的顺序排列，申报价相同的按照进入系统的时间先后排列；所有有效的卖出申报按申报价由低到高的顺序排列，申报价相同的按照进入系统的时间先后排列。

（2）交易系统逐步将排在前面的买入申报和卖出申报配对成交，直到不能成交为止。如最后一笔成交是全部成交的，取最后一笔成交的买入申报价和卖出申报价的算术平均价为集合竞价产生的价格，该价格按各期货合约的最小变动价位取整；如最后一笔成交是部分成交的，则以部分成交的申报价为集合竞价产生的价格。

开盘集合竞价中的未成交申报单自动参与开市后连续竞价交易。

（二）成交回报与确认

当计算机显示指令成交后，客户可以立即在期货公司的下单系统获得成交回报。对于书面下单和电话下单的客户，期货公司应按约定方式即时予以回报。

客户对交易结算单记载事项有异议的，应当在下一交易日开市前向期货公司提出书面异议；客户对交易结算单记载事项无异议的，应当在交易结算单上签字确认或者按照期货经纪合同约定的方式确认。客户既未对交易结算单记载事项确认，也未提出异议的，视为对交易结算单的确认。对于客户有异议的，期货公司应当根据原始指令记录和交易记录予以核实。

四、结算

（一）结算的概念

结算，是指根据期货交易所公布的结算价格对交易双方的交易结果进行的资金清算和划转。

目前，大连商品交易所、郑州商品交易所、上海期货交易所实行全员结算制度，交易所对所有会员的账户进行结算，收取和追收保证金。中国金融期货交易所实行会员分级结算制度，其会员由结算会员和非结算会员组成，期货交易所只对结算会员结算，向结算会员收取和追收保证金；由结算会员对非结算会员进行结算，收取和追收保证金。

期货交易的结算，由期货交易所统一组织进行，但交易所并不直接对客户的账户结算，收取和追收客户保证金，而由期货公司承担该工作。期货交易所应当在当日及时将结算结果通知会员。期货公司根据期货交易所的结算结果对客户进行结算，并应当将结算结果按照与客户约定的方式及时通知客户。

在我国境内，会员（客户）的保证金可以分为结算准备金和交易保证金。结算准备金是交易所会员（客户）为了交易结算在交易所（期货公司）专用结算账户预先准备的资金，是未被合约占用的保证金；而交易保证金是会员（客户）在交易所（期货公司）专用结算账户中确保合约履行的资金，是已被合约占用的保证金。在实际中，客户保证金可能有不同的说法，如结算准备金被称为可用资金，交易保证金被称为保证金占用。

（二）结算的程序

我国境内期货交易所的结算程序分两步进行，首先是交易所对会员结算，然后是会员（期货公司）对客户结算。下面以郑州商品交易所、大连商品交易所和上海期货交易所的结算程序为例，对具体的结算程序进行介绍。

1. 交易所对会员的结算

（1）每一个交易日交易结束后，交易所对每一个会员的盈亏、交易手续费、交易保证金等款项进行结算。结算完成后，交易所采用发放结算单据或电子传输等方式向会员提供当日结算数据，包括“会员当日平仓盈亏表”“会员当日成交合约表”“会员当日持仓表”和“会员资金结算表”，期货公司会员以此作为对客户结算的依据。

（2）会员每天应及时获取交易所提供的结算数据，做好核对工作，并将之妥善保存。该数据应至少保存两年，但对有关期货交易有争议的，应当保存至该争议消除时为止。

（3）会员如对结算结果有异议，应在下一交易日开市前30分钟内以书面形式通知交易所。遇特殊情况，会员可在下一交易日开市后两小时内以书面形式通知交易所。如在规定时间内会员没有对结算数据提出异议，则视作会员已认可结算数据的准确性。

（4）交易所在交易结算完成后，将会员资金的划转数据传递给有关结算银行。结算银行应及时将划账结果反馈给交易所。

（5）会员资金按当日盈亏进行划转，当日盈利划入会员结算准备金，当日亏损从会员结算准备金中扣划。当日结算时的交易保证金超过昨日结算时的交易保证金部分从会员结算准备金中扣划。当日结算时的交易保证金低于昨日结算时的交易保证金部分划入会员结算准备金。手续费、税金等各项费用从会员的结算准备金中直接扣划。

（6）每日结算完毕后，会员的结算准备金低于交易所规定的结算准备金最低余额时，该结算结果即视为交易所向会员发出的追加保证金通知。会员必须在下一交易日开市前补足至交易所规定的结算准备金最低余额。

2. 期货公司对客户的结算

（1）期货公司每一交易日交易结束后，对每一客户的盈亏、交易手续费、交易保证金等款项进行结算。其中，期货公司会员向客户收取的交易保证金不得低于交易所向会员收取的交易保证金。

（2）期货公司将其客户的结算单及时传送给中国期货市场监控中心，期货投资者可以到中国期货市场监控中心查询有关的期货交易结算信息。结算单一般载明下列事项：账号及户名、成交日期、成交品种、合约月份、成交数量及价格、买入或者卖出、开仓或者平仓、当日结算价、保证金占用额、当日结存、客户权益、可用资金、交易手续费及其他费用等。

（3）当每日结算后客户保证金低于期货公司规定的交易保证金水平时，期货公司按照期货经纪合同约定的方式通知客户追加保证金。

（三）期货开平仓、持仓与结算价

1. 期货的开仓、平仓及持仓

开仓，也称建仓，是指期货交易者新建期货头寸的行为，包括买入开仓和卖出开仓。

持仓，是指期货交易者开仓之后手中持有的头寸或仓位，若交易者买入开仓，则构成了买入（多头）持仓；反之，则构成卖出（空头）持仓。

平仓，是指交易者了结持仓的交易行为，了结的方式是针对持仓方向作相反的对冲买卖。持仓合约也称为未平仓合约。

2. 期货结算价

结算价（Settlement Price），是指当天交易结束后，对未平仓合约进行当日交易保证金及当日盈亏结算的基准价。

我国郑州商品交易所、大连商品交易所和上海期货交易所规定，当日结算价取某一期货合约当日成交价格按照成交量的加权平均价；当日无成交价格的，以上一交易日的结算价作为当日结算价。中国金融期货交易所规定，当日结算价是指某一期货合约最后一小时成交价格按照成交量的加权平均价。

（四）期货交易所对会员的结算

1. 各结算项目计算（见图 3－2）

结算的目的是控制风险，通过结算出会员结算准备金余额（客户可用资金），从而判断其风险性，必要时采取风险控制措施。

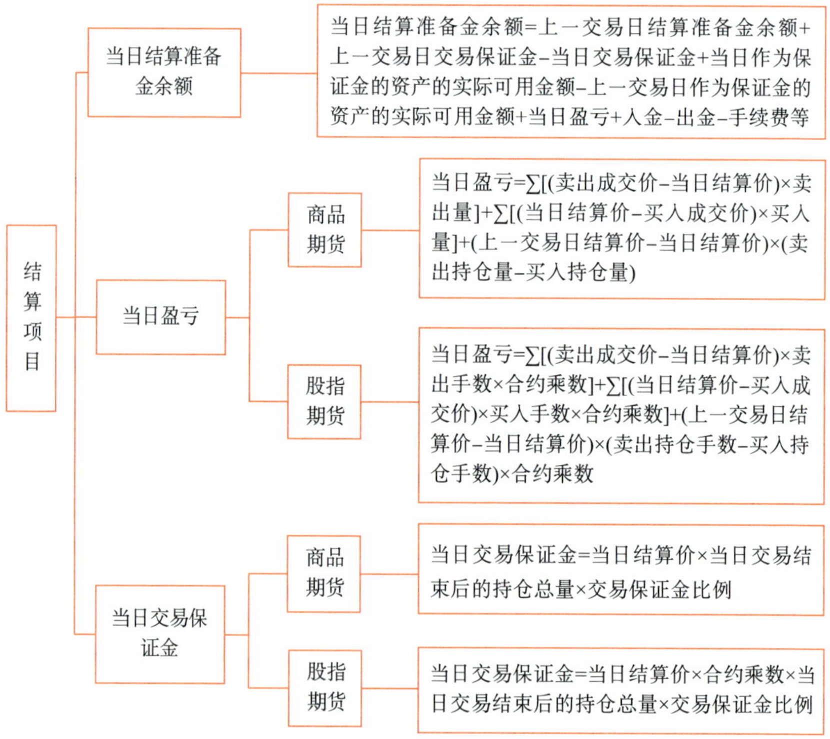

图 3－2　期货交易所对会员各结算项目计算

交易所对会员期货头寸进行结算的各项目构成与计算公式如图 3-2 所示，将图中“结算准备金余额”换成“可用资金”，正好是期货公司对客户账户进行逐日盯市结算的项目构成与计算公式。式中“作为保证金的资产的实际可用金额”考虑了以国债、标准仓单等有价证券及其他资产冲抵保证金的状况。

股指期货交易的计算公式中，“成交价”与“结算价”均以“点数”表示。

国债期货的结算项目完全一样，但因为国债期货是以每 100 元面值进行报价交易，所以应用上述公式计算当日盈亏和交易保证金时，应以所得结果除以 100。

结算时，应先计算“当日交易保证金”和“当日盈亏”，才能计算出“当日结算准备金余额（可用资金）”。

2. 期货交易所对会员的结算案例

【例 3-2】 某会员在 4 月 1 日开仓买入大豆期货合约 40 手（每手 10 吨），成交价为 4000 元/吨，同一天该会员平仓卖出 20 手大豆合约，成交价为 4030 元/吨，当日结算价为 4040 元/吨，交易保证金比例为 5%。该会员上一交易日结算准备金余额为 1100000 元，且未持有任何期货合约，则该会员的当日盈亏和结算准备金余额为多少？（不考虑手续费、税金等费用）

解题：

（1）当日盈亏 $=(4030-4040)\times 20\times 10+(4040-4000)\times 40\times 10$

$=14000$（元）

（2）当日结算准备金余额 $=1100000-4040\times 20\times 10\times 5\%+14000$

$=1073600$（元）

【例 3-3】 接上例，4 月 2 日，该会员再买入 8 手大豆期货合约，成交价为 4030 元/吨，当日结算价为 4060 元/吨，则该会员的当日盈亏和结算准备金余额为多少？

解题：

（1）当日盈亏 $=(4060-4030)\times 8\times 10+(4040-4060)\times[0-(40-20)]\times 10=6400$（元）

（2）当日结算准备金余额 $=1073600+4040\times 20\times 10\times 5\%-4060\times(40-20+8)\times 10\times 5\%+6400=1063560$（元）

【例 3-4】 接上例，4 月 3 日，该会员将 28 手大豆期货合约全部平仓，成交价为 4070 元/吨，当日结算价为 4050 元/吨，则该会员的当日盈亏和结算准备金余额为多少？

解题：

（1）当日盈亏 $= (4070-4050)\times 28\times 10+(4060-4050)\times(0-28)\times 10=2800$（元）

（2）当日结算准备金余额 $=1063560+4060\times 28\times 10\times 5\%+2800$

$=1123200$（元）

（五）期货公司对客户的结算

期货公司对其客户的交易进行结算。按照盈亏计算方式的不同，可以分为逐日盯市和逐笔对冲两种结算方式。相应地给客户提供了两种可选的结算单（见图3-3）。

图3-3 期货公司对客户的结算方式

1. 逐日盯市和逐笔对冲结算方式对比

逐日盯市和逐笔对冲结算方式对比见表3-3。

表3-3 逐日盯市结算和逐笔对冲结算的对比

类别	逐日盯市	逐笔对冲
平仓盈亏	平仓盈亏=平当日仓盈亏+平历史仓盈亏 平当日仓盈亏=Σ[（卖出成交价-买入成交价）×交易单位×平仓手数] 平历史仓盈亏=Σ[（卖出成交价-上日结算价）×交易单位×平仓手数]+Σ[（上日结算价-买入成交价）×交易单位×平仓手数]	平仓盈亏=Σ[（卖出成交价-买入成交价）×交易单位×平仓手数]
持仓盯市盈亏	持仓盯市盈亏=当日持仓盈亏+历史持仓盈亏 当日持仓盈亏=Σ[（卖出成交价-当日结算价）×交易单位×卖出手数]+Σ[（当日结算价-买入成交价）×交易单位×买入手数] 历史持仓盈亏=Σ[（上日结算价-当日结算价）×交易单位×卖出手数]+Σ[（当日结算价-上日结算价）×交易单位×买入手数]	

续表

类别	逐日盯市	逐笔对冲
浮动盈亏		浮动盈亏 = ∑[(卖出成交价 − 当日结算价) × 交易单位 × 卖出手数] + ∑[(当日结算价 − 买入成交价) × 交易单位 × 买入手数]
当日盈亏	当日盈亏 = 平仓盈亏(逐日盯市) + 持仓盯市盈亏(逐日盯市)	
当日结存	当日结存 = 上日结存(逐日盯市) + 当日盈亏 + 入金 − 出金 − 手续费等	当日结存 = 上日结存(逐笔对冲) + 平仓盈亏(逐笔对冲) + 入金 − 出金 − 手续费等
客户权益	客户权益 = 当日结存(逐日盯市)	客户权益 = 当日结存(逐笔对冲) + 浮动盈亏

注：若是股指期货，则算式中的价格改为“点数”；“交易单位”改为“合约乘数”。若为国债期货，运用上述平仓盈亏、持仓盯市盈亏、浮动盈亏公式计算的结果应除以100。

2. 逐日盯市和逐笔对冲结算方式的异同

（1）两种结算方式的区别。

第一，逐日盯市是依据当日无负债结算制度，每日计算当日盈亏；而逐笔对冲则是每日计算自开仓之日起至当日的累计盈亏，得出的结果是最终盈亏。

第二，逐日盯市对当日盈亏计算时，未平仓合约的盈亏作为持仓盯市盈亏，累计计入当日结存；逐笔对冲计算盈亏时，未平仓合约的盈亏作为浮动盈亏，不计入当日结存，一旦该合约平仓，其平仓时的浮动盈亏即转为平仓盈亏，结算时浮动盈亏归零。

第三，两者对历史持仓结算时，采用的价格不同。其中，逐日盯市平仓盈亏计算采用上日结算价和平仓价，持仓盯市盈亏计算采用当日结算价和上日结算价。

第四，逐笔对冲的平仓盈亏计算采用开仓价和平仓价，浮动盈亏计算采用开仓价和当日结算价。

（2）两种结算方式的共同点。在两种结算方式下，保证金占用、当日出入金、当日手续费、客户权益、质押金、可用资金、追加保证金和风险度等参数的值没有差别；对于当日开仓平仓的合约，盈亏的计算也相同。

3. 逐日盯市交易结算单及其解读

（1）逐日盯市交易结算单（见表3－4）

表3－4 逐日盯市交易结算单

客户号： 客户名称：张三

日 期：20110117

资 金 状 况 币种：人民币（元）

上日结存：	1324127.65	当日结存：	1519670.29	可用资金：	69154.69
出入金：	0.00	客户权益：	1519670.29	风险度：	95.45%
手续费：	2877.36	保证金占用：	1450515.60	追加保证金：	0.00
平仓盈亏：	205800.00			交割保证金：	0.00
持仓盯市盈亏：	-7380.00				
可提资金：	69154.69				
总盈亏：	198420.00				

成 交 记 录 单位：人民币元

成交日期	交易所	品种	交割期	买卖	成交价	手数	开平	成交额	手续费	投保	平仓盈亏	交易所成交号
20110117	中金所	沪深300	1101	买	2971.200	1	开	891360.00	178.27	投	0.00	
20110117	中金所	沪深300	1101	买	2971.600	3	开	2674440.00	534.89	投	0.00	
20110117	中金所	沪深300	1101	买	3000.000	5	开	4500000.00	900.00	投	0.00	
20110117	中金所	沪深300	1101	买	3010.000	7	平	6321000.00	1264.20	投	205800.00	
共4条						16		14386800.00	2877.36		205800.00	

持 仓 汇 总 单位：人民币元

交易所	品种	交割期	买持	买均价	卖持	卖均价	昨结算	今结算	浮动盈亏	持仓盯市盈亏	保证金占用	投保
中金所	沪深300	1101	9	2987.333	0	0.000	3108.000	2984.600	-7380.00	-7380.00	1450515	
共1条			9		0			-7380.00	-7380.00	1450515.60		

本公司提供数据以客户交易结算单为准，您若有异议，请在下一交易日开市前30分钟提出，否则视为对本账单所载事项的确认。

公司盖章： 客户签名（章）：

制表：结算001 制表日期：

客户号： 客户地址：

（2）逐日盯市交易结算单解读。

①平仓盈亏＝平当日仓盈亏＋平历史仓盈亏

＝（上日结算价－买入成交价）×平仓手数×合约乘数

＝（3108－3010）×7×300

＝205800（元）

在本结算单中，仅有平历史仓盈亏。当日买入平历史仓7手，买入成交价为3010点，上一交易日结算价为3108点。

②持仓盈亏＝当日持仓盈亏＋历史持仓盈亏

＝∑［（当日结算价－买入成交价）×买入手数×合约乘数］

＝（2984.6－2971.2）×1×300＋（2984.6－2971.6）×3×300＋（2984.6－3000）×5×300

＝－7380（元）

在本结算单中，仅有当日持仓盈亏。当日分3次买入开仓9手，买入平仓价分别为2971.2点、2971.6点、3000点，当日结算价为2984.6点。

③总盈亏＝平仓盈亏＋持仓盯市盈亏

＝205800.00－7380.00

＝198420（元）

④保证金占用＝当日结算价×合约乘数×持仓手数×公司要求的保证金比例

＝2984.6×9×300×18%＝1450515.60（元）

在本结算单中，公司对该客户要求的保证金比例为18%。

⑤上日结存：上一交易日结算后客户权益；当日结存：当日结算后客户权益。

⑥客户权益＝当日结存＝上日结存（逐日盯市）＋出入金＋平仓盈亏＋持仓盯市盈亏－当日手续费

＝1324127.65＋205800.00－7380.00－2877.36

＝1519670.29（元）

⑦可提资金＝客户权益－保证金占用

＝1519670.29－1450515.60

＝69154.69（元）

⑧可用资金＝客户权益－保证金占用

＝1519670.29－1450515.60

＝69154.69（元）

⑨出入金：出入金＝当日入金－当日出金

⑩手续费，指当日交易所产生的全部费用（包括交割费）。目前，我国手续费的收取方式有两种：商品期货一般按每手若干元收取，金融期货一般按成交金额的一定比例收取。

在本结算单中，合约为金融期货。期货公司与该客户商定的当日交易手续费率为成交金额的0.02%，其手续费为：

手续费 = ∑(成交价 × 合约乘数 × 持仓手数) × 交易手续费率

= (2971.2 × 1 + 2971.6 × 3 + 3000 × 5 + 3010 × 7) × 300 × 0.02%

= 2877.36（元）

若为商品期货，且没有发生交割，则当日手续费 = ∑(持仓手数 × 每手手续费)。

⑪追加保证金：保证金不足时，客户须追加金额，追加至可用资金大于等于0。在本结算单中，可用资金大于0，无须追加保证金。

4. 逐笔对冲交易结算单及其解读

（1）逐笔对冲交易结算单见表3－5。

表3－5　逐笔对冲交易结算单

客户号：	客户名称：张三
日　期：20110117	

资　金　状　况　　币种：人民币（元）

上日结存：	1368227.65	当日结存：	1527050.29	可用资金：	69154.69
出入金：	0.00	浮动盈亏：	－7380.00	风险度：	95.45%
手续费：	2877.36	客户权益：	1519670.29	追加保证金：	0.00
平仓盈亏：	161700.00	保证金占用：	1450515.60	交割保证金：	0.00
可提资金：	69154.69				

成　交　记　录　　单位：人民币元

成交日期	交易所	品种	交割期	买卖	成交价	手数	开平	成交额	手续费	投保	平仓盈亏	交易所成交号
20110117	中金所	沪深300	1101	买	2971.200	1	开	891360.00	178.27	投	0.00	
20110117	中金所	沪深300	1101	买	2971.600	3	开	2674440.00	534.89	投	0.00	
20110117	中金所	沪深300	1101	买	3000.000	5	开	4500000.00	900.00	投	0.00	
20110117	中金所	沪深300	1101	买	3010.000	7	平	6321000.00	1264.20	投	161700.00	
共4条						16		14386800.00	2877.36		161700.00	

持　仓　汇　总　　单位：人民币元

交易所	品种	交割期	买持	买均价	卖持	卖均价	昨结算	今结算	浮动盈亏	持仓盯市盈亏	保证金占用	投保
中金所	沪深300	1101	9	2987.333	0	0.000	3108.000	2984.600	－7380.00	－7380.00	1450515	
共1条			9		0				－7380.00	0.00	1450515.60	

本公司提供数据以客户交易结算单为准，您若有异议，请在下一交易日开市前30分钟提出，否则视为对本账单所载事项的确认。

公司盖章：　　　　客户签名（章）：

制表：结算001　　　　制表日期：

客户号：　　　　客户地址：

（2）逐笔对冲交易结算单解读。

①平仓盈亏 = ∑[（卖出成交价 - 买入成交价）× 合约乘数 × 平仓手数]

= （3087 - 3010）× 300 × 7

= 161700（元）

在本结算单中，客户买入平仓 7 手，成交价为 3010 点，其历史卖出开仓价为 3087 点。

②浮动盈亏 = ∑[（卖出成交价 - 当日结算价）× 合约乘数 × 卖出手数] + ∑[（当日结算价 - 买入成交价）× 合约乘数 × 买入手数]

= （2984.6 - 2971.2）× 300 × 1 + （2984.6 - 2971.6）× 300 × 3 + （2984.6 - 3000）× 300 × 5

= -7380（元）

③当日结存（逐笔对冲）= 上日结存（逐笔对冲）+ 平仓盈亏（逐笔对冲）+ 入金 - 出金 - 手续费等

= 1368227.65 + 161700 - 2877.36

= 1527050.29（元）

④客户权益（逐笔对冲）= 当日结存（逐笔对冲）+ 浮动盈亏

= 1527050.29 - 7380.00

= 1519670.29（元）

⑤可用资金 = 可提资金 = 客户权益 - 保证金占用

= 1519670.29 - 1450515.60

= 69154.69（元）

5. 风险度

风险度的计算是期货公司风险管理中的重要环节。目前，各期货公司使用的系统不尽相同，因而存在几种不同的风险度算法，期货公司可以根据其管理需要选择不同的风险度计算方式。

业界广泛应用的是金仕达系统。该系统提供的风险度计算公式有好几种，而绝大多数期货公司采取了系统默认的算法，即：

风险度 = 保证金占用/客户权益 × 100%

该风险度越接近 100%，风险越大；等于 100%，则表明客户的可用资金为 0。由于客户的可用资金不能为负，也就是说，期货公司不允许客户风险度大于100%。当风险度大于100%时，客户则会收到期货公司的“追加保证金通知书”。因此，在逐日盯市和逐笔对冲交易结算单见（表3-2和表3-3）中：

$$\text{风险度}=\frac{\text{保证金}}{\text{客户权益}}\times 100\%$$

$$=\frac{1450515.60}{1519670.29}\times 100\%$$

$$=95.45\%$$

【例3-5】 10月17日，某期货公司客户李先生的期货账户中持有SR0905空头合约100手。合约当日出现涨停单边市，结算时交易所提高了保证金收取比例，当日结算价为3083元/吨，李先生的客户权益为303500元。该期货公司SR0905的保证金比例为17%。SR是郑州商品交易所白糖期货合约的代码，交易单位为10吨/手。请问客户李先生是否需要追加保证金？

解题：

（1）保证金占用＝当日结算价×合约乘数×持仓手数×公司要求的保证金比例

$$=100\times 10\times 3083\times 17\%$$

$$=524110\text{（元）}$$

（2）可用资金＝客户权益－保证金占用

$$=303500-524110$$

$$=-220610\text{（元）}$$

（3）$$\text{风险度}=\frac{\text{保证金占用}}{\text{客户权益}}\times 100\%$$

$$=\frac{524110}{303500}\times 100\%$$

$$=172.69\%$$

这说明客户李先生至少要追加保证金220610元。

若该期货公司已经向李先生发出了期货经纪合同中约定的追加保证金通知，但李先生在规定的时间内既没有追加保证金也没有自行平仓，则该期货公司可对李先生的SR0905合约执行强行平仓。该期货公司应该至少强行平仓220610/（10×17%×3083）手，即至少43手，才能使李先生的持仓风险率降至100%以下。

五、交割

（一）什么是交割

交割，是指期货合约到期时，按照期货交易所的规则和程序，交易双方通过该合约所载标的物所有权的转移，或者按照结算价进行现金差价结算，了结到期未平仓合约的过程。

（二）交割的作用

交割是联系期货与现货的纽带。尽管期货市场的交割量仅占总成交量的很小比例，但交割环节对期货市场的整体运行起着十分重要的作用。

期货交割是促使期货价格和现货价格趋向一致的制度保证。当市场过分投机，发生期货价格严重偏离现货价格时，交易者就会在期货、现货两个市场间进行套利交易。当期货价格过高而现货价格过低时，交易者在期货市场上卖出期货合约，在现货市场上买进商品，这样，现货需求增多，现货价格上升，期货合约供给增多，期货价格下降，期现价差缩小；当期货价格过低而现货价格过高时，交易者在期货市场上买进期货合约，在现货市场卖出商品，这样，期货需求增多，期货价格上升，现货供给增多，现货价格下降，使期现价差趋于正常。通过交割，期货、现货两个市场得以实现相互联动，期货价格最终与现货价格趋于一致，使期货市场真正发挥价格晴雨表的作用。

期货交割有实物交割和现金交割两种类型。以标的物所有权转移方式进行的交割为实物交割；按结算价进行现金差价结算的交割方式为现金交割。一般来说，商品期货以实物交割方式为主；股票指数期货、短期利率期货多采用现金交割方式。

（三）实物交割

1. 实物交割方式

实物交割，是指期货合约到期时，根据交易所的规则和程序，交易双方通过该期货合约所载标的物所有权的转移，了结未平仓合约的过程。实物交割方式包括集中交割和滚动交割两种。

（1）集中交割。集中交割也称为一次性交割，是指所有到期合约在交割月份最后交易日过后一次性集中交割的交割方式。

（2）滚动交割。滚动交割是指在合约进入交割月以后，在交割月第一个交易日至交割月最后交易日前一交易日之间进行交割的交割方式。滚动交割使交易者在交易时间的选择上更为灵活，可减少储存时间，降低交割成本。

目前，我国上海期货交易所采用集中交割方式，郑州商品交易所采用滚动交割和集中交割相结合的方式，即在合约进入交割月后就可以申请交割。另外，最后交易日过后，对未平仓合约进行一次性集中交割；大连商品交易所对黄大豆1号、黄大豆2号、豆粕、豆油、玉米合约采用滚动交割和集中交割相结合的方式，对棕榈油、线型低密度聚乙烯和聚氯乙烯合约采用集中交割方式。

2. 实物交割结算价

实物交割结算价，是指在实物交割时商品交收所依据的基准价格。交割商品计价以交割结算价为基础，再加上不同等级商品质量升贴水以及异地交割仓库与基准交割仓库的升贴水。

不同的期货交易所，以及不同的实物交割方式，对交割结算价的规定不尽相同。例如：郑州商品交易所采用滚动交割和集中交割相结合的方式（由于所有交割均在三个工作日内处理完毕，又称为三日交割法），交割结算价为期货合约配对日前十个交易日（含配对日）交易结算价的算术平均价。上海期货交易所铜铝采用集中交割方式，其交割结算价为期货合约最后交易日的结算价。大连商品交易所滚动交割的交割结算价为配对日结算价；集中交割的交割结算价是期货合约自交割月第一个交易日起至最后交易日所有成交价格的加权平均价。

3. 实物交割的流程

采用集中交割方式时，各期货合约最后交易日的未平仓合约必须进行交割。实物交割要求以会员名义进行。客户的实物交割必须由会员代理，并以会员名义在交易所进行。实物交割必不可少的环节包括：

第一，交易所对交割月份持仓合约进行交割配对。

第二，买卖双方通过交易所进行标准仓单与货款交换。买方通过其会员期货公司、交易所将货款交给卖方，而卖方则通过其会员期货公司、交易所将标准仓单交付给买方。

第三，增值税发票流转。交割卖方给对应的买方开具增值税发票，客户开具的增值税发票由双方会员转交、领取并协助核实，交易所负责监督。

4. 实物交割的标准仓单

在实物交割的具体实施中，买卖双方并不是直接进行实物商品的交收，而是交收代表商品所有权的标准仓单，因此，标准仓单在实物交割中扮演十分重要的角色。标准仓单，是指交割仓库开具并经期货交易所认定的标准化提货凭证。标准仓单经交易所注册后生效，可用于交割、转让、提货、质押等。

标准仓单的持有形式为“标准仓单持有凭证”。“标准仓单持有凭证”是交易所开具的代表标准仓单所有权的有效凭证，是在交易所办理标准仓单交割、交易、转让、质押、注销的凭证，受法律保护。标准仓单数量因交割、交易、转让、质押、注销等业务发生变化时，交易所收回原“标准仓单持有凭证”，签发新的“标准仓单持有凭证”。

在实践中，可以有不同形式的标准仓单，其中最主要的形式是仓库标准仓单。仓库标准仓单，是指依据交易所的规定，由指定交割仓库完成入库商品验收、确认合格后，在交易所标准仓单管理系统中签发给货主的，用于提取商品的凭证。除此之外，还有厂库标准仓单等形式。所谓厂库，是指某品种的现货生产企业的仓库经交易所批准并指定为期货履行实物交割的地点，而厂库标准仓单则是指经过交易所批准的、指定厂库按照交易所规定的程序签发的、在交易所标准仓单管理系统生成的实物提货凭证。

在我国大连商品交易所，豆粕、豆油、棕榈油期货除了可以采用仓库标准仓单外，还可采用厂库标准仓单。上海期货交易所的螺纹钢、线材期货合约也允许采用厂库标准仓单交割。郑州商品交易所的标准仓单分为通用标准仓单和非通用标准仓单。通用标准仓单，是指标准仓单持有人按照交易所的规定和程序可以到仓单载明品种所在的交易所任一交割仓库选择提货的财产凭证。

非通用标准仓单是指仓单持有人按照交易所的规定和程序只能到仓单载明的交割仓库提取所对应货物的财产凭证。

（四）现金交割

现金交割，是指合约到期时交易双方按照交易所的规则、程序及其公布的交割结算价进行现金差价结算，了结到期未平仓合约的过程。

通常，股指期货与短期利率期货采用现金交割方式。中国金融期货交易所的股指期货合约采用现金交割，规定股指期货合约最后交易日收市后，交易所以交割结算价为基准，划付持仓双方的盈亏，了结所有未平仓合约。其中，股指期货交割结算价为最后交易日标的指数最后 2 小时的算术平均价。

（五）期转现

1. 什么是期转现

期货转现货交易（以下简称“期转现交易”），是指持有方向相反的同一品种同一月份合约的会员（客户）协商一致并向交易所提出申请，获得交易所批准后，分别将各自持有的合约按双方商定的期货价格（该价格一般应在交易所规定的价格波动范围内）由交易所代为平仓，同时按双方协议价格与期货合约标的物数量相当、品种相同、方向相同的仓单进行交换的行为。

期转现交易是国际期货市场中长期实行的交易方式，在商品期货、金融期货中都有广泛应用。我国大连商品交易所、上海期货交易所和郑州商品交易所也已经推出了期转现交易。

买卖双方进行期转现有两种情况。第一种情况：在期货市场有反向持仓双方，拟用标准仓单或标准仓单以外的货物进行期转现。第二种情况：买卖双方为现货市场的贸易伙伴，有远期交货意向，并希望远期交货价格稳定。双方可以先在期货市场上选择与远期交收货物最近的合约月份建仓，建仓量和远期货物量相当，建仓时机和价格分别由双方根据市况自行决定，到希望交收货的时候，进行非标准仓单的期转现。这相当于通过期货市场签订一个远期合同，一方面实现了套期保值的目的，另一方面避免了合同违约的可能。

2. 期转现交易的优越性

（1）加工企业和生产经营企业利用期转现可以节约期货交割成本，如搬运、整理和包装等交割费用；可以灵活商定交货品级、地点和方式；可以提高资金的利用效率。加工企业可以根据需要分批、分期地购回原料，减轻资金压力，减少库存量；生产经营企业也可以提前回收资金。

（2）期转现比“平仓后购销现货”更便捷。期转现使买卖双方在确定期货平仓价格的同时，确定了相应的现货买卖价格，由此可以保证期货与现货市场风险同时锁定。

（3）期转现比远期合同交易和期货实物交割更有利。远期合同交易有违约问题和被迫履约问题，期货实物交割存在交割品级、交割时间和地点的选择等没有灵活性问题，而且成本较高。期转现能够有效地解决上述问题。

3. 期转现交易的基本流程

（1）寻找交易对手。拟进行期转现的一方，可自行找期转现对方，或通过交易所发布期转现意向。

（2）交易双方商定价格。找到对方后，双方首先商定平仓价（须在审批日期货价格限制范围内）和现货交收价格。

（3）向交易所提出申请。买卖双方到交易所申请办理期转现手续，填写交易所统一印制的期转现申请单；用非标准仓单交割的，需提供相关的现货买卖协议等证明。

（4）交易所核准。交易所接到期转现申请和现货买卖协议等资料后进行核对，符合条件的，予以批准，并在批准当日将买卖双方期货头寸平仓。不符合条件的，通知买卖双方会员，会员要及时通知客户。

（5）办理手续。如果用标准仓单期转现，批准日的下一日，买卖双方到交易所办理仓单过户和货款划转，并缴纳规定手续费。如果用非标准仓单进行期转现，买卖双方按照现货买卖协议自行进行现货交收。

（6）纳税。用标准仓单期转现的，买卖双方在规定时间到税务部门办理纳税手续。买卖双方各自负担标准仓单期转现中仓单转让环节的手续费。

4. 期转现交易实例

【例 3－6】 在优质强筋小麦期货市场上，甲为买方，开仓价格为 1900 元/吨；乙为卖方，开仓价格为 2100 元/吨。小麦搬运、储存、利息等交割成本为 60 元/吨，双方商定的平仓价为 2040 元/吨，商定的交收小麦价格比平仓价低 40 元/吨，即 2000 元/吨。请问：期转现后，甲、乙实际小麦交易价格各为多少？与实物交割相比，期转现有什么好处？

解答：

（1）期转现后，甲实际购入小麦价格 1860 元/吨 = 2000 元/吨 -（2040 元/吨 - 1900 元/吨）；乙实际销售小麦价格 2060 元/吨 = 2000 元/吨 +（2100 元/吨 - 2040 元/吨）。

（2）如果双方不进行期转现而在期货合约到期时进行实物交割，则甲按开仓价 1900 元/吨购入小麦价格；乙按照开仓价 2100 元/吨销售小麦，扣除交割成本 60 元/吨，实际售价为 2040 元/吨。通过比较可知，甲期转现操作的实际采购成本 1860 元/吨比实物交割成本 1900 元/吨低 40 元/吨；乙期转现操作的实际售价 2060 元/吨比实物交割的实际售价 2040 元/吨高 20 元/吨。通过期转现交易，甲少花 40 元/吨，乙多卖 20 元/吨，期转现交易给双方带来的好处总和为 60 元/吨。

期转现操作中应注意的事项：用标准仓单期转现，要考虑仓单提前交收所节省的利息和储存等费用；用标准仓单以外的货物期转现，要考虑节省的交割费用、仓储费和利息以及货物的品级差价。买卖双方要先看现货，确定交收货物和期货交割标准品级之间的价差。商定平仓价和交货价的差额一般要小于节省的上述费用总和，这样期转现对双方都有利。

第四章　套期保值

本章学习目的与要求：

本章介绍了套期保值的概念和原理、种类、操作及业务拓展。本章共分四节。第一节介绍套期保值的定义，并阐释套期保值的基本原理。在此基础上，第二节介绍套期保值的两个主要种类：卖出套期保值和买入套期保值，并分析不同种类的套期保值适用的情形和具体操作。第三节引入基差和基差变化的概念，通过案例分析阐述基差变化对套期保值效果的影响，从而理解套期保值的实质是用较小的基差风险代替较大的现货价格风险。在此基础上，通过进一步介绍点价交易方式，以及点价交易与套期保值相结合的操作，了解它在规避基差风险上的作用。第四节结合我国期货公司风险管理子公司的业务创新，对我国套期保值业务的拓展模式进行简要介绍，阐述不同业务模式的主要特点、作用和业务流程。

学习重点：

套期保值概念和原理；套期保值种类；基差与套期保值效果关系。

知识结构图：

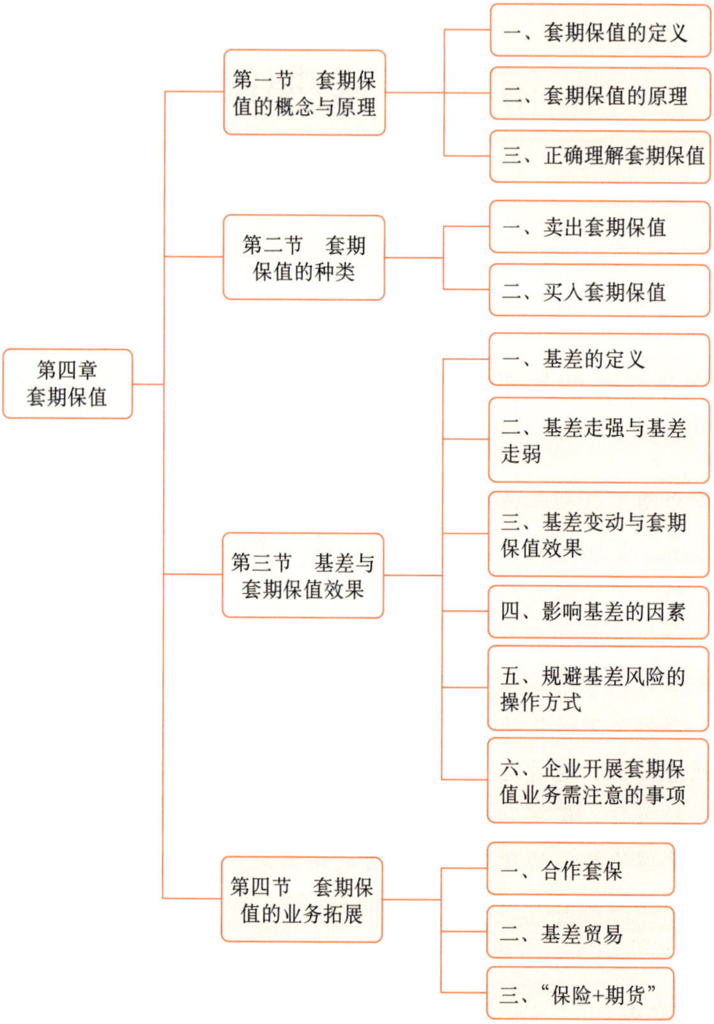

规避风险是期货市场的基本功能之一，是通过套期保值操作来实现的。本章将着重介绍套期保值的定义、种类和应用，分析基差变动对套期保值效果的影响、套期保值操作需注意的事项，影响基差的因素、点价交易与套期保值相结合的操作以及套期保值业务拓展等。

第一节　套期保值的概念与原理

学习内容	知识点
套期保值概念	套期保值与风险管理
	套期保值的概念
	期货套期保值概念
套期保值原理	套期保值的原理
	套期保值操作满足的条件
	正确理解套期保值

一、套期保值的定义

企业经营中会面临各种风险，如价格风险、政治风险、法律风险、操作风险、信用风险等。企业的风险管理是指通过对这些风险进行识别、衡量、分析、评价，并适时采取及时有效的方法进行防范和控制，用最经济合理的方法来综合处理风险，以实现最大安全保障的一种科学管理方法。在风险管理中，企业可以选择消极回避风险、预防风险、分散风险、转移风险等多种手段管理风险。而套期保值本质上是一种转移风险的方式，是由企业通过买卖衍生工具将风险转移到其他交易者的方式。

套期保值活动主要是为了转移价格风险。价格风险主要包括商品价格风险、利率风险、汇率风险和股票价格风险等，是企业经营中最常见的风险。在市场经济中，价格受供求等各种因素的变化，有时会大起大落，这往往会给企业的经营活动带来较大的冲击，如果缺少应对措施，一旦出现较大的不利变化，企业的利润会急剧缩水甚至出现亏损、破产的情形。企业通过套期保值，可以减小价格风险对企业经营活动的影响，实现稳健经营。

套期保值（Hedging），又称避险、风险对冲等。广义上的套期保值，是指企业利用一个或一个以上的工具进行交易，预期全部或部分对冲其生产经营中所面临的价格风险的方式。在该定义中，套期保值交易选取的工具是比较广的，通常有期货、期权、远期、互换等衍生工具。

在本书中，我们将主要讨论期货的套期保值（Futures Hedging）。期货的套期保值是指企业通过持有与其现货市场头寸相反的期货合约，或将期货合约作为其现货市场未来要进行的交易的替代物，以期对冲价格风险的方式。

二、套期保值的原理

套期保值的核心是“风险对冲”，也就是将期货工具的盈亏与被套期保值项目的盈亏形成一个相互冲抵的关系，从而规避因价格变动带来的风险。套期保值之所以能够起到风险对冲的作用，其根本的原理在于：期货价格与现货价格受到相似的供求等因素的影响，两者的变动趋势趋同，这样的话，通过套期保值，无论价格是涨还是跌，总会出现一个市场盈利而另一个市场亏损的情形，盈亏相抵，就可以规避因为价格波动而给企业带来的风险，实现稳健经营。

要实现“风险对冲”，在套期保值操作中应满足以下条件：

（一）在套期保值数量选择上，要使期货与现货市场的价值变动大体相当

在期货价格与现货价格变动趋同的前提下，企业可选择与其现货数量相当的期货合约数量，保证期货与现货两个市场的价值变动大体相当。套期保值中期货合约所代表的数量与被套期保值的现货数量的比率，即套期保值比率（Hedge Ratio）通常为 1。例如，某贸易商签订了 2 万吨的大豆进口合同，价格已确定下来。为了防止日后大豆价格下跌，影响这批大豆的销售收益，在利用大豆期货做套期保值时，就要做到卖出大豆期货合约的规模应与 2 万吨相当。比如，大豆期货合约的交易单位为每手 10 吨，则需要卖出的期货合约数量就是 2000 手。

如果不存在与被套期保值的商品或资产相同的期货合约，企业可以选择其他的相关期货合约进行套期保值，选择的期货合约头寸的价值变动与实际的、预期的现货头寸的价值变动大体上相当即可。这种选择与被套期保值商品或资产不相同但相关的期货合约进行的套期保值，被称为交叉套

期保值（Cross Hedging）。例如，企业利用螺纹钢期货对钢坯现货进行的套期保值。一般，选择作为替代物的期货品种最好是该现货商品或资产的替代品，相互替代性越强，交叉套期保值交易的效果就会越好。

（二）在期货头寸方向的选择上，应与现货头寸相反或作为现货未来交易的替代物

现货头寸可以分为多头（Long）和空头（Short）两种情况。当企业持有实物商品或资产，或者已按固定价格约定在未来购买某商品或资产时，该企业处于现货的多头。例如，榨油厂持有豆油库存或证券公司持有的股票组合，属于现货多头的情形。还有，某建筑企业已与某钢材贸易商签订购买钢材的合同，虽未实现交收，但已经确立了价格，这种情形也属于现货的多头。当企业已按某固定价格约定在未来出售某商品或资产，但尚未持有实物商品或资产时，该企业处于现货的空头。例如，某钢材贸易商与某房地产商签订合同，约定在三个月后按某价格提供若干吨钢材，但手头尚未有钢材现货的，该钢材贸易商就是处于现货的空头。当企业处于现货多头时，企业在套期保值时要在期货市场建立空头头寸，即卖空。当处于现货空头时，企业要在期货市场建立多头头寸进行套期保值。

不过，有时企业在现货市场既不是多头，也不是空头，而是计划在未来买入或卖出某商品或资产。这种情形也可以进行套期保值，在期货市场建立的头寸是作为现货市场未来要进行的交易的替代物。此时，期货市场建立的头寸方向与未来要进行的现货交易的方向是相同的。例如，某榨油厂预计下个季度生产豆油6000吨，为了规避豆油价格下跌的风险，对于这批未来要出售的豆油进行套期保值，卖出豆油期货合约。其在期货市场建立的空头头寸是现货市场未来出售的豆油的替代物。

期货头寸方向的选择非常关键，一旦方向处理错误，企业不仅不能实现风险对冲，而且会使价格风险加倍增大。例如，一个白糖经销商有一批白糖库存（即现货多头），如果同时在期货市场买入建仓，一旦价格下跌，现货亏损同时期货也会亏损，这样不仅不会存在风险对冲的关系，而且会使企业面临的价格风险加倍。

（三）期货头寸持有时间段与现货承担风险的时间段对应

当企业在现货市场的头寸已经了结或者现货交易已经实现，企业应该

将套期保值的期货头寸进行平仓，或者通过到期交割的方式同时将现货头寸和期货头寸进行了结。例如，某钢材贸易商持有一批钢材现货，他可通过在期货市场卖空进行套期保值。一旦该贸易商出售了该批钢材，便不再承担该批钢材价格变动的风险，此时他应同时将期货空头头寸平仓。该贸易商也可以持有期货合约到期进行交割，以实物交收的方式将持有的钢材在期货市场卖出，同时了结现货和期货头寸。如果企业的现货头寸已经了结，但仍保留着期货头寸，那么其持有的期货头寸就变成了投机性头寸。如果将期货头寸提前平仓，那么企业的现货头寸将处于风险暴露状态，一旦价格剧烈波动，就会影响其经营的稳健性。

这种时间段上的对应，并不一定要求期货合约月份的选择与现货市场承担风险的时间完全对应起来，通常合约月份要与这一时间段相对应，或者选择较远期的合约。例如，5 月初某企业计划在 3 个月后卖出一批铜，为了防范铜价下跌风险，企业做卖出套期保值。这是不是说，该企业在合约月份选择上，一定要选择卖出 8 月份的铜期货合约呢？不一定。企业可以选择 8 月份合约，也可以选择 8 月份之后的合约。因为不同交割月份的合约通常在价格变动上也具有一致性，同样可以起到风险对冲的效果。而且，在有的期货品种上，可能没有 8 月份的期货合约，那只能选择与其临近的较远期的合约。在具体合约月份的选择上还要考虑合约流动性。流动性不足的合约，会给企业开仓和平仓带来困难，影响套期保值效果。例如，在上面例子中，8 月份的合约在临近到期时可能不够活跃，那么选择活跃的较远期的合约则更为有利。有时企业套期保值的时间跨度特别长，例如，石油开采企业可能对未来 5 年甚至更长时间的原油生产进行套期保值，此时市场上尚没有对应的远月期货合约挂牌，那么在合约选择上，可以先买入目前挂牌的 1 年后交割的合约，在它到期之前进行平仓，同时在更远期的合约上建仓。这种操作称为展期，即用远月合约调换近月合约，将持仓向后移。

三、正确理解套期保值

套期保值的本质是风险对冲，以降低风险对企业经营活动的影响，实现其稳健经营。因此，在评价套期保值效果时，应将期货头寸的盈亏与现货盈亏作为一个整体进行评价，两者冲抵的程度越大，规避风险的效果也就越好。在我国套期保值实践中，经常出现的一种情形是，一旦期货市场出现亏损，就认为套期保值是失败的。这实际上是一种片面、错误的认识，是对套期保值的“风险对冲”本质认识不足。如果仅以期货头寸盈亏来评价套期保值效果，会导致企业或套期保值操作人员的套期保值行为目标扭曲，从而出现套期保值“投机化”的倾向。

另外，对企业而言，套期保值作为企业规避价格风险的可选择手段，并不一定适合所有企业。这是因为，套期保值操作是一项专业性极高的操作，在操作中也要涉及诸多成本，例如机构及人员费用、管理费用、资金占用成本等。因此，企业在权衡是否进行套期保值时，要进行收益与成本的分析。如果套期保值成本过高，即使企业面临价格风险，也不倾向于利用期货市场。从这个角度看，套期保值操作具有规模经济的特点，即对规模大的企业而言，从事套期保值的平均成本要低于规模小的企业。

在企业的整个经营过程中，是否要进行套期保值，在多大程度上进行套期保值，取决于企业对未来价格的判断、企业自身风险的可承受程度以及企业的风险偏好程度。如果价格波动幅度不大或企业抗风险能力较强，价格的较大波动对其利润影响不大，再或者企业希望承担一定的风险来获取更高的回报，那么，在这些情况下，企业就不必进行套期保值操作。

第二节 套期保值的种类

学习内容	知识点
卖出套期保值	卖出套期保值定义
	卖出套期保值的适用情形
买入套期保值	买入套期保值定义
	买入套期保值的适用情形

套期保值的目的是规避价格波动风险，而价格的变化主要包括下跌和上涨两种情形，与此相应，套期保值可以分为卖出套期保值和买入套期保值。卖出套期保值（Selling Hedging），又称空头套期保值（Short Hedging)，是指套期保值者通过在期货市场建立空头头寸，预期对冲其目前持有的或者未来将卖出的商品或资产的价格下跌风险的操作。买入套期保值（Buying Hedging），又称多头套期保值（Long Hedging），是指套期保值者通过在期货市场建立多头头寸，预期对冲其现货商品或资产空头，或者未来将买入的商品或资产的价格上涨风险的操作。

卖出套期保值与买入套期保值的区别如表 4－1 所示。

表 4－1　　卖出套期保值与买入套期保值的区别

市场 套期保值种类	现货市场	期货市场	目的
卖出套期保值	现货多头或未来要卖出现货	期货空头	防范现货市场价格下跌风险
买入套期保值	现货空头或未来要买入现货	期货多头	防范现货市场价格上涨风险

一、卖出套期保值

卖出套期保值的操作主要适用于以下情形：

第一，持有某种商品或资产（此时持有现货多头头寸），担心市场价格下跌，使其持有的商品或资产的市场价值下降，或者其销售收益下降。

第二，已经按固定价格买入未来交收的商品或资产（此时持有现货多头头寸），担心市场价格下跌，使其商品或资产市场价值下降或其销售收益下降。

第三，预计在未来要销售某种商品或资产，但销售价格尚未确定，担心市场价格下跌，使其销售收益下降。

【例 4－1】 10 月初，某地玉米现货价格为 1710 元/吨，当地某农场年产玉米 5000 吨。该农场对当前价格比较满意，担心待新玉米上市后，销售价格可能会下跌，该农场决定进行套期保值交易。10 月 5 日该农场卖出 500 手（每手 10 吨）第二年 1 月份交割的玉米期货合约进行套期保值，成交价格为 1680 元/吨。到了 11 月，随着新玉米的大量上市，以及养殖业对玉米需求疲软，玉米价格开始大幅下滑。11 月 5 日，该农场将收获的 5000 吨玉米进行销售，平均价格为 1450 元/吨，与此同时将期货合约买入平仓，平仓价格为 1420 元/吨。

套期保值结果见表 4－2。

表 4－2　　卖出套期保值案例（价格下跌情形）

市场 时间	现货市场	期货市场
10 月 5 日	市场价格 1710 元/吨	卖出第二年 1 月份玉米期货合约，1680 元/吨
11 月 5 日	平均售价 1450 元/吨	买入平仓玉米期货合约，1420 元/吨
盈亏	相当于亏损 260 元/吨	盈利 260 元/吨

在该例子中，该农场通过在期货市场建立一个替代性的头寸，即空头头寸，进行卖出套期保值操作以规避价格下跌风险。由于现货玉米价格下跌，该农场在玉米收获时，每吨玉米少赚 260 元，可视为现货市场亏损 260 元/吨。期货空头头寸因价格下跌而获利 260 元/吨，现货市场的亏损完全被期货市场的盈利对冲。通过套期保值操作，该农场玉米的实际售价相当于是 1450＋260＝1710 元/吨，即与 10 月初计划进行套期保值操作时的现货价格相等。通过套期保值操作，该农场不再受未来价格变动不确定性的影响，从而保持了经营的稳定性。如果该农场不进行套期保值，价格下跌将导致收益减少 260 元/吨，这将减少农场的利润，甚至会使农场亏损。

在该例子中，我们还可以考虑市场朝着相反的方向变化，即价格出现上涨的情形。假设经过一个月后，现货价格涨至 1950 元/吨，期货价格涨至 1920 元/吨。该套期保值结果见表 4－3。

表 4－3　　卖出套期保值案例（价格上涨情形）

市场 时间	现货市场	期货市场
10 月 5 日	市场价格 1710 元/吨	卖出第二年 1 月份玉米期货合约，1680 元/吨
11 月 5 日	平均售价 1950 元/吨	买入平仓玉米期货合约，1920 元/吨
盈亏	相当于盈利 240 元/吨	亏损 240 元/吨

在这种情形下，因价格上涨该农场玉米现货销售收益增加 240 元/吨，但这部分现货的盈利被期货市场的亏损所对冲。通过套期保值，该农场的玉米实际的售价仍为 1950－240＝1710 元/吨，与最初计划套期保值时的现

货价格相等。在该例子中，该农场似乎不进行套期保值操作会更好些，因为可以实现投机性的收益240元/吨。但需要注意的是，农场参与套期保值操作的目的是规避价格不利变化的风险，而非获取投机性收益。事实上，套期保值操作在规避风险的同时，也放弃了获取投机性收益的机会。如果该农场不进行套期保值操作，虽然可以在价格有利变化时获取投机性收益，但也要承担价格不利变化时的风险，这将增加其经营结果的不确定性。

二、买入套期保值

买入套期保值的操作主要适用于以下情形：

第一，预计未来要购买某种商品或资产，购买价格尚未确定时，担心市场价格上涨，使其购入成本提高。

第二，目前尚未持有某种商品或资产，但已按固定价格将该商品或资产卖出（此时处于现货空头头寸），担心市场价格上涨，影响其销售收益或者采购成本。

【例4－2】某一铝型材厂的主要原料是铝锭，某年3月初铝锭的现货价格为16430元/吨。该厂计划5月份使用500吨铝锭。由于目前库存已满且能满足当前生产使用，如果现在购入，要承担仓储费和资金占用成本，而如果等到5月份购买又可能面临价格上涨风险。于是该铝型材厂决定进行铝的买入套期保值操作。3月1日，该铝型材厂以17310元/吨的价格买入100手（每手5吨）6月份到期的铝期货合约。到了5月1日，现货市场铝锭价格上涨至17030元/吨，期货价格涨至17910元/吨。该铝型材厂按照当前的现货价格购入500吨铝锭，同时将期货多头头寸对冲平仓，结束套期保值。该铝型材厂的套期保值结果如表4－4所示。

表4－4　买入套期保值案例（价格上涨情形）

时间＼市场	现货市场	期货市场
3月1日	市场价格16430元/吨	买入6月份铝期货合约，17310元/吨
5月1日	买入价格17030元/吨	卖出平仓铝期货合约，17910元/吨
盈亏	相当于亏损600元/吨	盈利600元/吨

在该案例中，该铝型材厂在过了2个月后以17030元/吨的价格购进铝锭，比先前3月初买进铝锭多支付了600元/吨的成本，相当于亏损600元/吨。但在期货交易中盈利600元/吨，刚好与现货市场的亏损相对冲。通过套期保值，该铝型材厂实际购买铝锭的成本为17030－600＝16430元/吨，与3月初现货价格水平完全一致，相当于将5月初要购买的铝锭价格锁定在3月初的水平，完全规避了铝锭价格上涨的风险。如果不进行套期保值，该铝型材厂将遭受铝锭成本上涨600元/吨的损失，影响其生产利润。

假如5月初铝锭的价格不涨反跌，现货、期货都下跌了600元/吨，则该铝型材厂的套期保值结果如表4－5所示。

表4－5　　买入套期保值案例（价格下跌情形）

时间＼市场	现货市场	期货市场
3月初	市场价格16430元/吨	买入6月份铝期货合约，17310元/吨
5月初	买入价格15830元/吨	卖出平仓铝期货合约，16710元/吨
盈亏	相当于盈利600元/吨	亏损600元/吨

在这种情形下，因价格下跌，该铝型材厂铝锭购入成本下降600元/吨，但这部分现货的盈利被期货市场的亏损所对冲。通过套期保值，该铝型材厂铝锭实际的采购价为15830＋600＝16430元/吨，与3月初计划套期保值时的现货价格相等。

第三节　基差与套期保值效果

学习内容	知识点
基差定义和基差变动	基差的定义
	基差走强
	基差走弱
基差变动与套期保值效果	基差走强与卖出套期保值
	基差走弱与卖出套期保值
	基差走强与买入套期保值
	基差走弱与买入套期保值

续表

学习内容	知识点
影响基差变动的因素	持仓费
	正向市场
	反向市场
规避基差变动风险的操作方式	点价交易
	点价交易与套期保值相结合

在上节中，我们所举的卖出和买入套期保值的例子，均假设期货价格与现货价格变动幅度一致，两个市场的盈亏完全冲抵，这种套期保值被称为完全套期保值或理想套期保值（Perfect Hedging）。事实上，盈亏完全冲抵是一种理想化的情形，现实中两者变动幅度并不完全一致，从而影响套期保值的效果，导致不完全套期保值或非理想套期保值（Imperfect Hedging）。

导致不完全套期保值的原因主要有：

第一，期货价格与现货价格变动幅度并不完全一致。一般而言，同一商品在期货市场和现货市场的价格走势整体是趋同的，但受到季节等各种因素的影响，两个市场的价格变动程度可能不一致。例如，农产品在收获季节即将来临时，期货价格受预期供给大量增加因素影响，其价格下跌幅度往往会大于现货市场价格下跌幅度，或者其价格上涨幅度往往会小于现货价格上涨幅度，从而导致两个市场价格虽整体趋同，但变动程度存在差异。如果作卖出套期保值，可能出现现货市场亏损小于期货市场盈利，或者现货市场盈利大于期货市场亏损的情形，盈亏冲抵之后还存在一定的净盈利。

第二，由于期货合约标的物可能与套期保值者在现货市场上交易的商品等级存在差异，当不同等级的商品在供求关系上出现差异时，虽然两个市场价格变动趋势相近，但在变动程度上会出现差异性。

第三，期货市场建立的头寸数量与被套期保值的现货数量之间存在差异时，即使两个市场价格变动幅度完全一致，也会出现两个市场盈亏不一致的情况。这主要是由于每张期货合约代表固定数量的商品，例如 5 吨或 10 吨，交易时必须是其整数倍。而现货市场涉及的头寸有可能不是期货合约交易单位的整数倍，这就导致两个市场数量上的差异，从而影响两个市场盈亏相抵的程度。

第四，因缺少对应的期货品种，一些加工企业无法直接对其所加工的产成品进行套期保值，只能利用其使用的初级产品的期货品种进行套期保值时，由于初级产品和产成品之间在价格变化上存在一定的差异性，从而导致不完全套期保值。例如，电线电缆企业若想对电线、电缆等产成品套期保值，但期货市场缺少对应的品种，只能利用其生产所使用的初级产品——阴极铜期货来实现。初级产品价格是其产成品价格的主要构成因素，两者之间存在一定的同方向变化的关系，套期保值操作可以起到对冲风险的作用。但是，影响产成品价格构成的还有其他因素，例如人工成本、水电成本等，这会导致两者的价格在变动程度上存在一定差异性，从而影响套期保值的效果。

在以上导致不完全套期保值的原因中，现货市场和期货市场价格变动幅度的不完全一致是最常见的情形。在此，我们将引入基差（Basis）的概念，详细分析两个市场价格变动幅度不完全一致与套期保值效果之间的关系。

一、基差的定义

基差是某一特定地点某种商品或资产的现货价格与相同商品或资产的某一特定期货合约价格间的价差。用公式可简单地表示为：基差 = 现货价格 - 期货价格。例如，9 月 26 日，长江有色网 1 号铜的价格对上海期货交易所 12 月铜期货价格的基差为 -400 元/吨，意味着长江有色市场 1 号铜价格要比上海期货交易所 12 月铜期货价格低 400 元/吨。

不同的交易者，由于关注的商品品质不同，参考的期货合约月份不同，以及现货地点不同，所关注的基差也会不同。例如，某铜企业因为在 5 月份的铜期货合约上进行了套期保值交易，所以该企业关心的基差就是相对于 5 月份的铜期货合约的基差。

二、基差走强与基差走弱

由于受到相近的供求因素的影响，期货价格和现货价格表现出相同趋势，但由于供求因素对现货市场、期货市场的影响程度不同以及需考虑持仓费等因素，导致两者的变动幅度不尽相同，因而计算出来的基差也在不断变化，我们常用“强”（Strength）或“弱”（Weakness）来评价基差的变化。

基差变大，称为“走强”（Stronger）。基差走强常见的情形有：现货价格涨幅超过期货价格涨幅，或者现货价格跌幅小于期货价格跌幅。这意味着，相对于期货价格表现而言，现货价格走势相对较强。例如，假设1月10日小麦期货价格为2700元/吨，现货价格为2600元/吨，此时基差为－100元/吨。至1月15日，小麦期货价格上涨100元/吨至2800元/吨，现货价格上涨150元/吨至2750元/吨，此时基差为－50元/吨。该期间现货价格涨幅超过期货价格涨幅，基差从－100元/吨变为－50元/吨的变化就属于走强的情形。类似的情况还有，如果基差从－20元/吨变为40元/吨，或者从50元/吨变100元/吨均属于走强的情形，如图4－1所示。

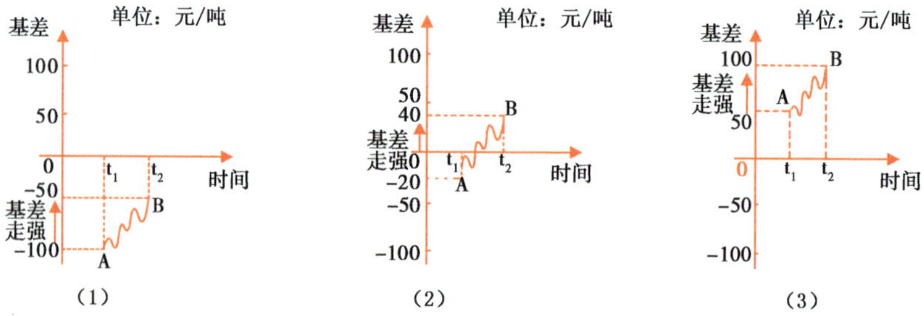

图4－1 基差走强的图示

注：A和B分别表示在t_1和t_2两个时点上的基差，箭头代表基差变动的方向。

基差变小，称为“走弱”（Weaker）。基差走弱常见的情形有：现货价格涨幅小于期货价格涨幅，或者现货价格跌幅超过期货价格跌幅。这意味着，相对于期货价格表现而言，现货价格走势相对较弱。例如，假设1月10日小麦期货价格为2800元/吨，现货价格为2750元/吨，此时基差为

-50 元/吨；至 1 月 15 日，小麦期货价格下跌 100 元/吨，至 2700 元/吨，现货价格下跌 150 元/吨，至 2600 元/吨，此时基差为 -100 元/吨。该期间期货价格下跌幅度小于现货价格下跌幅度，基差从 -50 元/吨变为 -100 元/吨的变化就属于基差走弱的情形，类似的情况还有，如果基差从 100 元/吨变为 50 元/吨、从 40 元/吨变为 -20 元/吨，均属于基差走弱的情形，如图 4-2 所示。

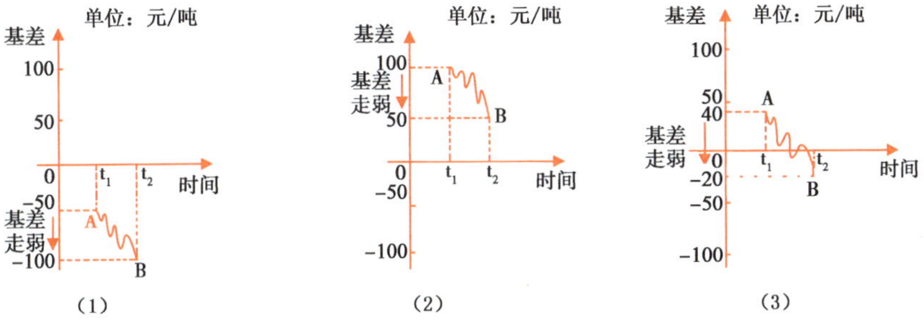

图 4-2 基差走弱的图示

注：A 和 B 分别表示在 t_1 和 t_2 两个时点上的基差，箭头代表基差变动的方向。

三、基差变动与套期保值效果

下面我们将通过卖出套期保值和买入套期保值的案例来说明基差变动与套期保值效果之间的关系。

（一）基差变动与卖出套期保值

【例 4-3】 5 月初某糖厂与饮料厂签订销售合同，约定将在 8 月初销售 100 吨白糖，价格按交易时的市价计算。目前，白糖现货价格为 5500 元/吨。该糖厂担心未来糖价会下跌，于是卖出 10 手（每手 10 吨）9 月份白糖期货合约，成交价格为 5800 元/吨。至 8 月初交易时，现货价格跌至每吨 5000 元/吨，与此同时，期货价格跌至 5200 元/吨。该糖厂按照现货价格出售 100 吨白糖，同时按照期货价格将 9 月份白糖期货合约对冲平仓。套期保值结果见表 4-6。

表 4-6　　卖出套期保值案例（基差走强情形）

时间＼市场	现货市场	期货市场	基差
5 月初	市场价格 5500 元/吨	卖出 9 月份白糖期货合约，5800 元/吨	-300 元/吨
8 月初	卖出价格 5000 元/吨	买入平仓白糖期货合约，5200 元/吨	-200 元/吨
盈亏	相当于亏损 500 元/吨	盈利 600 元/吨	走强 100 元/吨

在该案例中，由于现货价格下跌幅度小于期货价格下跌幅度，基差走强 100 元/吨。期货市场盈利 600 元/吨，现货市场亏损 500 元/吨，两者相抵后存在净盈利 100 元/吨。通过套期保值，该糖厂白糖的实际售价相当于是：现货市场实际销售价格 + 期货市场每吨盈利 = 5000 + 600 = 5600 元/吨。该价格要比 5 月初的 5500 元/吨的现货价格高 100 元/吨，而这 100 元/吨正是基差走强的变化值。这表明，进行卖出套期保值，如果基差走强，两个市场盈亏相抵后存在净盈利 100 元/吨，它可以使套期保值者获得一个更为理想的价格。

【例 4-4】 5 月初某地钢材价格为 4380 元/吨。某经销商目前持有 5000 吨钢材存货尚未出售。为了防范钢材价格下跌风险，该经销商卖出 500 手（每手 10 吨）9 月份螺纹钢期货合约进行套期保值，成交价格为 4800 元/吨。到了 8 月初，钢材价格出现上涨，该经销商按 4850 元/吨的价格将该批现货出售，与此同时，将期货合约对冲平仓，成交价格为 5330 元/吨。套期保值结果见表 4-7。

表 4-7　　卖出套期保值案例（基差走弱情形）

时间＼市场	现货市场	期货市场	基差
5 月初	市场价格 4380 元/吨	卖出 9 月份螺纹钢期货合约，4800 元/吨	-420 元/吨
8 月初	卖出价格 4850 元/吨	买入平仓螺纹钢期货合约，5330 元/吨	-480 元/吨
盈亏	相当于盈利 470 元/吨	亏损 530 元/吨	走弱 60 元/吨

在该案例中，由于现货价格上涨幅度小于期货价格上涨幅度，基差走弱 60 元/吨。期货市场亏损 530 元/吨，现货市场盈利 470 元/吨，两者相抵后存在净亏损 60 元/吨。通过套期保值，该经销商的钢材的实际售价相

当于：现货市场实际销售价格－期货市场每吨亏损＝4850－530＝4320元/吨。该价格要比5月初的4380元/吨的现货价格低60元/吨，而这60元/吨正是基差走弱的变化值。这表明，进行卖出套期保值，如果基差走弱，两个市场盈亏相抵后存在净亏损，它将使套期保值者承担基差变动不利的风险，其价格与其预期价格相比要略差一些。

（二）基差变动与买入套期保值

【例4－5】5月初，某饲料公司预计3个月后需要购入3000吨豆粕。为了防止豆粕价格上涨，该饲料公司买入9月份豆粕期货合约300手（每手10吨），成交价格为2910元/吨。当时现货市场豆粕价格为3160元/吨。至8月初，豆粕现货价格上涨至3600元/吨，该饲料公司按此价格采购3000吨豆粕，与此同时，将豆粕期货合约对冲平仓，成交价格为3280元/吨。套期保值结果见表4－8。

表4－8　买入套期保值案例（基差走强情形）

时间＼市场	现货市场	期货市场	基差
5月初	市场价格3160元/吨	买入9月份豆粕期货合约，2910元/吨	250元/吨
8月初	买入价格3600元/吨	卖出平仓豆粕期货合约，3280元/吨	320元/吨
盈亏	相当于亏损440元/吨	盈利370元/吨	走强70元/吨

在该案例中，由于现货价格上涨幅度大于期货价格上涨幅度，基差走强70元/吨。期货市场盈利370元/吨，现货市场亏损440元/吨，两者相抵后存在净亏损70元/吨。通过套期保值，该饲料公司的豆粕的实际购入价格相当于：现货市场实际采购价格－期货市场每吨盈利＝3600－370＝3230元/吨。该价格要比5月初的3160元/吨的现货价格高70元/吨，而这70元/吨正是基差走强的变化值。这表明，进行买入套期保值，如果基差走强，两个市场盈亏相抵后存在净亏损，它将使套期保值者承担基差变动不利的风险，其价格与其预期价格相比要略差一些。

【例4－6】3月初，某轮胎企业为了防止天然橡胶原料价格进一步上涨，买入7月份天然橡胶期货合约100手（每手10吨），成交价格为24000元/吨，需要对其未来生产所需要的1000吨天然橡胶进行套期保值。

当时现货市场天然橡胶价格为 23000 元/吨。之后天然橡胶价格未涨反跌，至 6 月初，天然橡胶现货价格跌至 20000 元/吨。该企业按此价格购入天然橡胶现货 1000 吨，与此同时，将天然橡胶期货合约对冲平仓，成交价格为 21200 元/吨。套期保值结果见表 4 - 9。

表 4 - 9　　买入套期保值案例（基差走弱情形）

时间＼市场	现货市场	期货市场	基差
3 月初	市场价格 23000 元/吨	买入 7 月份天然橡胶期货合约，24000 元/吨	-1000 元/吨
6 月初	买入价格 20000 元/吨	卖出平仓天然橡胶期货合约，21200 元/吨	-1200 元/吨
盈亏	相当于盈利 3000 元/吨	亏损 2800 元/吨	走弱 200 元/吨

在该案例中，由于现货价格下跌幅度大于期货价格下跌幅度，基差走弱 200 元/吨。期货市场亏损 2800 元/吨，现货市场盈利 3000 元/吨，两者相抵后存在净盈利 200 元/吨。通过套期保值，该轮胎企业的天然橡胶的实际购入价格相当于：现货市场实际采购价格 + 期货市场每吨亏损 = 20000 + 2800 = 22800 元/吨。该价格要比 3 月初的 23000 元/吨的现货价格低 200 元/吨，而这 200 元/吨正是基差走弱的变化值。这表明，进行买入套期保值，如果基差走弱，两个市场盈亏相抵后存在净盈利，它将使套期保值者获得的价格比其预期价格还要更理想。

根据以上分析，我们可以将买入套期保值和卖出套期保值在基差不同变化情形下的效果进行概括，如表 4 - 10 所示。

表 4 - 10　　基差变动与套期保值效果关系

类别	基差变化	套期保值效果
卖出套期保值	基差不变	完全套期保值，两个市场盈亏刚好完全相抵
	基差走强	不完全套期保值，两个市场盈亏相抵后存在净盈利
	基差走弱	不完全套期保值，两个市场盈亏相抵后存在净亏损
买入套期保值	基差不变	完全套期保值，两个市场盈亏刚好完全相抵
	基差走强	不完全套期保值，两个市场盈亏相抵后存在净亏损
	基差走弱	不完全套期保值，两个市场盈亏相抵后存在净盈利

四、影响基差的因素

从上面的分析可以看到，基差变动会给套期保值的效果带来不确定性，这称为基差风险。尽管如此，如果不进行套期保值的话，企业将承担现货价格波动的风险，这个风险要比价差变动风险大。套期保值的实质是用较小的基差风险代替较大的现货价格波动风险。

既然基差变动会影响套期保值效果，那么如果能够了解基差产生及变动的原因，就可以预测基差的变化，从而使风险对冲得更为充分，甚至可以获取对冲之后的净盈利。

基差的大小主要与持仓费有关。持仓费（Carrying Charge），又称为持仓成本（Cost of Carry），是指为拥有或保留某种商品、资产等而支付的仓储费、保险费和利息等费用总和。

持仓费 = 仓储费 + 保险费 + 利息

持仓费高低与距期货合约到期时间长短有关，距交割时间越近，持仓费越低。理论上，当期货合约到期时，持仓费会减小到零，基差也将变为零。

当期货价格高于现货价格或者远期期货合约价格高于近期期货合约价格时，这种市场状态称为正向市场（Normal Market 或 Contango），此时基差为负值。正向市场主要反映了持仓费。持仓费与期货价格、现货价格之间的关系可通过下面的例子来说明。

假定某企业在未来 3 个月后需要某种商品，它有两种选择：一是立即买入 3 个月后交割的该商品的期货合约，一直持有并在合约到期时交割；二是立即买入该商品的现货，将其储存 3 个月后使用。买入期货合约本身除要缴纳保证金而产生资金占用成本外，不需要更多的成本。而买入现货意味着必须支付从购入商品到使用商品期间的仓储费、保险费以及资金占用的利息成本。如果期货价格与现货价格相同，很显然企业都会选择在期货市场而不愿意在现货市场买入商品，这会造成买入期货合约的需求增加，现货市场的需求减少，从而使期货价格上升现货价格下降，直至期货合约的价格高出现货价格的部分与持仓费相同，这时企业选择在期货市场还是在现货市场买入商品是没有区别的。因此，在正向市场中，期货价格高出现货价格的部分与持仓费的高低有关，持仓费体现的是期货价格形成中的时间价值。持仓费的高低与持有商品的时间长短有关，一般来说，距离交割的期限越近，持有商品的成本就越低，期货价格高出现货价格的部分就越少。当交割月到来时，持仓费将降至零，期货价格和现货价格将趋同。

当现货价格高于期货价格或者近期期货合约价格高于远期期货合约价格时，这种市场状态被称为反向市场，或者逆转市场（Inverted Market）、现货溢价（Backwardation），此时基差为正值。反向市场的出现主要有两个原因：一是近期对某种商品或资产需求非常迫切，远大于近期产量及库存量，使现货价格大幅度增加，高于期货价格；二是预计将来该商品的供给会大幅度增加，导致期货价格大幅度下降，低于现货价格。反向市场的价格关系并非意味着现货持有者没有持仓费的支出，只要持有现货并储存到未来某一时期，仓储费、保险费、利息成本的支出就是必不可少的。只不过，在反向市场上，由于市场对现货及近期月份合约需求迫切，购买者更愿意承担全部持仓费来持有现货。在反向市场上，随着时间的推进，现货价格与期货价格如同在正向市场上一样，会逐步趋同，到交割期趋向一致。

套期保值者可以通过对持仓费、供求等因素的分析，利用历史上数年的基差变化数据进行预测，从而达到更理想的套期保值效果。

五、规避基差风险的操作方式

如前所述，套期保值会面临基差风险。那么，有没有一种交易方式能够较好地降低基差变动带来的不确定性呢？有，它是随着点价交易的出现而出现的，是一种将点价交易与套期保值结合在一起的操作方式。

（一）点价交易

点价交易（Pricing），是指以某月份的期货价格为计价基础，以期货价格加上或减去双方协商同意的升贴水来确定双方买卖现货商品价格的定价方式。点价交易从本质上看是一种为现货贸易定价的方式，交易双方并不需要参与期货交易。目前，在一些大宗商品贸易中，如大豆、铜、石油等贸易，点价交易已经得到了普遍应用。例如，在大豆的国际贸易中，通常以芝加哥期货交易所（CBOT）的大豆期货价格作为点价的基础；在铜精矿和阴极铜的贸易中通常利用伦敦金属交易所（LME）或纽约商品交易所（COMEX）的铜期货价格作为点价的基础。之所以使用期货市场的价格来为现货交易定价，主要是因为期货价格是通过集中、公开竞价方式形成的，价格具有公开性、连续性、预测性和权威性。使用大家都公认的、合理的期货价格来定价，可以省去交易者搜寻价格信息、讨价还价的成本，提高交易的效率。

与传统的贸易不同，在点价交易中，贸易双方并非直接确定一个价格，而是以约定的某月份期货价格为基准，在此基础上加减一个升贴水来确定。升贴水的高低，与点价所选取的期货合约月份的远近、期货交割地与现货交割地之间的运费以及期货交割商品品质与现货交割商品品质的差异有关。在国际大宗商品贸易中，由于点价交易被普遍应用，升贴水的确定也是市场化的，有许多经纪商提供升贴水报价，交易商可以很容易确定升贴水的水平。

根据确定具体时点的实际交易价格的权利归属划分，点价交易可分为买方叫价交易和卖方叫价交易，如果确定交易时间的权利属于买方，就称为买方叫价交易，若权利属于卖方的则称为卖方叫价交易。

（二）点价交易与套期保值的结合

因为在实施点价之前，双方所约定的期货基准价格是不断变化的，所以交易者仍然面临价格变动风险。为了有效规避这一风险，交易者可以将点价交易与套期保值结合在一起进行操作。

【例 4-7】 10 月 20 日，中国某榨油厂与美国某贸易商签订进口合同，约定进口大豆的到岸价为“CBOT 的 1 月大豆期货合约 + CNF100 美分”，即在 1 月份 CBOT 大豆期货价格的基础上加上 100 美分/蒲式耳的升水，以此作为进口到岸价格，并约定由该榨油厂在 12 月 15 日装船前根据 CBOT 期货盘面价格自行点价确定。合同确立后，大豆的进口到岸价格实际上并未确定下来，如果在榨油厂实施点价之前，1 月份 CBOT 大豆期货价格上涨，该榨油厂就要接受此高价。为了规避这一风险，该榨油厂在签订进口合同的同时，在 CBOT 上买入等数量的 1 月份大豆期货合约进行套期保值。

到了 12 月 15 日，该贸易商完成大豆装船，并通知该榨油厂点价。该油厂在 1 月份 CBOT 大豆期货上分批完成点价，均价为 1030 美分/蒲式耳。该批大豆的进口到岸价也相应确定下来，为 1030 + 100 = 1130 美分/蒲式耳。该榨油厂按该价格向贸易商结清货款。与此同时，该榨油厂将套期保值头寸卖出平仓，结束交易。

在实际操作中，为了保证能够按照所点的期货价格将期货头寸进行平仓，榨油厂和贸易商可以申请期转现交易，将双方期货套期保值头寸的平仓价确定在所点的价位上，这样可以保证在了结套期保值头寸时，基差固定在 100 美分/蒲式耳，从而避免了基差变动的风险。

在该案例中，假设在签订进口合同时期货价格为 800 美分/蒲式耳，这意味着，如果不进行套期保值，在该榨油厂实施点价时，由于期货价格上涨至 1030 美分/蒲式耳，该榨油厂要承担相当于 230 美分/蒲式耳的损失。如果在签订合同同时进行买入套期保值，即使点价期间价格上涨，其期货套期保值头寸因价格上涨所带来的盈利也可以弥补现货上的损失，从而较好地规避了价格风险。

由于是点价交易与套期保值操作相结合，套期保值头寸了结的时候，对应的基差基本上等于点价交易时确立的升贴水。这就保证了在套期保值建仓时，就已经知道了平仓时的基差，从而减少了基差变动的不确定性，降低了基差风险，这种交易方式被称为基差交易。

六、企业开展套期保值业务需注意的事项

套期保值操作虽然可以在一定程度上规避价格风险，但并非意味着企业做套期保值就是进了“保险箱”。事实上，在套期保值操作上，企业除了面临基差变动风险之外，还会面临诸如流动性风险、现金流风险、操作风险等各种风险。这需要企业针对套期保值业务设置专门的人员和组织机构，制定相应的规章和风险管理制度等。

企业在套期保值业务上，需要在以下几个方面予以关注。

第一，企业在参与期货套期保值之前，需要结合自身情况进行评估，以判断是否有套期保值需求，以及是否具备实施套期保值操作的能力。

第二，企业应完善套期保值的机构设置。要保证套期保值效果，规范的组织体系是科学决策、高效执行和风险控制的重要前提和基本保障。

第三，企业需要具备健全的内部控制制度和风险管理制度。

第四，加强对套期保值交易中现金流风险、流动性风险和操作风险等的管理。

第四节　套期保值的业务拓展

学习内容	知识点
合作套保	合作套保的定义
	合作套保模式
	合作套保的相关规定
基差贸易	基差贸易定义
	线下基差贸易和线上基差贸易
“保险 + 期货”	“保险 + 期货”的定义
	“保险 + 期货”的基本流程
	“保险 + 期货”的主要模式

在我国，随着期货市场规模扩大、企业套期保值需求增加，以期货公司风险管理子公司为代表的专业机构通过多种途径开展业务创新，促进了现货企业更充分地利用衍生品市场进行风险管理，套期保值的方式也有了相应的拓展，出现了合作套保、基差贸易和“保险 + 期货”等多种形式。

一、合作套保

在现实中，一些企业（尤其是中小型企业）由于专业人才缺乏、自身条件等限制，虽然具有套期保值需求但难以利用期货市场进行套期保值。而合作套保，就是由中小企业和期货公司的风险管理子公司开展合作。后者根据企业实际生产经营需求，深入实体企业生产经营的各个环节，提高企业的风险识别能力和风险敞口的准确计量能力，从风险管理预案策划、套保方案的制定到具体的套期保值操作的实施，全程参与企业的风险管理。合作套保能够充分发挥期货公司风险管理子公司的专业优势，为企业提供“一对一”套期保值服务及风险管理产品，这给中小企业充分利用期货市场创造了条件。

期货公司风险管理子公司与企业的合作套保模式主要有两种：

第一，中小企业客户在期货公司的指导下从事现货相关的采购、销售、物流、仓储等业务，期货公司负责相关的套期保值策略制定、风险管理等业务。

第二，中小企业客户将套期保值操作外包给期货公司风险管理公司，期货公司风险管理公司根据中小企业客户提出的具体保值目标，通过期货或者现货工具进行风险管理，来帮助企业客户完成保值目标。

在我国《期货公司风险管理公司业务试点指引》（2019 年修订）中规定，合作套保是指为规避客户现货生产经营中的市场风险，风险管理公司为客户提供套期保值服务，以抵销被套期项目全部或部分价格风险的业务行为。风险管理公司开展合作套保业务的保值标的须与客户现货生产经营相关，且使用的套期工具公允价值或现金流量变动预期能够抵销被套期项目全部或部分公允价值或现金流量变动，与客户协议约定合作套保资金的管理和使用，不得存在以下行为：

（1）与金融机构及其资产管理产品、私募基金管理人及其产品或自然人签订业务合同或开展合作套保业务；

（2）为客户提供合作套保资金；

（3）挪用客户合作套保资金；

（4）中国证监会及协会禁止的其他行为。

二、基差贸易

在传统大宗商品的现货贸易中，交易价格受供求关系变化呈波动性，对买卖双方来说都存在较大风险，不利于交易双方的长期稳定合作，企业利用期货市场进行套期保值也存在较大的基差变动风险。由于期货价格为交易双方定价提供了较权威的参考依据，从而衍生出以期货价格为基准价格的现货贸易的定价方式，即点价交易。这时买卖双方可以以某月份的期货合约价格为基准，商议一个升贴水，作为现货交易的价格。与此同时，买卖双方还可以同时在期货市场进行套期保值操作。“点价＋套期保值”的操作方式，可以有效降低套期保值中的基差变动风险，这被称为基差交易（贸易）。

点价交易可以在现货企业间直接进行，也可以由风险管理公司为企业提供专业指导，以便确立合理的基差，还可以通过风险管理公司与企业之间进行现货交易来完成。在我国《期货公司风险管理公司业务试点指引》（2019 年修订）中风险管理公司参与的基差贸易，是指以确定价格或以点价、均价等方式提供报价，并与客户进行现货交易的业务行为。

基差贸易可以采取线下和线上方式。传统上，基差贸易是在线下达成交易的，有意向的企业通过多方询价或者与有合作基础的企业议价的形式确定基差报价。不过这种方式的基差报价缺乏连续性，影响可参考性，并且在行情波动大的情况下买卖双方对基差确定较难达成统一，增加了交易成本。2019 年 9 月，大连商品交易所推出了基差交易平台，这种线上交易模式在很大程度上解决了线下基差贸易中存在的一些问题。平台可以汇集各方信息，便于企业寻找、筛选合适的交易对手和交易标的，提升了基差贸易的效率。

【例 4－8】标准仓单的基差贸易案例：2018 年 8 月，某铅冶炼厂卖出 12 月交割的铅期货合约 PB1812。至 11 月初，该厂将一批铅锭运送至交割库准备实物交割。但该厂出于资金原因，想提前销售该批货物，但认为当日铅锭市场价格偏低。于是与风险管理公司签订基差销售合同，将该批货物以基差点价（PB1812－100）的方式实现销售，即以 PB1812 期货合约价格为基准减去 100 元/吨作为销售价格。风险管理公司在获取该批次铅锭的货权后，以当日的有色网 1 号铅均价作为临时结算价，支付了 80% 的临时货款（余下 20% 临时货款为该冶炼厂的点价保证金）。基于合同，风险管理公司给予该冶炼厂 1 周的点价期，待冶炼厂点价后对实际货款进行结算并支付剩余货款。该业务中，风险管理公司通过基差点价采购了铅锭，并将其用于实物交割，实现了标准仓单卖交割的业务利润。对冶炼厂来说，该模式及时满足了冶炼厂快速回笼资金的需求，同时也满足了冶炼厂对销售价格的把控。

三、“保险＋期货”

“保险＋期货”是一种农业风险管理的创新方式。对广大农民来说，虽然农产品经营面临较大风险，但由于农民缺少专业的衍生品知识和经验，直接运用期货和期权等衍生工具进行套期保值不太现实。而引入广大农民更为熟悉的保险产品，将保险产品与期货市场相结合，就可以同时发挥期货的专业套保优势以及保险行业的渠道优势，由此“保险＋期货”方式应运而生。在我国，在多方共同积极探索下，该业务模式试点成效显著，显露出其成为农业经营者管理价格风险新工具的强大生命力。

“保险＋期货”的基本流程是：农业经营者或涉农企业向保险公司购买价格或收入保险产品，保险公司向期货公司风险子公司购买场外期权，期货公司风险子公司利用期货市场进行风险对冲，从而形成风险的逐级转移。操作流程如图 4－3 所示。

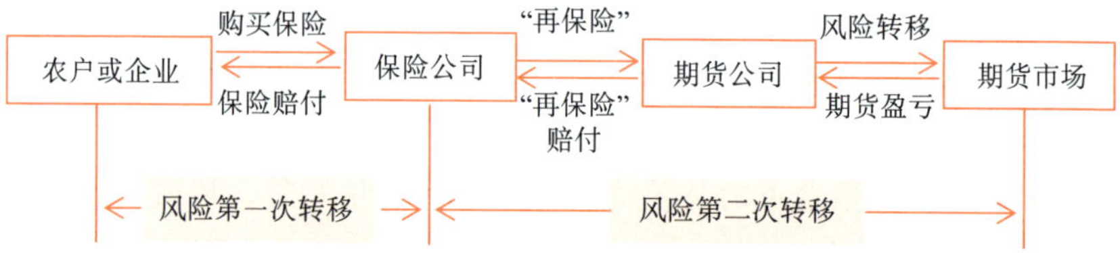

图 4－3 “保险＋期货”模式示意图

根据规避风险类型的不同，“保险＋期货”的主要模式包括价格保护型“保险＋期货”模式、收入保障型“保险＋期货”模式、双向“保险＋期货”模式等。

第一，价格保护型“保险＋期货”模式。该模式主要是帮助农户规避农产品价格下跌的风险，具体流程为：农户向保险公司购买保险，约定在收获季节如果农产品价格低于保险条款约定的最低价格，则保险公司按约定的最低价格向农户赔付差价。保险公司再通过向期货公司支付一笔期权费买入场外看跌期权交易，将所面临的风险转移给期货公司。期货公司通常采取在场内复制对应的看跌期权或复制场外期权并在期货市场买卖数量相等、方向相反的期货合约进行对冲操作来转移风险。

第二，收入保障型“保险+期货”模式。该模式主要为了保护农户获得稳定的农产品销售收入。农户的收入不仅受农产品价格变动影响，还要受农产品的产量变动的影响。具体做法是：农户在向保险公司支付一笔保险费的同时获得一份收入保险，在收获季节，若农户的实际产值低于保险条款约定的目标产值从而导致收入减少，则保险公司向农户赔付收入差额。保险公司与农户签订保险合同后，要承担两种风险，一是农产品价格下跌风险，二是农产品产量减少风险。针对第一种价格风险，保险公司通常按照传统模式向期货公司支付一笔期权费买入场外看跌期权，将自身承担的价格风险转移给期货公司。期货公司收取保险公司的权利金后将保险公司转移过来的价格风险再通过对冲的方式转移至期货市场。对于第二种产量风险，保险公司则向其他一个或多个保险公司购买农作物产量保险，采取再保险方式将自身面临的潜在农作物产量风险转移给其他保险公司共同承担。

第三，双向“保险+期货”模式。该模式适用于农户与农业企业签订农产品收购合同的情形，为农户和农业企业同时提供价格保险。具体操作是：当农户与农业企业签订收购合同后，农户向保险公司购买一份价格保险，即在收获时，如果农产品市场价格高于合同价格，会按照收购合同，农户只能以合同价将农产品出售给农业企业，此时保险公司会根据价格上涨幅度对农户进行一定比例赔付。而保险公司为避免农产品价格大幅上涨造成对农户的巨额赔付，通常在设计保险产品时会设定最高赔付额。同时，农业企业为防止交付时农产品市场价格低于合同价格，会向保险公司购买一份价格保险，即在收获时，如果农产品市场价格低于其与农户签订的合同价格，农业企业只能以合同价格购入农户的农产品，但保险公司会根据价格下跌幅度对农业企业进行一定比例的赔付。

此时，保险公司面临农产品价格上涨和下跌的双重风险，保险公司通过向期货公司购买一份场外组合期权来规避双重价格风险。期货公司可在场外期权市场或期货市场采用复制期权的策略，通过动态调整复制头寸的数量保证自身所持期权头寸处于风险中性状态，达到风险对冲的效果。

第五章　投机与套利

本章学习目的与要求：

通过本章学习，了解期货投机的概念、类型和作用以及期货量化交易；掌握期货价差与价差套利交易、期现套利交易的基本策略，熟悉期货投机交易的常见操作方法、期货套利交易的作用、套利指令的种类和报价。

学习重点：

期货投机的概念；期货套利的定义；期货套利的基本策略。

知识结构图：

- 第五章　投机与套利
  - 第一节　期货投机交易
    - 一、期货投机的概念
    - 二、期货投机者的类型
    - 三、期货投机的作用
    - 四、期货投机交易的常见操作方法
  - 第二节　期货套利交易
    - 一、期货套利的定义与作用
    - 二、价差与期货价差套利
  - 第三节　期货套利的基本策略
    - 一、跨期套利（牛市、熊市、蝶式）
    - 二、跨品种套利
    - 三、跨市套利
    - 四、期现套利
  - 第四节　期货价差套利指令
    - 一、套利指令
    - 二、套利指令的种类
    - 三、套利指令的报价
    - 四、套利市价指令和限价指令的应用
    - 五、期货量化交易

第一节　期货投机交易

学习内容	知识点
期货投机的概念	期货投机的概念
期货投机者的类型	期货投机者的类型
期货投机的作用	期货投机的作用
期货投机交易的常见操作方法	开仓阶段、平仓阶段、资金和风险管理

一、期货投机的概念

期货投机是指交易者通过预测期货合约未来价格变化，以在期货市场上获取价差收益为目的的期货交易行为。

期货投机与套期保值的区别主要有以下三点。

（一）从交易目的来看

期货投机交易是以赚取价差收益为目的；而套期保值交易是利用期货市场规避现货价格波动的风险。

（二）从交易方式来看

期货投机交易是在期货市场上进行买空卖空，从而获得价差收益；套期保值交易则是在期货市场上建立现货市场的对冲头寸，以期达到对冲现货市场的价格波动风险。

（三）从交易风险来看

期货投机者在交易中通常是为博取价差收益而主动承担相应的价格风险；套期保值者则是通过期货交易规避现货价格风险。因此，从交易者的风险态度看，期货投机者大多是价格风险偏好者，套期保值者大多是价格风险厌恶者。

二、期货投机者的类型

根据不同的划分标准，期货投机者大致可分为以下两种类型。

（一）按交易主体划分

按交易主体划分，期货投机者可分为机构投机者和个人投机者。机构投机者是指用自有资金或者从分散的公众手中筹集的资金专门进行期货投机活动的机构，主要包括各类基金、金融机构、工商企业等。个人投机者则是指以自然人身份从事期货投机交易的投机者。

（二）按持有头寸方向划分

按持有头寸方向划分，期货投机者可分为多头投机者和空头投机者。在交易中，投机者根据对未来价格波动方向的预测确定交易头寸的方向。若投机者预测价格上涨则买进期货合约，持有多头头寸，被称为多头投机者；若投机者预测价格下跌则卖出期货合约，持有空头头寸，被称为空头投机者。

三、期货投机的作用

期货投机交易是期货市场不可缺少的重要组成部分，发挥着特有的作用，主要体现在以下几个方面：

（一）承担价格风险

期货市场的一个主要经济功能是为生产、加工和经营者提供现货价格风险的转移工具。期货投机者在博取风险收益的同时，承担了相应的价格风险。如果期货市场上只有套期保值者，没有这些风险承担者参与交易，那么只有在买入套期保值者和卖出套期保值者的交易数量完全相符时，交易才能实现，风险才能得以转移。但从实际来看，买入套期保值者和卖出套期保值者之间的不平衡是经常发生的现象，期货投机者的加入恰好能抵消这种不平衡，从而使套期保值交易得以顺利实现。由此可见，如果没有投机者的加入，套期保值交易活动就难以进行，期货市场风险规避的功能也就难以发挥，可以说，正是期货投机者承担了期货价格风险，才使得期保值者能够有效规避现货价格波动风险，也使其现货经营平稳运行。

（二）促进价格发现

期货市场汇集了几乎所有关于期货合约商品的供求信息。期货投机者的交易目的不是实物交割，而是利用价格波动获取价差利润，这就要求投机者必须利用各种手段收集整理有关价格变动的信息，分析市场行情。同时，期货市场把投机者的不同交易指令集中在交易所内进行公开竞价，由于买卖双方彼此竞价所产生的互动作用使价格趋于合理。期货市场的价格发现功能正是由所有市场参与者对未来市场价格走向预测的综合反映体现的。交易所每天向全世界发布市场交易行情和信息，使那些置身于期货市场之外的企业也能充分利用期货价格作为其制定经营战略的重要参考依据。

（三）减缓价格波动

适度的投机能够减缓期货市场的价格波动。投机者进行期货交易，总是力图通过对未来价格的正确判断和预测赚取价差利润。当期货市场供大于求时，市场价格低于均衡价格，投机者低价买进期货合约，从而增加了市场需求，使期货价格上涨，供求重新趋于平衡；反之，当期货市场供不应求时，市场价格则高于均衡价格，投机者会高价卖出期货合约，从而增加了市场供给，使期货价格下跌，也能使供求重新趋于平衡。可见，期货投机对缩小期货价格波动幅度发挥了很大作用。

当然，减缓价格波动作用的实现是有前提的：一是投机者要理性化操作。违背期货市场运作规律进行操作的投机者最终会被市场所淘汰；二是适度投机。操纵市场等过度投机行为不仅不能减缓价格波动，而且会人为拉大供求缺口，破坏供求关系，加剧价格波动，加大市场风险。因此，遏制过度投机，打击市场操纵行为是各国期货市场监管机构的一项重要任务。

（四）提高市场流动性

市场流动性即市场交易的活跃程度。一般来说，在流动性较高的市场上，交易者众多，交易也较为活跃；反之，如果市场流动性较低，则交易较为冷淡。可以说，期货交易是否成功，在很大程度上取决于市场流动性的大小，而流动性又取决于投机者的多寡和交易频率。期货市场上的投机者，就像润滑剂一样，为套期保值者提供了更多的交易机会。投机者通过对价格的不同预测，有人看涨，有人看跌，交投积极，实际上扩大了交易量，使套期保值者无论是买进还是卖出都能很容易地找到交易对手，自由地进出期货市场，从而客观上提高了市场的流动性。

四、期货投机交易的常见操作方法

（一）开仓阶段

1. 入市时机选择

第一步，通过基本面分析法，判断某品种期货合约价格将会上涨还是下跌。如果是上涨，进一步利用技术分析法分析升势有多强，持续时间有多长；如果是下跌，则可进一步利用技术分析法分析跌势有多大，持续时间有多长。

第二步，权衡风险和获利前景。投机者在决定入市时，要充分考虑自身承担风险的能力，并且只有在获利的概率较大时，才能入市。

第三步，决定入市的具体时间。期货价格变化很快，入市时间的确定尤其重要。即使对市场发展趋势的分析准确无误，但如果入市时间选择不当，在预测的趋势尚未出现之前买卖合约，仍会使投机者蒙受惨重损失。技术分析法对选择入市时间有一定作用。投机者通过基本面分析认为，从长期来看，期货价格将上涨（下跌），如果此时的合约价格持续下跌（上升），则可能是投机者的分析出现了偏差，过高地估计了某些供求因素，也可能是一些短期因素对行情具有决定性的影响，使价格变动方向与长期趋势出现了暂时的背离。

建仓时应注意，只有在市场趋势已明确上涨时，才适宜买入期货合约；在市场趋势已明确下跌时，才适宜卖出期货合约。如果趋势不明朗或不能判定市场发展趋势，不要匆忙建仓。

2. 金字塔式建仓

金字塔式建仓是一种增加合约仓位的方法，即如果建仓后市场行情走势与预期相同并已使投机者获利，可增加持仓。增仓应遵循以下两个原则：(1) 只有在现有持仓已盈利的情况下，才能增仓；(2) 持仓的增加应渐次递减。金字塔式建仓的特点是将不断买入（卖出）的期货合约的平均价格保持在较低（高）水平。

【例 5－1】 某投机者预计 9 月份大豆期货合约价格将上升，故买入 7 手（10 吨/手）成交价格为 5710 元/吨的大豆期货合约，此后合约价格迅速上升到 5750 元/吨，首次买入的 7 手合约已经为他带来浮动盈利 $10\times7\times(5750-5710)=2800$ 元。为进一步利用该价位的有利变动，该投机者再次买入 5 手 9 月份合约，持仓总数增加到 12 手，12 手合约的平均买入价为 $(5710\times70+5750\times50)/120=5726.7$ 元/吨。当市场价格再次上升到 5785 元/吨时，他又买入 3 手合约，持仓总计 15 手，所持仓的平均价格为 5738.3 元/吨。当市价上升到 5805 元/吨，该投机者再买入 2 手，这样他所持有合约总数为 17 手，平均买入价为 5746.2 元/吨。当市价上升到 5825 元/吨时，他又买入 1 手，最终他所持有合约总数为 18 手，平均买入价为 5750.6 元/吨。具体操作过程见表 5－1。

表 5－1　　金字塔式买入

价格（元/吨）	持仓数（手）	平均价（元/吨）
5825	×	5750.6
5805	××	5746.2
5785	×××	5738.3
5750	×××××	5726.7
5710	×××××××	5710.0

本例中，投机者采取金字塔式建仓策略买入合约时持仓的平均价虽有所上升，但升幅远小于合约市场价格的升幅，市场价格回落时，持仓不至于受到严重威胁，投机者有充足的时间卖出合约并获得利润。例如，如果

市场价格上升到 5825 元/吨后开始回落，跌到 5770 元/吨，该价格仍然高于平均价 5750.6 元/吨，立即卖出 18 手合约仍可获利（5770 − 5750.6）× 18 × 10 = 3492 元。

金字塔式卖出的做法可以照此类推。

如果建仓后，市场价格变动对自己有利，但投机者增加仓位不按金字塔式行事，而是每次买入或卖出的合约份数总是大于前一次的合约份数，即采用倒金字塔式建仓，合约的平均价就会接近最新成交价，则只要价格稍有下降或上升，便会吞食所有利润，甚至亏损，因而不建议采用倒金字塔式的方法进行买入或卖出。

3. 合约交割月份的选择

建仓时除了要决定买卖何种合约及何时买卖，还必须选择合适的合约交割月份。

投机者在选择合约的交割月份时，通常要注意以下两个问题：一是合约的流动性；二是远月合约价格与近月合约价格之间的关系。

根据合约流动性不同，可将期货合约分为活跃月份合约（通常称为主力合约）和不活跃月份合约两种。一般来说，期货投机者在选择合约月份时，应选择交易活跃的合约，避开不活跃的合约。活跃的月份具有较高的市场流动性，方便投机者在合适的价位对所持头寸进行平仓；而如果合约不活跃，投机者想平仓时，经常需等较长的时间或只能接受不理想的价差。

在正向市场中，远月合约的价格高于近月合约的价格。对商品期货而言，一般来说，当市场行情上涨且远月合约价格相对偏高时，若远月合约价格上升，近月合约价格也会上升，以保持与远月合约间正常的持仓费用关系，且近月合约的价格上升可能更多；当市场行情下降时，远月合约的跌幅不会小于近月合约，因为远月合约对近月合约的升水通常与近月合约间相差的持仓费大体相当。所以，多头投机者应买入近月合约；空头投机者应卖出远月合约。

在反向市场中，远月合约的价格低于近月合约的价格。对商品期货而言，一般来说，当市场行情上涨且远月合约价格相对偏低时，若近月合约价格上升，远月合约的价格也上升，且远月合约价格上升可能更多；如果市场行情下降，则近月合约受的影响较大，跌幅很可能大于远月合约。所以，做多头的投机者宜买入交割月份较远的远月合约，行情看涨时可获得较多利润；而做空头的投机者宜卖出交割月份较近的近月合约，行情下跌时可获得较多利润。不过，当现货供应极度紧张出现反向市场的情况下，可能会出现近月合约涨幅大于远月合约的局面，投机者对此也要多加注意，避免进入交割期发生违约风险。

（二）平仓阶段

投机者建仓后应密切关注行情的变动，适时平仓。行情变动有利时，通过平仓获取投机利润；行情变动不利时，通过平仓可以限制损失。

投机者在交易出现损失，并且损失已经达到事先确定的数额时，应立即对冲平仓了结，认输离场。赌博心理过重，只会造成更大损失。在行情变动有利时，不必急于平仓获利，而应尽量延长持仓时间，充分获取市场有利变动产生的利润。这就要求投机者能够灵活运用止损指令，实现限制损失、累积盈利。

止损指令是实现“限制损失、累积盈利”的有力工具。只要止损单运用得当，就可以为投机者提供必要的保护。止损单中的价格一般不能太接近于市场价格，以免价格稍有波动就不得不平仓，但也不能离市场价格太远，否则易遭受不必要的损失。止损单中价格的选择，可以利用技术分析法来确定。下面是小麦期货交易中运用止损指令的例子。

【例 5－2】 某投机者决定做小麦期货合约的投机交易，并确定其最大损失额为 50 元/吨。以 2550 元/吨买入 20 手合约后，投机者又下达一个卖出的止损指令，价格定于 2500 元/吨。如果市价下跌，且一旦达到 2500 元/吨，该合约便会以止损价格或更好的价格平仓。通过该指令，投机者的交易可能会亏损，但损失额仅限于 50 元/吨左右。

止损指令下达后，如果市场行情走势符合投机者预期，价格朝有利方向变动，投机者就可继续持有手中头寸，直至市场趋势出现逆转为止，如例 5－3 所示。

【例 5－3】 某投机者决定进行小麦期货合约的投机交易，以 2550 元/吨买入 20 手合约。成交后市价上涨到 2610 元/吨。因预测价格仍将上涨，投机者决定继续持有该合约。为防止市价下跌侵蚀已获得的利润，投机者下达一份止损单，价格定于 2590 元/吨。如果市价下跌，且一旦达到 2590

元/吨，该合约便会以止损价格或更好的价格平仓。通过止损，投机者的利润虽有减少，但仍然有 40 元/吨左右的利润。如果价格继续上升，该止损指令自动失效，投机者可进一步扩大利润。

以上做法，既可限制损失，又可累积盈利，以充分利用市场价格的有利变动。例 5 - 4 是对前两例的综合分析。

【例 5 - 4】 某投机者决定做小麦期货合约的投机交易，以 2550 元/吨买入 20 手合约。成交后立即下达一份止损单，价格定于 2500 元/吨。此后市价下跌，可以将损失限制到 50 元/吨左右。若价格上升，在价格上升到 2610 元/吨时，投机者可取消上一止损指令，下达一份新的止损指令，价格定于 2590 元/吨。若市价回落，可以保证获得 40 元/吨左右的利润。若市价继续上升，当上升到 2630 元/吨，则可再取消前一止损指令，再重新下达一份止损指令，价格定于 2600 元/吨。此时，即便价格下跌，也可保证 50 元/吨的利润，依次类推。

同样，如果投机者做空头交易，卖出合约后可以下达买入合约的止损指令，并在市场行情有利变动时不断调整指令价格，下达新的止损指令，达到限制损失、累积盈利的目的。可见，止损指令是期货投机中广泛运用的工具。

（三）资金和风险管理

资金管理是指交易者对资金的配置和运用问题。它包括：投资组合的设计、投资资金在各个市场上的分配、止损点的设计、报偿与风险比的权衡、在经历了成功阶段或挫折阶段之后采取何种措施，以及选择保守稳健的交易方式还是积极大胆的交易方式等方面。资金账户的大小、投资组合的搭配以及在每笔交易中的金额配置等，都能影响到最终的交易效果。

1. 一般性的资金管理要领

（1）投资额应限定在全部资本的 1/3 至 1/2 为宜。这就是说，交易者投入市场的资金不宜超过其总资本的一半。剩下的一半做备用，以应付交易中的亏损或临时性的支出。

（2）根据资金量的不同，投资者在单个品种上的最大交易资金应控制在总资本的 10%—20%。这一措施可以防止交易者在同一市场上注入过多的本金，从而将风险过度集中在这个市场上。

（3）在单个市场中的最大总亏损金额宜限制在总资本的 5% 以内。5%

是指交易者在交易失败的情况下，愿意承受的最大亏损。

（4）在任何一个市场群中所投入的保证金总额宜限制在总资本的20%—30%。这是为了防止交易者在某一市场群中投入过多的本金。同一市场群，往往价格变动趋势比较一致。例如，黄金和白银是贵金属市场群中的两个成员，它们通常处于相似的趋势下。如果我们把全部资金头寸都注入同一市场群的各个品种，就违背了多样化的风险分散原则。因此，我们应当控制投入同一市场群的资金总额。

上述要领在国际期货市场上是比较通行的，不过也可以对其加以修正，以适应各个交易者的具体需要。有些交易者大胆进取，往往持有较大的头寸；也有的交易者较为保守稳健，持有较少的头寸。

一旦交易者选定了某个期货品种，并且选准了入市时机，下面就要决定买卖多少手合约了。一般来说，可根据这样的方法操作，即按总资本的10%来确定投入该品种上每笔交易的资金。假定一个投机者有总资本10万元，按照10%的比例，那么他可以投入每笔交易的资金为1万元。假设每手玉米合约的保证金要求大致为2000元。那么1万元除以2000元得5，即投机者可以持有5手玉米合约的头寸。

2. 分散投资与集中投资

虽然分散投资是限制风险的一个办法，但对期货投机来说，要把握分散投资的度。期货投机不同于证券投资之处在于，期货投机主张纵向投资分散化，而证券投资主张横向投资多元化。所谓纵向投资分散化，是指选择少数几个熟悉的品种在不同的阶段分散资金投入。所谓横向投资多元化，是指可以同时选择不同的证券品种组成证券投资组合，这样就可以起到分散投资风险的作用。

第二节 期货套利交易

学习内容	知识点
期货套利的定义与作用	期货套利的定义、期货价差套利的作用
价差与期货价差套利	期货价差的定义、价差的计算与价差的变化、价差变动与套利盈亏计算、价差扩大与买入套利、价差缩小与卖出套利

一、期货套利的定义与作用

（一）期货套利的定义

根据套利是否涉及现货市场，期货套利可分为价差套利（Spread）和期现套利（Arbitrage）。所谓价差套利，是指利用期货市场上不同合约之间的价差进行的套利交易。价差套利包括跨期套利、跨品种套利和跨市套利。期现套利，是指利用期货市场与现货市场之间的不合理价差，通过在两个市场上进行反向交易，待价差趋于合理从而获利的交易。

（二）期货套利的作用

套利在本质上是期货市场上的一种投机，但与普通期货投机交易相比，风险较低。因为套利正是利用期货市场中有关价格失真的机会，并预测该价格失真会最终消失，从中获取套利利润。套利交易在客观上有助于使扭曲的期货市场价格重新恢复到正常水平，因此，它的存在对期货市场的健康发展起到了非常重要的作用。主要表现在两个方面：

第一，套利行为有助于期货价格与现货价格、不同期货合约价格之间的合理价差关系的形成。套利交易的获利来自对不合理价差的发现和利用，套利者会时刻注意市场动向，如果发现价差存在异常，则会通过套利交易以获取利润。而他们的套利行为，客观上会对相关价格产生影响，促使价差趋于合理。

第二，套利行为有助于市场流动性的提高。套利行为的存在增大了期货市场的交易量，承担了价格变动的风险，提高了期货交易的活跃程度，有助于交易者的正常进出和套期保值操作的顺利实现，有效地降低了市场风险，促进交易的流畅化和价格的理性化，因而起到了市场润滑剂和减震剂的作用。

二、价差与期货价差套利

（一）期货价差的定义

期货价差，是指期货市场上两个不同月份或不同品种期货合约之间的价格差。与投机交易不同，在期货价差套利中，交易者不关注某一个期货合约的价格向哪个方向变动，而是关注相关期货合约之间的价差是否在合理的区间范围内。如果价差不合理，交易者可利用这种不合理的价差对相关期货合约进行方向相反的交易，等价差趋于合理时再同时将两个合约平仓获取收益。

期货价差套利的交易者要同时在相关合约上进行方向相反的交易，即同时建立一个多头头寸和一个空头头寸，这是套利交易的基本原则，如果缺少了多头头寸或空头头寸，就像一个人缺了一条腿无法正常走路。因此，期货价差套利中建立的多头和空头头寸被形象地称为套利的“腿”（Legs，也可称为“边”）。

大多数期货价差套利活动都是由买入和卖出两个相关期货合约构成，因而套利交易通常具有两条“腿”。但也有例外，例如跨品种套利中，如果涉及的相关商品不止两种，比如在大豆、豆粕和豆油三个期货合约间进行的套利活动，可能包含了一个多头、两个空头或者一个空头、两个多头，在这种情况下，套利交易可能会有三条“腿”。

（二）价差的计算与价差的变化

价差的变化直接关系到套利的盈亏。我们首先确定一下价差的计算方法。建仓时的价差是用价格较高的期货合约减去价格较低的期货合约，计算平仓时的价差时，也要与建仓时两合约相减的顺序保持一致。只有按照相同的口径计算价差，才能够判断价差是扩大了还是缩小了，然后结合自己套利操作的方向来判断套利的盈亏。

以跨期套利为例，当市场为正向市场时，远月合约价格高于近月合约价格，价差就等于前者减后者。如果市场为反向市场，远月合约价格低于近月合约价格，价差就是后者减前者。在计算平仓时的价差时，不管市场是正向还是反向的，仍要按建仓时两合约相减的顺序计算。例如，如果建仓时是正向市场，价差用远月合约减近月合约，那么该套利在平仓时，也要用远月合约减近月合约计算价差。

【例 5-5】 某套利者买入 5 月份铝期货合约的同时卖出 6 月份的铝期货合约，价格分别为 21730 元/吨和 21830 元/吨，6 月份价格高于 5 月份价格，因此价差为 6 月份价格减去 5 月份价格，即 100 元/吨。

为保持一致性，计算平仓时的价差，也要用建仓时价格较高的合约平仓价格减去建仓时价格较低的合约平仓价格。例如，上述套利者建仓之后，5 月份铝期货价格上涨至 22010 元/吨，6 月份涨幅相对较小，为 21870 元/吨，如果套利者按照此价格同时将两个合约对冲了结该套利交易，则在平仓时的价差仍应该用 6 月份的价格减去 5 月份的价格，即为 -140 元/吨（而不应该用 5 月份价格减去 6 月份的价格，即 140 元/吨）。因为只有计算方法一致，才能恰当地比较价差的变化。

由于期货价差套利交易是利用相关期货合约间不合理的价差来进行的，价差能否在套利建仓之后"回归"正常，会直接影响套利交易的盈亏和套利的风险。具体来说，如果套利者认为某两个相关期货合约的价差过大时，会预期套利建仓后该价差将缩小（Narrow）。同样，如果套利者认为某两个相关期货合约的价差过小时，会预期套利建仓后价差将扩大（Widen）。

如果当前（或平仓时）价差大于建仓时价差，则为价差扩大；相反，如果当前（或平仓时）价差小于建仓时价差，则为价差缩小。

【例 5-6】 某套利者在 8 月 1 日买入 9 月份白糖期货合约的同时卖出 11 月份白糖期货合约，价格分别为 5620 元/吨和 5720 元/吨，到 8 月 15 日，9 月份和 11 月份白糖期货价格分别变为 5890 元/吨和 5950 元/吨，价差变化如下：

8 月 1 日建仓时的价差 = 5720 - 5620 = 100（元/吨）

8 月 15 日的价差 = 5950 - 5890 = 60（元/吨）

由此可以判断，8 月 15 日的价差相对于建仓时缩小了，价差缩小 40 元/吨。

价差扩大与缩小的具体情况见表 5-2。

表 5－2　　价差扩大与缩小的具体情况

	价差变化的具体情形
价差扩大	正的程度增加；零变为正
价差缩小	正的程度减少；正变为零或负；零变为负

需要注意两点：第一，因为价差是以建仓时价格较高的一边减去价格较低的一边，所以建仓时的价差总是正的或者是零；第二，假设建仓时价差为 100，如果后来价差变为 －120，从绝对值看，好像价差扩大了，但正负号的变化表示的是建仓时和平仓时两个合约的大小关系发生了逆转，比如说原来 A 合约高于 B 合约 100，现在 A 合约与 B 合约价差不断缩小，甚至出现 A 合约价格低于 B 合约价格的情形，这是价差缩小非常显著的情况。

（三）价差变动与套利盈亏计算

在计算期货价差套利盈亏时，可分别计算每个期货合约的盈亏，然后进行加总，得到整个套利交易的盈亏。

【例 5－7】 某套利者以 5126 元/吨的价格买入 1 月的螺纹钢期货，同时以 5370 元/吨的价格卖出 5 月的螺纹钢期货。持有一段时间后，该套利者以 5116 元/吨的价格将 1 月合约卖出平仓，同时以 5353 元/吨的价格将 5 月合约买入平仓。该套利交易的盈亏计算如下：

1 月份的螺纹钢期货合约：亏损 ＝5126 －5116 ＝10（元/吨）

5 月份的螺纹钢期货合约：盈利 ＝5370 －5353 ＝17（元/吨）

套利结果 ＝ －10 ＋17 ＝7（元/吨）

进行期货价差套利交易后，套利者每吨螺纹钢盈利 7 元。

（四）价差扩大与买入套利

根据套利者对相关合约中价格较高的一边的买卖方向不同，期货价差套利可分为买入套利和卖出套利。

如果套利者预期两个或两个以上期货合约的价差将扩大，则套利者将买入其中价格较高的合约，同时卖出价格较低的合约，我们称这种套利为买入套利（Buy Spread）。如果价差变动方向与套利者的预期相同，则套利者同时将两份合约平仓而获利。

【例 5 - 8】 1 月 4 日，某套利者以 370 元/克卖出 4 月份黄金期货，同时以 381 元/克买入 9 月份黄金。假设经过一段时间之后，2 月 4 日，4 月份价格变为 375 元/克，同时 9 月份价格变为 392 元/克，该套利者同时将两合约对冲平仓，套利结果可用两种方法来分析。

方法一：分别对两合约的盈亏进行计算，然后加总计算净盈亏，计算结果如下。

4 月份的黄金期货合约：亏损 = 375 - 370 = 5（元/克）

9 月份的黄金期货合约：盈利 = 392 - 381 = 11（元/克）

套利结果 = -5 + 11 = 6（元/克）

该套利交易中，套利者可获得净盈利 6 元/克。

方法二：使用价差的概念来计算盈亏。

该套利者买入的 9 月份黄金的期货价格要高于 4 月份的价格，可以判断是买入套利。价差从建仓的 11 元/克变为平仓的 17 元/克，价差扩大了 6 元/克，因此，可以判断该套利者的净盈利为 6 元/克。交易结果见表 5 - 3。

表 5 - 3　买入套利　　单位：元/克

		1 月 4 日	2 月 4 日	方法一
合约月份	4 月	卖：370	买：375	亏损：370 - 375 = -5
	9 月	买：381	卖：392	盈利：392 - 381 = 11
总盈亏				-5 + 11 = 6
方法二	套利方式	建仓价格比较： 9 月份价格 > 4 月份价格	建仓买入 9 月份合约	买入套利
	价差变化	381 - 370 = 11	392 - 375 = 17	价差扩大
总盈亏				17 - 11 = 6

（五）价差缩小与卖出套利

如果套利者预期两个或两个以上相关期货合约的价差将缩小，套利者可通过卖出其中价格较高的合约，同时买入价格较低的合约进行套利，我们称这种套利为卖出套利（Sell Spread）。例如，如果套利者以 370 元/克买入 4 月份黄金期货，以 381 元/克卖出 9 月份黄金期货，这种套利就是卖出套利。

【例 5 -9】 1 月 4 日，某套利者以 370 元/克买入 4 月份黄金期货，同时以 381 元/克卖出 9 月份黄金期货。假设经过一段时间之后，2 月 4 日，4 月份黄金期货价格变为 376 元/克，同时 9 月份黄金期货价格变为 385 元/克，该套利者同时将两合约对冲平仓，套利结果可用两种方法来分析。

方法一：分别对两合约的盈亏进行计算，然后加总计算净盈亏，计算结果如下：

4 月份的黄金期货合约：盈利 =376 -370 =6（元/克）

9 月份的黄金期货合约：亏损 =385 -381 =4（元/克）

套利结果 =6 +(-4) =2（元/克）

该套利者可以获取净盈利 2 元/克。

方法二：使用价差的概念来计算盈亏。从套利操作方式上，可以看到该套利者卖出的 9 月份黄金期货价格要高于买入的 4 月份黄金期货价格，因而是卖出套利。价差从建仓时的 11 元/克变为平仓时的 9 元/克，价差缩小了 2 元/克，因此，可以判断该套利者的净盈利为 2 元/克。交易结果见表 5 -4。

表 5 -4　　卖出套利　　单位：元/克

		1 月 4 日	2 月 4 日	方法一
合约月份	4 月	买：370	卖：376	盈利：376 -370 =6
	9 月	卖：381	买：385	亏损：385 -381 =4
总盈亏				6 + （ -4） =2
方法二	套利方式	建仓价格比较：9 月份价格 >4 月份价格	建仓卖出 9 月份合约	卖出套利
	价差变化	381 -370 =11	385 -376 =9	价差缩小
总盈亏				11 -9 =2

第三节　期货套利的基本策略

学习内容	知识点
跨期套利	牛市套利、熊市套利、蝶式套利
跨品种套利	相关商品间的套利、原材料与成品之间的套利
跨市套利	跨市套利
期现套利	期现套利

期货价差套利根据所选择的期货合约的不同，又可分为跨期套利、跨品种套利和跨市套利。

一、跨期套利（牛市、熊市、蝶式）

跨期套利，是指在同一市场（交易所）同时买入、卖出同一期货品种的不同交割月份的期货合约，以期在有利时机时将这些期货合约对冲平仓获利。跨期套利与现货市场价格无关，只与期货可能发生的升水和贴水有关。在实际操作中，根据套利者对不同合约月份中近月合约与远月合约买卖方向的不同，跨期套利可分为牛市套利、熊市套利和蝶式套利。

（一）牛市套利（Bull Spread）

当市场出现供给不足、需求旺盛或者远期供给相对旺盛的情形，导致较近月份合约价格上涨幅度大于较远月份合约价格的上涨幅度，或者较近月份合约价格的下降幅度小于较远月份合约价格的下跌幅度。无论是正向市场还是反向市场，在这种情况下，买入较近月份的合约同时卖出较远月份的合约进行套利，盈利的可能性比较大，我们称这种套利为牛市套利。一般来说，牛市套利对可储存且作物年度相同的商品较为有效。例如，买入 5 月棉花期货同时卖出 9 月棉花期货。可以适用于牛市套利的可储存商品通常有小麦、棉花、大豆、糖、铜等。对于不可储存的商品，如活牛、生猪等，不同交割月份的商品期货价格间的相关性很低或不相关，则不适合进行牛市套利。

【例 5 –10】假设 10 月 26 日，次年 5 月份棉花合约价格为 17075 元/吨，次年 9 月份合约价格为 17725 元/吨，两者价差为 650 元/吨。某交易者预计棉花价格将上涨，5 月份与 9 月份的期货合约的价差将有可能缩小，于是买入 50 手 5 月份棉花期货合约的同时卖出 50 手 9 月份棉花期货合约。12 月 26 日，5 月份和 9 月份的棉花期货价格分别上涨为 17555 元/吨和 18060 元/吨，两者的价差缩小为 505 元/吨。该交易者同时将两种期货合约平仓，完成套利交易。交易结果见表 5 –5。

表 5－5　　牛市套利策略

时间	套利操作		
10 月 26 日	买入 50 手 5 月份棉花期货合约，价格为 17075 元/吨	卖出 50 手 9 月份棉花期货合约，价格为 17725 元/吨	价差 650 元/吨
12 月 26 日	卖出 50 手 5 月份棉花期货合约，价格为 17555 元/吨	买入 50 手 9 月份棉花期货合约，价格为 18060 元/吨	价差 505 元/吨
每条“腿”的盈亏状况	盈利 480 元/吨	亏损 335 元/吨	价差缩小 145 元/吨
最终结果	盈利 145 元/吨，总盈利为 145 元/吨 ×50 手 ×5 吨/手 =36250 元		

注：1 手 =5 吨。

该例中，该交易者预计棉花期货价格将上涨，若两个月后，棉花期货价格的走势与交易者的判断一致，则最终交易结果使套利者获得 36250 元的盈利。现假设两个月后棉花价格并没有出现交易者预期的上涨行情，而是出现一定程度的下跌，该交易者的交易情况见例 5－11。

【例 5－11】 假设 10 月 26 日，次年 5 月份棉花期货合约价格为 17075 元/吨，次年 9 月份棉花期货合约价格为 17725 元/吨，两者价差为 650 元/吨。某交易者预计棉花价格将上涨，5 月份与 9 月份的期货合约的价差将有可能缩小。于是，交易者买入 50 手 5 月份棉花期货合约的同时卖出 50 手 9 月份棉花期货合约。12 月 26 日，5 月份和 9 月份的棉花期货价格不涨反跌，价格分别下跌至 16985 元/吨和 17480 元/吨，两者的价差缩小为 495 元/吨。该交易者同时将两种期货合约平仓，从而完成套利交易。交易结果见表 5－6。

表 5－6　　牛市套利策略

时间	套利操作		
10 月 26 日	买入 50 手 5 月份棉花期货合约，价格为 17075 元/吨	卖出 50 手 9 月份棉花期货合约，价格为 17725 元/吨	价差 650 元/吨
12 月 26 日	卖出 50 手 5 月份棉花期货合约，价格为 16985 元/吨	买入 50 手 9 月份棉花期货合约，价格为 17480 元/吨	价差 495 元/吨
每条“腿”的盈亏状况	亏损 90 元/吨	盈利 245 元/吨	价差缩小 155 元/吨
最终结果	盈利 155 元/吨，总盈利为 155 元/吨 ×50 手 ×5 吨/手 =38750 元		

注：1 手 =5 吨。

该例中，该交易者预计棉花期货价格将上涨，两个月后棉花期货价格不涨反跌，虽然棉花价格走势与交易者的判断相反，但最终交易结果仍然使套利者获得了38750元的盈利。

在上述两个例子中，可以发现，只要两个月份合约的价差趋于缩小，该交易者就可以实现盈利，而与棉花期货价格的涨跌无关。同样，也可以使用买入套利或卖出套利的概念对这两个例子进行判断。该交易者进行的都是卖出套利操作，两种情况下价差分别缩小145元/吨和155元/吨。因此，可以很容易判断出这两种情况下该套利者每吨盈利145元和155元，250吨总盈利为36250元和38750元。

由上述两例可以看出，该套利交易是在正向市场进行的。如果是反向市场，因为牛市套利是买入较近月份合约的同时卖出较远月份合约，在这种情况下，牛市套利可看成是买入套利，则只有在价差扩大时才能够盈利。

在进行牛市套利时，需要注意的是：在正向市场上，牛市套利的损失相对有限而获利的潜力巨大。因为在正向市场进行牛市套利，实质上是卖出套利，而卖出套利获利的条件是价差要缩小。如果价差扩大的话，该套利可能会亏损，但是由于在正向市场上价差变大的幅度要受到持仓费水平的制约，价差如果过大，超过了持仓费，就会产生套利行为，会限制价差扩大的幅度。而价差缩小的幅度则不受限制，在上涨行情中很有可能出现较近月份合约价格大幅度上涨，远远超过较远月份合约的可能性，使正向市场变为反向市场，价差可能从正值变为负值，价差也会大幅度缩小，使牛市套利获利巨大。

（二）熊市套利（Bear Spread）

当市场出现供给过剩，需求相对不足时，一般来说，较近月份的合约价格下降幅度要大于较远月份合约价格的下降幅度，或者较近月份的合约价格上升幅度小于较远月份合约价格的上升幅度。无论是在正向市场还是在反向市场，在这种情况下，卖出较近月份的合约同时买入较远月份的合约进行套利，盈利的可能性比较大，我们称这种套利为熊市套利。在进行熊市套利时需要注意，当较近月份合约的价格已经相当低时，以至于不可能进一步偏离较远月份合约时，进行熊市套利是很难获利的。

【例5－12】假设某交易者在7月8日看到，11月份上海期货交易所天然橡胶期货合约价格为12955元/吨，次年1月份合约价格为13420元/吨，前者比后者低465元/吨。该交易者预计天然橡胶价格将下降，11月份与次年1月份的期货合约的价差将有可能扩大，于是卖出60手（1手为5吨）11月份天然橡胶期货合约的同时买入60手次年1月份合约。到了9月8日，11月份和次年1月份的天然橡胶期货价格分别下降为12215元/吨和12775元/吨，两者的价差为560元/吨，价差扩大。该交易者同时将两种期货合约平仓，完成套利交易。交易结果见表5－7。

表5－7 熊市套利策略

时间	套利操作		
7月8日	卖出60手11月份天然橡胶期货合约，价格为12955元/吨	买入60手次年1月份天然橡胶期货合约，价格为13420元/吨	价差465元/吨
9月8日	买入60手11月份天然橡胶期货合约，价格为12215元/吨	卖出60手次年1月份天然橡胶期货合约，价格为12775元/吨	价差560元/吨
每条“腿”的盈亏状况	盈利740元/吨	亏损645元/吨	价差扩大95元/吨
最终结果	盈利95元/吨，总盈利为95元/吨×60手×5吨/手＝28500元		

注：1手＝5吨。

该例中，该交易者预计天然橡胶期货价格将下跌，若两个月后，天然橡胶期货价格的走势与交易者的判断一致，则最终交易结果使套利者获得28500元的盈利。现假设，若两个月后天然橡胶期货价格并没有像交易者预计的那样下跌，而是出现了上涨行情，交易情况见例5－13。

【例5－13】假设某交易者在7月8日看到，11月份上海期货交易所天然橡胶期货合约价格为12955元/吨，次年1月份合约价格为13420元/吨，前者比后者低465元/吨。该交易者预计天然橡胶期货价格将下降，11月份与次年1份月期货合约的价差将有可能扩大。于是，交易者卖出60手（1手为5吨）11月份天然橡胶期货合约的同时买入60手次年1月份合约。到了9月8日，11月份和次年1月份的天然橡胶期货价格不降反涨，价格分别上涨至13075元/吨和13625元/吨，两者的价差为550元/吨，价差扩大。该交易者同时将两种期货合约平仓，从而完成套利交易。交易结果见

表 5 - 8。

表 5 - 8　　熊市套利策略

时间	套利操作		
7 月 8 日	卖出 60 手 11 月份天然橡胶期货合约，价格为 12955 元/吨	买入 60 手次年 1 月份天然橡胶期货合约，价格为 13420 元/吨	价差 465 元/吨
9 月 8 日	买入 60 手 11 月份天然橡胶期货合约，价格为 13075 元/吨	卖出 60 手次年 1 月份天然橡胶期货合约，价格为 13625 元/吨	价差 550 元/吨
每条“腿”的盈亏状况	亏损 120 元/吨	盈利 205 元/吨	价差扩大 85 元/吨
最终结果	盈利 85 元/吨，总盈利为 85 元/吨 ×60 手 ×5 吨/手 =25500 元		

注：1 手 =5 吨。

该例中，该交易者预计天然橡胶期货价格将下跌，两个月后天然橡胶价格不跌反涨，虽然天然橡胶期货价格走势与交易者的判断相反，但最终交易结果仍然使套利者获得了 25500 元的盈利。

在上述两个例子中，可以发现，只要天然橡胶两个合约月份的价差趋于扩大，该交易者就可以实现盈利，而与天然橡胶期货价格的涨跌无关。因此，我们也可以使用买入套利或卖出套利的概念对这两个例子进行判断。该交易者进行的是买进套利，价差分别扩大了 95 元/吨和 85 元/吨，因此，可以判断该套利者每吨盈利分别为 95 元和 85 元，总盈利分别为 28500 元和 25500 元。

由上述两个例子可以判断，套利是在正向市场进行的。如果是反向市场，熊市套利交易者卖出较近月份合约的同时买入较远月份合约，属于卖出套利的情形，则只有在两个合约价差缩小时才能够盈利。

（三）蝶式套利（Butterfly Spread）

蝶式套利是跨期套利中的又一种常见形式。它是由共享居中交割月份的一个牛市套利和一个熊市套利组合而成。由于较近月份和较远月份的期货合约分别处于居中月份的两侧，形同蝴蝶的两个翅膀，故称之为蝶式套利。

蝶式套利的具体操作方法是：买入（或卖出）较近月份合约，同时卖出（或买入）居中月份合约，并买入（或卖出）较远月份合约，其中，居中月份合约的数量等于较近月份和较远月份合约数量之和。这相当于是在较近月份合约与居中月份合约之间的牛市（或熊市）套利和在居中月份与较远月份合约之间的熊市（或牛市）套利的一种组合。例如，套利者同时买入 20 手 5 月份玉米合约，卖出 60 手 7 月份玉米合约，买入 40 手 9 月份玉米合约。

蝶式套利与普通跨期套利的相似之处，是认为同一商品但不同交割月份之间的价差出现了不合理的情况。不同之处在于，普通跨期套利只涉及两个交割月份合约的价差，而蝶式套利认为居中交割月份的期货合约价格与两旁交割月份合约价格之间的相关关系出现了不合理价差。

【例 5－14】 2 月 1 日，3 月份、5 月份、7 月份的大豆期货合约价格分别为 5650 元/吨、5730 元/吨和 5775 元/吨，某交易者认为 3 月份和 5 月份之间的价差过大，而 5 月份和 7 月份之间的价差过小，预计 3 月份和 5 月份的价差会缩小而 5 月份与 7 月份的价差会扩大，于是该交易者以该价格同时买入 150 手（1 手为 10 吨）3 月份合约，卖出 350 手 5 月份合约，买入 200 手 7 月份大豆期货合约。到了 2 月 18 日，三个合约的价格均出现不同幅度的下跌，3 月份、5 月份和 7 月份的合约价格分别跌至 5450 元/吨、5510 元/吨和 5570 元/吨，于是该交易者同时将三个合约平仓。在该蝶式套利操作中，套利者的盈亏状况见表 5－9。

表 5－9　　蝶式套利策略

时间	3 月份合约操作	5 月份合约操作	7 月份合约操作
2 月 1 日	买入 150 手，5650 元/吨	卖出 350 手，5730 元/吨	买入 200 手，5775 元/吨
2 月 18 日	卖出 150 手，5450 元/吨	买入 350 手，5510 元/吨	卖出 200 手，5570 元/吨
各合约盈亏状况	亏损 200 元/吨 总亏损为 200×150×10＝300000 元	盈利 220 元/吨 总盈利为 220×350×10＝770000 元	亏损 205 元/吨 总亏损为 205×200×10＝410000 元
净盈亏	净盈利＝－300000＋770000－410000＝60000 元		

注：1 手＝10 吨。

可见，蝶式套利是两个跨期套利互补平衡的组合，可以说是“套利的套利”。蝶式套利与普通跨期套利相比，从理论上看风险和收益都较小。

二、跨品种套利

跨品种套利，是指利用两种或三种不同的但相互关联的商品之间的期货合约价格差异进行套利，即同时买入或卖出某一交割月份的相互关联的商品期货合约，以期在有利时机同时将这些合约对冲平仓获利。跨品种套利又可分为两种情况：一是相关商品之间的套利；二是原材料与产成品之间的套利。

（一）相关商品间的套利

一般来说，商品的价格总是围绕其内在价值上下波动，而不同的商品因其内在的某种关联，如需求替代品、需求互补品、生产替代品或生产互补品等，使得他们的价格存在着某种稳定的合理的比值关系。但由于受市场、季节、政策等因素的影响，这些相关联的商品之间的比值关系又经常偏离合理的区间，表现为一种商品被高估，另一种被低估，或相反，从而为跨品种套利带来了可能。在此情况下，交易者可以通过期货市场卖出被高估的商品合约，买入被低估的商品合约进行套利，等有利时机出现后再分别平仓，从中获利。例如，铜和铝都可以用作电线的生产原材料，两者之间具有较强的可替代性，铜的价格上升会引起铝的需求量上升，从而导致铝价格的上涨。因此，当铜和铝的价格关系脱离了正常水平时，就可以用这两个品种进行跨品种套利。具体做法是：买入（或卖出）一定数量的铜期货合约，同时卖出（或买入）与铜期货合约交割月份相同、价值量相当的铝期货合约，待将来价差发生有利变化时再分别平仓了结，以期获得价差变化的收益。

【例 5 -15】 6 月 1 日，次年 3 月份上海期货交易所铜期货合约价格为 69260 元/吨，而次年 3 月份该交易所铝期货合约价格为 21170 元/吨，前者比后者高 48090 元/吨。某套利者根据两种商品合约间的价差分析，认为价差小于合理的水平，如果市场机制运行正常，这两者之间的价差将会恢复正常，于是决定买入 30 手（1 手为 5 吨）次年 3 月份铜期货合约的同时卖出 30 手次年 3 月份铝期货合约，以期在未来某个有利时机同时平仓获取利润。6 月 28 日，上述铜期货合约和铝期货合约分别降至 69030 元/吨和 20890 元/吨，该套利者同时将两种期货合约对冲平仓。交易情况见表 5－10。

表 5－10 沪铜/铝跨品种套利策略

时间	套利操作		
6 月 1 日	买入 30 手次年 3 月份铜合约，价格为 69260 元/吨	卖出 30 手次年 3 月份铝合约，价格为 21170 元/吨	价差 48090 元/吨
6 月 28 日	卖出 30 手次年 3 月份铜合约，价格为 69030 元/吨	买入 30 手次年 3 月份铝合约，价格为 20890 元/吨	价差 48140 元/吨
套利结果	亏损 230 元/吨	获利 280 元/吨	
	净获利＝（280 元/吨－230 元/吨）×30 手×5 吨/手＝7500 元		

注：1 手＝5 吨。

（二）原材料与成品之间的套利

原材料与成品之间的套利，是指利用原材料商品和它的制成品之间的价格关系进行套利。比较典型的是大豆与其两种制成品——豆油和豆粕之间的套利。在我国，大豆与豆油、豆粕之间一般存在着“100% 大豆＝18% 豆油＋78.5% 豆粕＋3.5% 损耗”的关系（注：出油率的高低和损耗率的高低要受大豆的品质和提取技术的影响，因而比例关系也处在变化之中）。所以也就存在“100% 大豆×购进价格＋加工费用＋利润＝18% 豆油×销售价格＋78.5% 豆粕×销售价格”的平衡关系。而这三种商品之间的套利又有两种做法，分别为大豆提油套利和反向大豆提油套利。

1. 大豆提油套利

大豆提油套利是大豆加工商在市场价格关系基本正常时进行的，目的是防止大豆价格突然上涨，或豆油、豆粕价格突然下跌，从而产生亏损，或者将已产生的亏损降至最低。由于大豆加工商对大豆的购买和产品的销售不能够同时进行，存在着一定的价格变动风险。

大豆提油套利的做法是：购买大豆期货合约的同时卖出豆油和豆粕的期货合约，当在现货市场上购入大豆或将成品最终销售时再将期货合约对冲平仓。这样，大豆加工商就可以锁定产成品和原料间的价差，防止市场价格波动带来的损失。

2. 反向大豆提油套利

反向大豆提油套利是大豆加工商在市场价格反常时采用的套利。当大豆价格受某些因素的影响出现大幅上涨时，大豆可能与其制成品出现价格倒挂，大豆加工商将会采取反向大豆提油套利的做法：卖出大豆期货合约，买进豆油和豆粕期货合约，同时缩减生产，减少豆粕和豆油的供给量，三者之间的价格将会趋于正常，大豆加工商在期货市场中的盈利将有助于弥补现货市场中的亏损。

三、跨市套利

跨市套利，也称市场间套利，是指在某个交易所买入（或卖出）某一交割月份的某种商品合约的同时，在另一个交易所卖出（或买入）同一交割月份的同种商品合约，以期在有利时机分别在两个交易所同时对冲所持有的合约而获利。

在期货市场上，许多交易所都交易相同或相似的期货商品，如芝加哥期货交易所、大连商品交易所、东京谷物交易所都进行玉米、大豆期货合约交易，伦敦金属交易所、上海期货交易所、纽约商业交易所都进行铜、铝等有色金属交易。一般来说，这些品种在各交易所间的价格会有一个稳定的差额，一旦这个稳定差额发生偏离，交易者就可通过买入价格相对较低的合约卖出价格相对较高的合约而在这两个市场间套利，以期两市场价差恢复正常时平仓，获取利润。

【例 5-16】 7 月 1 日，堪萨斯期货交易所（KCBT）12 月份小麦期货合约价格为 730 美分/蒲式耳，同日芝加哥期货交易所（CBOT）12 月份小麦期货合约价格为 740 美分/蒲式耳。某套利者认为，虽然堪萨斯期货交易所的合约价格较低，但和正常情况相比仍偏高，预测两交易所 12 月份合约的价差将扩大。据此分析，该套利者决定卖出 20 手（1 手为 5000 蒲式耳）堪萨斯期货交易所 12 月份小麦合约，同时买入 20 手芝加哥期货交易所 12 月份小麦合约，以期在未来某个有利时机同时平仓获利。7 月 10 日，堪萨斯期货交易所和芝加哥期货交易所的 12 月份合约价格分别为 720 美分/蒲式耳和 735 美分/蒲式耳，该套利者同时将两个交易所的合约平仓。交易情况见表 5-11。

表 5－11　　　　跨市套利策略

时间	套利操作		
7月1日	卖出20手KCBT 12月份小麦合约，价格为730美分/蒲式耳	买入20手CBOT 12月份小麦合约，价格为740美分/蒲式耳	价差10美分/蒲式耳
7月10日	买入20手KCBT 12月份小麦合约，价格为720美分/蒲式耳	卖出20手CBOT 12月份小麦合约，价格为735美分/蒲式耳	价差15美分/蒲式耳
套利结果	每手获利10美分/蒲式耳	每手亏损5美分/蒲式耳	
	净获利＝（10美分/蒲式耳－5美分/蒲式耳）×20手×5000蒲式耳/手＝500000美分＝5000美元		

注：1手＝5000蒲式耳。

四、期现套利

期现套利是通过利用期货市场和现货市场的不合理价差进行反向交易而获利。理论上，期货价格和现货价格之间的价差主要反映持仓费的大小。但现实中，期货价格与现货价格的价差并不绝对等同于持仓费，有时高于或低于持仓费。当价差与持仓费出现较大偏差时，就会产生期现套利机会。

具体有两种情形。如果价差远远高于持仓费，套利者就可以通过买入现货，同时卖出相关期货合约，待合约到期时，用所买入的现货进行交割。获取的价差收益扣除买入现货所发生的持仓费用之后还有盈利，从而产生套利利润。相反，如果价差远远低于持仓费，套利者则可以通过卖出现货，同时买入相关期货合约，待合约到期时，用交割获得的现货来补充之前所卖出的现货。价差的亏损小于所节约的持仓费，因而产生盈利。

不过，对于商品期货而言，由于现货市场缺少做空机制，从而限制了现货市场卖空的操作，最常见的期现套利操作是第一种情形。

【例5－17】6月30日，9月份郑州商品交易所白糖期货价格为5800元/吨，郑州现货市场白糖价格为5700元/吨，期货价格比现货价格高100元/吨。某套利者根据分析，估算出持仓费约为每吨30元，认为存在期现套利机会。按照5700元/吨的价格买入白糖现货，同时在期货市场以5800

元/吨的价格卖出白糖期货合约。如果套利者一直持有到期并进行交割，赚取的价差为100元/吨（即5800－5700＝100），扣除持有白糖所花费的持仓费30元/吨之后，该套利者盈利70元/吨。

在实际操作中，也可不通过交割来完成期现套利，只要价差变化对套利者有利，就可通过将期货合约和现货部位分别了结的方式来结束期现套利操作。

此外，在商品期货市场进行期现套利操作，一般要求交易者对现货商品的生产、经营、运输和储存等环节比较熟悉。因此，期现套利参与者常常是有现货生产经营背景的企业。

第四节　期货价差套利指令

学习内容	知识点
套利指令	套利指令的概念
套利指令的种类	套利指令的种类
套利指令的报价	套利指令的报价方法
套利市价指令和限价指令的应用	套利市价指令的应用、套利限价指令的应用
期货量化交易	期货量化交易的定义、期货量化交易的优势、期货量化交易的主要方法、期货量化交易的应用

一、套利指令

在期货价差套利交易实施中，多数交易所为了给套利交易提供便利，往往会设计套利指令，相当于将两个或两个以上合约的买卖指令合成为一个组合的指令，套利者可使用一个套利指令来完成多个合约的买卖操作。套利指令通常不需要标明买卖各期货合约的具体价格，只要标注两个合约价差即可。另外，在许多国家的交易所，套利交易还可以享受佣金、保证金等方面的优惠待遇。在我国，以大连商品交易所和郑州商品交易所为例，套利的保证金是单边收取，按照套利持仓组合内交易保证金较高的合约收取。

二、套利指令的种类

在指令种类上，可分为套利市价指令和套利限价指令。套利市价指令，是指交易将按照市场当前可能获得的最好的价差成交的一种指令。套利限价指令，是指当价差达到指定价差时，指令将以指定的或更优的价差来成交。

根据具体的套利种类，还分为跨期套利指令、跨品种套利指令等。跨期套利组合指令，是指买入（卖出）同一品种较近月份的期货合约，同时卖出（买入）相同数量较远月份期货合约，不标明买卖合约的具体价位，只标明买卖合约价差的指令。跨品种套利指令，是指同时买进（卖出）和卖出（买进）两个不同标的物期货合约的指令。

如果要撤销前一笔套利交易的指令，则可以使用取消指令。

目前，大连商品交易所有跨期套利指令、跨品种套利指令和压榨利润套利交易指令三类；郑州商品交易所有跨期套利指令和跨品种套利指令。指令分为市价指令和限价指令两类。

三、套利指令的报价

套利者在使用套利指令时，要了解交易所对其中的价差计算是如何规定的。因为套利指令只涉及相关期货合约间的价差，为了便于报价和交易，交易所会事先确定价差的计算方式，也就是用“哪一边”减“哪一边”。以大连商品交易所为例，套利指令报价的具体规定如表 5－12 所示：

表 5－12　　大连商品交易所的套利指令

名称	交易方式（从买方角度）	报价方式
同品种跨期套利交易指令	买入近月合约，卖出同等数量远月合约	买（卖）套利价格 = 近月合约买（卖）申报价格 － 远月合约卖（买）申报价格

续表

名称	交易方式（从买方角度）	报价方式
两个品种间套利交易指令	买入某品种某月份合约，卖出另一品种相同或不同月份合约	买（卖）套利价格 = 第一品种买（卖）申报价 − 第二品种卖（买）申报价格
压榨利润套利交易指令	卖大豆合约、买相同月份或不同月份豆粕和豆油合约	买（卖）套利价格 = 豆粕合约买（卖）申报价格 + 豆油合约买（卖）申报价格 − 大豆合约卖（买）申报价格

郑州商品交易所在跨期套利和跨品种套利上的规定也基本类似。下面我们以同品种跨期套利交易指令为例，对该指令的报价特点和指令的使用进行说明。

图 5 − 1 是郑州商品交易所白糖跨期套利的价差行情图，在交易所系统中，跨期套利的价差均是用近月合约价格减去远月合约价格，即白糖期货 2018 年 1 月份合约价格减去白糖期货 2018 年 5 月份合约的价格。图 5 − 1 中右侧显示的最新卖出价 266 元/吨，“卖出”是指“卖出 1 月份合约同时买入 5 月份合约”的套利操作，最新卖出价为 266 元/吨，表示“以 1 月份合约高出 5 月份合约 266 元/吨的价差卖出 1 月份合约，买入 5 月份合约”。最新买入价为 263 元/吨，“买入”是指“买入 1 月份合约同时卖出 5 月份合约”的套利操作，最新买入价为 263 元/吨，表示“以 1 月份合约高出 5 月份合约 263 元/吨的价差买入 1 月份合约，卖出 5 月份合约”。可以这样理解，报价中的“买入”和“卖出”都是相对于近月合约的买卖方向而言的。

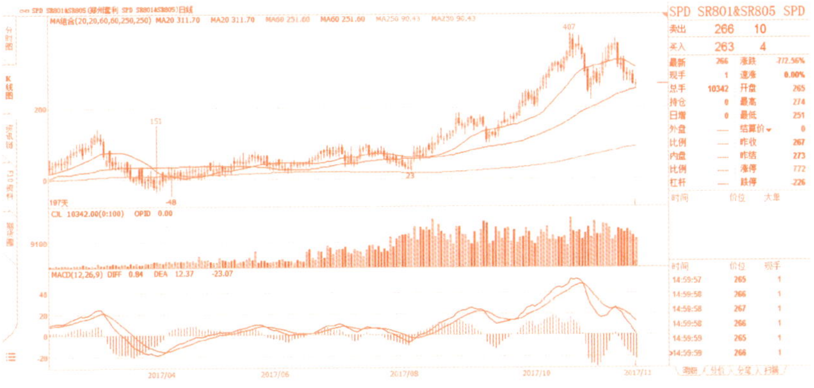

图 5 − 1　白糖跨期套利的价差行情

图 5－2 为该套利的限价指令下达的界面，“合约”一栏要选择“SPD SR801&SR805”，表示进行的是白糖期货 2018 年 1 月和 2018 年 5 月份的跨期套利。如果要买近月合约卖远月合约，在“买卖”一栏选择“买入”，如果要卖近月合约买远月合约，选择“卖出”。然后再选择买卖的手数和愿意接受的价差就可以下单了。如果近月合约价格低于远月合约，则价差为负，下单时一定要加上负号。

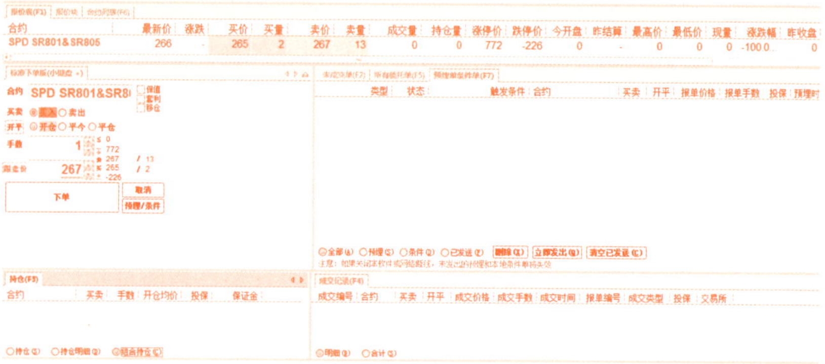

图 5－2　套利的限价指令下达界面

需要注意的是，这种计算方式可能会与第二节中套利者计算价差的方式不太相同，但最终对套利盈亏结果的判断是一致的。举例说明：

假设目前 CF201 和 CF203 合约价格分别为 17800 元/吨和 17900 元/吨，按交易所的交易系统计算两个月份的价差为－100 元/吨。如果 CF201 合约价格下跌 50 元/吨，变为 17750 元/吨，CF203 合约价格下跌 100 元/吨，变为 17800 元/吨，则两个合约的价差由－100 元/吨变到－50 元/吨。如果套利者进行的是买近月合约卖远期合约的操作，在不计交易费用的情况下，会有盈利 50 元/吨，与价差的变化幅度 50 元/吨相等，即－50－（－100）＝50 元/吨。同理，当价差从负的变为正值，也会盈利。因此，我们可以得出结论：对于买近月合约卖远月合约来说，只要平仓价差相对于建仓价差增大了（包括负的程度减少，从负的变为零或正，零变正，或正的程度增加），就会有盈利。如果把“买近卖远”交易的两个合约视为一个整体或一个合约，把价差视为价格，“买近卖远”交易就与买进一个单独合约的交易在盈亏方面有类似的特点。具体来说，价差的大和小（是指价差本身的值，而不是绝对值的大小，例如价差－10 小于价差－2，价

差 -2 就小于 1，等等），类似于价格上的高和低，价差的增大和缩小，类似于价格的上升和下跌，也因为此，这种交易在交易所系统中被称为“组合指令的买单”，这样对套利者来说也便于理解和操作。同理，可以进行关于“卖近买远”组合指令的分析。

我们可以用表格形式进行总结（见表 5 - 13）。

表 5 - 13　　价差变化

指令	操作	何时盈利	盈利时价差变化的具体情形
组合指令的买单	买近卖远	价差增大	负的程度减少；负变零或正；零变正；正的程度增加
组合指令的卖单	卖近买远	价差缩小	正的程度减少；正变零或负；零变负；负的程度增加

注：“价差增加”和“价差缩小”的说法引自郑州商品交易所网站上对套利的说明。与第二节中的价差扩大与价差缩小略有不同。前者价差初始值可以为正、负或者零，后者价差初始值只能为正或零，不能为负（因为是用价格高的一边减去价格低的一边），但价差变化的判断比较类似，都是从价差本身值（非绝对值）的变化来判断的。

如果我们用第二节中的价差计算和盈亏分析方法判断上面的例子，过程是这样的：首先，远月价格高于近月合约 100 元/吨，价差为高的一边减去低的一边，即 100 元/吨，远月合约上是卖出操作，因此该套利属于卖出套利。之后价差仍按建仓时的远月减近月计算，变为 50 元/吨，价差缩小，可以判断：卖出套利，价差缩小，盈利 50 元/吨。这一结果与前面的分析是一致的。

由此可见，交易所系统中的套利指令的价差计算与第二节中介绍的方法虽然不尽相同，但最终对盈利的结果分析是一致的。我们可以这样理解两者的差异和各自的用途：第二节中讲的计算和盈亏判断方法具有一般性，普遍适用于各种价差套利操作，因为无论是跨期套利、跨品种套利还是跨市套利，最终都可归于买进套利或卖出套利（或两者的组合）类型，进而根据价差扩大还是缩小来判断盈亏。而这里介绍的交易所系统的价差报价，其主要目的是便于行情报价和交易。交易所必须事先明确合约相减的顺序，例如，跨期套利中近月价格减远月价格，跨品种套利中品种 1 价格减品种 2 价格等，这样才能显示统一的价差的行情走势，不同套利者下达指令时不会对价差如何计算产生分歧。因此，当交易所在交易系统中对某些合约的套利已经开发了组合指令，套利者在下达指令时，就有必要了解交易所对价差计算的具体规定。

四、套利市价指令和限价指令的应用

（一）套利市价指令的应用

如果套利者希望以当前的价差水平尽快成交，则可以选择使用市价指令。在使用套利市价指令时，套利者不需要注明差价的大小，只需注明买入和卖出期货合约的种类和月份即可。具体成交的价差大小，取决于指令执行时点上市场行情的变化情况。该指令的优点是成交速度快，缺点是在市场行情发生较大变化时，成交的价差可能与交易者的预期有较大差距，有一定的风险。

【例 5－18】 某交易者看到当前大连商品交易所报价系统上 1 月份和 5 月份棕榈油期货的价差为 8300 元/吨和 8480 元/吨，价差为－180 元/吨。该交易者认为价差会增大，希望尽快入市买入 1 月份合约，同时卖出 5 月份合约进行套利。于是下达跨期套利的组合指令买单的市价指令。在这个指令的下达过程中，实际成交的价差并不一定是－180 元/吨，因为指令下达有个很短的时间间隔，这期间，两个合约的期货价格可能会发生变化，价差也会随之变化。成交的价差可能比－180 元/吨大，例如－170 元/吨（这一情形会比预期的－180 元/吨的价差的情形略差，因为这是组合指令买单，建仓时的价差越大越不理想），也可能比－180 元/吨的价差小，如－190 元/吨（这一情形会比预期的－180 元/吨的价差的情形更理想），尤其在行情波动较大时，与－180 元/吨的偏离也可能更大。一般情况下，如果市场行情没有突然变化，采用市价指令可以使套利者迅速以大约－180 元/吨的价差建仓。

（二）套利限价指令的应用

如果套利者希望以一个理想的价差成交，可以选择使用套利限价指令。套利限价指令可以保证交易能够以指定的甚至更好的价位来成交。在使用限价指令进行套利时，需要注明具体的价差和买入、卖出期货合约的种类和月份。该指令的优点在于可以保证交易者以理想的价差进行套利，但是由于限价指令只有在价差达到所设定的条件时才可以成交，不能保证立刻成交。

【例5－19】某日，某套利者看到郑州商品交易所报价系统上1月份和5月份白糖期货的价差为150元/吨。该套利者认为价差还会增大，想买入1月份合约同时卖出5月份进行套利。于是下达组合指令的买单的限价指令，设定的价差为145元/吨。使用该指令意味着只有价差小于或等于145元/吨时，该指令才能够被执行。例如，该指令有可能最终以140元/吨的价差成交，该价差会比预先设定的145元/吨的价差更有利。

五、期货量化交易

期货投资策略通常可分为被动型策略和主动型策略两种。被动型投资策略主要指以追踪各类指数为投资手段的投资策略。主动型投资策略一般包括依靠交易者对期货行情进行主观分析的传统主观分析策略和依靠计算机与算法模型进行程序化交易的现代量化投资策略，具体如图5－3所示。

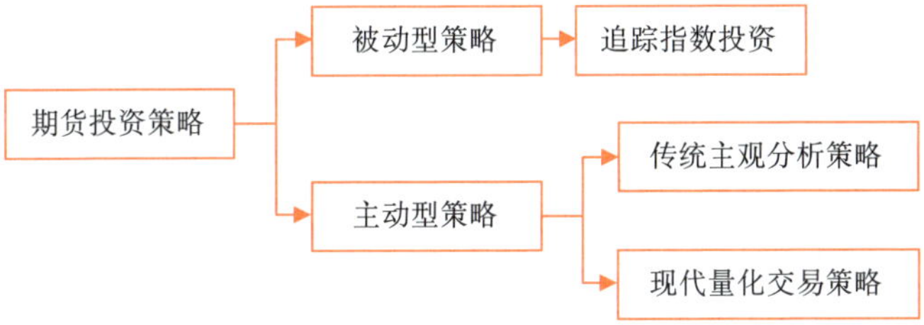

图5－3 期货投资策略类型

（一）量化交易的定义

虽然量化交易已在期货及衍生品市场得到广泛应用，但尚未形成明确的定义。量化交易主要指通过数学分析、挖掘价格运动规律，对相关宏观经济指标、财务数据、量价关系和资金交易等数据进行建模，寻找数据之间的内在关联，以获得稳定利润为目标，持续计算生成定量化的投资信号，并通过计算机系统严格执行交易指令。

（二）期货量化交易的优势

期货量化交易策略设计者对交易策略的全面、系统而周密的检验是交易成功的关键。许多传统主观分析策略交易者很难强制自己制定和执行交易策略，交易过程中掺杂太多的情绪化行为，不可避免地造成投资损失。与传统的人工主观分析策略相比，期货量化交易策略具有明显的优势。

1. 方法科学

量化交易系统所产生的交易决策有其理论依据，并能得到数据支持，而且要经过大量实验反复验证。量化交易系统通常表现为数学模型或者统计模型。量化交易模型能对交易对象进行多层次、多角度分析，包括对宏观周期、市场结构、市场舆情等的深度分析，因此，量化交易模型的任何假设都要经过海量数据的检验，去伪存真后才会进入市场使用。

2. 避免认知偏差

传统人工分析策略容易受人类认知偏差的影响。任何人在交易中的认知偏差及根深蒂固的思维习惯都会导致交易决策的系统误差。如多数人只愿意记住交易成功的喜悦，而不愿意记住交易失败的教训，在具体交易过程中往往表现为过度自信。行为金融学的研究结果表明，认知偏差会导致投资者的决策偏误，从而对其交易行为产生负面影响。量化交易的决策由算法模型自动完成，不受人为因素的影响，能够较好地克服认知偏差。

3. 响应迅速，执行力强

量化交易模型响应迅速主要表现在两个方面，一是瞬时发现市场机会。它可以通过计算机和网络技术对全球金融市场的交易状况进行24小时实时监控，及时发现有利的交易机会。二是及时执行交易。量化交易系统一旦发现交易机会，就会由量化交易策略发出执行交易的信号，有些量化交易系统直接与交易所的系统相连，交易信号会第一时间进入交易所系统瞬时完成下单指令。由于量化投资的决策由周密的数学模型根据市场实时状况做出，量化策略的设计者很清楚模型在某一时刻做出投资选择的原因，能够做到完全定量化，分析方式和决策方式都很客观，从而能在最大限度上避免传统投资中由于人性的贪婪与恐惧带来的犹豫不决，错失交易机会。

量化交易是经过交易者或策略设计者严格研究检验后的交易策略，交给计算机自动执行，尽管量化交易可以自动、系统化地执行，但是交易策略研究过程、策略选择、投资组合等都由人来完成的。因此，量化交易策略和传统的人工分析策略的主要差别在于交易策略如何生成以及策略如何实施。

（三）期货量化交易的主要建模方法

期货量化投资涉及许多数学、统计学和计算机方面的知识和技术，并将这些技术与期货专业知识结合，形成系统的量化交易模型。总的来说，期货量化交易的主要方法包括人工智能、数据挖掘、小波分析和支持向量机等。

1. 人工智能

人工智能（Artificial Intelligence，AI）主要是研究采用计算机来模拟人的某些思维过程和智能行为（如学习、推理、思考、规划等）的学科，包括计算机实现智能的原理、制造类脑智能的计算机，使计算机具备更高层次的类脑应用。从思维上说，人工智能既要有逻辑思维，也要兼具形象思维和灵感思维，才能在期货量化交易中获得突破性发展。

期货量化交易是一项复杂的、综合了各种知识与技术的应用，因而对智能的要求相当高，人工智能中的诸多技术如机器学习、神经网络和遗传算法等均可用于期货量化交易策略的设计和应用。

2. 数据挖掘

数据挖掘（Data Mining）是指从海量数据中通过算法搜索隐藏于其中的信息的过程。具体而言，就是从大量有噪声的、随机的和模糊的数据中提取隐含在其中的人们事先不清楚但又有潜在价值的信息和知识的过程。

数据挖掘是通过特定数据处理方法寻找数据背后规律的技术，主要包含数据准备、规律寻找和规律表示三个方面。数据准备是从相关的数据源中选取所需数据并整合成可用的数据集；规律寻找则是用某种方法将数据集背后的规律找出来；规律表示是通过人们可以理解甚至可视化的方法将数据规律呈现出来。在期货量化交易中，数据挖掘的主要技术包括关联分析、分类/预测、聚类分析等。

3. 小波分析

小波（Wavelet）分析是时间（空间）频率的局部化分析，它通过伸缩平移运算对信号（函数）逐步进行多尺度细化，最终达到高频处时间细分、低频处频率细分，自动适应时频信号分析的要求，从而可聚焦到信号的任意细节，解决傅里叶变换中出现的难题，成为继傅里叶变换以来在科学方法上的重大突破，有人将小波变换形象地称为“数学显微镜”。

小波分析在量化投资中的主要作用是进行交易信号的波形处理。任何投资产品的量价走势均可看成是一种波形，其中不可避免地包含大量噪声信号。利用小波分析，可对波形进行去噪、重构、诊断和识别等处理，从而实现对未来走势的判断。

4. 支持向量机

支持向量机（Support Vector Machine，SVM）是通过一个非线性映射，把样本空间映射到一个高维乃至无穷维的特征空间中，使得在原有低维样本空间中的非线性可分问题转化为在高维特征空间中的线性可分问题，简单地说，就是升维和线性化。通常而言，升维会带来计算的复杂化，SVM巧妙地利用核函数的展开定理有效地解决了这个难题。因为是在高维特征空间中建立线性学习机，所以与线性模型相比，不但几乎不增加计算的复杂性，而且在某种程度上避免了维数灾难。正因为有这个特性，使得SVM特别适合于有关分类和预测问题的处理，从而使它在期货量化交易中有了很大的用武之地。

（四）期货量化交易的应用

期货量化交易包括多种具体方法，在交易品种选择、交易时机选择、期货价差套利、统计套利和算法交易等领域得到广泛应用。在此，以统计套利和算法交易为例进行阐述。

1. 统计套利

统计套利是利用资产价格的历史统计规律进行的套利，统计套利并非无风险套利，其风险在于根据数据得到的历史统计规律在未来一段时间能否继续存在。

统计套利先找出相关性较好的若干对投资对象，再找出其中每一对投资对象的长期均衡关系，当某一对投资品种的价差偏离正常价差并达到一定程度时开始建仓，此时买进被相对低估卖出被相对高估的投资品种，待价差回归正常区间后再做相反操作获利了结。

股指期货对冲是统计套利常采用的一种操作策略，其操作原理是利用不同国家（地区）或行业的指数价格相关性，同时买入或卖出价差偏离正常区间的一对指数期货进行交易。在经济全球化日益加强的背景下，各个国家（地区）和行业股票指数的关联性也越来越强，从而容易产生股票价格指数的系统性风险，因此，用不同指数间的统计套利进行风险对冲是低成本高收益的一种交易方式。

2. 算法交易

算法交易又称自动交易、黑盒交易或机器交易，是通过设计算法让计算机程序发出交易指令的交易方法。在具体交易中，算法可以决定的内容包括交易时间和价格的选择，以及最后需成交的资产数量。

算法交易的主要类型有：（1）被动型算法交易，也称为结构型算法交易。它除了用历史数据估计交易模型的核心参数外，基本不会根据市场行情主动选择交易时机与数量，通常按照既定的交易方针执行交易。该策略的核心是减少滑价，即目标价与实际成交均价之差。这种类型的算法交易最为成熟，使用也最广泛，国际上常见的成交量加权平均价格（VWAP）和时间加权平均价格（TWAP）等均属于被动型算法交易。（2）主动型算法交易，也称为机会型算法交易。这类交易算法的决策主要根据市场的状况实时做出，从而判断交易与否、交易数量和交易的价格等。主动型交易算法除了努力减少滑价以外，还将关注点逐渐转向价格趋势预测。（3）综合型算法交易，该交易是前两者的有机结合。通常是先把交易指令拆开，分布到多个时间段内，而每个时间段内具体如何交易由主动型交易算法做出判断，两者结合可达到单独一种算法所无法达到的效果。

第六章　利率期货

本章学习目的与要求：

本章共分两节，主要包括利率期货基础知识、国债期货基础知识、国债期货交易策略和应用等内容。第一节主要介绍利率期货及其分类、利率期货的发展历程、利率期货的报价与交割特点、利率期货价格影响因素等内容；第二节重点探讨国债期货及其应用，以中金所国债期货为例介绍国债期货的品种特点，从套期保值、投机与套利三个方面探讨国债期货的基础应用，最后对国债期货在风险管理和投资组合管理中的应用做了简要梳理。

学习重点：

国债期货交易策略和应用。

知识结构图：

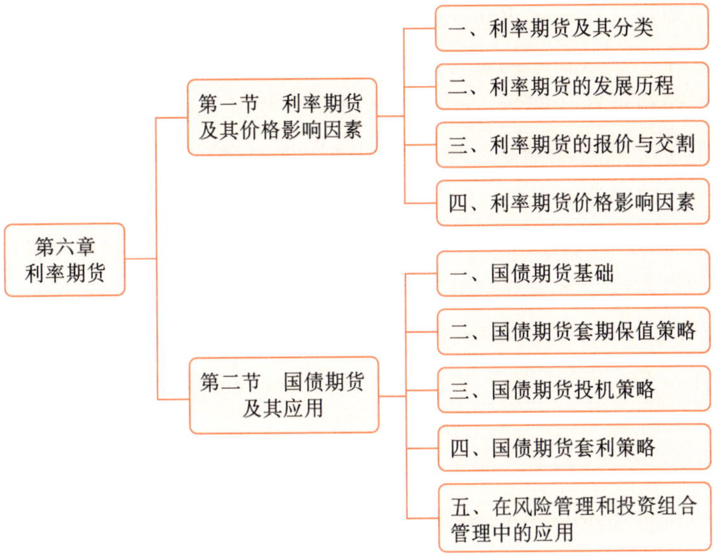

第一节 利率期货及其价格影响因素

学习内容	知识点
利率期货及其分类、利率期货的发展历程	利率期货及其分类
	短期利率期货品种
	中长期利率期货品种
利率期货的报价和交割、利率期货价格影响因素	短期利率期货报价和交割
	中长期国债期货报价和交割
	利率期货价格影响因素

一、利率期货及其分类

利率期货（Interest Rate Futures）是指以利率和债券类产品为合约标的的期货品种。根据利率期货合约标的期限不同，利率期货分为短期利率期货和中长期利率期货两类。短期利率期货的交易标的主要是期限在 1 年以内（含 1 年）的短期利率，中长期利率期货的交易标的主要是期限在 1 年以上的中长期国债。

全球市场短期利率期货有代表性的品种有芝加哥商业交易所集团（CME Group，以下简称“芝商所集团”）的欧洲美元期货（Eurodollar Futures）、3 个月 SOFR 期货（3 个月担保隔夜融资利率期货，3 Month Secured Overnight Financing Rate Futures）、联邦基金期货（Federal Funds Futures），洲际交易所（ICE）欧洲市场的3 个月欧元拆放利率期货（3 Month Euribor Futures）、3 个月英镑期货（3 Month Sterling Futures）、3 个月期英镑银行间隔夜利率平均指数期货（3 Month Sterling Overnight Index Average Futures），巴西交易所（B3）的一天期银行间存款期货（One－Day InterBank Deposit Futures）等。

中长期国债期货根据合约标的国债的不同期限，可分为期限为 1—10 年的中期国债期货、期限为 10—30 年的长期国债期货和期限为 30 年以上的超长期国债期货三大类品种。国内市场，中国金融期货交易所（以下简称“中金所”）上市了 2 年期、5 年期和 10 年期三个国债期货品种。美国市场有代表性的品种主要有芝商所集团 CBOT 市场的中期国债期货（Treasury Note Futures，期限有 2 年期、5 年期、10 年期等）、30 年期长期国债期货（30 Year Treasury Bond Futures，可交割国债剩余期限为 15—25 年）和超长期国债期货（Ultra Treasury Bond Futures，可交割国债剩余期限不低于 25 年）。欧洲市场有代表性的品种有欧洲交易所（Eurex）的短期欧元债券期货（Euro－Schatz Futures，可交割债券剩余期限为 1.75—2.25 年的国债）、中期欧元债券期货（Euro－Bobl Futures，可交割债券剩余期限为 4.5—5.5 年的国债）、长期欧元债券期货（Euro－Bund Futures，可交割债券剩余期限为 8.5—10.5 年的国债）和超长期欧元债券期货（Euro－Buxl Futures，可交割债券剩余期限为 24—35 年的国债），以及洲际交易所

(ICE) 欧洲市场的英国长期国债期货 (Long Gilt Futures, 可交割债券剩余期限为 8.75—13 年的国债) 等。

二、利率期货的发展历程

20 世纪 70 年代，受布雷顿森林体系解体和石油危机的影响，西方主要发达国家经济陷入滞胀。为了推动经济发展，各国政府纷纷取消或放松利率管制，推行利率市场化政策，导致市场利率和债券价格波动频繁。在此背景下，利率期货应运而生。

1975 年 10 月 20 日，芝加哥期货交易所 (CBOT) 推出有史以来第一张利率期货合约——政府国民抵押协会 (Government National Mortgage Association Certificates, GNMA) 抵押凭证 (Collateralized Depository Receipt, CDR) 期货合约，标志着利率期货的诞生。

1976 年 1 月，芝加哥商业交易所 (CME) 国际货币市场 (IMM) 推出期限为 3 个月 (13 周或 91 天) 的美国短期国债期货品种。

1977 年 8 月，芝加哥期货交易所 (CBOT) 推出美国长期国债期货合约，获得巨大成功，其交易量曾经长期占据全球期货市场首位。

1981 年 12 月，芝加哥商业交易所 (CME) 国际货币市场 (IMM) 推出了 3 个月期的欧洲美元期货合约，该品种率先实行现金交割，其交易量一直是短期利率期货和全球期货市场交易量排名较高的品种。

近 50 年来，利率期货在全球范围发展迅猛，继美国之后，欧洲、亚太以及其他国家和地区相继推出各自的短期利率期货和国债期货品种。

三、利率期货的报价与交割

(一) 短期利率期货的报价与交割

短期利率期货的报价一般采用指数报价，现金交割。如 CME 市场欧洲美元期货、美国短期国债期货和 ICE 欧洲市场的 3 个月欧元拆放利率期货，均采用指数式报价，用“100.00 –‘不带百分号的年利率或贴现率（或利率、贴现率数值）’”报价，合约到期采用现金交割。

1. 欧洲美元期货（Eurodollar Futures）

欧洲美元是指美国境外金融机构（包括美国金融机构设在境外的分支机构）的美元存款和贷款。这种离岸美元存贷业务最早于20世纪50年代初出现在欧洲市场，被称为欧洲美元。欧洲美元与美国境内美元是同一货币，但欧洲美元不受美国政府监管，不须提供存款准备。欧洲美元期货合约标的是基于100万美元大额存单的欧洲美元3个月期的伦敦银行同业拆放利率（Libor）。

（1）报价。欧洲美元期货报价采用的是CME市场IMM指数报价，报价为“100.00 –‘美元3个月Libor’”形式。例如欧洲美元报价为99.805，隐含的是美元3个月Libor为100.00 – 99.805 = 0.195，即美元3个月Libor为0.195%。

欧洲美元期货报价变动0.01，称为价格变动1个点，等价于3个月Libor变动1个基点，意味着合约价值变动25美元。

欧洲美元期货合约价格最小变动幅度为1/2个点，即12.50美元；近交割月合约，期货合约价格的最小变动幅度为1/4个点，即6.25美元。

若担心未来美元利率上行，借款成本上升，投资者可以利用欧洲美元期货空头套期保值对冲利率风险。当未来利率上升时，欧洲美元期货价格会下降，期货空头的盈利可以全部或部分对冲借款成本上升的风险。相反，担心未来美元利率下行，资金和贷款收益损失，投资者可以利用欧洲美元期货多头套期保值对冲利率风险。

（2）交割。欧洲美元期货合约到期采用现金交割，交割结算价格是由最后一个交易日的美元3个月Libor决定。合约到期时，买卖双方并不进行欧洲美元银行间存款的实际交付，而是按照交割结算价与到期日交易价格或上一交易日结算价的差额进行现金划转。

2. 3个月欧元银行同业拆放利率期货（3 Month Euribor Futures）

欧元银行同业拆放利率（以下简称“Euribor”）是指在欧元区资信较高的银行间欧元资金的拆放利率。Euribor有隔夜、1周、2周、3周、1—12个月等各种不同期限的利率，最长的Euribor期限为1年，确定方法类似Libor，Euribor是欧洲市场欧元短期利率的风向标。

洲际交易所（ICE）欧洲市场的3个月银行间欧元拆放利率期货的合约标的为“3个月欧元银行同业拆放利率”，交易单位为“2500欧元×利率指数”，报价为“100.00－‘利率数值’”，最小变动价位为0.005点（折合12.50欧元），合约到期“以3个月欧元银行同业拆放利率”为基准进行现金交割。

（二）中长期国债期货的报价与交割

1. 报价

中长期国债期货的报价采用价格报价法，按照百元面值国债净价报价（不含国债持有期间应计利息）。

大部分国家和地区中长期国债期货合约报价小数点后价格进位采用十进位制，中金所国债期货就以此种方式报价。比如“99.335”意味着面值为100元的国债期货价格为99.335元，为不含持有期利息的价格。

美国市场中长期国债期货报价价格小数点后价格进位方式比较特殊，采用32进位制。以CBOT市场5年期国债期货为例，其交易单位为面额10万美元的5年期国债，报价单位为基点（1个基点价值1000美元），最小变动价位为0.0078125或1/128基点（价值7.8125美元），其报价由三部分组成。比如价格120′222（或120－222），“‘①120’、‘②22’、‘③2’”，其中“①”部分为国债期货报价的整数部分，“②”“③”两个部分为国债期货报价的小数部分（见表6－1）。

“①”部分为报价的整数部分，整数部分1个基点为1000美元，个位变动的“1”为1个基点，相当于价格变动了1000美元。比如从“120.222”上涨为“121.222”，代表合约上涨1个基点，价值上涨100000/100＝1000美元。整数部分个位变动1个基点，等于小数部分的“32点”。

“②”部分为报价小数部分，数值为“00到31”，采用32进位制，价格上升达到“32”向前进位到整数部分加“1”个基点，价格下降跌破“00”向前整数位借或减“1”个基点得到小数位“32”。小数价格变动“1点”，比如从“05”涨到“06”或跌到“04”，代表合约价值上涨或下跌1/32个基点，即价值1000×1/32＝31.25美元。

“③”部分用“2”“5”“7”“0”四个数字，表示的是最小变动价位的“1/4 点”四个价位，最小变动价位“1/4 点”，为 1/128 基点，折合合约最小变动价值为 7.8125 美元。其中“2”代表“1/4 点”，“5”代表“2/4 点”，“7”代表“3/4 点”，“0”代表原报价“3/4 点”上涨“1/4 点”，向前进位“1 点”变为“0”，或原报价“1/4 点”下跌“1/4 点”变为“0”。

表 6－1 为 CBOT 5 年期国债期货报价举例。

表 6－1　　CBOT 5 年期国债期货报价举例

期货报价	价格	合约价值
120′220	120＋（22＋0）/32 ＝120.6875 美元	120.6875×1000 ＝120687.5 美元
120′222	120＋（22＋1/4）/32 ＝120.6953125 美元	120.69531×1000 ＝120695.3125 美元
120′225	120＋（22＋2/4）/32 ＝120.703125 美元	120.70313×1000 ＝120703.125 美元
120′227	120＋（22＋3/4）/32 ＝120.7109375 美元	120.71094×1000 ＝120710.9375 美元

2. 交割

中长期国债期货品种一般采用实物交割。合约到期时，合约卖方需要用合约要求的可交割国债去履约，买方出具对应的交割货款（含国债持有期间应计利息的可交割国债全价）。

国债期货合约标的国债一般是票面利率标准化、具有固定期限的名义标准券，并规定了与其对应的一篮子可交割国债，其目的在于扩大可交割国债的范围，增强价格的抗操纵性，减小交割时的逼仓风险。例如，中金所的 5 年期国债期货的可交割券分别为发行期限不高于 7 年、合约到期月份首日剩余期限为 4—5.25 年的记账式附息国债。

四、利率期货价格影响因素

从短期利率期货报价方式可以看出，其价格和市场利率呈现反向变动关系。作为中长期利率期货的国债期货，影响国债期货价格的主要因素是市场利率和国债现货供求关系，国债期货价格和市场利率呈现的也是反向变动关系。因此，如何准确地分析和预测市场利率及其变化对投资者分析利率期货价格的走势和波动至关重要。影响市场利率以及利率期货价格的主要因素有以下几个方面。

（一）政策因素

一国的货币政策、财政政策对市场利率变动的影响最为直接。

1. 货币政策

扩张性的货币政策是通过提高货币供应增长速度来刺激总需求，在这种政策下，取得信贷资金更为容易，市场利率将下降；紧缩性的货币政策是通过削减货币供应增长速度来降低总需求，在这种政策下，取得信贷资金较为困难，市场利率将上升。货币供应量的变化对市场利率的影响较为直接。

2. 财政政策

扩张性的财政政策，通过财政分配活动来增加和刺激社会的总需求，造成对资金需求的增加，市场利率将上升；紧缩性的财政政策，通过财政分配活动来减少和抑制社会的总需求，会造成对资金需求的减少，市场利率将下降。

（二）经济因素

1. 经济周期

在经济周期的不同阶段，商品市场和资金市场的供求关系会发生相应的变化，包括财政政策和货币政策在内的宏观经济政策也会随之做出相应调整，从而对市场利率水平及其走势产生重要影响。

2. 经济增长速度

经济增长速度较快，社会资金需求旺盛，则市场利率水平上升；经济增长速度缓慢，社会资金需求相对减少，则市场利率水平下降。

3. 通货膨胀率

通货膨胀率的高低不仅影响市场利率的变化，而且影响人们对市场利率走势的预期。市场利率的变动通常与通货膨胀率的变动方向一致。通货膨胀率上升，市场利率也上升；通货膨胀率下降，市场利率也下降。

（三）全球主要经济体利率水平

由于国际资本流动频繁，一国利率水平很容易受到其他国家利率水平的影响。在经济全球化的今天，全球主要经济体的利率水平会直接或间接地影响一个国家的利率政策和利率水平。

（四）其他因素

人们对经济形势的预期、消费者收入水平、消费者信贷等其他因素也会在一定程度上影响市场利率的变化。

分析影响市场利率和利率期货价格时，要特别关注宏观经济数据及其变化，主要包括国内生产总值、工业生产指数、消费者物价指数、生产者物价指数、零售业销售额、失业率、耐用品订单及其他经济指标等。经济数据的好坏直接影响经济政策的变化和投资者的市场预期，进而影响市场利率水平。

第二节　国债期货及其应用

学习内容	知识点
国债期货基础知识	合约标的和可交割国债
	转换因子
	发票价格（国债交割全价）
	最便宜可交割券
	国债期货理论价格
国债期货套期保值策略	久期法计算套期保值比率
	基点价值法计算套期保值比率
	多头套期保值和空头套期保值及案例分析
	套期保值比率的调整
国债期货投机和套利策略	国债期货投机策略
	国债期现套利与基差交易
	国债期货合约间套利

续表

学习内容	知识点
国债期货在风险管理和投资组合管理中的应用	国债期货在组合久期管理中的应用
	国债期货在资产配置中的应用
	商业银行和保险机构参与国债期货交易的应用选择

一、国债期货基础

国债期货是指以主权国家发行的国债为期货合约标的的期货品种。全球交易活跃的国债期货品种主要是中长期国债期货，其交易主要集中在美国、欧洲和亚太地区。本节以中金所国债期货品种为例介绍国债期货基础知识、国债期货交易策略和国债期货的基础应用等内容。

回顾历史，1992 年 12 月至 1995 年 5 月，国内曾经开展过国债期货交易试点。1992 年 12 月 2 日，上海证券交易所率先推出面向机构投资者的国债期货交易；1993 年 10 月 25 日，国债期货面向个人投资者开放；1993 年 12 月 15 日，北京商品交易所推出国债期货交易；随后广东联合期货交易所、武汉证券交易中心、天津证券交易中心、深圳证券交易所以及多个试点期货交易所纷纷推出国债期货，交易逐渐活跃。1994 年 10 月至 1995 年 5 月，先后发生“314”“327”“319”国债期货风险事件。1995 年 5 月 18 日，期货监管部门暂停国债期货交易。

随着国内国债现货市场的发展、利率市场化改革的推进以及国内期货市场规范发展，重新恢复国债期货交易时机逐渐成熟。2013 年 9 月 6 日，中金所挂牌上市 5 年期国债期货合约；2015 年 3 月 20 日，10 年期国债期货上市；2018 年 8 月 17 日，2 年期国债期货上市。中金所国债期货涵盖中短期、中期和长期国债品种，满足了市场的投资和避险需求，市场规模逐步扩大。

（一）合约标的和可交割国债

目前，中金所上市的国债期货合约摘要见表 6－2。

表 6-2　　中金所国债期货合约摘要

	2 年期国债期货合约	5 年期国债期货合约	10 年期国债期货合约
合约标的	面值为 200 万元人民币、票面利率为 3% 的名义中短期国债	面值为 100 万元人民币、票面利率为 3% 的名义中期国债	面值为 100 万元人民币、票面利率为 3% 的名义长期国债
可交割国债	发行期限不高于 5 年，合约到期月份首日剩余期限为 1.5—2.25 年的记账式附息国债	发行期限不高于 7 年、合约到期月份首日剩余期限为 4—5.25 年的记账式附息国债	发行期限不高于 10 年、合约到期月份首日剩余期限不低于 6.5 年的记账式附息国债
报价方式	百元净价报价		
最小变动价位	0.005 元		
合约月份	最近的 3 个季月（3、6、9、12 季月循环）		
交易时间	9:30—11:30，13:00—15:15；最后交易日 9:30—11:30		
每日价格最大波动限制	上一交易日结算价的 ±0.5%	上一交易日结算价的 ±1.2%	上一交易日结算价的 ±2%
最低交易保证金	合约价值的 0.5%	合约价值的 1%	合约价值的 2%
最后交易日	合约到期月份的第二个星期五		
交割方式	实物交割		
最后交割日	最后交易日后的第三个交易日		
合约代码	TS	TF	T

中金所 2 年期、5 年期和 10 年期国债期货合约标的分别为面值 200 万元人民币的名义中短期、面值 100 万元人民币的名义中期和名义长期国债，标的国债票面利率均为 3%。三个国债期货合约的标的均为标准虚拟券，也称为名义标准券。通过名义标准券（国债）的设计思路将合约标的票面利率和剩余期限标准化。

中金所国债期货均采用实物交割。现实中满足一定期限要求的多个国债品种——“一篮子可交割国债”均可以与名义标准券进行对比，实现国债期货的多券种替代交割。中金所对可交割国债的发行期限和剩余期限都做了要求，范围覆盖了多个财政部国债发行的重要期限，从而保障可交割国债在现货市场具有较好的流动性，满足投资者风险管理的需求。

中金所 2 年期、5 年期和 10 年期国债期货合约对应的可交割国债分别为：

（1）发行期限不高于 5 年、合约到期月份首日剩余期限为 1.5—2.25

年的记账式付息国债；

(2) 发行期限不高于 7 年、合约到期月份首日剩余期限为 4—5.25 年的记账式付息国债；

(3) 发行期限不高于 10 年、合约到期月份首日剩余期限不低于 6.5 年的记账式付息国债。

(二) 转换因子

国债期货实行一篮子可交割国债的多券种交割方式，当合约到期进行实物交割时，可交割国债为一系列符合条件的不同剩余期限、不同票面利率和不同付息频率的国债品种。这种多券种交割方式必须确定各种可交割国债价格与期货合约标的名义标准国债价格之间的转换比例，这个转换比例就是转换因子（Conversion Factor，CF）。

转换因子在数值上等于面值 1 元的可交割国债在其剩余期限内的所有现金流按国债期货合约标的票面利率折现的现值。中国金融期货交易所国债期货转换因子的计算公式如下：

$$CF=\frac{1}{(1+r/f)^{xf/12}}\times\left[\frac{c}{f}+\frac{c}{r}+\left(1-\frac{c}{r}\right)\times\frac{1}{(1+r/f)^{n-1}}\right]-\frac{c}{f}\times\left(1-\frac{xf}{12}\right)$$

其中：

r 为国债期货合约标的票面利率；

x 为交割月到下一付息月的月份数；

n 为剩余付息次数；

c 为可交割国债的票面利率；

f 为可交割国债每年的付息次数；

计算结果应进行四舍五入至小数点后四位。

可交割国债的票面利率是影响转换因子大小的首要影响因素。根据计算公式可知：可交割国债票面利率高于国债期货合约标的票面利率，转换因子大于 1；可交割国债票面利率等于国债期货合约标的票面利率，转换因子等于 1；可交割国债票面利率低于国债期货合约标的票面利率，转换因子小于 1。当然，可交割国债的剩余期限和付息频率也会在一定程度上影响转换因子的大小。

可交割国债的转换因子在国债期货合约上市时由交易所公布，其数值在合约存续期间不变。合约存续期间如有新增发行国债符合可交割国债要求，交易所会同时公布新增可交割国债其转换因子。表 6－3 为中金所 2021 年 3 月 12 日公布的 3 月 15 日挂牌上市的 T2112 合约的可交割国债和转换因子。

表 6－3　T2112 合约的可交割国债和转换因子

序号	国债全称	银行间代码	上交所代码	深交所代码	到期日	票面利率	转换因子
1	2018 年记账式附息（十九期）国债	180019	019601	101819	20280816	3.54	1.0324
2	2018 年记账式附息（二十七期）国债	180027	019609	101827	20281122	3.25	1.0155
3	2019 年记账式附息（六期）国债	190006	019616	101906	20290523	3.29	1.0191
4	2019 年记账式附息（十五期）国债	190015	019625	101915	20291121	3.13	1.0091
5	2020 年记账式附息（六期）国债	200006	019632	102006	20300521	2.68	0.9763
6	2020 年抗疫特别国债（四期）	2000004	019639	102064	20300716	2.86	0.9895
7	2020 年记账式附息（十六期）国债	200016	019646	102016	20301119	3.27	1.0210

（三）发票价格（国债交割全价）

用可交割国债的转换因子乘以期货交割结算价可得到转换后该国债的交割价格（净价），用国债交割净价加上持有国债期间的应计利息收入即可得到国债期货交割时卖方出让可交割国债时应得到的实际现金价格（全价），该价格为可交割国债的出让价格，即国债交割全价，也称为发票价格（Invoice Price）。其计算公式如下：

发票价格（国债交割全价）＝国债期货交割结算价×交割国债转换因子＋应计利息

中金所规定，国债期货交割时，应计利息的日计数基准为“实际持有天数/实际计息天数”，每 100 元可交割国债的应计利息计算公式如下：

$$\text{应计利息}=\frac{\text{可交割国债票面利率}\times 100}{\text{每年付息次数}}\times\frac{\text{第二交割日}-\text{上一付息日}}{\text{当前付息周期实际天数}}$$

注：应计利息的计算结果应进行四舍五入至小数点后七位。

（四）最便宜可交割券

在一篮子可交割国债的交割制度下，发行期限和剩余期限在一定范围内的国债都可以参与交割。即便使用转换因子进行折算，各种可交割国债在交割便利性和交割成本等方面仍然存在差别。由于期货合约的卖方拥有可交割国债的选择权，卖方一般会选择最便宜、交割成本最低、对己方最有利的可交割国债进行交割，该债券就是最便宜可交割国债，通常称为最便宜可交割券（Cheapest to Deliver，CTD）。根据无套利定价原理，最便宜可交割券的价格决定了国债期货的价格。

理论上，最便宜可交割券是能够使投资者买入国债现货，持有到期交割最经济、获得收益率最高的国债。购买国债并持有到期交割的收益率一般用隐含回购利率（Implied Repo Rate，IRR）来衡量，隐含回购利率是指投资者买入国债现货并用于期货交割所得到的投资收益率。如果购买国债后，在交割日之前没有利息支付，可交割国债的隐含回购利率（IRR）计算公式为：

$$\text{隐含回购利率}=\frac{(\text{期货报价}\times\text{转换因子}+\text{交割日应计利息})-\text{国债购买价格}}{\text{国债购买价格}}\times\frac{365}{\text{交割日之前的天数}}$$

式中，国债购买价格为市场价格（净价）加上应计利息的全价。

显然，隐含回购利率越高的国债价格越便宜，用于期货交割对合约空头越有利，隐含回购利率最高的国债就是最便宜可交割国债。因而，市场中常用“隐含回购利率法”寻找最便宜可交割券。表 6－4 是 2021 年 7 月 6 日 T2109 合约部分可交割券信息，表 6－4 中 9 只可交割券中，“20 附息国债 06”隐含回购利率最高（IRR），为最便宜可交割券。

【例 6－1】 2021 年 7 月 6 日，T2109 合约结算价格为 98.300 元；其可交割国债“20 附息国债 06”，转换因子为 0.9757，净价为 96.253 元，票面利率为 2.68%，到期日为 2030 年 5 月 21 日。计算该国债的隐含回购利率。

第一步，计算购买价格，即债券全价。上次付息日 5 月 21 日至计算日 7 月 6 日，应计利息天数是 46 天，应计利息为 1.34×46/184 元。184 表示为当前付息周期实际天数。

购买价格（债券全价）＝96.253＋1.34×46/184＝96.588（元）

表 6－4　　2021 年 7 月 6 日 T2109 合约部分可交割券信息

序号	代码	简称	转换因子	交割利息	交割成本	期现价差	IRR（%）	基差	全价	净价	收益率（%）	剩余年限	久期	票面利率（%）	付息频率
1	200006. IB	20 附息国债 06	0. 9757	0. 8448	96. 588	0. 1681	0. 9075	0. 3417	96. 588	96. 253	3. 1675	8. 8795	7. 9138	2. 68	一年两次
2	2000003. IB	20 抗疫国债 03	0. 9824	0. 6206	97. 0273	0. 1632	0. 877	0. 3666	97. 0273	96. 9365	3. 165	8. 9726	7. 9815	2. 77	一年两次
3	190015. IB	19 附息国债 15	1. 0093	0. 9866	100. 391	－0. 1902	－0. 9879	0. 7855	100. 391	99. 9997	3. 1298	8. 3836	7. 4121	3. 13	一年两次
4	200016. IB	20 附息国债 16	1. 0215	1. 0485	101. 7224	－0. 2604	－1. 3348	0. 8825	101. 7224	101. 2959	3. 1092	9. 3781	8. 1304	3. 27	一年两次
5	210009. IB	21 附息国债 09	1. 0016	0. 9027	99. 776	－0. 416	－2. 174	0. 9904	99. 776	99. 4477	3. 085	9. 8959	8. 5982	3. 02	一年两次
6	190006. IB	19 附息国债 06	1. 0197	1. 0192	101. 7801	－0. 5244	－2. 6865	1. 1502	101. 7801	101. 3867	3. 09	7. 8849	6. 9919	3. 29	一年两次
7	210007. IB	21 附息国债 07	1. 0005	1. 0226	99. 9645	－0. 5928	－3. 0921	1. 1701	99. 9645	99. 5192	3. 088	6. 8575	6. 2706	3. 01	一年一次
8	180027. IB	18 附息国债 27	1. 016	1. 0156	101. 542	－0. 6536	－3. 3563	1. 2718	101. 542	101. 1446	3. 075	7. 3863	6. 6073	3. 25	一年两次
9	180019. IB	18 附息国债 19	1. 0335	0. 279	103. 0651	－1. 1931	－6. 0362	1. 873	104. 8351	103. 466	2. 995	7. 1178	6. 2887	3. 54	一年两次
10	180011. IB	18 附息国债 11	1. 0414	1. 2033	—	—	—	—	—	—	—	6. 8685	—	3. 69	一年两次
11	2000004. IB	20 抗疫国债 04	0. 9892	0. 4663	—	—	—	—	—	—	—	9. 0329	—	2. 86	一年两次

第二步，计算应计利息和发票价格，即可交割券从上次付息日至第二交割日这一期间所产生的利息。T2109 合约第二交割日为 2021 年 9 月 14 日，上一付息日至第二交割日为 116 天。

应计利息 $=1.34\times116/184=0.8447826$（元）

发票价格 $=98.30\times0.9757+0.8447826=96.7560926$（元）

第三步，计算隐含回购利率。“20 附息国债 06” 自购买日（7 月 6 日）至第二交割日为 70 天，在第二交割日之前没有利息支付，所以 “20 附息国债 06” 的隐含回购利率为：

$$IRR=(96.7560926-96.588)\div96.588\times(365\div70)=0.9074\%$$

通过计算，可以得到一篮子可交割国债的隐含回购利率，隐含回购利率最高的可交割国债就是最便宜可交割券。此时，“20 附息国债 06” 在表 6－4 中 9 只可交割国债中隐含回购利率最高，应为最便宜可交割券。

（五）国债期货理论价格

通常，国债期货理论价格可以运用持有成本模型计算，即：

国债期货理论价格 = 国债现货价格 + 国债持有成本
= 国债现货价格 +（持有国债资金占用成本 – 持有国债期间利息收入）

实践中，用最便宜可交割国债净价代替国债现货价格，假定该国债至交割日期间没有券息支付，则国债期货理论价格为：

国债期货理论价格 =（最便宜可交割国债净价 + 持有国债资金占用成本 – 持有国债期间利息收入）/转换因子

式中，“持有国债资金占用成本” 应按持有可交割国债全价计算，“持有国债期间利息收入” 为可交割券购买日至交割日的应计利息。根据中金所规定，“持有国债期间利息收入” 为可交割券购买日至第二交割日的应计利息。

【例 6－2】 2021 年 7 月 6 日，T2109 期货价格为 98.300，其最便宜可交割国债 “20 附息国债 06” 国债现货净价为 96.253，转换因子为 0.9757。“20 附息国债 06” 发行日为 2020 年 5 月 21 日，到期日为 2030 年 5 月 21 日，票面利率为 2.68%，一年付息两次，付息日为每年的 5 月 21 日和 11 月 21 日。假设市场利率 $r=3\%$，计算 T2109 的理论价格。

第一步，计算购买价格，即债券全价。上次付息日 5 月 21 日至计算日 7 月 6 日，应计利息天数是 46 天，应计利息为 $1.34\times46/184$ 元。

购买价格（债券全价）$=96.253+1.34\times46/184=96.588$（元）

第二步，计算持有国债期间资金占用成本。“20 附息国债 06” 自购买日（7 月 6 日）至第二交割日是 70 天，在第二交割日之前没有利息支付，持有“20 附息国债 06”的资金占用成本为：

资金占用成本 $=96.588\times(70/365)\times0.03=0.5557118$（元）

第三步，计算持有国债期间应计利息收入。“20 附息国债 06” 自购买日（7 月 6 日）至第二交割日是 70 天，在第二交割日之前没有利息支付，持有“20 附息国债 06” 期间应计利息收入为：

应计利息 $=1.34\times70/184=0.5097826$（元）

第四步，计算 7 月 6 日 T2109 合约的理论价格。

T2109 的理论价格 $=(96.253+0.5557118-0.5097826)/0.9757$

$=98.6973$（元）

二、国债期货套期保值策略

国债期货套期保值策略分为多头套期保值、空头套期保值两类。持有债券资产投资者，担心利率上升，债券价格下跌导致资产的跌价风险，可以通过国债期货空头套期保值策略对冲价格风险；计划投资或未来购入债券资产，担心利率下降，债券价格上涨导致未来持有债券成本的上升，可以通过国债期货进行多头套期保值策略对冲价格风险。

国债期货套期保值交易策略主要关注恰当的国债期货合约的选择，确定合适的套期保值比率（确定对冲现货头寸所需期货合约数量）和套期保值期间如何调整套期保值比率等方面。

（一）期货合约的选择

理论上，国债期货对其标的对应的可交割券进行套期保值效果较好。实践中，投资者持有或计划持有投资组合中的债券会在发行期限、剩余期限等方面如果超出期货合约可交割券的范围，投资者可以选择流动性好、相关性较强的期货合约进行套期保值。

（二）套期保值比率

套期保值比率是指计算被保值现货头寸与国债期货合约的比例关系。在套期保值方案设计中，确定合适的套期保值率最为关键。套期保值者应该比较利率变动所引起的债券组合价值的变动和国债期货合约价值变动，从而确定有效对冲现货债券或债券组合利率风险所需国债期货合约的数量，达到最佳的套期保值效果。常见的确定国债期货套期保值比率的方法有久期法和基点价值法。

1. 久期法

（1）麦考利久期。麦考利久期（Macaulay Duration）是为了纪念最早（1938 年）提出久期概念的经济学家麦考利（Frederick Macaulay）而命名的。麦考利久期指的是债券投资的加权平均回收时间，其权重是各期现金流现值在债券价格中所占的比重，单位是年。对于支付频率为 1，计算日至下一付息日刚好 1 年的债券，麦考利久期计算公式为：

$$D=\frac{\sum_{t=1}^{n}\frac{tC_t}{(1+r)^t}}{\sum_{t=1}^{n}\frac{C_t}{(1+r)^t}}$$

其中，t 为收到现金流的时期（t=1，2，…，n），n 为现金流发生的次数，r 为到期收益率，C_t 为第 t 期的现金流，公式中分母为债券的价格。

到期期限为 n 年的债券，如果在持有期限内有现金流流入，则其投资的加权平均回收时间将短于 n 年，即该债券的麦考利久期小于 n 年。

（2）修正久期。修正久期（Modified Duration）是在麦考利久期概念的基础上发展而来的，用来衡量债券价格对利率的敏感性，刻画的是到期收益率微小变化引起的债券价格的变动幅度。

一年支付一次利息的债券的修正久期 D_m 的计算公式以及和麦考利久期的关系为：

$$D_m=-\frac{dp}{dr}\cdot\frac{1}{p}=\frac{1}{1+r}\cdot\frac{1}{p}\sum_{t=1}^{n}\frac{t\cdot C_t}{(1+r)^t}=\frac{1}{1+r}\cdot D$$

其中，P 为债券价格，D 为债券的麦考利久期，t 为收到现金流的时期（t=1，2，…，n），n 为现金流发生的次数，r 为到期收益率，C_t 为第 t 期的现金流。

比如，一年付息一次债券的麦考利久期为 7 年，到期收益率为 3.65%，则其修正久期为 1/(1+3.65%)×7=6.75。

如果一年支付 f 次利息，即付息频率为 f，则修正久期和麦考利久期的关系为：

$$D_m = \frac{1}{1 + r/f} \cdot D$$

（3）久期法确定套期保值合约数量。市场中常用的“久期”指的是修正久期，约等于到期收益率变化 1%（100 个基点）时，债券价格变动的百分比。债券组合的久期可以通过组合中债券久期的加权平均计算得到，权重等于组合中债券市值所占比重。

利用债券组合久期和国债期货合约久期的对比，确定最优套期保值比率和对冲利率风险所需国债期货合约数量的方法，称为久期法或修正久期法。

国债期货价格近似等于最便宜可交割债券价格除以其转换因子，用最便宜可交割债券的久期替代国债期货的久期。通过久期法确定最优套期保值比率（h）和对冲债券组合利率风险所需套期保值合约数量的计算公式为：

$$\text{最优套期保值比率（h）} = \frac{\text{被套保债券价格} \times \text{债券的久期}}{\text{期货价格} \times \text{期货合约的久期}} = \frac{\text{被套保债券价格} \times \text{债券的久期}}{\text{CTD 价格/转换因子} \times \text{CTD 久期}}$$

对冲所需国债期货合约数量

$$= \frac{\text{债券组合市值} \times \text{债券组合的久期}}{\text{期货合约市值} \times \text{期货合约的久期}}$$

$$= \frac{\text{债券组合市值} \times \text{债券组合的久期}}{\text{（CTD 价格} \times \text{期货合约面值/100）/CTD 转换因子} \times \text{CTD 久期}}$$

2. 基点价值法

基点价值（Basis Point Value, BPV），是指到期收益率每变化一个基点（BP，即 0.01 个百分点）时，引起资产价值的变动额。通过比较债券组合和国债期货合约的基点价值，确定套期保值比率和对冲利率风险所需国债期货合约数量的方法，称为基点价值法。

国债期货合约的基点价值约等于最便宜可交割国债的基点价值除以其

转换因子。债券组合的基点价值可以通过组合中债券基点价值的加权平均计算得到，权重等于组合中债券所占比重。

通过基点价值法确定套期保值比率（h）和对冲债券组合利率风险所需套期保值合约数量的计算公式为：

$$\text{最优套期保值比率}(h)=\frac{\text{被套保债券基点价值}}{\text{期货合约基点价值}}=\frac{\text{被套保债券基点价值}}{\text{CTD 基点价值/转换因子}}$$

$$\text{对冲所需国债期货合约数量}=\frac{\text{债券组合基点价值}}{\text{期货合约基点价值}}$$

$$=\frac{\text{债券组合基点价值}}{(\text{期货合约面值}/100)\times \text{CTD 基点价值/CTD 转换因子}}$$

计算最优套期保值比率时，无论用久期法还是基点价值法，如果被保值债券为 CTD 券，则最优套期保值等于转换因子。

【例 6－3】 投资者担心出现利率风险，所以对面值 1 亿元的国债Ⅰ进行套期保值，选定对冲所用期货合约价格为 94. 920 元。债券Ⅰ和 10 年期国债期货的最便宜可交割券（债券Ⅱ）的相关信息如表 6－5 所示。分别用久期法和基点价值法计算完全对冲债券利率风险所需要的国债期货合约数量。

表 6－5　　债券Ⅰ和债券Ⅱ相关信息

项目	债券Ⅰ	债券Ⅱ（CTD 券）
市场价格（元）	98. 7465	—
全价（元）	99. 9517	—
修正久期	7. 3046	8. 0048
基点价值	0. 0730	0. 0813
转换因子	—	1. 0575

具体分析如下：

（1）基于久期法的套期保值合约数量的计算。

①风险资产的久期：

债券Ⅰ的久期＝7. 3046

②国债期货的久期：

国债期货的久期＝最便宜可交割券的久期＝8. 0048

③套期保值需要的期货合约的数量：

100000000 ÷ 100 × 99.9517 × 7.3046 ÷（1000000 ÷ 100 × 94.920 × 8.0048）≈96

（2）基于基点价值法的套期保值合约数量的计算。

①债券 I 的 BPV/DV01 = 100000000 ÷ 100 × 0.0730

②国债期货 TF 的 BPV/DV01 = 1000000 ÷ 100 × 0.0813 ÷ 1.0575

③需要对冲的数量：

100000000 ÷ 100 × 0.0730 ÷（1000000 ÷ 100 × 0.0813 ÷ 1.0575）≈95

总之，投资者可以利用国债期货来调整其资产和负债的久期，构建免疫策略投资组合，使得其资产与负债的久期匹配，实现组合久期或基点价值中性（即组合久期或基点价值趋于零），从而消除或规避市场利率变动对其组合价值的不利影响，达到利率免疫的效果。

（三）套期保值案例

1. 多头套期保值案例

【例 6－4】3 月份，某机构投资者计划在两个月后购买面值为 800 万元国债 A。假设该债券是中金所 5 年期国债期货的最便宜可交割券，转换因子为 1.25，价格为 118.50。为锁定投资成本，防止到 5 月份国债价格上涨，该投资者在国债期货市场上进行买入套期保值操作。

根据久期法和基点价值法，对 CTD 券进行套期保值的最优套期保值比率等于其转换因子。如果该机构要对冲未来投资的 800 万元面值现券价格风险，则需要买入 5 年期国债期货合约数量为 800 ÷ 100 × 1.25 = 10 手，具体数据和操作策略如表 6－6、表 6－7 所示。

表 6－6　国债期货多头套期保值案例（价格上升情形）

时间和效果	国债现货市场	国债期货市场
3 月 6 日	投资者拟购国债 A 价格为 118.50 元（国债 A 为中金所 5 年期国债期货 CTD 券）	买入 10 手中金所 5 年期国债期货，价格为 94.550 元
5 月 6 日	国债 A 券价格上涨，买入面值 800 万元国债 A，价格为 119.70 元	平仓 10 手 5 年期国债期货，价格为 95.550 元
盈亏情况	买入国债现券比 3 月 6 日成本上升，多支付 800 ×（119.70 － 118.50）÷ 100 = 9.6 万元	期货平仓盈利 10 × 100 ×（95.55 － 94.55）÷ 100 = 10 万元

续表

时间和效果	国债现货市场	国债期货市场
套期保值效果	若不计套期保值成本，该策略完全对冲国债价格上升风险，较 3 月购买国债总成本略有降低，下降 0.4 万元，达到锁定未来成本的套期保值目的	

表 6 – 7　　国债期货多头套期保值案例（价格下跌情形）

时间和效果	国债现货市场	国债期货市场
3 月 6 日	投资者拟购国债 A 价格为 118.50 元（国债 A 为中金所 5 年期国债期货 CTD 券）	买入 10 手中金所 5 年期国债期货，价格为 94.550 元
5 月 6 日	国债 A 券价格下跌，买入面值 800 万元国债 A，价格为 117.30 元	平仓 10 手 5 年期国债期货，价格为 93.550 元
盈亏情况	买入国债现券比 3 月 6 日成本下降，少支付 800 ×（118.50 – 117.30）÷ 100 = 9.6 万元	期货平仓亏损 10 × 100 ×（93.55 – 94.55）÷ 100 = 10 万元
套期保值效果	若不计套期保值成本，国债期货和现货市场价格波动风险相抵后，较 3 月购买国债总成本略有上升，上升 0.4 万元，达到锁定未来成本的套期保值目的	

5 月 6 日，无论利率上行或是下行，投资者实际购入成本与 3 月 6 日 9480000 元（118.50 × 80000）接近，而与当前国债现货的购入成本无关。也就是说，投资者利用国债期货价格变动的盈亏对冲现货价格的变动风险，达到了锁定现货购入成本的目的。

2. 空头套期保值案例

【例 6 – 5】 3 月 6 日，某公司持有 800 万元面值的国债 B，两个月后需将其卖出用于支付货款。假设该债券是 5 年期国债期货的最便宜可交割券，转换因子为 1.125，价格为 107.50。该公司为防止国债价格下跌风险，采用国债期货空头套期保值交易策略。

按照久期法和基点价值法计算，对国债 B 进行套期保值的套期保值比率等于其转换因子。该公司对冲 800 万元面值国债价格下跌风险，需要卖出 5 年期国债期货合约数量为 8 × 1.125 = 9 手，具体数据和操作如表 6 – 8、表 6 – 9 所示。

表 6－8　　国债期货空头套期保值案例（价格下跌情形）

时间和效果	国债现货市场	国债期货市场
3 月 6 日	投资者拟出售国债 B，价格为 107.50 元（国债 B 为中金所 5 年期国债期货 CTD 券）	卖出 9 手中金所 5 年期国债期货，价格为 94.550 元
5 月 6 日	国债 B 券价格下跌，卖出面值 800 万元国债 B，价格为 106.30 元	平仓 9 手 5 年期国债期货，价格为 93.550 元
盈亏情况	卖出国债现券，比 3 月 6 日收入下降，少收入 800 ÷ 100 ×（107.50 － 106.3）÷ 100 = 9.6 万元	期货平仓盈利 9 × 100 ×（94.55 － 93.55）÷ 100 = 9 万元
套期保值效果	若不计套期保值成本，该策略能够对冲国债价格下跌风险，较 3 月卖出国债总收入略有降低，下降 0.6 万元，达到锁定未来收益的套期保值目的	

表 6－9　　国债期货空头套期保值案例（价格上涨情形）

时间和效果	国债现货市场	国债期货市场
3 月 6 日	投资者拟出售国债 B，价格为 107.50 元（国债 B 为中金所 5 年期国债期货 CTD 券）	卖出 9 手中金所 5 年期国债期货，价格为 94.550 元
5 月 6 日	国债 B 券价格上涨，卖出面值 800 万元国债 B，价格为 108.60 元	平仓 9 手 5 年期国债期货，价格为 95.550 元
盈亏情况	卖出国债现券，比 3 月 6 日收入上升，多收入 800 ÷ 100 ×（108.60 － 107.50）÷ 100 = 8.8 万元	期货平仓亏损 9 × 100 ×（95.55 － 94.55）÷ 100 = 9 万元
套期保值效果	若不计套期保值成本，该策略能够对冲国债价格下跌风险，较 3 月卖出国债总收入略有降低，下降 0.2 万元，达到锁定未来收益的套期保值目的	

空头套期保值依然是用国债期货价格的变动冲抵现货价格的变动，以达到套期保值的目的。两个月后，无论国债现货价格下跌还是上涨，投资者都可以利用国债期货价格变动的盈亏对冲现货价格的变动风险，从而实现锁定预期收益的目的。

（四）套期保值比率的调整

久期法和基点价值法计算套期保值比率对可交割券效果较好。如果套期保值的债券不是可交割国债，而是其他国债、政策性金融债或者信用债等，投资者所套保的现货与国债期货的期限不匹配，各类债券相对于 CTD 国债的收益率变动幅度随着债券的期限、利率水平、信用等级等因素的变化而变化。同时，收益率曲线往往并非平行移动，在不同时点，收益率曲线有不同的形状（斜率和凸性变化）。因此，使用上述最优套期保值比率的计算方法，套期保值策略也难以实现完全对冲。

在实际应用中，需要对久期法和基点价值法计算得到的套期保值比率按照被保值债券的特征进行适当调整。常用的方法就是收益率 β 系数法。具体做法是用历史数据，建立被保值债券收益率与最便宜可交割债券收益之间的回归方程：

$$r_b = \alpha + \beta r_{CTD} + \varepsilon$$

其中，r_b表示被保值债券的收益率，r_{CTD}表示期货对应 CTD 券的收益率，ε 是误差项，α 和 β 分别是截距和回归系数。

利用回归分析可以得到系数 β 的估计值，称为收益率 β（Yield Beta），表示被保值债券与 CTD 券收益率间的相对变动率，即 CTD 券收益率变动 1% 时，被保值债券收益率变动 β%。进而，利用收益率 β 对最优套期保值比率进行调整，以消除被保值债券因债券的期限、信用风险等因素而造成的与 CTD 债券收益率之间的差异。

$$h_\beta = h \cdot \beta$$

其中，h_β表示调整后的最优套期保值比率，h 表示用修正久期法或基点价值法计算得到的最优套期保值比率。

三、国债期货投机策略

国债期货投机是指基于对未来市场利率和债券价格趋势性变动的预期，利用期货交易的杠杆效应，通过买入或卖出国债期货合约，持有多头或空头头寸，以期从期货价格变动中博取风险收益的交易策略。按持有头寸和交易方向不同，国债期货投机分为多头策略和空头策略。

若投资者预期市场利率下降，债券价格将会上涨，便可选择多头策略，买入国债期货合约，期待期货价格上涨获利；若投资者预期市场利率上升，债券价格将下跌，便可选择空头策略，卖出国债期货合约，期待期货价格下跌获利。

【例 6－6】 10 月 10 日，某投资者认为未来的市场利率将走低，期货价格将上升，于是以 101.500 元的价格买入 50 手 12 月份到期的中金所 5 年期国债期货合约。两周之后，该期货合约价格涨到 102.600 元，投资者全部平仓。若不计交易费用，该投资者将获利 1100 点，即 11000 元/手，总盈利为 55 万元。

四、国债期货套利策略

国债期货套利包括国债期现套利策略和国债期货合约间价差套利策略两大类。

（一）国债期现套利

国债期现套利，是指投资者利用国债期货和现货价格的偏离，同时买入（或卖出）现货国债并卖出（或买入）国债期货，以期获得套利收益的交易策略。由于国债存在较为活跃的现货市场，期现套利较为方便。国债期货期现套利策略一般分为两种，一是基差交易策略，二是 IRR 套利策略。

1. 国债基差和净基差

（1）国债基差。国债基差是国债现货价格（可交割国债）和经转换因子调整后的国债期货价格的价差。公式为：

$$B = P_C - P_F \times CF$$

其中，B 为国债基差，P_C为可交割国债现货净价，P_F为国债期货价格，CF 为可交割国债转换因子。

比如，中金所 5 年期国债期货价格为 97.525 元，某可交割国债现货价格为 99.640 元，票面利率为 3.42%，转换因子为 1.0167，则该国债的基差为：99.640－97.525×1.0167＝0.4863 元。

（2）国债净基差。国债净基差（Net Basis）是指扣除了持有收益的国债基差，通常用 BNOC（Basis Net of Carry）表示。这里“Carry”为持有收益，是指投资者持有可交割国债至交割期间的利息收入与资金成本的差值。投资者也可以用“净基差法”寻找最便宜可交割券，净基差最小的可交割国债最容易成为最便宜可交割券。

国债净基差（BNOC）＝国债基差（Basis）－持有收益（Carry）

持有收益（Carry）＝持有国债至交割期间利息收入－持有国债至交割期间资金成本

当然，国债期货合约到期交割时，国债基差和净基差都将归零。

2. 基差交易策略

国债基差交易是指国债基差的买卖交易。“买入国债现券、卖出国债期货”，相当于买入基差或做多基差；“卖出国债现券、买入国债期货”，相当于卖出基差。基差交易的利润来源有两个方面，一是基差的变化，二是现券持有收益。在基差交易中，不仅要考虑基差变化，还要考虑现券持有收益，综合来看，净基差的变化更好地衡量了国债基差交易的损益。国债基差交易策略包括买入基差（基差多头）策略和卖出基差（基差空头）策略两种。

（1）买入基差（基差多头）策略。买入基差策略，即买入可交割国债现货，卖出相当于转换因子数量的期货合约，然后择机平仓获利。基差的多头可以从基差走强中获得利润，此外，如果国债现券持有收益为正，同样也可以获得持有收益。

（2）卖出基差（基差空头）策略。卖出基差策略，即卖出可交割国债现货、买入相当于转换因子数量的期货合约，然后择机平仓获利。基差的空头可以从基差走弱中获得利润，但如果国债现券持有收益为正，将会有持有收益的损失，需要综合考虑。

3. IRR 套利策略

IRR（隐含回购利率）套利策略是根据隐含回购利率与市场融资利率的对比进行的多空操作策略。当市场融资利率低于 IRR，则表明资金成本低，投资者持有可交割券至到期交割时所得收益将会覆盖融资成本，适宜采用买入可交割国债现货同时卖出国债期货的正向套利策略；当 IRR 低于市场融资利率，投资者适宜采用卖出现券同时做多国债期货的反向套利策略。

（二）国债期货合约间套利策略

国债期货合约间套利策略中，跨市场套利机会一般很少。下面主要介绍国债期货跨期套利和国债期货跨品种套利。

1. 跨期套利

在国债期货交易中，当国债期货同一品种、不同交割月合约间价差过大或过小时，就存在潜在的套利机会。根据价差买卖方向不同，国债期货跨期套利分为国债期货买入套利和卖出套利两种。买入价差套利，适用于国债期货合约间价差被低估的情形，买入高价合约的同时卖出低价合约，待价差恢复后，同时平仓获利；卖出价差套利，适用于国债期货合约间价差被高估的情形，卖出高价合约的同时买入低价合约，待价差恢复后，同时平仓获利。

【例 6－7】在市场流动性足够的前提下，3 月 4 日，某机构投资者看到 10 年期国债期货 3 月份合约和 6 月份合约之间的价差偏高，于是采用卖出套利策略建立套利头寸，买入 100 手 3 月份合约，同时卖出 100 手 6 月份合约，成交价差为 1.080 元。3 月 6 日，上述合约间价差缩小为 0.980 元，该投资者以 0.980 元的价差平仓原套利头寸（见表 6－10）。

表 6－10　　10 年期国债期货跨月套利案例

时间和效果	套利操作	价差情况
3 月 4 日	建立套利头寸，买入 100 手 3 月份合约，卖出 100 手 6 月份合约	成交价差为 1.080 元
3 月 6 日	平仓套利头寸，卖出平仓 100 手 3 月份合约，买入平仓 100 手 6 月份合约	成交价差为 0.980 元
盈亏状况	不计交易费用，投资者获利为 0.100 元 ÷ 100 × 100 万元 × 100 手 = 10 万元	价差缩小 0.100 元

投资者在该笔套利交易中，入市时价差为 1.080 元，平仓时价差为 0.980 元，价差缩小 0.100 元。若不计交易费用，投资者可获利 0.100 ÷ 100 × 100 万元 × 100 手 = 10 万元。

2. 跨品种套利

国债期货跨品种套利交易策略主要是利用不同期限债券对市场利率变动的不同敏感程度而制定的。一般情况下，期限长的债券对利率变动的敏感程度要大于期限短的债券对利率变动的敏感程度。当市场利率上升或下降时，长期债券价格的跌幅或涨幅要大于短期债券价格的跌幅或涨幅。投资者可以根据对市场利率变动趋势的预测，选择期限不同的国债期货合约进行跨品种套利。

如果债券收益率曲线出现平坦化或陡峭化的变动，不同期限国债期货品种之间的价差就会存在被高估或低估的情形，从而出现跨品种套利机会。例如，当投资者预期收益率曲线将更陡峭时，则可以买入短期国债期货，卖出长期国债期货，实现“买入收益率曲线”套利；相反，当投资者预期收益率曲线由向右上方陡峭变得平坦时，则可以卖出短期国债期货，买入长期国债期货，实现“卖出收益率曲线”套利。

投资者可以关注中金所 2 年、5 年、10 年期国债期货三个品种间的跨品种套利机会。美国市场比较常见的跨品种套利有 5 年期和 10 年期国债期货间的跨品种套利、5 年期和长期国债期货间的跨品种套利、10 年期和长期国债期货间的跨品种套利等。

五、在风险管理和投资组合管理中的应用

国债期货因其高杠杆、交易成本低、流动性好、违约风险小等特性，在投资组合风险管理、目标久期管理和资产配置中有着明显优势。

（一）在久期管理中的应用

投资者可以利用国债期货保证金和杠杆机制，通过调整资产组合中国债期货的持仓，调高或调低投资组合的久期，管理组合目标久期。一般，期货头寸资金占用相对较小，在组合管理中忽略不计。在实务操作中，机构投资者在不改变持有现货债券的前提下，可以通过买卖国债期货合约达到组合久期管理的目的。

在债券组合中，可以通过增加国债期货多头头寸，调高组合久期，组合的利率敏感性将上升，利率下行时组合价值增值幅度将增加；可以通过增加国债期货空头头寸，调低组合久期，组合的利率敏感度性将降低，利率上行时组合的跌价幅度将减小。

1. 目标久期调整

预期利率将走高时，可以适当增加国债期货空头持仓，降低组合的久

期；预期利率将走低时，可以适当增加国债期货多头持仓，提高组合的久期。如果利率走势符合预期，就可以从中获利。虽然通过买卖现券同样可以达到调整组合久期的目的，但利用国债期货的交易成本更低、更方便。

假设一个债券投资组合当前的市值为 P，久期为 D_0，投资经理要把组合的久期调整到 D_T，需要买入国债期货合约的数量大约为：

$$N=(D_T-D_0)\cdot P/(D_{CTD}\cdot P_F)$$

其中，D_{CTD} 为国债期货 CTD 券的久期，P_F 为国债期货合约的市值。

【例 6-8】 某机构投资者持有债券组合市值为 12000 万元，久期为 3。为降低利率风险，该机构准备在不减持债券的前提下，利用中金所 5 年期国债期货将组合久期调整为 2。若中金所 5 年期国债期货合约对应的最便宜可交割债券（CTD）价格为 99.50 元，久期为 4.5，转换因子为 1.007。该机构如何操作？

具体分析过程如下：

期初债券组合久期 = 3

$$\text{调整后债券组合久期}=\frac{\text{债券现货市值}\times\text{债券现货久期}+\text{国债期货市值}\times\text{期货久期}}{\text{调整后组合总市值}}$$

$$=\frac{\text{期初债券组合市值}\times\text{期初债券组合久期}+\text{期货头寸数量}\times\text{期货合约市值}\times\text{期货久期}}{\text{期初债券组合市值}}=2$$

期初债券组合市值 × 期初债券组合久期 = 12000 × 3

国债期货合约市值 = 100 万元 ×（国债期货价格 ÷ 100）

$$=100\times(98.805\div100)$$

期货合约久期 = CTD 久期 = 4.5

$$\text{得到，期货头寸数量}=\frac{2\times12000-3\times12000}{100\times(98.805\div100)\times4.5}$$

$$=-26.99\approx-27\text{ 手}$$

为实现目标久期的调整，机构投资者应持卖出 27 手中金所 5 年期国债期货。

2. 构建长久期组合

机构投资者可以利用国债期货构建用现券无法实现的长久期组合，避免现券市场的供给和流动性问题，灵活实现组合的目标久期调整。

（二）在资产配置中的应用

在大类资产配置中，国债期货可以作为债券资产的补充进行替代投资，在资产配置中有明显优势。作为高杠杆投资工具，国债期货能够满足短期资金不足的情况下现券资产的配置需求。另外，如果投资者对债券市场短期看空或者预期行情可能转弱，可以通过卖出国债期货来对冲短期债券资产跌价损失，稳定组合的收益。

1. 替代买入现券，管理配置成本风险

在替代交易方面，通过买入国债期货替代现券是基于国债期货与现货走势的高度相关性。在实际运用中，多头替代策略被广泛运用于满足特定的配置需求。

预期收益率下行，但由于资金短期不足或者资金尚未到账，可以利用国债期货多头替代现券多头，防范现券价格上涨风险。等到后期现券配置逐步到位，再进行期货相应的平仓处理。另外，在收益率上行风险有限的前提下，若出现国债期货相对于现券大幅折价的情形，可以通过买入国债期货替代现券，获取国债期货价格向现券收敛的增强收益。

2. 替代卖出现券，管理组合跌价风险

空头套期保值作为国债期货最常见的应用，主要的适用场景是基于对债券市场短期看空，或者预期市场行情可能转弱，可以通过卖出国债期货来对冲短期债券资产跌价损失，稳定组合的收益。从资产组合管理角度，持有国债现券、卖出国债期货可以在达到降低组合敞口风险的同时，继续享有持有国债现货的投资收益。

（三）商业银行和保险机构的应用选择

2020 年 2 月 21 日，经国务院同意，中国证监会与财政部、人民银行、银保监会联合发布公告，允许符合条件的试点商业银行和具备投资管理能力的保险机构，按照依法合规、风险可控、商业可持续的原则，参与中国金融期货交易所国债期货交易。商业银行和保险机构参与国债期货交易，可满足其风险管理需求，丰富投资产品类型，提升债券资产管理水平。

1. 商业银行

商业银行参与国债期货交易，不仅可以通过套期保值策略对冲利率风险，进行资产负债表的主动管理，还可以利用国债期货构建多种策略获取风险收益，包括方向性交易、期现套利、跨品种套利、跨期套利等。商业银行利用国债期货，可以考虑在以下方面予以关注：

（1）在资产负债管理方面，商业银行的资产和负债久期通常不一致，而资产和负债的期限错配一般会使银行面临利率波动的风险。解决这类问题的传统办法是直接调整资产或负债的久期，比如通过购买或出售不同期限的利率债或国债，缺点是现券交易成本相对较高。在欧美市场，国债期货已经成为商业银行风控体系中非常重要的利率风险管理工具，用来替代债券现券交易的缺陷。

（2）在债券投资业务方面，商业银行可以利用国债期货管理债券投资业务风险，增强投资收益。中金所 2 年、5 年、10 年期三个国债期货产品为管理债券组合风险提供了灵活性，可以用来调整组合久期，对冲利率风险。商业银行还可以利用国债期货在保持债券投资组合风险敞口基本不变的情况下，通过正向或反向套利增加收益。当净基差异常偏低时，采用买入现券、卖出期货的正向套利策略获套利收益；当净基差异常偏高时，采用卖出现券、买入期货的反向套利获套利收益。

（3）在利率债做市业务方面，利率债做市业务是商业银行的一项重要业务。商业银行为了做市业务需要，一般要持有一定量的债券底仓，其债券底仓也会面临利率上涨的跌价风险。因此，商业银行可以利用国债期货，对冲现券持仓的利率风险，从而在管理利率风险前提下，提高收益，降低做市成本。

2. 保险机构

保险公司参与国债期货交易，与其资产负债结构的特殊性、债券投资风险管理问题直接相关。寿险公司和财险公司因业务与现金流差异，在这两方面也有不同。寿险公司保险产品的平均期限一般较长，其债券投资主要集中于具有稳定收益的长期品种以实现资产负债匹配。寿险公司债券投资对较长期限债券投资需求和配置比例较大。财险公司因其产品平均期限偏短，可运用的资金期限偏短，为了使资产负债结构匹配，财险公司对较短期限债券投资需求和配置比例较大。中金所上市的 2 年、5 年、10 年期三个国债期货产品，可以为两类保险机构在管理债券组合风险提供选择的灵活性。

保险机构因其资产负债结构的特殊性，面临的利率风险往往是不对称的。保险机构参与国债期货交易，可以重点关注以下方面：

（1）通过买期保值策略和替代现券的资产配置策略，锁定投资成本，提高资金利用效率。

（2）通过目标久期管理和卖期保值策略，解决其债券投资和持有风险问题。

（3）可以利用国债期货进行资产负债久期缺口管理和调整，降低利率风险。

第七章　外汇期货

本章学习目的与要求：

通过本章学习，了解外汇和汇率的定义、外汇交易时间特征、外汇期货交割、外汇期货在资产组合中的应用；掌握汇率与汇率标价、汇率的影响因素、外汇风险、外汇期货的概念、外汇期货套期保值、外汇期货套利，熟悉外汇保证金交易和外汇套汇交易。

学习重点：

汇率与汇率标价；外汇风险；外汇期货套期保值和外汇期货套利交易。

知识结构图：

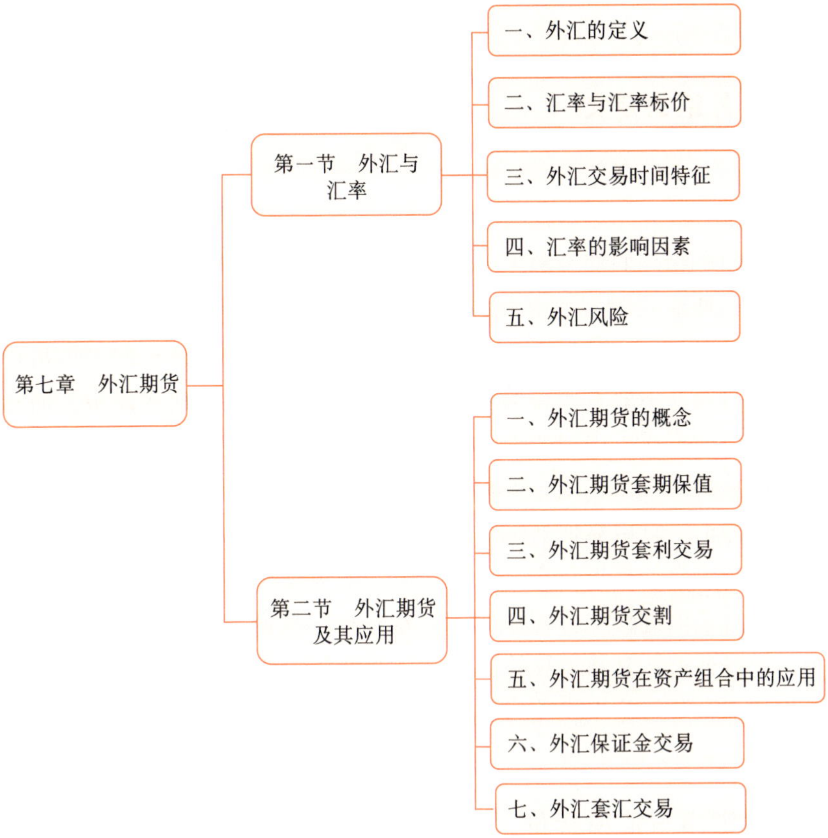

第一节　外汇与汇率

学习内容	知识点
外汇的定义	外汇的定义和分类
汇率与汇率标价	汇率的含义和标价法
外汇交易时间特征	外汇交易时间特征

续表

学习内容	知识点
汇率的影响因素	汇率的主要影响因素
外汇风险	外汇的主要风险

一、外汇的定义

外汇是指以外币表示的可以用作国际清偿的支付手段和资产。外汇是国际贸易的产物。假如有两家公司，日常经营都使用一样的流通货币，比如人民币，外汇就没有存在的必要；如果是一家中国公司和一家美国公司，分别使用不同的货币，如人民币和美元，那么中国公司向美国出口商品收到的美元并不能直接在国内使用，需要将美元兑换成人民币，而兑换出去的美元就构成了中国的外汇。

按照兑换的自由程度，可将外汇分为自由兑换外汇、有限自由兑换外汇和记账外汇。自由兑换外汇，指的是在国际结算和国际金融市场中可以自由使用和买卖的外汇。有限自由兑换外汇，指的是不能自由兑换成其他货币或对第三国进行支付的外汇。世界上有许多货币属于这一类，包括人民币。记账外汇，又叫清算外汇或者双边外汇，是指在双方指定银行账户记账的外汇，不能兑换成其他货币，也不能对第三国进行支付。

二、汇率与汇率标价

（一）汇率的含义

与外汇相关的一个重要概念是汇率。汇率也称为外汇行市或者汇价，是某一个国家的货币兑换成另外一个国家货币的比率，即用一种货币表示另外一种货币的价值。汇率使得一国货币与他国货币的正常兑换有了依据。比如美元兑人民币的汇率为 6.4570，表示 1 美元的价格是 6.4570 元人民币，用 6.4570 元人民币可以买到 1 美元，所有的货币都在一定范围内作为支付手段，需要人民币的人也可以用0.1549美元换到1元人民币。

上述汇率为理论上的汇率，无论是个人还是机构，如果去商业银行将手中的外汇兑换成本国货币，或者将本国货币兑换成外汇，实际兑换后的货币都要比理论上能够兑换的金额要少，因为商业银行的外汇买入价比外汇卖出价要高，买入汇率与卖出汇率相差的幅度一般在1‰—5‰，各国不尽相同。两者之间的差额，即为商业银行买卖外汇的利润。买入汇率与卖出汇率相加，除以2，则为中间汇率。

外汇现钞和现汇都是我国居民持有的两种不同形式的外汇资产。现钞指的是国内居民手持的外汇钞票。现汇是一种外汇结算凭证，银行可以通过电子结算直接入账，它包括从国外银行汇到国内的外汇存款，以及外币汇票、本票、旅行支票等。由于银行买进外币现钞相对于买进现汇有利息损失，故在银行的外汇报价中，现钞买入价一般低于现汇买入价。而对于现钞卖出与现汇卖出来说，银行没有利息损失，因此，现钞卖出价与现汇卖出价是一致的。表7-1是2021年9月14日中国银行外汇牌价。

表7-1　　2021年9月14日中国银行外汇牌价

货币名称	现汇买入价	现钞买入价	现汇卖出价	现钞卖出价	中行折算价	发布日期	发布时间
美元	643.89	638.65	646.62	646.62	644.97	2021.9.14	05:30:00
英镑	890.34	862.68	896.9	900.86	892.57	2021.9.14	05:30:00
日元	5.848	5.6662	5.891	5.9001	5.8695	2021.9.14	05:30:00
加拿大元	508.37	492.32	512.12	514.38	508.59	2021.9.14	05:30:00
欧元	759.56	735.96	765.16	767.62	761.85	2021.9.14	05:30:00
瑞士法郎	697.83	676.3	702.73	705.74	702.44	2021.9.14	05:30:00
澳大利亚元	474.07	459.34	477.56	479.67	475.1	2021.9.14	05:30:00

资料来源：中国银行网站。

（二）汇率的标价

常用的汇率标价方法包括直接标价法和间接标价法。直接标价法是指以本币表示外币的价格，即以一定单位（1、100或1000个单位）的外国货币作为标准，折算为一定数额本国货币的标价方法。例如，2021年9月15日国家外汇管理局公布的人民币汇率中间价，就是采用的直接标价法。其中，100美元/人民币为645.99，表示100美元可以兑换645.99元人民币；100 欧元/人民币为 758.62，表示 100 欧元可以兑换 758.62 元人民币；100 英镑/人民币为 886.75，表示 100 英镑可以兑换 886.75 元人民币。在国际外汇市场上，日元、瑞士法郎、加元等大多数外汇的汇率都采用直接标价法。

间接标价法是以外币表示本币的价格，即以一定单位（1、100 或 1000 个单位）的本国货币作为标准，折算为一定数额外国货币的标价方法。例如，某日纽约外汇市场的汇率标价中，1 美元/英镑 0.6605，表示 1 美元可兑换 0.6605 英镑；1 美元/日元为 120.64，表示 1 美元可兑换 120.64 日元。又如，某日伦敦外汇市场的汇率标价为 1 英镑/美元为 1.5140，表示 1 英镑可兑换 1.5140 美元。上述标价采用的就是间接标价法。在国际外汇市场上，欧元、英镑、澳元等采用间接标价法。

需要注意的是，直接标价法的报价和间接标价法的报价是可以相互推导的。例如，直接标价法下的美元兑人民币为 6.4570，那么在间接标价法下的美元兑人民币为 1/6.4570 = 0.1549，意味着 1 人民币可以兑换 0.1549 美元。

除了直接标价法和间接标价法之外，还有美元标价法。在美元标价法下，各国均以一定单位的美元为标准来计算应该汇兑多少他国货币，而非美元外汇买卖时，则是根据各自对美元的比率套算出买卖双方货币的汇价。例如，已知美元兑日元的标价为 110.39，美元兑人民币的标价为 6.4570，则可以通过美元为中介计算出日元兑人民币的标价为 6.4570/110.39 = 0.0585，即 1 日元可以购买 0.0585 元人民币。

如表 7-2 所示，世界主要交易的货币对（日元除外）的标价一般由小数点前一位加上小数点后四位（或五位）构成。在外汇交易中，某种货币标价变动 1 个“点”的价值称为点值，是汇率变动的最小单位。例如，欧元兑美元的汇率由 1.1563 上升至 1.1564，则欧元上涨了 1 个“点”。因为目前外汇市场上汇率的报价大多采用美元标价法，所以点值一般以美元为单位，可以简单理解为价值 1 美元的货币汇率每变动 1 个点，从而相对应变动的美元价值。以美元标价法和非美元标价法的货币点值的计算方式不同：非美元标价法报价的货币的点值等于汇率标价的最小变动单位乘以汇率；美元标价法报价的货币的点值等于汇率标价的最小变动单位除以汇率。例如，美元兑日元汇率为 110.39，因为采用的是美元标价法，当汇率变动 1 个点，表示美元的日元价格变动了 0.01 日元，此时点值就是 0.01/110.39 = 0.0000906 美元。

表 7－2　　外汇行情表（部分）

货币对	最新价
欧元/美元	1.1810
英镑/美元	1.3838
美元/日元	110.39
澳元/美元	0.7367
美元/加元	1.2643
美元/人民币	6.4570
美元/港币	7.7791

资料来源：万德资讯金融终端。

三、外汇交易时间特征

全球外汇市场是一个 24 小时不停止交易的市场，这是外汇市场区别于股票市场和期货市场等其他交易市场的特点之一。全球外汇交易市场以其所在的城市为中心，辐射周边其他国家和地区。由于所处的时区不同，各外汇市场在营业时间上相互错开。如果以北京时间为标准，每天凌晨，从新西兰的惠灵顿开始，直到凌晨的美国西海岸市场的闭市，澳洲、亚洲、北美洲各大市场开盘时间首尾衔接，这些市场通过先进的通信设备和计算机网络连成一体，市场的参与者可以在世界各地进行交易，由此形成了全球一体化运作、全天候交易的国际外汇市场（见表 7－3）。

表 7－3　　全球外汇交易市场交易时间

外汇交易市场	开盘时间	收盘时间
悉尼	7:00	15:00
东京	8:00	16:00
中国香港	9:00	17:00
新加坡	9:00	17:00

续表

外汇交易市场	开盘时间	收盘时间
巴林	14:00	22:00
法兰克福	16:00	0:00
苏黎世	16:00	0:00
巴黎	17:00	1:00
伦敦	18:00	2:00
纽约	20:00	4:00
洛杉矶	21:00	5:00

备注：表中时间为北京时间。

交易市场的流动性和波动性越大，越适合投资者进行交易。在外汇交易市场中，北京时间20:30—24:00（夏令时）是英国伦敦市场和美国纽约市场的重叠交易时段，是各国银行外汇交易的密集区，也是大宗交易最多的时段，此时的市场波动较大，称为外汇市场交易的黄金时段。另外，本地货币会在本地市场的交易时段内比较活跃。比如，亚洲市场开市时的澳元、日元比较活跃，欧洲市场开市时的欧元、英镑、瑞士法郎比较活跃，美洲市场开市时的美元、加元比较活跃。

此外，尽管外汇市场在节假日照常交易，但交易量较小，流动性不足，投资者此时交易会产生较大的滑点和冲击成本，应尽量避免。

四、汇率的影响因素

在浮动汇率的条件下，不同国家货币之间的汇率由供求关系决定，增加一种货币的供给，其价格就会下降；减少一种货币的供给，其价格就会上升。因此，凡能影响外汇供求的因素，就是影响汇率变动的因素。汇率的变动又是外汇风险的根源。影响汇率变动的因素主要包括以下几个方面：

（一）国际收支状况

国际收支差额是一国汇率的基础。当差额是顺差时，外汇供给大于外汇需求，外币贬值，即本国货币对外币升值；反之，若出现国际收支逆差，外汇需求大于外汇供给，则外汇升值，即本国货币对外币贬值。国际收支差额由许多因素决定，如本国的物价水平很高或是存在较高的通货膨胀等，出口产品将缺乏竞争力，对国际收支差额产生不利影响。

（二）两国通货膨胀程度的对比

在纸币流通的条件下，两国货币之间的汇率决定于这两种货币的国内购买力之比，而国内购买力则分别由其国内的物价水平决定。因此，两国物价上涨幅度不同，汇率也将受到影响而发生相应变动。一般来说，物价上涨幅度较大的国家，其货币的对外价值将下降；而物价上涨幅度较小的国家，其货币的对外价值将上升。

（三）两国间利率差异

国际的利率差异将导致资本的国际流动，特别是短期资本的流动，这里所谓的利率是指实际利率，即名义利率减去通货膨胀率。投资者都力图将其资本投向利率较高的国家。因此，只要存在国际的利率差异，资本就会从利率较低的国家流向利率较高的国家。这种资本流动将改变国际收支中资本项目的收支状况，最终对国际收支差额产生影响，从而影响汇率的变动。一般而言，资本流入使一国货币的需求增加，从而导致对外升值；而资本流出则使一国货币的供给增加，从而造成对外贬值。

（四）市场预期的心理影响

市场预期是指人们根据一国的某些重要经济指标和重大政治事件对该国货币价值的变动方向作出的预测，这种预测将影响人们在外汇市场上对该国货币的买卖决策，从而影响该国货币汇率。若人们普遍预期某国货币的汇率将下跌，则在外汇市场上纷纷抛售该国货币，这种抛售行为必然引起该国货币汇率的大幅下跌；反之亦然。由此可见，市场预期是影响汇率的重要因素，并且由它引起的汇率变动往往是大涨大落，墨西哥金融危机与东南亚金融危机中货币汇率的剧烈波动就是明显的例证。

（五）政府政策的影响和中央银行的直接干预

政府对外汇市场的影响很重要，财政政策和货币政策的改变将通过货币供应量和利率变动引起汇率的变化。假如一国实行扩张性的财政与货币政策，即增加货币供应量，降低利率，加大财政开支，提高社会有效需求，则会导致国内物价水平上升，低利率又使资本流出增加，流入减少，从而使本国货币对外价值降低；反之亦然。而对外贸易政策，包括关税、限额等变化将使进出口差额发生变化，进而影响汇率。另外，中央银行出于自身的需要，会在外汇市场上大量买进或卖出本国货币，直接干预汇率的高低。

五、外汇风险

（一）交易风险

交易风险（Dealing Risk）是指在运用外币计价收付的交易中，由于外币与本币之间以及外币与外币之间的汇率变动，使经济主体蒙受损失的可能性。交易风险通常在以下几种情形下出现：第一，在商品劳务的进口交易中，如果在实际支付外币货款时外汇汇率较合同签订时上涨了，进口商就会付出更多的本币或其他外币；反之亦然。出口商的情形则刚好相反，这是经常性项目下的外汇交易风险。第二，在资本输出中，如果外汇汇率在外币债权债务清偿时较债权债务关系形成时下跌，债权人就只得收回相对更少的本币或其他外币。资本输入的情形则刚好相反，这是资本项目下的外汇交易风险。第三，外汇银行在中介性外汇买卖中持有外汇头寸的多头或空头，也会因汇率变动而可能蒙受损失。外汇银行在每日外汇买卖业务中，难免会出现某些币种的净多头或净空头，若持有多头的币种汇率出现下跌，持有空头的货币汇率出现上涨，那么在将来卖出多头买进空头时，外汇银行就要蒙受损失。

（二）会计风险

会计风险又称为折算风险，是指经济主体对资产负债表进行会计处理的过程中，在将功能货币（在具体经济业务中使用的货币）转换成记账货币（编制会计报表所使用的货币）时，因汇率变动而产生账面损失的可能。该类外汇风险主要体现在涉外经济主体，尤其是跨国公司的会计报表中。原本以外币度量的各种资产（包括真实资产和金融资产）和负债，需要按一定的汇率折算成母国货币，以便汇总编制综合的财务报表。如果折算汇率变动，资产负债表中某些项目的价值也会相应变动，从而出现账面损失的可能。

（三）经营风险

经营风险是指意料之外的汇率变动通过影响企业生产销售数量、价格、成本，引起企业未来一定期间收益或现金流量减少的一种潜在损失。汇率的变动影响企业的生产成本和销售价格，从而引起产销数量的调整，并由此带来获利状况的变化。这种变化的结果可能是损失，也可能是获利，具有不确定性。导致经营风险的汇率变动仅指意料之外的汇率变动，而不包括意料中的汇率变动。经营风险比折算风险和交易风险更重要，因为它对企业的影响具有长期性。

第二节 外汇期货及其应用

学习内容	知识点
外汇期货的概念	外汇期货的概念
外汇期货套期保值	外汇期货卖出套期保值、买入套期保值、交叉套期保值
外汇期货套利交易	外汇期现套利、跨期套利、跨币种套利、跨市套利
外汇期货交割	外汇期货的交割方式
外汇期货在资产组合中的应用	外汇期货在资产组合中的应用
外汇保证金交易	外汇保证金交易的定义、外汇保证金交易与外汇期货交易的区别
外汇套汇交易	套汇交易的定义、外汇套汇机会、外汇套利交易与套汇交易的区别

一、外汇期货的概念

外汇期货是交易双方以约定的币种、金额及汇率，在未来某一约定时间交割的标准化合约。外汇期货交易不仅为避险者提供了有效的套期保值的方式，而且也为套利者和投机者提供了获利机会。

二、外汇期货套期保值

外汇期货套期保值是指交易者在期货市场和现汇市场上做币种相同、数量相等、方向相反的交易，通过建立盈亏冲抵机制实现保值的交易方式。外汇期货套期保值可分为卖出套期保值、买入套期保值和交叉套期保值。

（一）卖出套期保值

外汇期货卖出套期保值（Short Hedging），又称外汇期货空头套期保值，是指在现汇市场上处于多头地位的交易者为防止汇率下跌，在外汇期货市场上卖出期货合约对冲现货的价格风险。

适合外汇期货卖出套期保值的情形主要包括：（1）持有外汇资产者，担心未来货币贬值。（2）出口商和从事国际业务的银行预计未来某一时间将会得到一笔外汇，为了避免外汇汇率下跌造成损失。

【例 7-1】某美国投资者发现中国的利率高于美元利率，于是决定购买 630 万元人民币以获取高息，计划投资 3 个月，但又担心投资期间美元对于人民币升值。为规避人民币贬值的风险，该投资者利用芝加哥商业交易所外汇期货市场进行卖出套期保值，每手人民币期货合约为 10 万美元，具体操作过程见表 7-4。

表 7 – 4 外汇期货卖出套期保值

时间	即期市场	期货市场
3 月 1 日	美元兑人民币即期汇率为 1 美元兑 6.2974 元人民币，购买 630 万元人民币，付出 100.04 万美元	卖出 10 手 6 月到期的人民币期货合约，成交价格为 CNY/USD = 0.1493（表示 1 元人民币兑 0.1493 美元）
6 月 1 日	美元兑人民币即期汇率为 1 美元兑 6.2985 元人民币，出售 630 万元人民币，得到 100.02 万美元	买入 10 手 6 月到期的人民币期货合约对冲平仓，成交价格为 CNY/USD = 0.1471（表示 1 元人民币兑 0.1471 美元），与 3 月 1 日的卖出价格比，期货合约下跌 22 个点，即 0.1493 – 0.1471 = 0.0022，每个点的合约价值为 10 美元，10 手合约共获利：10 × 10 × 22 = 0.22 万美元
损益	损失 0.02 万美元	获利 0.22 万美元

根据表 7 – 4 可知，该投资者投资 630 万元人民币，因人民币汇价下跌而在即期外汇市场上损失 0.02 万美元，但由于同时在外汇期货市场上做了套期保值交易，期货市场获利 0.22 万美元，使即期市场的损失可以从期货市场的获利中得到弥补。当然，若人民币在这期间升值，该投资者在即期市场的获利也将被期货市场的损失所抵消。由此可见，无论汇价在此期间如何变动，外汇期货市场套期保值的操作实质是为现货外汇资产“锁定汇价”，消除或减少其受汇率波动的影响。

（二）买入套期保值

外汇期货买入套期保值（Long Hedging）又称外汇期货多头套期保值，是指在现汇市场处于空头地位的交易者为防止汇率上升，在期货市场上买入外汇期货合约对冲现货的价格风险。

适合做外汇期货买入套期保值的情形主要包括：（1）外汇短期负债者担心未来货币升值。（2）国际贸易中的进口商担心付汇时外汇汇率上升造成损失。

【例 7 – 2】在 6 月 1 日，某美国进口商预期 3 个月后需支付进口货款 2.5 亿日元，目前的即期汇率为 USD/JPY = 119.65（表示 1 美元兑 119.65

日元）。

该进口商为避免3个月后因日元升值而需付出更多的美元来兑换成日元，就在CME外汇期货市场买入20手9月到期的日元期货合约，进行买入套期保值，每手日元期货合约代表1250万日元，具体操作过程见表7-5。

表7-5 外汇期货买入套期保值

时间	即期市场	期货市场
6月1日	即期汇率为USD/JPY=119.65（表示1美元兑119.65日元），2.5亿日元价值为2089427美元	买入20手9月份到期的日元期货合约，成交价为JPY/USD=0.007957，即7957点（外汇期货市场上1个点=0.000001，该报价相当于即期市场报价法的USD/JPY=125.68）
9月1日	即期汇率为USD/JPY=117.25，从即期市场买入2.5亿日元，需付出2132196美元。与6月1日相比，需要多支付42769=（2132196-2089427）美元	卖出20手9月份到期的日元期货合约对冲平仓，成交价格为8126点［该报价相当于即期市场报价法的USD/JPY=123.06。期货市场每手日元期货合约共获利169点（=8126-7957），每个点代表12.5美元，共20手合约，总盈利42250美元］
损益	损失42769美元	获利42250美元

根据表7-5可知，该进口商于3个月后实际支付日元货款时，因日元汇价上升而需多付出42769美元的成本，但因同时在外汇期货市场上做了多头套期保值，使成本的增加可从期货市场的获利大致得到弥补。当然，若9月1日的日元汇价下跌，则即期市场上成本减少的好处也将被期货市场的亏损大致抵消。

（三）交叉套期保值

在国际外汇期货市场上，若需要回避两种非美元货币之间的汇率风险，就可以运用交叉货币套期保值。交叉套期保值（Cross Hedge）是指利用相关的两种外汇期货合约进行保值的一种外汇保值。

进行交叉套期保值的关键是要把握以下两点：（1）正确选择承担保值任务的另外一种期货，只有相关程度高的品种，才是为手中持有的现汇进行保值的适当工具。（2）正确调整期货合约的数量，使其与被保值对象相匹配。

【例 7-3】 3 月 1 日，国内某出口商出售一批服装给挪威的进口商，服装总价值为 2000 万挪威克朗（NOK），当时挪威克朗/人民币的即期汇率为 NOK/CNY = 0.7998，3 个月后以 NOK 结算。该出口商担心 3 个月后 NOK/CNY 贬值造成 3 个月后收到的货款减少，由于没有 NOK/CNY 期货合约，为规避 NOK/CNY 贬值风险，考虑用美国 CME 期货市场的 NOK/USD 期货和 CNY/USD 期货进行外汇交叉套期保值，买入 16 手 CNY/USD 期货合约，卖出 10 手 NOK/USD 期货合约（CNY/USD 合约规模 100 万元人民币，NOK/USD 合约规模 200 万挪威克朗）。假设 3 月 1 日，CNY/USD 的期货价格为 0.1618，NOK/USD 的期货价格为 0.1292；若 6 月 1 日，NOK/CNY 汇率下降到 NOK/CNY = 0.7958，而 CME 期货市场的 CNY/USD 期货合约价格下降到 CNY/USD = 0.1613，NOK/USD 期货合约价格下降到 NOK/USD = 0.1281，该出口商将所持有的外汇期货合约全部平仓，其交叉套期保值损益见表 7-6。

表 7-6 外汇期货交叉套期保值损益

时间	现货市场 NOK/CNY	期货市场 CNY/USD	期货市场 NOK/USD
3 月 1 日	即期汇率：1 挪威克朗 = 0.7998 元人民币，2000 万挪威克朗 = 1599.6 万元人民币	买入 16 手，价格 CNY/USD = 0.1618，持仓价值 258.88 万美元	卖出 10 手，价格 NOK/USD = 0.1292，持仓价值 258.4 万美元
6 月 1 日	即期汇率：1 挪威克朗 = 0.7958 元人民币，2000 万挪威克朗 = 1591.6 万元人民币	卖出 16 手，价格 CNY/USD = 0.1613，持仓价值 258.08 万美元	买入 10 手，NOK/USD = 0.1281，持仓价值 256.2 万美元
盈亏状况	损失 8 万元人民币	亏损 0.8 万美元	盈利 2.2 万美元
		盈利 = 2.2 - 0.8 = 1.4 万美元，即 8.694 万元人民币（假设 USD/CNY = 6.21）	

由表 7-6 可知，该出口商 3 个月后，由于 NOK/CNY 汇率下降，货款损失 8 万元人民币，但通过在美国 CME 期货市场买入 CNY/USD 期货合约

和卖出 NOK/USD 期货合约进行外汇期货交叉套期保值，获得 8.694 万元人民币。在不考虑套期保值交易成本的情况下，现货市场 NOK/CNY 汇率下降的损失可由期货市场的盈利完全抵消且还有 0.694 万元人民币的盈利。

三、外汇期货套利交易

外汇期货套利交易，是指交易者根据不同市场、期限或币种间理论性价差的异常波动，同时买进和卖出两种相关的外汇期货合约，以期价差朝有利方向变化后将手中合约同时对冲平仓而获利的交易行为。外汇期货套利形式与商品期货套利形式大致相同，可分为期现套利、跨期套利、跨市场套利和跨币种套利等类型。

（一）外汇期现套利

外汇期现套利，是在外汇现货和期货中同时进行交易方向相反的交易，即通过卖出被高估的外汇期货合约或现货，同时买入被低估的外汇期货合约或现货的方式来达到获利的目的。

外汇期货价格波动时，可能会偏离合理的价格区间，而在交割制度的保证下，最终一定会回到合理的价格区间，因此交易者就可以利用价格的不合理性进行套利。但在实际的市场环境中，由于交易成本和冲击成本因素的存在，会影响套利策略的实施。这类市场因素的存在，使外汇期货和现货价格的价差波动中出现了一个无套利区间，只有外汇期货价格超出区间范围，才会真正出现无风险套利机会。

外汇期货的交易成本主要是指交易所和期货经纪商收取的佣金、中央结算公司收取的过户费等买卖期货产生的费用。由于交易所或期货经纪商会给予不同的优惠，对于不同的投资者的交易成本也有所不同。外汇现货的交易成本有不同的计算方式。一般，在场内交易的交易成本也是支付给外汇交易商的佣金和其他一些费用，但是在做市商处交易的交易成本就是点差，即买卖价差。值得注意的是，在外汇期货中也有买卖价差的存在，但是一些主力合约（市场主要买卖的合约）的价差往往比较小，因此并不是交易成本的主要构成部分。除此以外，部分现汇与期汇交易成本还包括保证金成本。冲击成本，也称为流动性成本，主要是指规模大的套利资金进入市场后对市场价格的冲击使交易未能按照预订价位成交，从而多付出的成本。例如，当前欧元/美元期货卖价为 1.1130，交易者试图以 1.1130 的价位买入期货，但是在这个价位的卖单数量不足，因此交易者不得不以高出 1.1130 数个点位的方式买入期货，才能完成全部的买单操作。当冲击成本过高的时候，会影响套利的收益。在流动性不好的市场，冲击成本往往会比较大。因此，在计算无套利区间时，上限应由期货的理论价格加上期货和现货的交易成本和冲击成本得到；下限应由期货的理论价格减去期货和现货的交易成本和冲击成本得到。

【例 7－4】 在 3 月 1 日，交易者发现美元兑人民币的现货价格为 1 美元 =6.1130 元人民币，而 6 月份的美元/人民币的期货价格为 6.1190，期现价差为 60 个点。同时，交易者认为 6 月份的外汇期货理论价格为 6.1160，无套利区间大概在 6.1150—6.1170。交易者判断当前的外汇期货价格超出了无套利区间，期现价差将会缩小。因此，交易者卖出 10 手 6 月份的美元/人民币期货，并买入相应金额的现货。

4 月 1 日，现货和期货价格分别变为 6.1140 和 6.1180，价差缩小到 40 个点。交易者同时将现货和期货平仓，从而完成外汇期现套利交易（见表 7－7）。

表 7－7 外汇期现套利

时间	外汇现货	外汇期货	价差情况
3 月 1 日	买入与期货价格合约价值对应的现货，价格为 6.1130	卖出 10 手 6 月份美元/人民币期货合约，价格为 6.1190	价差为 60 个点
4 月 1 日	卖出与期货价格合约价值对应的现货，价格为 6.1140	买入 10 手 6 月份美元/人民币期货合约，价格为 6.1180	价差为 40 个点
各自盈亏情况	盈利 10 个点	盈利 10 个点	价差缩小 20 个点
最终结果	总盈利 =10×10×20=2000 元人民币		

（二）外汇期货跨期套利

外汇期货跨期套利，是指交易者同时买入或卖出相同品种不同交割月份的外汇期货合约，以期合约间价差朝有利方向发展后平仓获利的交易行为。

根据前文提到过的套利交易模式，外汇期货跨期套利可以分为牛市套利、熊市套利和蝶式套利。买入近期月份的外汇期货合约的同时卖出远期月份的外汇期货合约进行套利盈利的模式为牛市套利。

【例 7－5】 1 月 15 日，交易者发现当年 3 月份的欧元/美元期货价格为 1. 1138，6 月份的欧元/美元期货价格为 1. 1226，二者价差为 88 个点。交易者估计欧元/美元汇率将上涨，同时 3 月份和 6 月份的合约价差将会缩小，所以交易者买入 10 手 3 月份的欧元/美元期货合约，同时卖出 10 手 6 月份的欧元/美元期货合约。

到了 1 月 30 日，3 月份的欧元/美元期货合约和 6 月份的欧元/美元期货合约价格分别上涨到 1. 1181 和 1. 1236，二者价差缩小为 55 个点。交易者同时将两种合约平仓，从而完成套利交易（见表 7－8）。

表 7－8　　外汇期货牛市套利

时间	外汇期货 3 月份合约	外汇期货 6 月份合约	价差情况
1 月 15 日	买入 10 手 3 月份欧元/美元期货合约，价格为 1. 1138	卖出 10 手 6 月份欧元/美元期货合约，价格为 1. 1226	价差为 88 个点
1 月 30 日	卖出 10 手 3 月份欧元/美元期货合约，价格为 1. 1181	买入 10 手 6 月份欧元/美元期货合约，价格为 1. 1236	价差为 55 个点
各自盈亏情况	盈利 43 个点	亏损 10 个点	价差缩小 33 个点
最终结果	盈利 33 个点，总盈利 = 12. 50 × 10 × 33 = 4125 美元		

在上述的例子中，市场如交易者预计一样上涨，而最终的交易结果也使交易者获得盈利。如果在 1 月 30 日，3 月份和 6 月份的合约价格不涨反跌，价格分别下跌到 1. 1124 和 1. 1176，两者价差缩小到 52 点，交易者同时将两种合约平仓，从而完成套利交易（见表 7－9）。

表 7－9　　外汇期货牛市套利

时间	外汇期货 3 月份合约	外汇期货 6 月份合约	价差情况
1 月 15 日	买入 10 手 3 月份欧元/美元期货合约，价格为 1. 1138	卖出 10 手 6 月份欧元/美元期货合约，价格为 1. 1226	价差为 88 个点
1 月 30 日	卖出 10 手 3 月份欧元/美元期货合约，价格为 1. 1124	买入 10 手 6 月份欧元/美元期货合约，价格为 1. 1176	价差为 52 个点

续表

时间	外汇期货3月份合约	外汇期货6月份合约	价差情况
各自盈亏情况	亏损14个点	盈利50个点	价差缩小36个点
最终结果	盈利36个点，总盈利 = 12.50 × 10 × 36 = 4500美元		

该例中，交易者预计外汇期货价格将上涨，但半个月后外汇期货价格不涨反跌。虽然外汇价格走势与交易者的判断相反，但最终交易结果仍使交易者获得了4500美元的盈利。因此，在牛市套利中，只要合约间的价差缩小，套利者就能获取盈利，而市场方向与套利者获利与否无关。

相对而言，卖出近期月份的外汇期货合约同时买入远期月份的外汇期货合约进行套利盈利的模式为熊市套利。

【例7-6】 1月15日，交易者发现当年3月份的英镑/美元期货价格为1.5017，6月份的英镑/美元期货价格为1.5094，二者价差相差77个点。交易者估计英镑/美元汇率将上涨，同时3月份和6月份的合约价差将会扩大，所以交易者卖出50手3月份的英镑/美元期货合约，同时买入50手6月份的英镑/美元期货合约。

到了1月30日，3月份的英镑/美元期货合约和6月份的英镑/美元期货合约价格分别上涨到1.5043和1.5135，二者价差扩大至92个点。交易者同时将两种合约平仓，从而完成套利交易（见表7-10）。

表7-10　　外汇期货熊市套利

时间	外汇期货3月份合约	外汇期货6月份合约	价差情况
1月15日	卖出50手3月份英镑/美元期货合约，价格为1.5017	买入50手6月份英镑/美元期货合约，价格为1.5094	价差为77个点
1月30日	买入50手3月份英镑/美元期货合约，价格为1.5043	卖出50手6月份英镑/美元期货合约，价格为1.5135	价差为92个点
各自盈亏情况	亏损26个点	盈利41个点	价差扩大15个点
最终结果	盈利15个点，总盈利 = 6.25 × 50 × 15 = 4687.5美元		

与牛市套利类似，熊市套利的结果并不受交易者判断的市场方向和市场实际走向的影响，而是由价差是否扩大而决定。在熊市套利中，只要两个合约间的价差扩大，套利者就能获利。在上例中，如果价格不升反降，套利者的获利情况见表7-11。

表 7－11　　外汇期货熊市套利

时间	外汇期货 3 月份合约	外汇期货 6 月份合约	价差情况
1 月 15 日	卖出 50 手 3 月份英镑/美元期货合约，价格为 1.5017	买入 50 手 6 月份英镑/美元期货合约，价格为 1.5094	价差为 77 个点
1 月 30 日	买入 50 手 3 月份英镑/美元期货合约，价格为 1.5005	卖出 50 手 6 月份英镑/美元期货合约，价格为 1.5088	价差为 83 个点
各自盈亏情况	盈利 12 个点	亏损 6 个点	价差扩大 6 个点
最终结果	盈利 6 个点，总盈利 = 6.25 × 50 × 6 = 1875 美元		

外汇期货的蝶式套利是由一个共享居中交割月份的牛市套利和一个熊市套利的跨期套利组合而成。具体操作方法是：交易者买入（或卖出）近期月份合约，同时卖出（或买入）居中月份合约并买入（或卖出）远期月份合约。其中，居中月份合约的数量等于近期月份和远期月份数量之和。

【例 7－7】 1 月 15 日，交易者发现 3 月份、6 月份和 9 月份的美元/人民币期货价格分别为 6.2849、6.2832、6.2821。交易者认为 3 月份合约和 6 月份合约的价差会缩小而 6 月份合约和 9 月份合约的价差会扩大，所以交易者卖出 50 手 3 月份的美元/人民币期货合约，买入 100 手 6 月份合约，同时卖出 50 手 9 月份合约。

到了 1 月 30 日，3 个合约均出现不同程度的下跌，3 月份、6 月份和 9 月份的美元/人民币期货价格分别为 6.2829、6.2822、6.2807。交易者同时将三个合约平仓，从而完成套利交易（见表 7－12）。

表 7－12　　外汇期货蝶式套利

时间	外汇期货 3 月份合约	外汇期货 6 月份合约	外汇期货 9 月份合约
1 月 15 日	卖出 50 手 3 月份美元/人民币期货合约，价格为 6.2849	买入 100 手 6 月份美元/人民币期货合约，价格为 6.2832	卖出 50 手 9 月份美元/人民币期货合约，价格为 6.2821
1 月 30 日	买入 50 手 3 月份美元/人民币期货合约，价格为 6.2829	卖出 100 手 6 月份美元/人民币期货合约，价格为 6.2822	买入 50 手 9 月份美元/人民币期货合约，价格为 6.2807
各自盈亏情况	盈利 20 个点	亏损 10 个点	盈利 14 个点
最终结果	总盈利 = 10 × 50 × 20 － 10 × 100 × 10 + 10 × 50 × 14 = 7000 美元		

由此可见，外汇期货蝶式套利是两个跨期套利的组合，与普通的跨期套利相比，理论上风险和利润都较小。

（三）外汇期货跨币种套利

外汇期货跨币种套利，是指交易者根据对交割月份相同而币种不同的期货合约在某一交易所的价格走势的预测，买进某一币种的期货合约，同时卖出另一币种相同交割月份的期货合约，从而进行套利交易。

【例7-8】 1月20日，中国金融期货交易所2015年3月到期的EUR/USD和AUD/USD仿真期货合约的价格分别为111.55和81.92（以上两期货合约的标价方式分别为每100欧元的美元价格和每100澳元的美元价格）。某交易者预期EUR/USD和AUD/USD均有一定程度的下降，但后者较前者下降程度更大，因此决定对以上合约进行套利交易。买入3月份EUR/USD期货合约，同时卖出3月份AUD/USD期货合约。以上两期货合约的合约面值分别为10000欧元和10000澳元，由于欧元兑澳元的套算汇率为1欧元=1.3617澳元，为保证实际价值基本一致，该交易者决定买进10份EUR/USD期货合约，卖出14份AUD/USD期货合约。3月6日，以上两合约的价格分别跌至108.49和77.16，交易者将两合约对冲平仓（见表7-13）。

表7-13 外汇期货跨币种套利

时间	欧元/美元期货	澳元/美元期货
1月20日	买入10份EUR/USD期货合约（开仓） 价格为111.55，总价值为111550美元	卖出14份AUD/USD期货合约（开仓） 价格为81.92，总价值为114688美元
3月6日	卖出10份3月份EUR/USD期货合约（平仓） 价格为108.49，总价值为108490美元	买入14份3月份AUD/USD期货合约（平仓） 价格为77.16，总价值为108024美元
损益	亏损3060美元	盈利6664美元

该交易者在EUR/USD期货交易中亏损3060美元，在AUD/USD期货交易中盈利6664美元，通过跨币种套利交易净盈利3604美元。

近年来，随着大量交叉汇率期货合约的推出及其交易日渐活跃，不少投资者选择交叉汇率期货合约进行交易，使外汇期货跨币种套利交易有所减少。

（四）外汇期货跨市场套利

外汇期货跨市场套利，是指交易者根据对同一外汇期货合约在不同交易所的价格走势的预测，在一个交易所买入一种外汇期货合约，同时在另一个交易所卖出同种外汇期货合约，从而进行套利交易。

【例 7-9】 3 月 1 日，芝加哥商业交易所（CME）的 6 月份欧元/美元期货价格为 1.1147，而纽交所伦敦国际金融期货交易所（NYSE - Liffe）的 6 月份欧元/美元期货价格为 1.1245。交易者认为，当前两者价差为 98 个点，过高，两者价差将会缩小。因此，交易者决定卖出 20 手纽交所伦敦国际金融期货交易所的 6 月份欧元/美元期货合约，同时买入 20 手芝加哥商业交易所的 6 月份欧元/美元期货合约。

3 月 30 日，芝加哥商业交易所和纽交所伦敦国际金融期货交易所（NYSE - Liffe）的 6 月份欧元/美元期货价格分别变为 1.1135 和 1.1215，交易者同时将两个方向的合约平仓，结果见表 7-14。

表 7-14　　外汇期货跨市场套利

时间	NYSE - Liffe	CME	价差情况
3 月 1 日	卖出 20 手纽交所伦敦国际金融期货交易所的 6 月份欧元/美元期货合约，价格为 1.1245	买入 20 手芝加哥商业交易所 6 月份欧元/美元期货合约，价格为 1.1147	价差为 98 个点
3 月 30 日	买入 20 手纽交所伦敦国际金融期货交易所的 6 月份欧元/美元期货合约，价格为 1.1215	卖出 20 手芝加哥商业交易所 6 月份欧元/美元期货合约，价格为 1.1135	价差为 80 个点
各自盈亏情况	盈利 30 个点	亏损 12 个点	盈利 18 个点
最终结果	总盈利 = 12.5 × 20 × 18 = 4500 美元		

值得注意的是，外汇市场是一个全球市场，在期货交易中，每个交易所都会因为其所在时区的不同，导致开盘和收盘的时间不同。因此，套利者考虑在不同交易所间进行套利的时候，应该考虑到时差带来的影响，选择在交易时间重叠的时段进行交易。此外，交易者还需要留意不同交易所

合约之间的交易单位和报价体系的不同。跨市套利虽然是在同一品种间进行，但是由于合约交易大小和报价体系不同的原因，交易者应将不同交易所合约的价格按相同计量单位进行折算才能进行价格比较。

四、外汇期货交割

在外汇期货合约中，实物交割和现金交割各分天下。其中，主要的外汇期货交易所芝加哥商业交易所的大部分合约采取实物交割方式，只有小部分合约采取现金交割方式，如芝加哥商业交易所（CME）中的巴西货币雷亚尔（Brazilian Real）期货合约和纽交所伦敦国际金融期货交易所（NYSE－Liffe）的欧元期货合约就采取了现金交割制度，而芝加哥商业交易所中的欧元、日元、澳元的外汇期货合约都是采用实物交割方式。

五、外汇期货在资产组合中的应用

外汇期货或汇率作为诸多投资标的而言，有其自身特点。随着近年来我国在汇率制度上的变化以及进出口外贸金额的增加，外汇在普通进出口企业、跨国公司、投资公司以及基金的资产配置中越来越受重视。外汇期货不单单是国外货币，汇率也不仅仅是跳动的数字，它们逐渐成为投资者的资产配置、企业风险管理的工具。因外汇的特点以及投资者使用外汇的目的不同，其在资产组合中起到的作用也不同。

第一，外汇期货或汇率产品作为一种另类投资，长期来看，和股权、债券等常见的投资标的的相关性较低，可以作为一般投资机构用于降低系统性风险而在资产组合中进行配置。例如，通常来说，股票组合能够获得一些超额的主动投资收益，但是往往难以避免系统性的风险。对于这类资产组合而言，除了利用股指期货来规避风险外，还可以配置一些外汇期货或者汇率产品用以规避股票市场中的系统性风险。对于国内企业而言，外汇的配置类似在资产组合中持有美元或者欧元，等于在一定时期内看空人民币，看多美元或者欧元。这类外汇的持有会有一定的时间周期。当然，持有这类外汇配置不一定能换回本币，同样可以市场价格兑换成其他货币，其灵活性和作为一种资产的特性可得到体现，外汇的持有，其实质是货币的持有。当然，从近几年来看，人民币处于升值的通道，持有美元或欧元时间较长的话往往容易有亏损的风险。而如果持有一些外汇期货头寸或者汇率产品，或许情况有所不同。例如，持有澳元/美元期货的多头头寸或者持有美元/日元期货的多头头寸，不仅和国内配置的股票资产组合的关联性降低，而且持有的时间周期也有所降低，其灵活性和投机性便体现出来了。因而，外汇期货或汇率产品作为资产组合的一部分能够降低该资产组合的风险程度，在一定时期内降低原先资产组合的市场风险。

第二，由于影响汇率波动的一些因素和一国的宏观经济形势有关，因而在对一国或全球宏观形势进行调查研究之后，往往需配置外汇或者汇率产品。对部分宏观对冲基金来说，外汇或者汇率产品往往是其策略中的投资标的或者对冲工具。利用对某国宏观经济的判断，预测中长期走势，利用汇率产品进行投资以获取利润往往有其优势：（1）投资于外汇现货市场往往不缺乏流动性，而投资于外汇衍生品则更容易获得高额利润。（2）外汇市场对宏观经济变化更为敏锐且不必像债券或者股权投资那样需要进入一国投资，在离岸市场即可投资。例如，在 CME 集团下即可进行全球重要货币兑美元汇率的期货交易。当然，外汇市场的复杂性也使这类投资的风险度相对较高。

六、外汇保证金交易

（一）外汇保证金交易的定义

外汇现货交易分为实盘交易和保证金交易，保证金交易又称为虚盘交易。

实盘交易，指的是持有货币或货币等价物（如现金和旅行支票）的双方进行的交换。如用持有人民币去银行换取外币，就是实盘交易的一种。机构间的实盘交易，主要是在银行之间或者银行代理的大客户之间的实盘交易，一般在买卖成交后 2 个营业日内完成资金的交割。

外汇保证金交易是从期货的保证金交易衍生而来的，指的是交易者在专门从事外汇保证金交易的公司（如银行、外汇交易商或经纪商），签订委托买卖外汇的合同，并缴付按合同金额一定比率的保证金（一般不超过10%），可以按数十倍的融资倍数买卖外汇。外汇保证金交易的具体操作与期货保证金交易相似，以合约的形式作出买卖外汇的承诺，并在汇率波动之间获取合约带来的利润或承担亏损，通过价差进行现金差额了结。外汇保证金交易并不要求交易者拥有货币现钞，其双向交易、高杠杆高收益的特征吸引了众多投资者。

（二）外汇保证金交易与外汇期货交易的区别

既然外汇保证金交易和外汇期货交易都是以保证金机制和买卖合约进行的外汇交易，那么两者的区别在哪里？

第一，外汇期货交易是对外汇某一远期汇率进行的价格交易，因此与外汇现货标的即期汇率相比，外汇期货的价格是市场预计汇率远期的价格。

第二，外汇期货是一种有期限的合约，而外汇保证金交易没有到期的期限限制。在期货交易中，交易者必须在合约到期前通过对冲了结，或者在合约到期时以交割现货的方式了结合约。如果交易者在合约到期时想继续持有期货头寸，则需要展期，即将到期的合约平仓同时开仓较远月份合约。在期货合约临近到期时，会出现成交量减少和价格向现货价格收敛（价格波动同时降低）的情形，因此进行展期时会面临额外的风险。在外汇保证金交易中，只要交易者维持一定比例的保证金，其所拥有的头寸可以长期持有。

第三，外汇期货是交易所设计并在交易所内（场内）进行交易的合约。所有的交易者，无论是追求利润的投机者还是规避风险的交易者，都必须通过交易所会员参与交易。交易所通过收取一定手续费的形式，为买卖双方进行撮合成交：计算机交易系统对交易双方指令进行自动配对并产生双方同意的成交价格，全球交易所皆采用这种成交方式，而交易所本身并不参与交易。为了保证交易双方履约，交易所会成立独立的中央结算中心，为交易双方的盈亏进行每日结算。同时，各国政府会成立相应的监管部门，对期货交易所和期货交易进行监管。

在外汇现货保证金交易中，实行做市商制度。做市商是为市场某一产品同时提供买价和卖价的公司，即交易者进行交易时的对手方是做市商而不是其他交易者。市场上存在着大大小小的做市商，规模较大的如 JP 摩根、花旗等大银行，规模较小的如专门从事外汇保证金交易的交易商和经纪商。小做市商在交易者手中得到头寸时，会把部分头寸拿给大做市商进行交易，以规避风险。交易者在交易时并不需要支付手续费，做市商为交易者报一个买价和一个卖价，而买卖价格之间的价差就是做市商收入的来源。

由表 7 - 15 可以看出，外汇现货保证金交易和外汇期货交易最大的区别在于交易场所不同。对于外汇现货保证金交易而言，交易者需要寻找一个合适的做市商进行交易。然而，市场上大大小小的外汇交易商成千上万，单凭有限信息，交易者很难找到一个合适的做市商。同时，监管部门难以监管数目众多的交易商，只能采取最低净资产等门槛准入制度进行控制，对于交易中产生的交易商欺诈客户、私自挪动保证金等问题难以有效监管。

表 7 - 15　　外汇保证金交易与外汇期货交易

项目	外汇现货保证金交易	外汇期货交易
交易场所	场外市场交易，做市商制度	交易所市场交易，中央结算机构负责双方结算
合约细节	标准化合约，但交易商允许交易非整数手数	标准化合约
交易方式	保证金交易	保证金交易
到期日	无到期日	有多个到期日
结算时间	每日结算	每日结算
合约结束方式	现金结算	通常以对冲平仓了结合约
交易币种	任何国家的币种	少数主要币种
交易时间	工作日 24 小时	交易所的营业时间

值得注意的是，在做市商制度中，做市商自营报价并自负盈亏，并与客户进行对赌协议。换句话说，就是客户的对手方永远都是做市商，客户的亏损就是做市商的盈利，而客户的盈利就是做市商的亏损。做市商主要靠买卖报价的点差来实现盈利。因此，做市商可能会让客户处于不利的位

置。这种方式存在很大的风险，如果交易商无法偿还客户的盈利或由于自身经营问题而破产倒闭时，交易者则有可能无法拿回放置在交易商处的资金。

七、外汇套汇交易

（一）套汇交易的定义

套汇交易，就是利用在不同外汇市场（或外汇交易商）直接的价格差异，在低价的市场买进，在高价的市场卖出，利用低买高卖赚取差额利润。

例如，如果一个外汇交易商对欧元/美元的卖价报价为 1.3200，而另一个外汇交易商的买价报价为 1.3201，那么交易者就可以从第一个交易商中买入欧元，然后在第二个交易商处卖出欧元，赚取 1 个点位的无风险利润。

与套利交易相似，套汇交易需要价差不合理的存在，这是套利交易和套汇交易的前提。在套利交易中，交易者需要估计价格的无套利区间，当价差偏离无套利区间时，才会存在套利盈利的可能性。在套汇交易中，两个外汇市场存在不合理的报价时，才存在套汇盈利的可能性。

（二）外汇套汇机会

在现实市场交易中，发现套汇机会并利用套汇机会获利，一般需要具备两个条件：第一，市场报价存在汇率差异。无论是直接套汇还是间接套汇，市场存在报价的差异是套汇机会存在的前提。但是，外汇市场经过多年发展，外汇做市商都有一套成熟的报价体系，能根据市场行情进行迅速改变，因此套汇机会出现的概率比较低。

第二，套汇交易者拥有一定的专业知识和技术经验，能够在套汇机会出现时，捕捉到汇率的差异并迅速进行正确的市场操作。在套汇机会出现时，市场上的套汇力量会迅速进入市场并影响价格，使套汇机会稍纵即逝。因此，交易者需要拥有一定的专业知识和技术经验，从而能在其他交易者发现套汇机会之前进行套汇。例如，交易者可以运用先进的电脑技术，时刻监控市场报价的变动，同时配以高速的下单系统和指令传达网络，使套汇交易指令快速执行。

但是对于一般的散户交易者而言，上述要求较难实现。首先，散户并没有先进的电脑技术时刻监控市场价格的变动。当套汇机会出现时，散户大都不能及时发现。其次，散户并不能快速执行交易指令。因此即使散户交易者发现了套汇机会，在交易指令发出时，价格可能已经改变，套汇机会也可能因此消失。

（三）外汇套利交易和套汇交易的区别

第一，套利交易是在两个不同合约间进行的套利。这两个合约，可以是相同的外汇品种但到期时间不同的合约（跨期套利与期现套利），也可以是相同的外汇品种但交易场所不同的合约（跨市套利）。套汇交易，是在两个相同品种的外汇中，或者三个不同品种但存在三角关系的外汇中进行的交易。套汇交易中外汇品种到期期限应该一致（同是现货或同是到期时间相同的期货合约）。

第二，套利交易是一种在价差不正常时开仓，并等价差回归正常水平后平仓的操作。因此套利交易需要在一定时间内持有合约。在套汇交易中，买卖是瞬时且同时发生的。交易者在低价位买进同时在高价位卖出，不需要在一定时间内持有仓位。同时，因为套汇交易的机会十分难得，所以买卖之间的间隔时间越短，套汇交易的成功机会就越大。

第三，套利交易是交易者根据价差未来变化的判断而进行的交易，只有当未来价差走势与交易者判断一致时，套利交易才能获得盈利。如果价差走势与交易者判断相反，套利交易将会产生亏损，因此套利交易存在一定风险。在套汇交易中，只要两个交易商间出现套汇的机会，交易者就能通过套汇交易实现盈利，市场风险相对较小。

第四，套利交易的机会比套汇交易多。套利交易是交易价差的变化，而价差时刻存在。只要准确判断价差变化方向，套利交易就能盈利。套汇交易需要了解交易商之间的报价差异，这种差异稍纵即逝，因此套汇交易的机会比套利交易少。

第八章　股指期货

本章学习目的与要求：

通过本章学习，需了解股指期货这一期货市场上应用最广泛，交易规模最大的金融期货品种，掌握股指期货的定价原理、基本合同条款和交易规则；掌握股指期货套期保值比率的计算方法以及基本的套期保值类型和基本技术方法；掌握股指期货投机套利的功能以及基本的技术方法。

学习重点：

股指期货理论价格；股指期货套期保值比率的确定；股指期货套利基本类型；股指期货的期现套利、跨期套利；股指期货的无套利价格区间。

知识结构图：

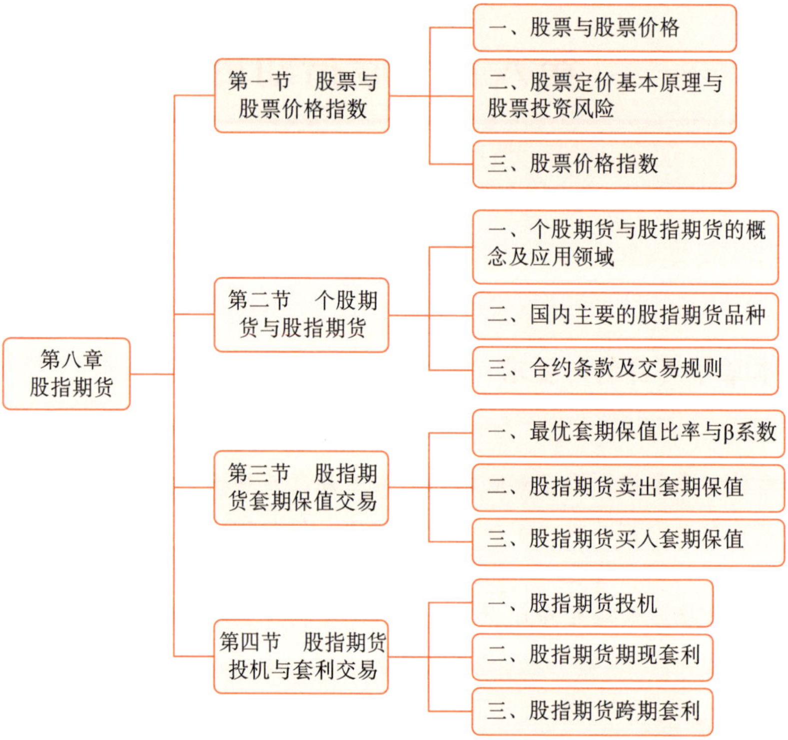

第一节　股票与股票价格指数

学习内容	知识点
股票的性质、股票的价格	股票的性质、股票价格的随机变化性
股票定价的基本原理和股票投资风险	股票的收益来源、股票定价的一般原理、股票的系统性风险和特有风险、两种风险与股票价格的关系、资本资产定价模型、beta 系数的意义和求法
股票价格指数	股票价格指数的概念、编制方法，市场著名的股价指数

一、股票与股票价格

股票是有价证券的一种，它是股份有限公司发行的用以证明投资者的股东身份和权益，并据以获得股息或红利的凭证。

现代企业制度规定，投资者购买了一个股份有限公司的股票，就成为公司的股东。股票一经认购，持有者不得以任何理由要求退还股本，只能通过证券市场将股票转让或出售。从这个意义上讲，股票是典型的权益类金融资产。现实中股票有着不同的类型，有普通股和优先股之分。持有者因其持有股票的类型不同而享有不同的权利，承担不同的义务。因为我们的重点在于介绍个股期货和股票价格指数期货，而两者都可以看作是以普通股为标的资产的衍生金融工具。所以，下面提到股票都指普通股，普通股也是现代经济最典型的权益证券。对于持有普通股股票的投资者，其名义上享有发行公司的经营决策权、利益分配权，同时要承担相应的责任和公司的经营风险。但是这些权利的大小与其持有股份的多少成正比。因此，对于一般持有股份数量很少的持股人，也就只是参与公司股利等利益的分配，享受公司股票价格上涨的盈利或者承担公司股票价格下跌的亏损。可以随时根据自己的意愿在证券市场上买卖股票。比如说，如果持有股票的价格因公司经营不善而不断下跌，持有者可以随时抛售持有的股票，规避可能的损失；相反，如果公司经营很好，公司股票持续上涨，投资者也可以随时买入股票。这就是一般持股人能够做出的选择，间接地表达了对公司的反对或支持，是一般投资者行使经营管理权的方式，俗称“用脚投票”。因此，对广大投资者而言，参与股票市场投资，最关心的就是股票价格的高低、变化和波动，最关心股票投资能带来多少盈利，要承担多大的风险以及如何控制投资风险。

股票的价格是一个随时间不断变化的随机变量，而且不同股票价格的涨跌、波动幅度的大小变化多端，千差万别。持有股票的波动率越大，投资者的投资风险越高。与其他有价证券一样，股票的市场价格取决于持有股票未来可以获得的收益，以及获取这些收益的风险，可通过持有期的现金流收益与风险溢酬的折现值求得。与债券未来获得的现金流相对固定不同，股票未来可以获得的现金流很不稳定，需要通过分析发行公司未来的经营前景、股利政策等预测得出。而股票的收益率则取决于股票承担风险的高低，也需要用一定的可行方法求得。现实中发展出来一些不同的预测股票未来现金流的模型，以及股票收益率的估价方法，此处不做过多的介绍。

二、股票定价基本原理与股票投资风险

普通投资者投资股市、购买股票，是期望获得与其承担的风险相当或者更高的收益。持有股票获取的收益来自两个部分：一是公司取得经营利润分配的股息或红利；二是因被市场看好，股票价格上涨，股票市场价格高于购买股票的成本的差价收入。当然，如果股票价格下跌，跌至购买股票的成本以下，则会造成差价损失。股票价差盈亏称为资本利得或资本损失。股利的分配不仅取决于公司盈利的高低，还取决于公司的经营策略和股利政策。公司即使在盈利年度甚至利润率很高的情况下也可以不分红，而是把创造的利润用于再投资。因此，在分析持股人收益的时候，可以假定股票具有不同的分红率，也可以假定股票不分红。总之，普通持股人的目的可以归结为一定风险水平下的必要收益率。因此，股票定价既可用股票市场价格讨论，也可用股票收益率讨论。

影响股票收益高低的因素从大的方面划分，可以分为两类：一类是对市场上所有或者大部分股票收益都产生影响的因素，比如宏观经济周期、通货膨胀率、利率、汇率等。这些因素虽对不同公司股票影响的方向和大小各有不同，但几乎所有股票都会受到影响，这一类风险通常被称为系统性风险。另一类是对个别或少数公司产生影响的特定因素，比如某公司高级管理人员的变动，公司所在地区自然灾害的发生等，这些因素只是影响特定公司股票的价格或收益率，而其他的大部分公司则不会受到影响或影响甚微。此类风险通常被称为非系统性风险或公司特有风险。特有风险可以通过分散化投资来减少甚至消除，而系统性风险则是股票投资必须承担的不能被分散化投资而消除的风险。

下面介绍资本资产定价模型。假设市场上有一只无风险证券和 K 只风

险证券（包括股票、债券等），无风险证券的收益率为 r_f。风险证券的价格或收益率是随时间变化的随机变量，用 r_i 表示第 i 只风险证券的收益率。r_i 的大小既受到系统性风险的影响，又受到该证券特有风险的影响。整个市场组合可以看作是充分分散化投资的结果，因此整个市场组合的平均收益率只受到系统性风险的影响，用 r_M 表示整个市场的平均收益率。由于承担风险而需要有风险补偿，r_i、r_M 的期望值均不同于无风险收益率 r_f。这三个收益率之间存在下面公式所表示的关系：

$$r_i = r_f + \beta_i (r_M - r_f) + \varepsilon_i, \quad i = 1, 2, \cdots, K \tag{8.1}$$

并且，$E(\varepsilon_i) = 0$，$cov(r_M, \varepsilon_i) = 0$

则有：

$$\begin{aligned} cov(r_i, r_M) &= cov[r_f + \beta_i (r_M - r_f) + \varepsilon_i, r_M] \\ &= \beta_i cov(r_M, r_M) + cov(\varepsilon_i, r_M) \\ &= \beta_i \sigma_M^2 \end{aligned}$$

$$\beta_i = \frac{cov(r_i, r_M)}{\sigma_M^2} \tag{8.2}$$

$$E(r_i) = r_f + \beta_i [E(r_M) - r_f] \tag{8.3}$$

我们平常所说的某只风险证券的收益率高、某只风险证券的收益率低，风险证券相对于无风险证券的超额收益率等概念，说的都是风险证券的期望收益率。在式（8.1）中，ε_i 是风险证券的非系统风险报酬随机变量，$E(\varepsilon_i) = 0$，说明它并不带来风险溢酬。式（8.3）为资本资产定价模型。资本资产定价模型反映了特定风险证券的期望收益率与整体市场平均期望收益率的关系，表明风险资产因其承担风险具有超出无风险资产的超额收益。而这一超额收益只与其所承担的系统性风险有关，而风险资产的系统性风险取决于其收益率与市场整体平均收益率的相关性，由 β_i 决定，称为风险资产的 beta 系数。这一系数越大，说明该资产的系统性风险越大。市场整体平均收益率 r_M 的 beta 系数为 1。$E(r_M) - r_f$ 是市场平均的风险溢酬，即单位风险带来的风险溢酬，也称为风险价格。$E(r_i) - r_f$ 是证券 i 的风险溢酬，是风险价格的 β_i 倍，反映了风险资产承担的系统风险越大，其风险溢酬相应越高的事实，这也就是我们平常所说的金融市场上风险越大，报酬越高的含义。其实是承担的系统性风险越高，资产的期望收益越高。总风险则是系统性风险和非系统性风险两部分之和，总风险越高，并非风险资产的期望收益就越高。

三、股票价格指数

实践中，通过编制股票价格指数的方法反映股票市场整体或者某一经济领域、某一行业、某一市场板块股票价格或其收益率变化的趋势。不同股票市场有不同的股票价格指数，同一股票市场也可以有多个股票价格指数。不同股票价格指数除了其所代表的市场组合可能不同之外，另一主要区别是它们的具体编制方法可能不同，即具体的抽样和计算方法不同。一般而言，在编制股票价格指数时，首先需要从所有上市股票中选取符合目标要求的一定数量的样本股票。在确定了样本股票之后，还要选择一种计算简便、易于修正并能保持统计口径一致和连续的计算公式作为编制工具。常用的计算方法有三种：算术平均法、加权平均法和几何平均法。在此基础上，确定一个基期日，并将某一既定的整数（如 10、50、100 等）定为该基期的股票价格指数。然后，根据各时期的股票价格和基期股票价格的对比，计算出升降百分比，得出该时点的股票价格指数。

算术平均法就是以股票价格在报告期的算术平均值除以其基期价格的算术平均值，再乘以基期指数值得到报告期股票价格指数；而加权平均法则是求出基期与报告期股票价格的加权平均值的比值，再乘以基期指数得到。举一个简单的例子。假设市场上有 A、B、C 三种股票，以某年月日作为计算股价指数的基期，设定基期指数值为 100，并假定基期股票 A 的价格为 20 元，股票 B 的价格为 25 元，股票 C 的价格为 45 元。如果 20 天后三只股票的价格分别变为：A 的价格为 25 元，B 的价格为 23 元，C 的价格为 50 元。按算术平均法计算股票价格指数如下：

基期股票价格平均数为：$P_0=\dfrac{20+25+45}{3}=30$（元）

报告期股票价格的平均数为：$P_1=\dfrac{25+23+50}{3}=32.67$（元）

报告期股票价格指数为：$\dfrac{P_1}{P_0}\times 100=\dfrac{32.67}{30}\times 100=108.90$

加权平均法求均值时，权重可有不同的选择，可以把基期交易量作为权重，也可以把报告期交易量作为权重，还有把报告期或基期的发行量作为计算权重的。假设以报告期交易量为权重，我们来计算上面例子的股票价格指数，假设报告期 A、B、C 三只股票的交易量分别为 100 万元、530 万元、30 万元。计算过程如下：

基期股票价格加权平均数为：

$$P_0 = \frac{20 \times 100 + 25 \times 530 + 45 \times 30}{100 + 530 + 30} = 25.15\ （元）$$

报告期股票价格加权平均数为：

$$P_1 = \frac{25 \times 100 + 23 \times 530 + 50 \times 30}{100 + 530 + 30} = 24.53\ （元）$$

报告期股票价格指数为：$\frac{P_1}{P_0} \times 100 = \frac{24.53}{25.15} \times 100 = 97.53$

我们看到，用算术平均法计算的指数增大了，而用加权平均法计算的指数却减小了。算术平均法没有考虑股票市场规模大小不同，其影响力不同这一因素，而加权平均法则考虑了不同体量股票的市场影响力不同，因此，加权平均法反映市场整体价格走势比算术平均法更准确一些。当然，现实中计算股票价格指数时还有如果发生了股票拆分、合并、股票分红等情况时，如何处理指数连续性等具体问题，这里不再赘述，有兴趣的读者可以查阅有关专业资料。

世界上著名的股票价格指数包括道琼斯工业平均指数（DJIA）、标准普尔 500 指数（Standard and Poor's 500 Index，S&P 500）、纽约证交所综合股票指数（New York Stock Exchange Composite Index）、道琼斯欧洲 STOXX50（DJ Euro STOXX 50）指数、英国的金融时报指数（FT - SE100）、日本的日经 225 股价指数（Nikkei 225）、中国香港的恒生指数（Hang Sheng Index）等。在我国境内常用的股票价格指数有沪深 300 指数、上证 50 指数、中证 500 指数、上证综合指数、深证综合指数、上证 180 指数、深证成分指数等。在这些世界最著名的股票价格指数中，道琼斯工业平均指数是最古老的股票价格指数，编制采用算术平均法。日经 225 股价指数也采用算术平均法编制，而其他指数都采用加权平均法编制。这些股票价格指数各自反映不同市场的股票价格运动和变化趋势，成为各种机构和一般投资者了解市场和进行投资选择的重要指标和依据。

第二节　个股期货与股指期货

学习内容	知识点
个股期货和股指期货的一般性知识	个股期货和股指期货的概念、应用领域
国内主要的股指期货品种	沪深 300 指数期货、中证 50 指数期货、上证 50 指数期货等的基本规定
股指期货的基本合约条款及交易规则规定	合约乘数、报价方式与最小变动价位、合约月份、保证金要求、投资者适当性制度等，有些是必要性条款，有些是或有性条款

一、个股期货与股指期货的概念及应用领域

个股期货就是以单个股票或者包含较少股票的指数（Narrow – Based Index，窄基指数）作为标的资产的期货。相对于其他期货品种，个股期货是较新的期货品种，其在南非、瑞典、芬兰等都有比较活跃的交易，但交易量都比较小。美国在 2000 年以前禁止个股期货交易，直到 2000 年通过《商品期货交易现代化法案》后，单个股票期货和包含较少股票的窄基指数期货才开始合法交易。个股期货通常以交易量大、不确定性强的股票作为交易对象。美国的个股期货合约在到期交割时采用实物交割的形式，通过真实的股份交收完成交割。而在其他的一些市场上，个股期货有些采用现金交割。美国窄基股票指数期货一般包含 9 种或更少的股票。尽管在世界各地存在着数量众多的个股期货交易，但是个股期货的市场影响远远不能跟股指期货相比。以各主要股票市场的主要指数为标的资产的股指期货，比如标普 500 股票指数期货、道琼斯股票指数期货、日经 225 股票指数期货、金融时报 100 指数期货和我国的沪深 300 股指期货等，才是金融期货市场上影响力较大的权益类期货品种。

股指期货（Stock Index Futures，即股票价格指数期货，或称股价指数期货），是以股票指数为标的资产的期货合约。双方约定在未来某个特定

的时间，按照事先确定的股价指数的大小，进行标的指数的买卖。股指期货交易的标的物是股票价格指数。自 1982 年 2 月美国堪萨斯期货交易所上市价值线综合平均指数期货交易以来，股指期货得到各类投资者的重视和青睐，交易规模迅速扩大，交易品种不断增加。目前，股指期货是当今全球期货市场上与利率期货并列的两大金融期货品种之一。

股指期货与其他期货在产品定价、交易规则等方面并无大的区别。但是，由于股指期货有着特殊的标的物，因而在某些具体的细节上，股指期货也有一定的特殊性。第一，像股票指数现货交易一样，股指期货以指数点数报出，期货合约的价值由所报点数与每个指数点所代表的金额相乘得到。每一股指期货合约都有预先确定的每点所代表的固定金额，这一金额称为合约乘数。因此，股指期货合约的规模是不确定的，它会随着股指期货市场点数的变化而变化。第二，股票指数期货没有实际交割的资产，指数是由多种股票组成的组合；合约到期时，不可能将所有标的股票拿来交割，故而只能采用现金交割。第三，与利率期货相比，由于股价指数波动大于债券，而期货价格与标的资产价格紧密相关，股指期货价格波动通常要大于利率期货。

由于股票价格波动频繁，投资者和经营者都必须密切关注股票市场的变化，从而及时调整投融资策略和资产配置，降低风险并增加收益。相对于现货市场，股指期货具有流动性好、交易成本低、对市场冲击小等特点。因此，投资者和经营者可以利用股指期货与股票、股票组合等其他金融工具构建各种灵活的组合方式来实现各种不同的市场目的。股指期货的应用领域主要有套期保值、投机套利和资产管理三个方面。

（一）套期保值

利用股指期货进行套期保值，可以降低投资组合的系统性风险。它不仅可以对现货指数进行套期保值，而且可以对单只股票或特定的股票组合进行套期保值。由于灵活的开平仓交易制度，这种套期保值操作简单，调整及时，而且，在套期保值的过程中，投资者还可以根据意愿，灵活调节整个资产组合的风险大小。

（二）投机套利

股指期货与股票价格指数之间以及不同的股指期货之间存在密切的价

格联系。当市场价格与它们之间合理的价格关系暂时发生背离时，投资者就可以抓住时机，买进价格被低估的资产，卖出价格被高估的资产，待市场理性回归时，做相反的操作，实现盈利。另外，投资者如果能够比较有把握地预测某种股指期货未来的价格走势，也可以在价格被低估时买进，之后卖出；或者价格被高估时卖出，之后买进，以实现投机盈利。与股票现货市场上的投机相比，在股指期货市场投机所需资金量少，操作便利，而且由于期货投资的杠杆效应，这种投机具有成倍放大收益的作用。

（三）作为组合管理或企业发行/回购股票的工具

对于各种投资基金等机构性投资者来说，股指期货是一个重要而灵活的资产配置和管理工具。比如，如果一个投资经理管理着一个规模庞大的多元化证券组合，假如该经理长期看好该组合，但是又预测市场有短期下跌的风险，既担心市场的短期下跌给他带来损失，又希望长期持有组合，那么，他可以用股指期货进行短期套期保值，待风险期过后，平仓期货，恢复对原组合的持有。这样，就可以避免仅在股市操作带来的不便。其实，如果仅在股市操作，可能根本就不能实现长期持有和短期避险的双重目的。除此之外，上市公司在增发或回购股票时，也可以借助股指期货的买卖，帮助自己实现目的。以上市公司增发股票为例。上市公司增发股票，在市场状态较好时更容易实现。但在熊市中，常规增发是很难进行的。为实现增发目的，上市公司可采用单独回购或者与承销商合作等适度买进自己公司的股票，再将股票价格维持在“合理”范围一段时间的方式，以增加本公司股票的吸引力，直到完成融资增发。但这样做在股市震荡剧烈或者向不利方向发展时，容易使公司蒙受重大损失。为兼顾二者，上市公司可以同时卖出股指期货合约，对股票相应头寸进行套期保值，来规避股市系统性风险，最大限度地保证增发计划的高效完成，为上市公司及时、主动、最大限度地增发配股提供帮助。

二、国内主要的股指期货品种

（一）沪深300股指期货

沪深300股指期货是中国金融期货交易所推出的第一份金融期货合约。推出以来，交易活跃、平稳，交易规模逐年扩大，已经成为我国乃至国际股指期货市场的重要产品。上市以来，沪深300股指期货合约的条款已经过几次调整，表8－1是目前条款的主要内容。

表8－1　　沪深300股指期货合约

项目	合约内容
合约标的	沪深300指数
合约乘数	每点300元
报价单位	指数点
最小变动价位	0.2点
合约月份	当月、下月及随后两个季月
交易时间	上午：9:30—11:30，下午：13:00—15:00
每日价格最大波动限制	上一个交易日结算价的±10%
最低交易保证金	合约价值的8%
最后交易日	合约到期月份的第三个周五，遇国家法定假日顺延
交割日期	同最后交易日
交割方式	现金交割
交易代码	IF
上市交易所	中国金融期货交易所

（二）中证500股指期货

中证500股票价格指数的推出旨在综合反映沪深证券市场内中小市值公司的整体状况，中证500指数由全部A股中剔除沪深300指数成分股及总市值排名前300名的股票后，总市值排名靠前的500只股票组成。中证500股指期货合约于2015年4月16日正式挂牌交易，与沪深300股指期货合约相比只是在合约乘数上存在区别，其余合约条款一样，表 8 - 2 是该合约条款的主要内容。

表 8 - 2　　中证 500 股指期货合约

项目	合约内容
合约标的	中证 500 指数
合约乘数	每点 200 元
报价单位	指数点
最小变动价位	0.2 点
合约月份	当月、下月及随后两个季月
交易时间	上午：9:30—11:30，下午：13:00—15:00
每日价格最大波动限制	上一个交易日结算价的 ±10%
最低交易保证金	合约价值的 8%
最后交易日	合约到期月份的第三个周五，遇国家法定假日顺延
交割日期	同最后交易日
交割方式	现金交割
交易代码	IC
上市交易所	中国金融期货交易所

（三）上证 50 股指期货

上证 50 股指期货的推出旨在反映上海证券市场最具市场影响力的一批龙头企业的整体状况，上证 50 指数由全上海证券市场规模大、流动性好的最具代表性的 50 只股票组成。上证 50 股指期货合约于 2015 年 4 月 16 日正式挂牌交易，与中证 500 股指期货相比，其在合约乘数上存在一定区别，其余合约条款一样，表 8 - 3 是该合约条款的主要内容。

表 8 - 3　　上证 50 股指期货合约

项目	合约内容
合约标的	上证 50 指数
合约乘数	每点 300 元
报价单位	指数点
最小变动价位	0.2 点

续表

项目	合约内容
合约月份	当月、下月及随后两个季月
交易时间	上午 9:30—11:30，下午 13:00—15:00
每日价格最大波动限制	上一个交易日结算价的 ±10%
最低交易保证金	合约价值的 8%
最后交易日	合约到期月份的第三个周五，遇法定节假日顺延
交割日期	同最后交易日
交割方式	现金交割
交易代码	IH
上市交易所	中国金融期货交易所

三、合约条款及交易规则

（一）合约乘数

一张股指期货合约的合约价值用股指期货指数点乘以某一既定的货币金额表示，这一既定的货币金额称为合约乘数。股票指数点越大，或合约乘数越大，股指期货合约价值也就越大。沪深 300 股指期货的合约乘数为每点人民币 300 元。当沪深 300 股指期货指数点为 2300 点时，合约价值等于 2300 点乘以 300 元，即 69 万元；当指数点为 3000 点时，合约价值等于 3000 点乘以 300 元，即 90 万元。中证 500 股指期货、上证 50 股指期货的合约乘数分别为每点人民币 200 元、300 元。因此，与其他期货品种有固定的合约规模不同，股指期货的规模是随着股指期货价格的变化而变化的。

（二）报价方式与最小变动价位

股指期货合约以指数点报价。以沪深 300 股指期货为例，交易指令分为市价指令、限价指令及交易所规定的其他指令。交易指令每次最小下单数量和最大下单数量根据中国金融期货交易所的规定而变动。报价变动的最小单位即为最小变动价位，合约交易报价指数点必须是最小变动价位的整数倍。沪深300股指期货的最小变动价位为0.2点，意味着合约交易报价的指数点必须为0.2点的整数倍。每张合约的最小变动值为0.2乘以300元，即60元。中证500股指期货和上证50股指期货的最小变动价位都是0.2点，但每张合约的最小变动值分别为40元、60元。

（三）合约月份

股指期货的合约月份是指股指期货合约到期进行交割所在的月份。不同国家和地区股指期货合约月份的设置不尽相同。在境外期货市场上，股指期货合约月份的设置主要有两种方式：一种是季月模式（季月是指3月、6月、9月和12月）。欧美市场采用的就是这种设置方式，如芝加哥商业交易所的S&P500指数期货的合约月份以3月、6月、9月、12月为循环月份，如果当前时间是2021年1月，S&P500指数期货的合约月份为2021年3月、6月、9月、12月和2022年3月、6月、9月、12月。另一种是以近期月份为主，再加上远期季月。如我国香港地区的恒生指数期货和我国台湾地区的台指期货的合约月份就是两个近月和两个季月。

沪深300股指期货合约的合约月份为当月、下月及随后两个季月，共4个月份合约。如果当前时间是2021年1月13日，那么期货市场上同时有以下4个合约在交易：IF2101、IF2102、IF2103、IF2106。这4个合约中，IF2101、IF2102是当月和下月合约；IF2103、IF2106是随后两个季月合约。同样，中证500股指期货和上证50股指期货的合约月份也是当月、下月及随后两个季月。

（四）每日价格最大变动限制

为了防止价格大幅波动所引发的风险，国际上通常对股指期货交易规定每日价格最大波动限制。比如，新加坡交易的日经225指数期货规定当天的涨跌幅度不超过前一交易日结算价±2000点。但并非所有交易所都采取每日价格波动限制，如我国香港地区的香港恒生指数期货、英国的FT-SE100指数期货交易就没有此限制。

沪深300股指期货的每日价格波动限制为上一交易日结算价的±10%。季月合约上市首日涨跌停板幅度为挂盘基准价的±20%。上市首日有成交的，于下一交易日恢复到合约规定的涨跌停板幅度；上市首日无成交的，下一交易日继续执行前一交易日的涨跌停板幅度。沪深 300 股指期货合约最后交易日涨跌停板幅度为上一交易日结算价的 ±20%。同样，中证 500 股指期货与上证 50 股指期货的每日价格波动限制为上一交易日结算价的 ±10%，合约最后交易日涨跌停板幅度为上一交易日结算价的 ±20%。另外，以上三种股指期货合约都实行熔断制度，都以中证指数有限公司编制和发布的沪深 300 指数作为基准指数，设置 5% 和 7% 两档熔断幅度。

（五）保证金

合约交易保证金是指投资者进行期货交易时缴纳的用来保证履约的资金，一般占交易合约价值的一定比例。

沪深 300 股指期货的交易保证金最初设定为 12%。上市之初，按照中国证监会“高标准、稳起步”的指示精神，在 12% 最低保证金标准的基础上，中国金融期货交易所实际收取的交易保证金甚至上浮到 15%。随着这一期货品种几年来的稳健运行，为降低交易成本，提高市场的资金使用效率，中国金融期货交易所已将沪深 300 股指期货所有合约的交易保证金标准统一调整至 10%，并将沪深 300 股指期货合约最低保证金标准下调至 8%。同样，中证 500 股指期货和上证 50 股指期货合约的保证金均为 8%。

（六）持仓限额

沪深 300 股指期货的持仓限额，是指交易所规定的会员或者客户对某一合约单边持仓的最大数量。同一客户在不同会员处开仓交易，其在某一合约单边持仓合计不得超出该客户的持仓限额。会员和客户的股指期货合约持仓限额由中金所出台具体规定。

（七）投资者适当性制度

沪深 300 股指期货市场实行股指期货投资者适当性制度。该制度按照“把适当的产品销售给适当的投资者”的原则，从资金实力、投资经历、知识测试等方面对投资者进行了限制性的规定，从而减少了中小投资者因盲目参与而遭受较大损失的可能性。股指期货投资者适当性制度主要包含以下要点：(1) 自然人申请开户时保证金账户可用资金余额不低于人民币

50 万元；（2）具备股指期货基础知识，开户测试不低于 80 分；（3）具有累计 10 个交易日、20 笔以上的股指期货仿真交易成交记录，或者最近三年内具有 10 笔以上的商品期货交易成交记录。

对于一般法人及特殊法人投资者申请开户除满足以上三点要求外，还应该具备：（1）一般法人投资者申请开户，净资产不低于人民币 100 万元；（2）一般法人申请开户，还应当具备相应的决策机制和操作流程，决策机制主要包括决策的主体与决策程序，操作流程应当明确业务环节、岗位职责以及相应的制衡机制；（3）特殊法人投资者申请开户，还应当提供相关监管机构、主管机构的批准文件或者证明文件。

第三节　股指期货套期保值交易

学习内容	知识点
套期保值比率与 β 系数	股指期货套期保值中的最优套期保值比率问题、个股的 bate 系数、股票组合的 bate 系数，bate 系数与最优套期保值比率的关系
股指期货卖出套期保值	股指期货卖出套期保值的应用情形和应用案例

一、最优套期保值比率与 β 系数

（一）股指期货套期保值中的最优套期保值比率

如果像我们前面在商品期货套期保值中一直假设的那样，在使用期货合约对现货交易进行套期保值时，所使用合约的标的资产与所要保值的现货一致，而现货资产与期货合约的交易金额，所需要的套期保值期限与期货的到期期限都相同，那么，就可以实现完全消除价格风险的目的，从而达到完美套期保值的目的。但是，现实中往往不能实现这种完美的套期保值。比如，我们有时要为某项现货交易进行套期保值，市场上却不存在以该资产为标的的期货合约，这时，我们只能选择与这种标的资产高度相关

的期货作为保值工具，这种套期保值称为交叉套期保值。又比如，我们要保值的资产的数量或期限不能与用来套期保值的期货的数量或期限完全匹配。交叉套期保值以及套期保值数量或期限的不匹配都会影响套期保值的实现程度。这时候，为尽可能减少价格风险，就必须选择最适当的期货合约，选择最合理的套期保值头寸，以及最佳的套期保值期限。我们把用于套期保值的期货合约头寸与被套期保值的资产头寸的比例称为套期保值比率。而能够最有效、最大限度地消除被保值对象价格变动风险的套期保值比率称为最优套期保值比率。

用个股期货为其标的股票的现货交易进行套期保值，就像我们前面商品期货进行套期保值一样，选择一比一的头寸比例就可以了。但是，用股指期货进行的套期保值多数是交叉套期保值。因为投资者只有买卖指数基金或严格按照指数的构成买卖一篮子股票，才能做到与股指期货的完全对应。现实中，由于股指期货的标的指数大多包含几十种甚至上百种价格和市场规模都有很大差异的股票，从而对绝大多数的股市投资者而言，很少会完全按照指数成分股来构建股票组合。在实际上，绝大多数投资者也根本不可能完全按指数的构成复制股票组合。因此，要有效地对投资者的股票组合进行套期保值，股票现货与所使用的股指期货合约的头寸比例就成了必须确定的首要问题，也就是说，必须确定最优套期保值比率。

（二）最优套期保值比率的确定

在资本资产定价模型中，我们看到，个股的 β 系数正是代表了特定股票所承担的系统风险，它正是特定股票与市场整体组合的相关系数，是特定股票的价值相对于市场价值变化的相对大小，因而也称为股票的相对波动率。β 系数大于 1，说明股票比市场整体波动性高，因而其所承担的系统风险高于平均市场风险；β 系数小于 1，说明股票比市场整体波动性低，因而其所承担的系统风险低于平均市场风险。

当投资者拥有一个股票组合时，就要计算这个组合的 β 系数。假定一个组合 P 由 n 个股票组成，第 i 个股票的资金比例为 X_i，$X_1 + X_2 + \cdots + X_n = 1$；$\beta_i$ 为第 i 个股票的 β 系数。则有：$\beta = X_1\beta_1 + X_2\beta_2 + \cdots + X_n\beta_n$。也就是说，股票组合的 β 系数是各组股票 β 系数的加权平均值，代表了特定股票组合与整个市场组合相关性的大小。

我们再来看股指期货套期保值的最优套期保值比率。计算最优套期保值比率的一个常用方法称为最小方差法，这样计算的最优套期保值比率称为最小方差套期保值比率。它是使整个套期保值组合（包括用于套期保值的股指期货部分）收益的波动最小化的套期保值比率，具体体现为整个资产组合收益的方差最小化。既然股票或股票组合的 β 系数代表了它们与整个市场组合相关性的大小，那么，当用来进行套期保值的股指期货的标的股指与整个市场组合高度相关时，股票或股票组合的 β 系数也就近似于其与该指数的相关性大小，因此也就成为股指期货最小方差套期保值比率的一个良好近似。也就是说，这时，可以把 β 系数用作最优套期保值比率。比如，在美国，S&P500 指数与整个股票市场走势高度一致，在我国沪深 300 指数与整个市场走势高度一致，因此，如果在美国市场用 S&P500 指数期货为特定股票或股票组合进行套期保值，在我国市场用沪深 300 股指期货为 A 股市场特定股票或股票组合进行套期保值，就可以用被保值股票或股票组合的 β 系数作为最优套期保值比率。这样，在给定被保值股票或股票组合的 β 系数的情况下，就可以计算套期保值时所需要买入或卖出的股指期货合约的数量，即：

$$\text{买卖期货合约数量} = \beta \times \frac{\text{现货总价值}}{\text{期货指数点} \times \text{每点乘数}} \tag{8.4}$$

其中，式（8.4）中的“期货指数点 × 每点乘数”实际上就是一张期货合约的价值。从式（8.4）中不难看出：当现货总价值和期货合约的价值已定下来后，所需买卖的期货合约数就与 β 系数的大小有关，β 系数越大，所需的期货合约数就越多；反之，则越少。

二、股指期货卖出套期保值

卖出套期保值是指交易者为了规避股票市场价格下跌的风险，通过在期货市场卖出股票指数期货合约，在股票市场和期货市场上建立盈亏冲抵机制的操作。进行卖出套期保值的情形主要是：投资者持有股票组合，担心股市大盘下跌而影响股票组合的收益。

【例 8－1】 国内某证券投资基金在某年 9 月 2 日时，其收益率已达到 26%，鉴于后市不太明朗，下跌的可能性很大，为了保持这一业绩到 12

月，决定利用沪深300股指期货实行保值。假定其股票组合的现值为2.24亿元，并且其股票组合与沪深300指数的β系数为0.9。假定9月2日时的现货指数为3400点，而12月到期的期货合约为3650点。该基金首先要计算卖出多少期货合约才能使2.24亿元的股票组合得到有效保护。

$$应该卖出的期货合约数 = 0.9 \times \frac{224000000}{3650 \times 300} \approx 184（张）$$

12月2日，现货指数跌到2200点，而期货指数跌到2290点（现货指数跌1200点，跌幅为35.29%，期货指数跌1360点，跌幅为37.26%），这时该基金买进184张期货合约进行平仓，则该基金的损益情况为：股票组合市值缩水35.29%×0.9=31.76%，市值减少为1.5286亿元，减少市值0.7114亿元；期货合约上赢得184×1360×300÷100000000=0.75072亿元，才能实现避险目的（见表8-4）。

表8-4 股指期货卖出套期保值

日期	现货市场	期货市场
9月2日	股票总值2.24亿元，沪深300现指为3400点	卖出184张12月到期的沪深300股指期货合约，期指为3650点，合约总值为： 184×3650×300÷100000000=2.0148亿元
12月2日	沪深300现指跌至2200点，该基金持有的股票价值缩水为1.5286亿元	买进184张12月到期的沪深300股指期货合约平仓，期指为2290点，合约总值为： 184×2290×300÷100000000=1.26408亿元
损益	-0.7114亿元	0.75072亿元

如果到了12月2日，股票指数和股指期货合约价格都上涨了，结果便是期货市场出现亏损，但股票组合升值，盈亏相抵之后，基本上仍能实现当初的愿望，即保持以往的收益业绩。

三、股指期货买入套期保值

买入套期保值，是指交易者为了规避股票市场价格上涨的风险，通过在期货市场买入股票指数，在股票市场和期货市场上建立盈亏冲抵机制的操作。进行买入套期保值的情形主要是：投资者在未来计划持有股票组合，担心股市大盘上涨而使购买股票组合成本上升。

【例 8－2】某机构在 4 月 15 日得到承诺，6 月 10 日会有 300 万元资金到账。该机构看中 A、B、C 三只股票，现在价格分别为 20 元、25 元、50 元，如果现在就有资金，每个股票投入 100 万元就可以分别买进 5 万股、4 万股和 2 万股。由于现在处于行情看涨期，他们担心资金到账时，股价已上涨，就买不到这么多股票了。于是，采取买进股指期货合约的方法锁定成本。

假定相应的 6 月到期的期指为 2500 点，每点乘数为 100 元。三只股票的 β 系数分别为 1.5、1.3 和 0.8，则首先得计算应该买进多少期指合约。

$$\text{三只股票组合的 } \beta \text{ 系数} = 1.5 \times \frac{1}{3} + 1.3 \times \frac{1}{3} + 0.8 \times \frac{1}{3} = 1.2$$

$$\text{应该买进期指合约数} = 1.2 \times \frac{3000000}{2500 \times 100} = 14.4 \text{（张）}$$

取较大整数，则为 15 张，也可以买入 14 张。以下分析假设买进股指期货 15 张。

6 月 10 日，该机构如期收到 300 万元，这时现指与期指均已涨了 10%，即期指已涨至 2750 点，而三只股票分别上涨至 23 元（上涨 15%）、28.25 元（上涨 13%）、54 元（上涨 8%）。如果仍旧分别买进 5 万股、4 万股和 2 万股，则共需资金：$23 \times 5 + 28.25 \times 4 + 54 \times 2 = 336$ 万元，显然，资金缺口为 36 万元。

由于他们在指数期货上做了多头保值，6 月 10 日将期指合约卖出平仓，共计可得：$15 \times (2750 - 2500) \times 100 = 37.5$ 万元，弥补资金缺口后尚有余裕。可见，通过套期保值，该机构基本上可以把一个多月后买进股票的价格锁定在 4 月 15 日的水平上。同样，如果到时股指和股票价格都跌了，实际效果仍旧如此。这时，该机构在期指合约上亏损，但由于股价低了，扣除亏损的钱后，余额仍旧可以买到足额的股票数量。表 8－5 仅列出价格上涨时的情况。

表 8－5　　股指期货买入套期保值

日期	现货市场	期货市场
4 月 15 日	预计 6 月 10 日可收到 300 万元，准备购进 A、B、C 三只股票，当天三只股票的市场价为： A 股票 20 元，β 系数 1.5 B 股票 25 元，β 系数 1.3 C 股票 50 元，β 系数 0.8 按此价格，各投资 100 万元，可购买： A 股票 5 万股 B 股票 4 万股 C 股票 2 万股	买进 15 张 6 月到期的股指期货合约，期指点为 2500 点，合约总值为 $15\times2500\times100\div10000=375$ 万元
6 月 10 日	收到 300 万元，但股票价格已上涨至： A 股票 23 元（上涨 15%） B 股票 28.25 元（上涨 13%） C 股票 54 元（上涨 8%） 如仍按计划数量购买，资金缺口为 36 万元	卖出 15 张 6 月到期的股指期货合约平仓，期指为 2750 点，合约总值为 $15\times2750\times100\div10000=412.5$ 万元
损益	－36 万元	37.5 万元

第四节　股指期货投机与套利交易

学习内容	知识点
股指期货投机	股指期货投机的概念与分析方法
股指期货期现套利	股指期货合约的理论价格的计算，期价被高估与正向套利，期价被低估与反向套利，交易成本与无套利区间，套利交易中的模拟误差问题
股指期货跨期套利	不同交割月份期货合约间的价格关系，股指期货跨期套利的基本操作

一、股指期货投机

股指期货市场的投机交易，是指交易者根据对股指期货合约价格的变动趋势作出预测，通过看涨时买进股指期货合约，看跌时卖出股指期货合约而获取价差收益的交易行为。股指期货的投机交易在流程和形式上与商品期货的投机交易类似，第五章中已有详细介绍，此处不再赘述。但由于股指期货的标的是股票指数，其反映的信息面更为广泛，交易者应做好对各种经济信息的研究，综合研判股指期货的价格走势。

一般而言，分析股指期货价格走势有两种方法：基本面分析方法和技术面分析方法。基本面分析方法重在分析对股指期货价格变动产生影响的基本面因素，这些因素包括国内外政治因素、经济因素、社会因素、政策因素、行业周期因素等多个方面，通过分析基本面因素的变动对股指可能产生的影响来预测和判断股指未来变动方向。技术分析方法重在分析行情的历史走势，以期通过分析当前价和量的关系，再根据历史行情走势来预测和判断股指未来变动方向。通常情况下，股指期货的成交量、持仓量和价格的关系见表8－6。

表8－6　股指期货量价关系

价格	交易量	持仓量	市场趋向
上涨	增加	上升	新开仓增加，多头占优
上涨	减少	上升	新开仓增加，空头占优
下跌	增加	下降	平仓增加，空头占优
下跌	减少	下降	平仓增加，多头占优
上涨	不活跃	上升	多头占优，但优势不明显
上涨	减少	上升	空头占优，但优势不明显
下跌	不活跃	下降	空头可能被逼平仓
下跌	增加	下降	多头可能被逼平仓

基本面分析方法和技术面分析方法各有优劣，一般在进行投机交易时需要将两种方法有机结合，以提高判断的准确率。

二、股指期货期现套利

股指期货合约的理论价格由其标的股指的现货价格、收益率和无风险利率共同决定。在正常情况下，期货指数与现货指数维持一定的动态关系。但是，在现实中，由于受各种因素的影响，股票指数与期货指数都在不断变化，期货与现货价格关系经常偏离其应有的水平。当这种偏离超出一定的范围时，就会产生套利机会。交易者可以利用这种套利机会从事套利交易，获取无风险利润。

在判断是否存在期现套利机会时，依据现货指数来确定股指期货理论价格非常关键，只有当实际的股指期货价格高于或低于理论价格时，套利机会才有可能出现。

（一）股指期货合约的理论价格

根据期货理论，期货价格与现货价格之间的价差主要是由持仓费决定的。股指期货也不例外。假定甲拥有一笔市场流动性极好的基础资产（Underlying Asset），现在市场价值为 1 万元。乙想获得这份资产，与甲签订买卖协议。如果买卖是即时的，则定价问题极易解决，就是 1 万元。但如果签订的是一份 3 个月后交割的远期合约，该如何定价呢？站在甲的立场上看，1 万元肯定太低，因为还不如现在卖给他人，取得现款后将其贷出，3 个月后的本利和不止 1 万元。所以，站在甲的立场上看，远期合约价格必须考虑在资产持有期中发生的成本，即持有成本（Cost of Carry）。假定持有成本由资金成本和储存成本组成，当市场年利率为 6% 时，按单利计算，3 个月的利率为 1.5%，相应的利息为 150 元。又假设期末应付出的储存费为 100 元，对甲来说，10250 元的要价是合理的。低于这个价格，甲是不会答应的。同样，站在乙的立场上考虑，如果签约价格高于 10250 元，还不如现在贷款借入 1 万元，买下这份资产，3 个月后，还掉本利和 10150 元（假定利率同前），再支付 100 元的储存费，总计价格也不过是 10250 元。显然，10250 元的签约价格对甲、乙双方而言都是可以接受的，也是公平合理的价格。这种考虑资产持有成本的远期合约价格，就是所谓远期合约的合理价格（Fair Price），也称为远期合约的理论价格（Theoretical Price）。

对于股票这种基础资产而言，由于它不是有形商品，故不存在储存成本。但其持有成本同样由两个组成部分：一项是资金占用成本，这可以按照市场资金利率来度量；另一项则是持有期内可能得到的股票分红红利。然而，由于这是持有资产的收入，当将其看作成本时，只能是负值成本。前项减去后项，便可得到净持有成本。当前项大于后项时，净持有成本大于零；反之，当前项小于后项时，净持有成本便小于零。平均来看，市场利率总是大于股票分红率的，故净持有成本通常是正数。但是，如果考察的时间较短，期间正好有一大笔红利收入，则在短期内，净持有成本有可能为负。

【例 8-3】买卖双方签订一份 3 个月后交割一篮子股票组合的远期合约，该股票组合与沪深 300 指数构成完全对应，现在市场价值为 99 万元，即对应于沪深 300 指数 3300 点（沪深 300 股指期货合约的乘数为 300 元）。假定市场年利率为 6%，且预计一个月后可收到 6600 元现金红利，该远期合约的合理价格计算过程是：

资金占用 99 万元，相应的利息为 $990000 \times 6\% \times 3 \div 12 = 14850$ 元，一个月后收到红利 6600 元，再计算剩余两个月的利息为 $6600 \times 6\% \times 2 \div 12 = 66$ 元，本利和共计为 6666 元。

净持有成本 $= 14850 - 6666 = 8184$（元）

该远期合约的合理价格 $= 990000 + 8184 = 998184$（元）

如果将上述金额用指数点表示，则为：99 万元相当于 3300 指数点；3 个月的利息为 $3300 \times 6\% \times 3 \div 12 = 49.5$ 点；红利 6600 元相当于 22 点，再计算剩余两个月的利息为 $22 \times 6\% \times 2 \div 12 = 0.22$ 点。

本利和共计 22.22 个指数点。净持有成本为 $49.5 - 22.22 = 27.28$ 点。

该远期合约的合理价格 $= 3300 + 27.28 = 3327.28$ 点。

期货合约与远期合约同样具有现时签约并在日后约定时间交割的性质。尽管两者之间有一定的区别，但从交易者可以选择最后参与交割来看，其定价机制并没有什么差别。事实上，可以用严格的数学方法来证明，在一系列合理的假设条件下，股指期货合约的理论价格与远期合约的理论价格是一致的。

股指期货理论价格的计算公式可表示为：

$$F(t,T)=S(t)+S(t)\cdot(r-d)\cdot(T-t)/365$$
$$=S(t)[1+(r-d)\cdot(T-t)/365]$$

其中：t 为所需计算的各项内容的时间变量；T 代表交割时间；T－t 就是 t 时刻至交割时的时间长度，通常以天为计算单位，而如果用 1 年的 365 天去除，(T－t)/365 的单位显然就是年了；S(t) 为 t 时刻的现货指数；F（t，T）表示 T 时交割的期货合约在 t 时的理论价格（以指数表示）；r 为年利息率；d 为年指数股息率。

相关的假设条件有：暂不考虑交易费用，期货交易所需占用的保证金以及可能发生的追加保证金也可暂时忽略；期现两个市场都有足够的流动性，使交易者可以在当前价位上成交；融券以及卖空极易进行，且卖空所得资金随即可以使用。

计算公式（以指数表示）如下：

持有期利息公式为：$S(t)\cdot r\cdot(T-t)/365$

持有期股息收入公式为：$S(t)\cdot d\cdot(T-t)/365$

持有期净成本公式为：$S(t)\cdot r\cdot(T-t)/365-S(t)\cdot d\cdot(T-t)/365$

$$=S(t)\cdot(r-d)\cdot(T-t)/365$$

注意：在计算时既可以采用单利计算法，也可以采用复利计算法。但从实际效果来看，由于套利发生的时间区间通常都不长，两者之间的差别并不大。

（二）股指期货期现套利操作

现实中，很少会有股指期货合约的市场价格恰好等于股指期货理论价格的情况，多数情况下股指期货合约实际价格与股指期货理论价格总是存在偏离。当前者高于后者时，称为期价高估（Overvalued），当前者低于后者时，称为期价低估（Undervalued）。

1. 期价高估与正向套利

当存在期价高估时，交易者可通过卖出股指期货同时买入对应的现货股票进行套利交易，这种操作称为正向套利。假定数据同上，但实际沪深 300 股指期货的期指为 3347.28 点，高出理论期指 20 点。这时交易者可以通过卖出沪深 300 股指期货，同时买进对应的现货股票进行套利交易。步骤为：

（1）卖出一张沪深300股指期货合约，成交价位3347.28点，同时以6%的年利率贷款99万元，买进相应的一篮子股票组合。

（2）一个月后，将收到的6600元股息收入按6%的年利率贷出。

（3）再过两个月，即到交割期，将沪深300股指期货对冲平仓，将一篮子股票卖出，并收回贷出的6600元的本利。注意，在交割时，期现货价格是一致的。

（4）还贷。99万元3个月的利息为14850元，需还贷本利和共计1004850元。

表8－7列出了交割时指数值在不同的3种情况下的盈亏状况：情况A的交割价高于原期货实际成交价（3347.28点），情况C的交割价低于原期货实际成交价（3347.28点），情况B的交割价等于原期货实际成交价（3347.28点）。

从表8－7中可以看出，无论在哪种情况下，此种操作的盈利都是固定的6000元，恰是实际期价与理论期价之差（3347.28－3327.28）×300＝6000元，实现了无风险的套利。

表8－7　期价高估时的套利情况

	情况A	情况B	情况C
交割价（点）	3367.28	3347.28	3317.28
现货市场收回现金（元）（卖出股票组合获得现金＋6600元股息贷款收回现金）	3367.28×300＋6600×（1＋6%×2/12）＝1016850	3347.28×300＋6600×（1＋6%×2/12）＝1010850	3317.28×300＋6600×（1＋6%×2/12）＝1001850
还贷所需现金（元）	1004850	1004850	1004850
现货盈亏（元）	1016850－1004850＝12000	1010850－1004850＝6000	1001850－1004850＝－3000
期货盈亏	3347.28－3367.28＝－20（点），即－6000元	3347.28－3347.28＝0，即盈亏持平	3347.28－3317.28＝300点，即9000元
期现盈亏合计（元）	12000－6000＝6000	6000＋0＝6000	－3000＋9000＝6000

2. 期价低估与反向套利

当存在期价低估时，交易者可通过买入股指期货的同时卖出对应的现货股票进行套利交易，这种操作称为反向套利。假定基本数据同上，实际沪深300股指期货的期指为3297.28点，比3327.28点的理论指数低30点。这时交易者可以通过买进期货同时卖出相应的现货股票组合来套利。具体步骤为：

（1）以3297.28点的价位买进一张沪深300股指期货合约，同时借入一篮子对应的股票在股票市场按现价3300点卖出，得款99万元，再将这99万元按市场年利率6%贷出3个月。

（2）3个月后，收回贷款本利合计1004850元，然后在期货市场将沪深300股指期货卖出平仓，同时在现货市场上买进相应的股票组合，将这个股票组合还给原出借者，还必须补偿股票所有者本来应得的分红本利和6666元。

（3）与正向套利相同，不论最后的交割价为多少，最后实现的盈亏总额都是相同的。设最后交割指数为H，则：

净利 = 收回贷款本利和 − 赔偿分红本利和 + 期货盈亏 − 买回股票组合所需资金

$= 1004850 - 6666 + (H - 3297.28) \times 300 - H \times 300$

$= 998184 + H \times 300 - 3297.28 \times 300 - H \times 300$

$= 998184 - 989184 = 9000$（元）

这笔利润正是理论期价与实际期价之差，即 $(3327.28 - 3297.28) \times 300 = 9000$ 元。

套利是在期现两个市场同时反向操作，将利润锁定，不论价格涨跌，都不会因此而产生风险，故常将期现套利交易称为无风险套利，相应的利润称为无风险利润。从理论上讲，这种套利交易是不需资本的，因为所需资金都是借来的，所需支付的利息已经在套利过程中考虑了，故套利利润实际上是已扣除机会成本后的净利润。当然，在以上分析中，略去了一些影响因素，如交易费用以及融券问题、利率问题等与实际情况是否吻合等，这会在一定程度上影响套利操作和效果。

（三）交易成本与无套利区间

无套利区间，是指考虑交易成本后，将期指理论价格分别向上移和向下移所形成的一个区间。在这个区间中，套利交易不但得不到利润，反而可能导致亏损。具体而言，将期指理论价格上移一个交易成本之后的价位称为无套利区间的上界，将期指理论价格下移一个交易成本之后的价位称为无套利区间的下界，只有当实际的期指高于上界时，正向套利才能够获利；反之，只有当实际期指低于下界时，反向套利才能够获利。

假设 TC 为所有交易成本的合计数，则无套利区间的上界应为：

$F(t,T)+TC=S(t)[1+(r-d)\cdot(T-t)/365]+TC$

而无套利区间的下界应为：

$F(t,T)-TC=S(t)[1+(r-d)\cdot(T-t)/365]-TC$

相应的无套利区间应为：

$\{S(t)[1+(r-d)\times(T-t)/365]-TC,S(t)[1+(r-d)\times(T-t)/365]+TC\}$

【例 8-4】 设 r=5%，d=1.5%，6 月 30 日为 6 月份期货合约的交割日，4 月 1 日、5 月 1 日、6 月 1 日及 6 月 30 日的现货指数分别为 1400 点、1420 点、1465 点及 1440 点，这几日的期货理论价格计算如下：

（1）4 月 1 日至 6 月 30 日，持有期为 3 个月，即 3/12 年：

F(4 月 1 日,6 月 30 日) = 1400 × [1 + (5% − 1.5%) × 3 ÷ 12]

= 1412.25（点）

（2）5 月 1 日至 6 月 30 日，持有期为 2 个月，即 2/12 年：

F(5 月 1 日,6 月 30 日) = 1420 × [1 + (5% − 1.5%) × 2 ÷ 12]

= 1428.28(点)

（3）6 月 1 日至 6 月 30 日，持有期为 1 个月，即 1/12 年：

F(6 月 1 日,6 月 30 日) = 1465 × [1 + (5% − 1.5%) × 1 ÷ 12]

= 1469.27(点)

（4）6 月 30 日，期货到期，期现价格相等，均为 1440 点。

【例 8-5】 基本数据如上例，又假定：①借贷利率差 $\Delta r=0.5\%$；②期货合约买卖手续费双边为 0.2 点，同时，市场冲击成本也是 0.2 点；③股票买卖的双边手续费及市场冲击成本各为成交金额的 0.6%，即合计为成交金额的 1.2%，如以指数点表示，则为 $1.2\%\times S(t)$。4 月 1 日、6 月 1 日的无套利区间计算如下：

（1）4 月 1 日。股票买卖的双边手续费及市场冲击成本为 1400 ×

1.2% =16.8点；期货合约买卖双边手续费及市场冲击成本为0.4点；借贷利率差成本为1400 ×0.5% ×3 ÷12 =1.75点；三项合计，TC =16.8 +0.4 +1.75 =18.95点。无套利区间上界为1412.25 +18.95 =1431.2点；无套利区间下界为1412.25 －18.95 =1393.3点。无套利区间为［1393.3，1431.2］。上下界幅宽为1431.2 －1393.3 =37.9点。

（2）6月1日。股票买卖的双边手续费及市场冲击成本为1465 ×1.2% =17.58点；期货合约买卖双边手续费及市场冲击成本为0.4点；借贷利率差成本为1465 ×0.5% ×1 ÷12 =0.61点；三项合计，TC =17.58 +0.4 +0.61 =18.59点。无套利区间上界为1469.27 +18.59 =1487.86点；无套利区间下界为1469.27 －18.59 =1450.68点。无套利区间为［1450.68，1487.86］。上下界幅宽为1487.86 －1450.68 =37.18点。

无论是从组成TC的公式中还是从例题中都不难看出：借贷利率差成本与持有期的长度有关，它随着持有期缩短而减小，当持有期为零时（即交割日），借贷利率差成本也为零；而交易费用和市场冲击成本却是与持有期的长短无关的，即使到交割日，它也不会减少。因而，无套利区间的上下界幅宽主要是由交易费用和市场冲击成本这两项决定的。

（四）套利交易中的模拟误差

准确的套利交易意味着卖出或买进股指期货合约的同时，买进或卖出与其相对应的股票组合。使用股指期货进行的套期保值通常与交叉套期保值一样，在套利交易中，实际交易的现货股票组合与指数的股票组合也很少会完全一致。这时，就可能导致两者未来的走势或回报不一致，从而导致一定的误差。这种误差，通常被称为模拟误差。

模拟误差来自两方面：一方面是因为组成指数的成分股太多，如S&P500指数是由500只股票所组成的。短时期内同时买进或卖出这么多的股票难度较大，并且准确模拟将使交易成本大大增加，因为对一些成交不活跃的股票来说，买卖的冲击成本非常大。通常，交易者会通过构造一个取样较小的股票投资组合来代替指数，这会产生模拟误差。另一方面，即使组成指数的成分股并不太多，如道琼斯工业指数仅由30只股票所组成，但由于指数大多以市值为比例构造，以及交易最小单位的限制，严格按比例复制很可能根本就难以实现。比如，如果按比例构建组合出现某些股票应买卖 100 股以下的结果，也就是股市交易规定的最小单位 1 手以下，就没办法实现。这也会产生模拟误差。

模拟误差会给套利者原先的利润预期带来一定影响。举例来说，如果期价高出无套利区间上界 5 个指数点，交易者进行正向套利，理论上到交割期可以稳挣 5 个指数点，但是如果买进的股票组合（即模拟指数组合）到交割期落后于指数 5 个指数点，套利者将什么也挣不到。当然，如果买进的股票组合到交割期领先指数 5 个指数点，那该套利者就将挣到 10 个指数点。因此，模拟误差会增加套利结果的不确定性，在套利交易活动中，套利者应该给予足够的重视。

三、股指期货跨期套利

跨期套利是在同一交易所同一期货品种不同交割月份期货合约间的套利。同一般的跨期套利相同，它是利用不同月份的股指期货合约的价差关系，买进（卖出）某一月份的股指期货的同时卖出（买进）另一月份的股指期货合约，并在未来某个时间同时将两个头寸平仓了结的交易行为。

（一）不同交割月份期货合约间的价格关系

股指期货一般都有两个到期交割月份以上合约，其中交割月离当前较近的合约称为近期合约，交割月离当前较远的合约称为远期合约。当远期合约价格大于近期合约价格时，称为正常市场或正向市场；近期合约价格大于远期合约价格时，称为逆转市场或反向市场。

在正常市场中，远期合约与近期合约之间的价差主要受到持有成本的影响。股指期货的持有成本相对低于商品期货，而且可能收到的股利在一定程度上可以降低股指期货的持有成本。当实际价差高于或低于正常价差时，就存在套利机会。例如，假定 3 月和 2 月沪深 300 股指期货的正常价差为 100 点，当 3 月和 2 月沪深 300 股指期货的实际价差为 200 点，明显高于 100 点的水平，此时可通过买入价格低估合约同时卖出价格高估合约的做法进行套利，可以获取稳定利润。当然，价差随着套利活动的增加而逐渐减小，直至回归合理价差。

在逆转市场上，两者的价格差主要取决于近期供给相对于需求的短缺程度，以及购买者愿意花费多大代价换取近期合约。

根据以上关系，再结合具体的市场行情及对市场发展趋势的分析预测，就可以判断不同交割月份合约价格间的关系是否正常。如果不正常，无论价差过大还是过小，投资者都可以相机采取套利交易，待价格关系恢复正常时同时对冲了结，以获取套利利润。

（二）股指期货跨期套利的操作

根据期货定价理论，可以推算出不同月份股指期货之间的理论价差。现实中，两者的合理价差可能包含更多因素，但基本原理类似。

设：$F(T_1)$ 为近月股指期货价格；$F(T_2)$ 为远月股指期货价格；S 为现货指数价格；r 为利率；d 为红利率。

根据期现价格理论有：

$$F(T_1)=S[1+(r-d)T_1/365]$$

$$F(T_2)=S[1+(r-d)T_2/365]$$

可推出：

$$\begin{aligned}F(T_2)-F(T_1)&=S[1+(r-d)T_2/365]-S[1+(r-d)T_1/365]\\&=S(r-d)T_2/365-S(r-d)T_1/365\\&=S(r-d)(T_2-T_1)/365\end{aligned}$$

此为两个不同月份的股指期货的理论价差，当实际价差与理论价差出现明显偏离时，可以考虑进行套利交易，等到价差回归到合理水平时了结头寸结束交易。

由于股指期货的价格受众多因素的影响，实际价格可能会经常偏离理论价格，完全依据理论价格进行套利分析和交易可能会面临较大的不确定性。

股指期货跨月套利也可以完全根据价差/价比分析法进行分析和操作。通过分析两个不同月份期货合约的价差和价比数据，并观察和统计数据分布区间及其相应概率，当实际价差出现在大概率分布区间之外时，可以考虑建立套利头寸；当价差或价比重新回到大概率区间时，可以平掉套利头寸获利了结。

【例 8-6】 假定利率比股票分红高 3%，即 $r-d=3\%$。5 月 1 日上午

10 点，沪深 300 指数为 3000 点，沪深 300 股指期货 9 月份合约价格为 3100 点，6 月份合约价格为 3050 点，9 月份期货合约与 6 月份期货合约之间的实际价差为 50 点，而理论价差为：

$$S(r-d)(T_2-T_1)/365=3000\times3\%\times3/12=22.5\text{（点）}$$

因此，投资者认为价差很可能缩小，于是买入 6 月份合约，卖出 9 月份合约。5 月 1 日下午 2 点，9 月份合约涨至 3150 点，6 月份合约涨至 3120 点，9 月份期货合约与 6 月份期货合约之间的实际价差缩小为 30 点。在不考虑交易成本的情况下，投资者平仓后每手合约获利为 20 × 300 = 6000 元。

该跨期套利损益见表 8 - 8。

表 8 - 8　　跨期套利损益

时间	套利操作		
5 月 1 日上午 10:00	买入 1 手 6 月合约，价格为 3050 点	卖出 1 手 9 月合约，价格为 3100 点	价差 50 点
5 月 1 日下午 2:00	卖出 1 手 6 月合约，价格为 3120 点	买入 1 手 9 月合约，价格为 3150 点	价差 30 点
每手合约损益	70 点	-50 点	价差缩小 20 点
最终盈亏	盈利 20 × 300 = 6000 元		

第九章　期　　权

本章学习目的与要求：

通过本章学习，掌握期权概念和期权交易的基本知识；了解期权合约主要条款；掌握期权基本类型及相关的概念；理解期权特点；掌握期权价格构成以及期权内在价值和时间价值的基本知识；掌握并理解影响期权价格的基本因素及对期权价格的影响；了解期权价格范围、看涨期权和看跌期权价格关系表达式，能够据此分析适用的套利策略；掌握期权基本交易策略的适用情形和基本应用，能够对到期损益进行分析；掌握常见的价差期权策略和组合期权策略的构建方法、收益和损失特点、主要类型和适用情形；了解蝶式价差期权的构建方法和适用情形。

学习重点：

期权基本知识，包括期权交易、期权主要类型和概念、期权特点；期权价格相关知识，包括期权价格构成、影响因素、期权价格范围、看涨期权和看跌期权的价格关系；期权交易相关知识，包括期权基本交易策略的适用情形及应用、主要的期权价差策略和组合策略的构建及适用情形。

知识结构图：

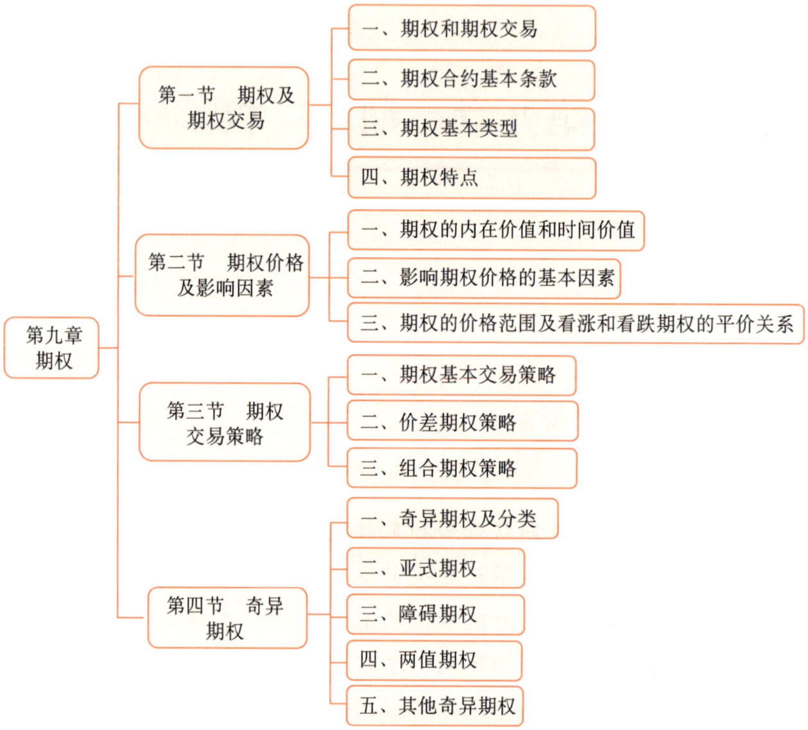

第一节　期权及期权交易

学习内容	知识点
期权和期权交易的基本知识	期权概念
	场内建仓和头寸了结方式
期权合约条款	期权合约基本条款和相关概念、作用
期权基本类型	期权分类依据和分类结果；看涨期权和看跌期权的概念；美式期权、欧式期权的概念
期权特点	期权基本特点及与期货相关特点的比较

一、期权和期权交易

（一）期权和期权价格

1. 期权含义

期权（Options），也称为选择权，是指期权的买方有权在约定的期限内，按照事先确定的价格，买入或卖出一定数量标的资产的权利。

2. 期权价格的内涵

期权价格又称为权利金、期权费、保险费（Premium），是期权买方（卖方）买进（出售）权利的价格，即期权买方为获得按约定价格购买或出售标的资产的权利而支付给卖方的费用。

（二）场内期权交易

交易所期权交易与期货交易相似，交易过程包括建仓和头寸了结。

1. 建仓

建仓也称为开仓，与期货建仓相同，期权建仓也采用双向交易方式，既可以买进建仓，也可以卖出建仓；但由于期权头寸有看涨和看跌两类，所以期权建仓比期货建仓有更多的选择。

2. 头寸了结

了结持有的期权头寸，期权多头和空头了结方式不同。

（1）期权多头了结期权头寸方式。通过买进建仓者即期权多头，了结期权头寸的方式包括对冲平仓、行权和放弃等（见表 9－1）。

表 9－1　　　　期权多头头寸的了结方式

<table>
<tr><th>了结方式</th><th>期权头寸</th><th colspan="2">方式</th></tr>
<tr><td rowspan="2">平仓</td><td>看涨期权多头</td><td colspan="2">卖出看涨期权</td></tr>
<tr><td>看跌期权多头</td><td colspan="2">卖出看跌期权</td></tr>
<tr><td rowspan="2">行权</td><td>看涨期权多头</td><td>按执行价格买进标的资产</td><td rowspan="2">美式期权可以在有效期内的任何交易日行权（含到期日）；欧式期权只能在到期日行权</td></tr>
<tr><td>看跌期权多头</td><td>按执行价格卖出标的资产</td></tr>
</table>

续表

了结方式	期权头寸	方式
放弃	看涨和看跌期权多头	期权到期，多头不执行期权，即放弃期权，期权作废

（2）期权空头了结期权头寸方式。通过卖出建仓者，即期权空头，了结期权头寸的方式包括对冲平仓、履约和到期失效等（见表9－2）。

表9－2　　期权空头头寸的了结方式

<table>
<tr><th>了结方式</th><th>期权头寸</th><th colspan="2">方式</th></tr>
<tr><td rowspan="2">平仓</td><td>看涨期权空头</td><td colspan="2">买进看涨期权</td></tr>
<tr><td>看跌期权空头</td><td colspan="2">买进看跌期权</td></tr>
<tr><td rowspan="2">履约</td><td>看涨期权空头</td><td>按执行价格卖出标的资产</td><td rowspan="2">当期权多头要求行权时，被指定履约的空头必须履约，即以履约的方式了结期权头寸</td></tr>
<tr><td>看跌期权空头</td><td>按执行价格买进标的资产</td></tr>
<tr><td>失效</td><td>看涨和看跌期权空头</td><td colspan="2">期权到期多头不行权，或空头没有被指定履约，期权失效，空头履约义务解除</td></tr>
</table>

二、期权合约基本条款

期权合约条款也称为期权合约要素，不同交易所、不同品种，合约条款不尽相同，但合约标的物、合约类型、交易单位、报价单位、最小变动价位、涨跌停板幅度（没有涨跌停板限制的除外）、合约月份、交易时间、最后交易日、到期日、行权价格、行权方式、保证金标准、交易代码和上市交易所等基本条款几乎在所有的期权合约中都会列出。

最小变动价位、涨跌停板幅度、交易时间、交易代码等与期货合约类似的常规条款在此不再赘述。下面仅对期权合约特有的或与期货合约条款相同，但意义或规定不尽相同的条款进行解读。

（一）合约标的物

期权合约的标的物也称为标的资产（Underlying Assets），是期权合约中约定的，买方行权（卖方履约）时购买或出售的资产，是期权合约买卖双方权利义务指向的对象。

期权的标的资产可以是现货资产，也可以是期货合约；可以是实物资产，也可以是金融资产，还可以是金融指标（如股票价格指数）。

（二）合约类型

合约类型包括看涨期权和看跌期权两种。

（三）交易单位（或合约乘数）

交易单位也称为合约规模（Contract Size），是1“手”（1张）期权合约代表的标的物数量。期权交易应当以1“手”的整数倍进行。

期权价格乘以交易单位，等于1手期权合约的合约价值。

如上海证券交易所和深圳证券交易所的ETF期权，合约交易单位为10000份基金份额，即期权买卖为10000份基金单位的整数倍；境内三家商品期货交易所（上海期货交易所、大连商品交易所和郑州商品交易所，以下均简称“三家商品期货交易所”）的期货期权，“1手”为1张期货合约，如铜期货合约的合约规模为5吨/手，铜期权合约的合约规模为“1手”期货合约，即铜期货期权的交易数量为5吨铜的整数倍。

指数期权和股指期货相似，由于标的资产为指数，报价为指数点，为计算合约价值，须将点数转换成为货币金额，合约中相关条款为合约乘数。

中金所的沪深300股指期权合约的合约乘数为每点100元，而沪深300股指期货合约的合约乘数为每点300元。

（四）报价单位

报价单位是指期权合约报价所使用的计量单位，即每计量单位权利的货币价格，如证券交易所ETF期权的报价单位为元/份基金。如果某月份到期、执行价格为4元的上证50ETF看涨期权的价格为0.1元，则表明买方支付0.1元便可获得在规定时间按4元的价格买进1份上证50ETF基金的权利。

期货期权合约的报价单位通常与标的期货合约的报价单位相同，如铜期货期权，报价单位为元/吨，黄金期货期权的报价单位为元/克。如果执行价格为 400 元的某黄金期货看跌期权的价格为 1.5 元，则表明买方支付 1.5 元，便可获得在规定时间内按 400 元的价格卖出 1 克黄金期货的权利。

股指期权的报价单位为指数点，如中金所执行价格为 4800 点的沪深 300 股指看涨期权的价格为 25 点，合约乘数为每点 100 元，则表明买方支付 2500 元便可获得在规定时间内按 4800 点的价格买进沪深 300 股票价格指数的权利。

（五）合约月份

合约月份是指期权合约的到期月份。与期货合约相似，期权合约在交易所也有到期时间。我国境内三家商品期货交易所期货期权的合约月份是指该期权合约对应的标的期货合约的交割月份。

（六）最后交易日

最后交易日是期权合约可以在交易所交易的最后日期。过了最后交易日，该月份合约将在交易所终止交易，交易所会依次挂出新的到期月份的期权合约。

（七）期权到期日

期权到期日是期权买方可以执行期权的最后日期。期权到期日之后，买方不行权的话，期权作废。

期权最后交易日和到期日可以相同，也可以不同，若不同，则到期日通常在最后交易日之后，从而使期权合约终止交易后，多头仍然有机会行权。

我国三家商品交易所的期货期权，期权到期日和最后交易日相同，但期权合约最后交易日在期货合约最后交易日之前。

（八）行权价格

行权价格也称为执行价格（Exercise Price）、履约价格，是期权合约中约定的买方行使权利时购买或出售标的资产的价格。

同一到期月份的期权合约有看涨期权和看跌期权之分，针对同一标的资产、相同到期月份的看涨和看跌期权，交易所会同时推出数量不等的一系列执行价格的期权。

（九）行权价格间距

行权价格间距是指相邻两个行权价格之间的差。

行权价格通常是行权价格间距的整数倍，交易所可以根据市场交易状况对行权价格间距和行权价格的覆盖范围进行调整。

（十）涨跌停板制度

有些发达国家或地区，如美国和我国香港地区的证券交易所和期货交易所的股票和期货交易均无涨跌幅限制，其期权交易同样没有涨跌幅限制。我国境内交易所的期权交易均采用涨跌停板制度。

期权涨跌幅与标的资产涨跌幅关联，由于标的资产价格通常远高于期权价格，所以期权价格涨跌幅可能远高于标的资产价格涨跌幅。

（十一）保证金规定

由于期权买方最大的亏损为其支付的权利金，不存在违约风险，因此无须缴纳保证金；期权卖方最大盈利为权利金，而最大亏损可能远远超过权利金，为规避卖方违约风险，交易所对卖方收取保证金，不同交易所收取期权保证金的方式不尽相同。

（十二）交割方式

期权的交割是指看涨期权买方（看跌期权卖方）行权（履约）时支付执行价格获得标的资产，或看跌期权买方（看涨期权卖方）行权（履约）时交付标的资产获得执行价格的过程，有现金交割和实物交割两种。

一般来说，各种现货期权，如 ETF 期权交割时，交易双方直接以执行价格对标的资产进行实物交收；指数期权按照执行价格与期权行权日当天交易结束时的市场价格之差以现金进行结算；期货期权也采用实物交割，买方行权后，看涨（跌）期权买方按执行价格建立相应标的期货多（空）头持仓，看涨（跌）期权卖方按执行价格建立相应标的期货空（多）头持仓，计入期货持仓量。

三、期权基本类型

可以从不同角度对期权进行分类，常见的期权类型有如下几种。

（一）美式期权和欧式期权

按照对买方行权时间规定的不同，期权可分为美式期权和欧式期权。

1. 美式期权（American Options）

美式期权是指期权买方在期权到期日前（含到期日）的任何交易日都可以行使权利的期权。

2. 欧式期权（European Options）

欧式期权是指期权买方只能在期权到期日行使权利的期权。

无论是欧式期权还是美式期权，在期权到期后买卖双方权利义务消除。

同一种标的资产的期权，交易所通常只规定一种行权方式，即要么是美式，要么是欧式。但也有例外，如 CME 集团交易的 GBP/USD、EUR/USD 等外汇期货期权，既有美式期权，也有欧式期权。

美式期权与欧式期权的划分并无地域上的区别，市场上交易较多的是美式期权。

此外，还有介于美式和欧式之间的一种期权，被称为百慕大期权。

百慕大期权（Bermuda Options），是指规定在到期日前有多个行权日期的期权。比如，有 3 年到期时间的期权规定每一年的最后一个月才能被执行。百慕大期权被视为美式期权与欧式期权的混合体，是修正的美式期权，可归为时间依赖型奇异期权。我国证券交易所上市的权证，多为百慕大期权。

（二）看涨期权和看跌期权

按照买方行权方向的不同，即行权时是购买还是出售标的资产，可将期权分为看涨期权和看跌期权。

1. 看涨期权（Call Options）

看涨期权也称为买权、认购期权，看涨期权的买方向卖方支付一定数额的期权费后，便拥有了在合约有效期内或特定时间，按执行价格向期权卖方买入一定数量标的资产的权利。

2. 看跌期权（Put Options）

看跌期权也称为卖权、认沽期权，看跌期权的买方向卖方支付一定数额的期权费后，便拥有了在合约有效期内或特定时间，按执行价格向期权卖方出售一定数量标的资产的权利。

（三）现货期权和期货期权

期权合约的标的资产可以是现货资产，也可以是期货合约。标的资产为现货资产的期权称为现货期权，标的资产为期货合约的期权称为期货期权。

（四）商品期权和金融期权

期权的标的资产可以是实物资产、金融资产或金融指数。按照标的资产类型的不同，期权可分为商品期权和金融期权。

商品期权的标的资产为实物资产，可以是实物现货资产，也可以是实物期货合约，因此，商品期权又称为实物期权。

金融期权的标的资产有股票、股票价格指数、股指期货合约、大额可转让存单、国债、利率期货合约、外汇资产和外汇期货合约等金融资产或金融指标。

（五）场内期权和场外期权

1. 场内期权和场外期权的含义

按照期权市场类型的不同，期权可分为场内期权和场外期权。在交易所上市交易的期权称为场内期权，在交易所外交易的期权称为场外期权。场内期权既可是现货期权，也可是期货期权。为履约方便，期货期权通常在相关期货交易所上市交易。

目前上海证券交易所和深圳证券交易所上市的期权，标的资产均为跟踪股票指数的交易型开放式指数基金（ETF），属于股票期权，为金融现货期权。中国金融期货交易所（中金所）上市的沪深300股指期权，标的资产为股票价格指数而非股指期货，属于金融现货期权。三家商品期货交易上市的期货期权，标的资产为商品期货合约，属于商品期货期权。我国境内期货交易所和证券交易所上市的期权品种见表9-3。

表9-3　我国境内交易所的期权类型

交易所	上市品种	标的资产	期权类型		交割方式
			对买方行权时间规定或行权方式	标的资产交易特点和类型	
上交所	上证50ETF期权	华夏上证50ETF	欧式	上证50ETF（基金代码510050）/金融现货期权	实物交割
	沪深300ETF期权	华泰柏瑞沪深300ETF			
深交所	沪深300ETF期权	嘉实沪深300ETF	欧式	沪深300ETF（基金代码510300）/金融现货期权	实物交割
中金所	沪深300股指期权	沪深300股票价格指数	欧式	沪深300指数/金融现货期权	现金交割
大商所	豆粕期权	豆粕期货合约	美式	标的期货合约/商品期货期权	实物交割
	玉米期权	玉米期货合约			
	铁矿石期权	铁矿石期货合约			
	液化石油气期权	液化石油气期货合约			
	聚乙烯期权	聚乙烯期货合约			
	聚氯乙烯期权	聚氯乙烯期货合约			
	聚丙烯期权	聚丙烯期货合约			
	棕榈油期权	棕榈油期货合约			
郑商所	白糖期权	白糖期货合约	美式	标的期货合约/商品期货期权	实物交割
	棉花期权	棉花期货合约			
	菜籽粕期权	菜籽粕期货合约			
	PTA期权	PTA期货合约			
	甲醇期权	甲醇期货合约			
	动力煤期权	动力煤期货合约			

续表

交易所	上市品种	标的资产	期权类型		交割方式
			对买方行权时间规定或行权方式	标的资产交易特点和类型	
上期所	原油期权	原油期货合约	美式（铜期权和黄金期权上市时行权方式为欧式，2020年8月3日修改合约条款，行权方式改为美式）	标的期货合约/商品期货期权	实物交割
	铜期权	铜期货合约			
	铝期权	铝期货合约			
	锌期权	锌期货合约			
	黄金期权	黄金期货合约			
	天胶期权	天胶期货合约			

注：信息截止日为2021年7月4日。

2. 场内期权与场外期权比较

与场内期权相比，场外期权具有如下特点。

第一，合约非标准化。交易所期权合约是标准化的，场外期权合约可以是非标准化的。

第二，交易品种多样、形式灵活、规模较大。由于场外交易双方可直接商谈，期权品种、交易形式和交易规模等均可按照交易者的需求进行定制，所以场外期权能够满足更多投资者的个性化需求；场外期权交易也促进了新的复杂产品的诞生和发展，因此，场外期权交易更为活跃，交易形式更为多样化和复杂化。

第三，交易对手机构化。场外期权交易多在机构投资者之间进行，对于一般法人和机构投资者，其交易对手多为经验丰富的投资银行、商业银行等专业金融机构，期权合约的内容、交易方式等均由经验丰富的交易对手设计。

第四，流动性风险和信用风险大。交易所期权随时可以转让，保证金制度和结算制度以及结算机构的参与可以保证买方几乎不会承担违约风险，而场外期权交易以上两点都无法保证。所以，相比场内期权，场外期权交易具有较高的流动性风险和信用风险。

四、期权特点

与其他交易相比，期权交易在买卖双方权利和义务、收益和损失特征、履约保证金收取、期权功能和损益结构等方面较为独特，具体分析如下。

第一，买卖双方的权利义务不同。

通常情况下，权利和义务是不分离的，在享有权利的同时要承担相应的义务，但期权交易不同。

期权交易是权利的买卖，期权买方支付了期权费获得权利，卖方将权利出售给买方从而负有履约的义务。因此，期权的买方只有权利而不必承担履约义务，卖方只有履约义务而没有相应权利。

第二，买卖双方的收益和损失特征不同。

买方的损失是有限的，最大损失为期权费，收益可能很大；而卖方最大的收益为获得的期权费，损失可能远远超过期权费。

当标的资产价格向有利于买方变动时，如看涨期权标的资产价格上涨或看跌期权标的资产价格下跌，买方可能获得较高收益，卖方则会遭受较大损失；当标的资产价格向不利于买方变动时，买方会遭受损失，但最大损失为购买期权的全部费用。买方可在到期前将期权卖出平仓，虽然期权价格下跌会带来部分损失，但不会造成全部权利金损失。

第三，对买卖双方缴纳保证金要求的规定不同。

由于买方的最大损失仅限于已经支付的期权费，故无须缴纳保证金；而卖方可能损失较大，因此，场内期权交易要求缴纳卖方保证金作为履约担保。

对于有担保的期权空头，如持有现货 ETF 基金的 ETF 看涨期权空头，可将其持有的标的基金作为看涨期权空头的履约担保，此类看涨期权空头被称为备兑看涨期权；持有期货合约空头的看跌期权空头，可将其持有的标的期货合约作为看跌期权空头的履约担保，此类看跌期权空头被称为备兑看跌期权。对于备兑期权空头，视其所持有的标的资产数量，有可能不缴或少缴保证金。相对于有担保的备兑期权空头，无担保的期权空头被称为裸期权空头，交易所对裸期权空头要求缴纳保证金。

第四，从避险角度考虑，买进期权和卖出期权的功能不同。

金融衍生工具的主要功能之一是规避标的资产的价格风险。就期货交易而言，买进和卖出期货合约都可以实现规避标的资产价格的功能。

但期权交易与期货交易不同，卖出期权只能收取权利金，不能实现规避标的资产价格风险的目的。因此，利用期权规避标的资产价格风险时，只能通过做多期权的方式。买进看涨期权可以规避标的资产价格上涨风险，买进看跌期权可以规避标的资产价格下跌风险。

第五，利用期权和期货规避标的资产价格风险的结果不同。

利用期货套期保值规避标的资产价格风险，避险的结果是对冲。即在实施规避风险的操作时必须考虑放弃价格有利变动时可能获得的利益，通过期货市场盈利弥补现货市场损失；反之，期货市场亏损由现货盈利来弥补。所以，利用期货交易规避标的资产价格风险是通过两个市场风险对冲实现的。

而利用期权多头规避标的资产价格风险，当标的资产价格发生不利变动时，如持有标的资产而价格下跌，或计划购买标的资产而价格上涨，交易者可通过执行期权来避免损失；当价格变化方向对标的资产持仓有利时，交易者可放弃执行期权，从而享受价格有利变化所带来的收益。

通过买进期权合约，既可规避标的资产价格风险，又不会失去标的资产价格有利变化带来的盈利机会。因此，买进期权更像是为所持标的资产购买了保险，所以期权费也称为保险费。

第六，期权具有独特的非线性损益结构。

期权交易的非线性盈亏状态，与证券交易、期货交易等线性盈亏状态有较大差异。

【例 9－1】 2021 年 2 月 10 日某时点，华夏上证 50ETF 基金的价格为 4.012 元，交易者 A 认为该基金价格会进一步上涨，以 0.4690 元的价格购买了 10 张 2021 年 6 月到期的执行价格为 3.600 元的该基金看涨期权（每张合约的合约规模为 10000 份基金），支付权利金总金额为 46900 元（$=0.4690\times10\times10000$）。该期权为欧式期权，期权到期日为合约到期月份的第四个星期三（遇法定节假日则顺延），行权日和合约到期日为同一日。

图 9－1 为该看涨期权多头到期损益结构图。

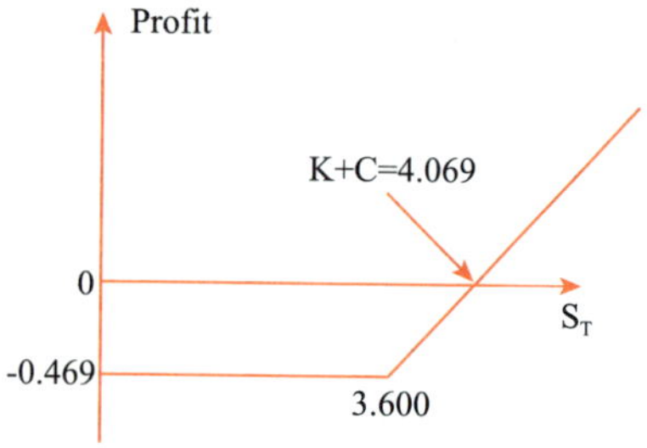

图 9－1　看涨期权多头到期损益结构图

图 9－1 中，K 为期权的执行价格，C 为看涨期权的价格，横轴 S_T 为标的基金到期价格，纵轴 Profit 为看涨期权多头到期损益。

C＝0.4690 元，K＝3.600 元，损益平衡点＝3.600＋0.4690＝4.069 元。

期权到期时，当标的基金价格等于执行价格 3.600 元及以下，买方放弃行权，损失全部期权费 0.4690 元，且损益不随标的基金价格高低而改变；当标的基金价格上涨至 3.600 元以上但低于损益平衡点 4.069 元时，买方仍处于亏损状态，且损益随标的基金价格高低呈线性变化；当标的基金价格在 4.069 元以上时，买方实现盈利，其盈利随着标的基金价格提高而增加。

以上情况表明，期权交易者的损益并不总是随标的资产价格变化呈线性变化，其到期损益状态图是折线而不是一条直线，在执行价格的位置发生转折。

而其他大部分衍生资产，如远期合约、期货合约等，交易者到期损益随资产价格高低而呈线性变化。图 9－2 为远期、期货多头到期损益结构图，S_K 为远期合约的交割结算价或期货交易建仓价，S_T 为合约到期时标的资产的市场价格，交易者到期损益随资产价格高低而呈线性变化。

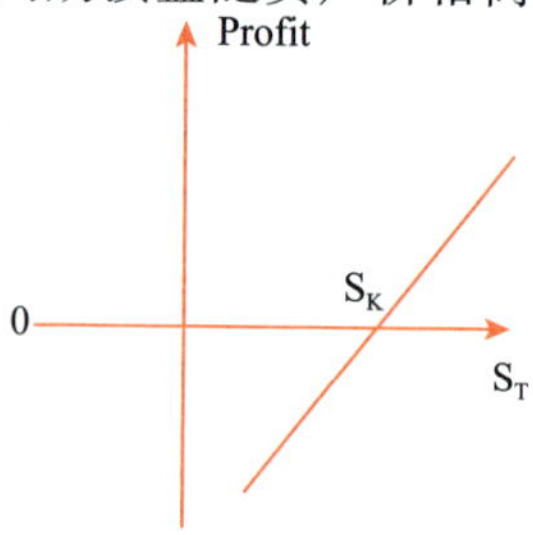

图 9－2　远期、期货多头到期损益结构图

正是期权独特的非线性损益结构，使其在风险管理、组合投资等方面具有明显的优势。通过不同期权、期权与其他投资工具的组合，投资者可以构造出不同风险和损益状况的组合策略，也可以实现期权和标的资产头寸的相互转换。

第二节 期权价格及影响因素

学习内容	知识点
期权价格及影响因素	期权价格构成，内在价值和时间价值
	期权价格影响因素
期权的价格范围和价格关系	期权价格上下限
	欧式看涨期权和看跌期权的平价关系

一、期权的内在价值和时间价值

期权价格由内在价值和时间价值组成，即期权价格 = 内在价值 + 时间价值。

（一）期权的内在价值

1. 内在价值的定义和计算

期权的内在价值（Intrinsic Value，Embedded Value）也称期权的内涵价值，是指在不考虑交易费用和期权费的情况下，多头立即执行期权合约可获取的收益。

内在价值体现的是执行价格与标的资产价格的关系，看涨期权和看跌期权内在价值为：

看涨期权内在价值 = Max（S − K，0）

看跌期权内在价值 = Max（K − S，0）

式中，S 为标的资产的即期价格，K 为期权的执行价格。

以上表达式可见，期权的内在价值总是大于等于零。

2. 实值期权、虚值期权和平值期权

依据内涵价值的不同，可将期权分为实值期权、虚值期权和平值期权。

实值期权（In - the - Money Options），也称期权处于实值状态，是指内在价值计算结果大于零的期权，实值看涨期权的标的资产价格高于执行价格，实值看跌期权的执行价格高于标的资产价格。在不考虑交易费用和权利金的情况下，买方立即执行期权合约可以获得行权收益。

深度实值期权，是指看涨期权的执行价格远远低于标的资产价格，看跌期权的执行价格远远高于标的资产价格。

虚值期权（Out - of - the - Money Options），也称期权处于虚值状态。虚值看涨期权的标的资产价格低于执行价格，虚值看跌期权的执行价格低于标的资产价格。在此种情形下，期权的内在价值等于零。

深度虚值期权，是指看涨期权的执行价格远远高于标的资产价格，看跌期权的执行价格远远低于标的资产价格。

平值期权（At - the - Money Options），也称期权处于平值状态，是指标的资产价格等于期权的执行价格，期权内在价值等于零。

期权处于虚值或平值状态时，多头不会选择执行期权（见表 9 - 4）。

表 9 - 4　　实值、平值与虚值期权的关系

类　型	看涨期权	看跌期权
实值期权	K < S	K > S
虚值期权	K > S	K < S
平值期权	K = S	K = S

如果某个看涨期权处于实值状态，同一标的资产、执行价格相同的看跌期权一定处于虚值状态；反之亦然。

（二）期权的时间价值

1. 时间价值及计算

期权的时间价值（Time Value），又称外涵价值，是指期权的权利金超出内在价值的部分，它是期权有效期内标的资产价格波动为期权持有者带来收益的可能性所隐含的价值。

显然，标的资产价格波动率越高，期权时间价值就越大。

时间价值 = 权利金 - 内在价值

如果内在价值等于零，期权价格即为时间价值。因此，虚值期权和平值期权的价格等于期权的时间价值。

表9-5为2021年7月16日收盘时大商所2021年9月到期的部分豆粕期权报价表（去除了12个执行价格在2500—3050元的报价和5个执行价格在3950—4150元的报价），表中内在价值、时间价值的计算是用当天标的期货合约和期权当前价（收盘价）数据计算的。中间一列为期权的执行价格，左右两边分别为对应执行价格的看涨期权和看跌期权相关数据。

表9-5 期权的价格、标的资产价格和期权内在价值、时间价值 单位：元/吨

时间价值	内在价值	结算价	当前价	C < -m2109- > P	当前价	结算价	内在价值	时间价值
-7	563	556	556	3100	0.5	0.5	0	0.5
-7	513	506	506	3150	1	0.5	0	1
-7	463	456	456	3200	1	0.5	0	1
-3	413	406	410	3250	1.5	0.5	0	1.5
-3	363	356.5	360	3300	2	1	0	2
-6	313	308	307	3350	3	2.5	0	3
-3.5	263	261	259.5	3400	6	5	0	6
5	213	216	218	3450	9	10	0	9
10.5	163	174	173.5	3500	14.5	18	0	14.5
20.5	113	136	133.5	3550	22.5	30	0	22.5
34	63	102.5	97	3600	37	46.5	0	37
57	13	75	70	3650	58	69	0	58
49.5	0	52.5	49.5	3700	90	96.5	37	53
33.5	0	35	33.5	3750	122.5	129	87	35.5
22	0	22.5	22	3800	164	166.5	137	27
14	0	14	14	3850	208	208	187	21
9.5	0	8	9.5	3900	248.5	252	237	11.5

2. 不同期权的时间价值

第一，平值期权和虚值期权的时间价值总是大于等于零。

由于平值和虚值期权的内涵价值等于零，而期权的价值不能为负，所

以平值期权和虚值期权的时间价值总是大于等于零。

第二，美式期权的时间价值总是大于等于零。

对于实值美式期权，由于在有效期的正常交易时间内可以随时行权，如果期权的权利金低于其内涵价值，在不考虑交易费用的情况下，买方立即行权便可获利。因此，在不考虑交易费用的情况下，权利金与内涵价值的差总是大于零，或者说，处于实值状态的美式期权的时间价值总是大于等于零。

因为平值期权和虚值期权的时间价值也大于零，所以美式期权的时间价值均大于等于零。

由于存在佣金、行权费等交易成本，在期权实际交易中，也存在实值美式期权时间价值小于零的情形。

在表 9 - 5 中，执行价格在 3100—3400 元的看涨期权的时间价值小于零（表中没有列出的执行价格小于 3100 元的看涨期权，时间价值也是小于零的，均等于 - 7 元/吨）。豆粕期权为美式期权，对于时间价值等于 - 7 元/吨的看涨期权，交易者按照市场价格买进看涨期权，立即行权按照执行价格买进标的豆粕期货合约，将行权得到的期货合约按照市场价格卖出，可以获得 7 元/吨的收益。但买进看涨期权，行权买进期货合约，将期货合约卖出，均经支付相关的费用，即交易成本和行权费，如果考虑交易成本的话，时间价值小于零时，立即行权也有可能产生损失。所以考虑交易成本时，会出现实值美式期权的时间价值小于零的情形。

第三，实值欧式看跌期权的时间价值可能小于零。

欧式期权由于只能在期权到期时行权，所以在有效期的正常交易时间内，即使期权的权利金低于内涵价值，即处于实值状态的欧式期权具有负的时间价值时，买方也不能够立即行权获利。这就使得处于实值状态的欧式期权的时间价值有可能小于零。

根据对期权价格范围的分析，只有实值欧式看跌期权和标的资产支付较高收益的实值欧式看涨期权的时间价值存在小于零的可能，表 9 - 6 为 2021 年 7 月 16 日收盘时上海证券交易所 2021 年 7 月到期的上证 50ETF 期权报价表。中间一列为期权的执行价格，左右两边分别为对应执行价格的看涨期权和看跌期权相关数据。由表 9 - 6 可见，执行价格为 3. 6—4. 1 元的实值看跌期权的时间价值均小于零。

表 9-6 期权的价格、标的资产价格和期权内在价值、时间价值 单位：元/吨

合约交易代码	时间价值	内在价值	当前价	行权价	合约交易代码	当前价	内在价值	时间价值
510050C 2107M03000	0.004	0.403	0.407	3	510050P 2107M03000	0.0005	0	0.0005
510050C 2107M03100	0.0072	0.303	0.3102	3.1	510050P 2107M03100	0.0007	0	0.0007
510050C 2107M03200	0.0037	0.203	0.2067	3.2	510050P 2107M03200	0.0015	0	0.0015
510050C 2107M03300	0.012	0.103	0.115	3.3	510050P 2107M03300	0.0075	0	0.0075
510050C 2107M03400	0.0385	0.003	0.0415	3.4	510050P 2107M03400	0.0335	0	0.0335
510050C 2107M03500	0.0116	0	0.0116	3.5	510050P 2107M03500	0.1045	0.097	0.0075
510050C 2107M03600	0.0036	0	0.0036	3.6	510050P 2107M03600	0.1962	0.197	-0.0008
510050C 2107M03700	0.0016	0	0.0016	3.7	510050P 2107M03700	0.2932	0.297	-0.0038
510050C 2107M03800	0.0006	0	0.0006	3.8	510050P 2107M03800	0.3929	0.397	-0.0041
510050C 2107M03900	0.0003	0	0.0003	3.9	510050P 2107M03900	0.49	0.497	-0.007
510050C 2107M04000	0.0004	0	0.0004	4	510050P 2107M04000	0.595	0.597	-0.002
510050C 2107M04100	0.0004	0	0.0004	4.1	510050P 2107M04100	0.6934	0.697	-0.0036

注：ETF 期权代码中的执行价格单位为元的 1000 倍，如合约代码中执行价格为 4100 元的，期权的执行价格为 4.10 元。

而标的资产不支付收益和支付较低收益的实值欧式看涨期权的时间价值不会小于零。但考虑交易成本，会出现时间价值小于零的情形。

第四，在同一系列期权中，无论是看涨还是看跌期权，平值期权的时间价值最大。

同一系列期权为相同标的资产、相同到期月份、不同执行价格的所有看涨和看跌期权。如表 9－5 的豆粕期权，所有执行价格的看涨和看跌期权为同一系列期权；表 9－6 的上证 50ETF 期权，所有执行价格的看涨和看跌期权为同一系列期权。

如表 9－5 所示，标的期货合约的价格为 3663 元/吨，执行价格为 3650 元/吨的期权最接近平值，看涨和看跌的时间价值最大；在表 9－6 中，标的基金的价格为 3.403 元，时间价值最大的期权是执行价格为 3.4 元接近平值的看涨和看跌期权。

二、影响期权价格的基本因素

影响期权价格的因素有多种，主要影响因素有标的资产的价格、期权的执行价格、期权的剩余期限、无风险利率和标的资产价格波动率等，标的资产在期权有效期内是否支付收益，对期权价格也会产生一定影响。

（一）标的资产价格变化对期权价格的影响

在期权有效期内，标的资产价格变化对期权价格涨跌起着重要的决定作用。

1. 标的资产价格变化对看涨期权价格的影响

通常情况下，看涨期权价格随标的资产价格上涨而上涨，即标的资产价格对看涨期权价格的影响是正向的。

但是，如果看涨期权的虚值程度特别深，标的资产价格上涨，期权仍然处于深度虚值，此种情形标的资产价格变化对期权价格的影响应该不大，期权价格特别低，且会持续处于低位［见图 9－3（a）］。

2. 标的资产价格变化对看跌期权价格的影响

通常情况下，看跌期权价格随标的资产价格上涨而下跌，即标的资产价格对看跌期权价格的影响是负向的。

如果看跌期权的虚值程度特别深，标的资产价格下跌，期权仍然处于深度虚值，此种情形标的资产价格变化对期权价格的影响应该不大，期权价格特别低，且会持续处于低位［见图 9－3（b）］。

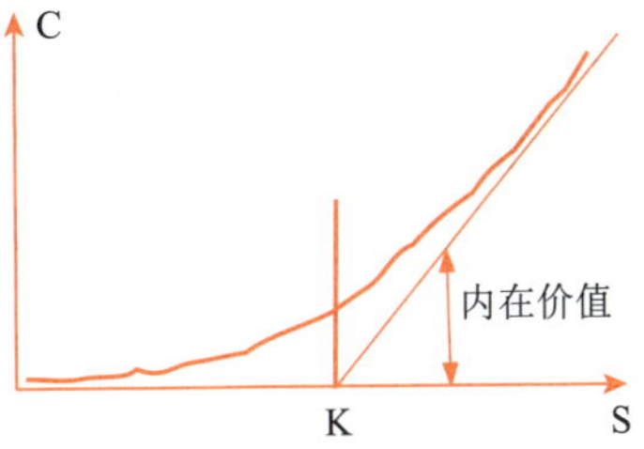

图 9－3（a）　看涨期权价格与标的资产价格关系

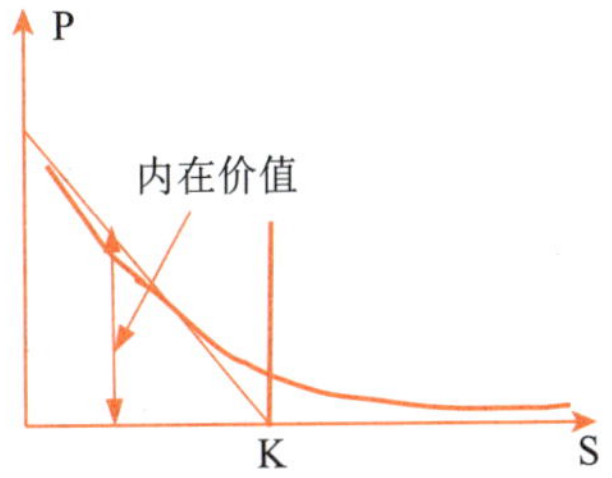

图 9－3（b）　看跌期权价格与标的资产价格关系

（二）期权的执行价格与期权价格的关系

同一系列，不同执行价格的期权，价格应该不同。

1. 看涨期权价格与执行价格的关系

对于看涨期权，执行价格是期权多头行权时购买标的资产的价格，所以，执行价格越低越好。因此，执行价格越低的看涨期权，价格应该越高，即看涨期权价格与执行价格负相关。图 9－4（a）是标的资产价格与看涨期权执行价格的关系图。

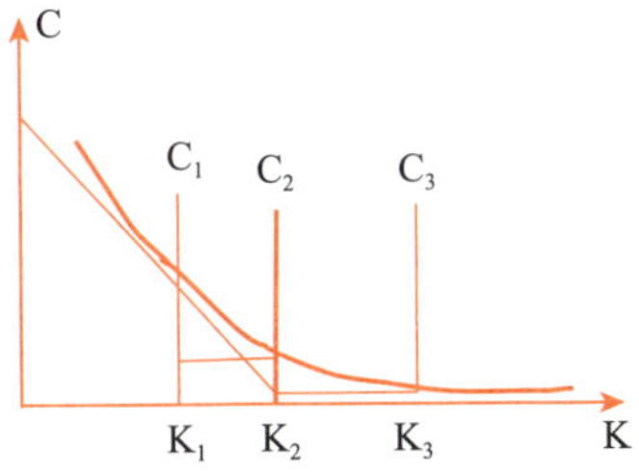

图 9－4（a）　看涨期权价格与执行价格的关系

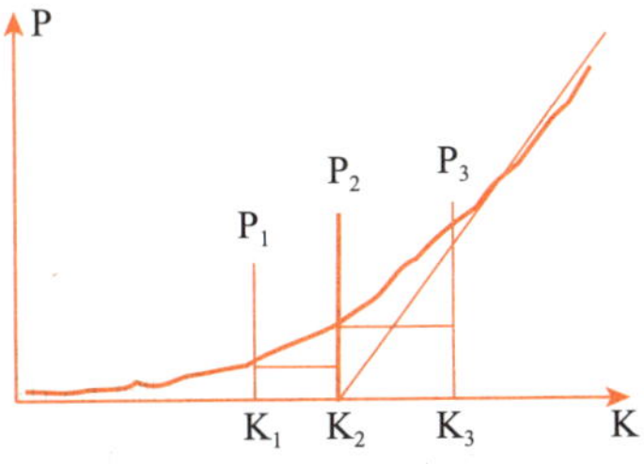

图 9－4（b）　看跌期权价格与执行价格的关系

根据期权价格和执行价格的关系，执行价格越低，期权的价格越高，且期权价格变大的斜率逐渐增加，但斜率不会超过 45 度。

图9-3（a）中，1、2、3三个平值附近的看涨期权，期权2为平值或接近平值，执行价格$K_1 < K_2 < K_3$，则$C_1 > C_2 > C_3$。图9-3（a）期权价格提高值和执行价格减小值的比值满足（9.1）式：

$$\frac{C_1 - C_2}{K_2 - K_1} \geqslant \frac{C_2 - C_3}{K_3 - K_2} \tag{9.1}$$

式（9.1）为看涨期权价格和执行价格比例关系式。实值程度越深，价格变化的斜率越接近45度，式（9.1）的关系越接近等式关系，即实值程度越深，（9.1）关系式中左边较右边值高出越少，深度实值时关系式越接近等式。如果期权价格和执行价格不满足以上关系式时，即式（9.1）左边比例小于右边，表明执行价格为K_2的期权价格被高估。

期权2被高估，相对于期权2，期权1和期权3被低估。可以构建基于期权价格与执行价格比例关系的无风险套利策略。建仓方式为买进期权1和期权3，同时卖出两份期权2。此策略的构建方式与多头蝶式价差期权相似，所不同的是期权到期时，当标的资产价格发生较大幅度波动，多头蝶式价差期权会产生一定的损失；而此策略无论标的资产价格如何变化，所构建的策略均不会发生亏损，图9-5为该策略到期损益结构图。

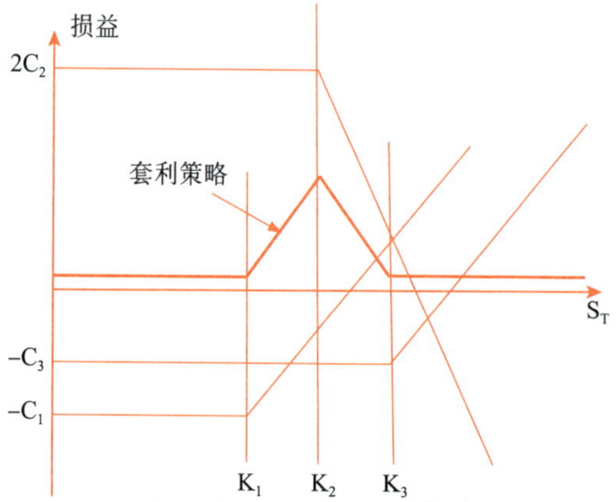

图9-5 依据看涨期权差和执行价格差的比率关系的套利策略

由于标的资产支付收益的实值欧式看涨期权的时间价值存在小于零的可能，得不到与上述分析相似的价格变化关系。因此，以上结论不适用于对标的资产支付收益的实值欧式看涨期权价差关系与执行价格变化关系的分析。

但如果执行价格的间距不相等，或用一个相邻和一个相隔的三个执行价格的期权，当期权价格和执行价格不满足式（9.1），受执行价格间距过大的影响，此种情形不一定能够构建相应的无风险套利策略。

能够构建无风险套利策略的条件是：三个期权的执行价格相邻，即执行价格间距相等，即 $K_3 - K_2 = K_2 - K_1$；或期权 1 与期权 2 执行价格相邻，期权 2 与期权 3 执行价格相隔，即 $K_3 - K_2 > K_2 - K_1$，公式左边执行价格间距小于右边，这种情形构建策略效果好于前一种情形。

如果期权 1 与期权 2 执行价格相隔，期权 2 与期权 3 相临，即 $K_3 - K_2 < K_2 - K_1$，公式左边执行价格间距大于右边，即便期权价格与执行价格关系式不满足关系式（9.1），所构建的套利策略仍可能产生亏损。

2. 看跌期权价格与执行价格的关系

对于看跌期权，执行价格是期权多头行权时卖出标的资产的价格，执行价格越高越好。因此，执行价格越高的看跌期权，价格应该越高，即执行价格与看跌期权价格正相关。

如图 9-4（b）所示，1、2、3 为三个执行价格不同的看跌期权，执行价格 $K_1 < K_2 < K_3$，则 $P_1 < P_2 < P_3$。除深度实值外，看跌期权价格提高值不会高于执行价格提高值，期权价格提高值和执行价格提高值的比值满足式（9.2）：

$$\frac{P_3 - P_2}{K_3 - K_2} \geqslant \frac{P_2 - P_1}{K_2 - K_1} \tag{9.2}$$

式（9.2）为看跌期权价格和执行价格比例关系式。同样，实值程度越深，价格变化的斜率越接近 45 度，式（9.2）的关系越接近等式关系。由于深度实值欧式看跌期权的时间价值存在小于零的可能，这种情况下得不到式（9.2）的结论，所以，以上结论仅适用于实值美式看跌期权或非深度实值的欧式看跌期权。

如果美式看跌期权或非深度实值的欧式看跌期权的价格与执行价格的关系不满足以上关系式，即式（9.2）左边比例小于右边时，表明执行价格为 K_2 的期权价格被高估。

期权 2 被高估，相对于期权 2，期权 1 和期权 3 被低估，可以构建基于期权价格与执行价格比例关系的无风险套利策略。建仓方式为买进期权 1 和期权 3，同时卖出两份期权 2。同样，此策略的构建方式与用看跌期权构建的多头蝶式价差期权相似，期权到期时，无论标的资产价格如何变化，该策略均不会发生亏损，但标的资产价格大幅波动时，多头蝶式价差会有一定损失。

对于看跌期权，能够构建无风险套利策略的条件是：三个期权的执行价格相邻；或期权 1 与期权 2 执行价格相隔，期权 2 与期权 3 执行价格相邻，即 $K_3-K_2<K_2-K_1$，公式左边执行价格间距小于右边，这种情形构建策略效果好于前一种情形。

如果期权 1 与期权 2 执行价格相邻，期权 2 与期权 3 相隔，即 $K_3-K_2>K_2-K_1$，公式右边执行价格间距大于左边，即便期权价格与执行价格关系式不满足关系式（9.2），所构建的套利策略仍可能产生亏损。

（三）标的资产价格波动率对期权价格的影响

标的资产价格波动率是指标的资产价格的波动程度，它是期权定价模型中的重要变量。

在其他因素不变的条件下，标的资产价格波动率越高，标的资产价格上涨很高或下跌很深的机会会随之增加，标的资产价格涨至损益平衡点之上或跌至损益平衡点之下的可能性和幅度也就越大，买方获取较高收益的可能性也会增加，而损失不会随之增加，但期权卖方的市场风险会随之大幅增加。所以标的资产价格波动率越高，期权价格也应该越高。

（四）期权合约的剩余期限与期权价格的关系

对于美式期权，有效期长的期权不仅包含了有效期短的期权的所有的执行机会，而且有效期越长，标的资产价格向买方所期望的方向变动的可能性就越大，买方行使期权的机会越多，获利的机会也就越多。所以，在其他条件相同的情况下，期权有效期越长，美式期权的价值应该越高。

但对于标的资产不支付收益的美式看涨期权，以上结论并不成立。标的资产不支付红利的美式看涨期权不应该提前行权，所以剩余期限对标的资产不支付红利的欧式和美式看涨期权的影响应该相同；而且，依据对期权价格范围的分析也支持此结论。

对于欧式期权，有效期长的期权并不包含有效期短的期权的所有执行机会，即便在有效期内标的资产价格向买方所期望的方向变动，但由于不能行权，在到期时也存在向不利方向变化的可能。所以，剩余期限长的欧式期权的价格不一定高于剩余期限短的欧式期权的价格。

标的资产不支付红利时，与美式期权相同，剩余期限越长，欧式看涨期权的价格也应该越高。

（五）市场无风险利率对期权价格的影响

无风险利率水平会影响期权的时间价值，也会影响标的资产价格，从而影响期权的内在价值。

假设标的资产价格不受无风险利率影响，即无风险利率仅影响期权的时间价值。依据 B－S 模型所计算的看涨和看跌期权价格，若无风险利率提高，看涨期权的价格应该会提高，而看跌期权的价格应该会降低。

（六）标的资产支付收益对期权价格的影响

如果在期权有效期内标的资产支付收益，根据对期权价格上下限的研究，标的资产支付收益对看涨期权价格的影响是负向的，对看跌期权价格的影响则是正向的。

三、期权的价格范围及看涨和看跌期权的平价关系

（一）价格上下限及平价关系式

期权价格上下限即期权价格范围，期权价格上限是指期权价格可能达到的最高价；期权价格下限是指期权价格可能达到的最低价；欧式看涨期权和看跌期权的平价关系是指欧式看涨期权和看跌期权价格之间的一种等式关系（美式看涨期权和看跌期权的价格关系不是等式关系，在此仅介绍标的资产不支付收益的欧式看涨和看跌期权的平价关系）。

标的资产不支付收益的期权价格上下限、欧式和美式期权的平价关系表达式见表 9－7。

表9－7 标的资产不支付收益的期权价格上下限、欧式和美式期权价格关系式

项目	看涨期权		看跌期权	
	欧式	美式	欧式	美式
价格上限	$C = c \leqslant S$		$p \leqslant Ke^{-r(T-t)}$	$P \leqslant K$
价格下限	$C = c \geqslant \max\{S - Ke^{-r(T-t)}, 0\}$		$p \geqslant \max\{Ke^{-r(T-t)} - S, 0\}$	$P \geqslant \max\{K - S, 0\}$
欧式期权的平价关系：$c + Ke^{-r(T-t)} = p + S$				

注：表中，C、c分别为美式和欧式看涨期权的市场价格；P、p分别为美式和欧式看跌期权的市场价格（美式为大写、欧式为小写）；K为期权的执行价格；S为标的资产的即时价格；r为以连续复利计息的无风险利率；T－t为交易日t日至期权到期日T日的期限，即期权的剩余期限。

（二）基于期权价格下限的无风险套利策略

期权价格下限的决定依据是无套利均衡原理，当期权市场价格低于价格下限时，预示着期权价格被低估，可据此构建相应的无风险套利策略（不考虑交易成本）。

1. 看涨期权价格低于下限的无风险套利策略

当看涨期权价格低于表9－7中的看涨价格下限时，表明看涨期权价格被低估，基于看涨期权价格下限的无风险套利策略为：借标的资产卖出，卖出价格为S；同时将卖出资金买进看涨期权，支付权利金c，并将剩余资产以无风险利率r投资至期权到期。

2. 看跌期权价格低于下限的无风险套利策略

当看跌期权价格低于表9－7中的看跌价格下限时，表明看跌期权价格被低估，基于看跌期权价格下限的无风险套利策略为：以无风险利率r借入资金，期限为（T－t），借款金额等于执行价格的现值，将借入资金购买看跌期权和标的资产，剩余少量资金进行无风险投资至期权到期。

（三）基于欧式看涨期权和看跌期权平价关系的无风险套利策略

看涨期权和看跌期权平价关系的决定依据也是无套利均衡原理，如果看涨期权和看跌期权的价格关系不满足平价关系式时存在无风险套利机会。

1. 公式左边值 $c + Ke^{-r(T-t)}$ 大于右边值 $p + S$ 时的无风险套利策略

公式左边值大于右边值，表明看涨期权价格偏高，而标的资产价格和

看跌期权价格偏低，适宜无风险套利策略为：以无风险利率 r 借入期限等于（T－t），资金额度等于执行价格现值的现金，同时卖出看涨期权；将卖出期权和借入的资金买进看跌期权和标的资产，剩余少量资金进行无风险投资。

2. 公式左边值 $c+Ke^{-r(T-t)}$ 小于右边值 $p+S$ 时的无风险套利策略

公式左边值小于右边值，表明看涨期权价格偏低，而标的资产价格和看跌期权价格偏高，适宜无风险套利策略为：借入标的资产卖出，同时卖出看跌期权；将卖出资产和看跌期权所得的资金买进看涨期权，剩余资金以无风险利率 r 投资至期权到期。

第三节　期权交易策略

学习内容	知识点
期权基本交易策略	期权基本策略损益分析、到期损益结构图、适用情形、基本运用
期权组合策略	价差期权的构建特点和损益特征，牛市价差、熊市价差的构建方法、损益特征和到期损益，蝶式价差的构建方法和损益特征
	组合期权策略的构建特点和损益特征，跨式期权、宽跨式期权的构建方法和损益特征

期权种类繁多，一种标的资产可以衍生出几十个甚至上百个不同到期月份、不同执行价格的看涨和看跌期权，加之期权独特的非线性损益结构，所以期权的交易策略非常丰富且复杂。期权的交易策略包括用单个期权构建，也可以用多个期权构建，还可以用期权和标的资产构建。

本节介绍单个期权策略以及用期权和期权构建的价差期权策略和组合期权策略。

一、期权基本交易策略

期权基本交易策略是指用单个期权构建的策略，包括买进看涨期权、卖出看涨期权、买进看跌期权、卖出看跌期权四种。

（一）买进看涨期权

1. 看涨期权多头到期损益分析

买进看涨期权并持有合约到期，买方或行权买进标的资产，或放弃执行期权，期权作废。

看涨期权多头到期损益状况见图9-6。

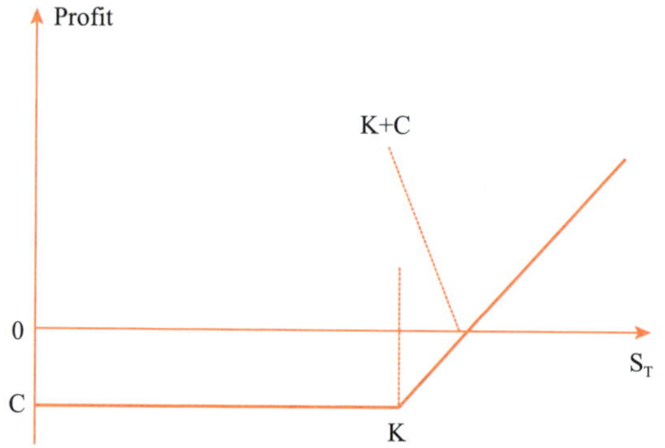

图9-6 看涨期权多头到期损益结构图

在图9-6中，横轴S_T为期权到期时标的资产价格，纵轴Profit为看涨期权多头到期损益，C为期权价格，K为执行价格，K+C为期权到期看涨期权损益平衡点。

期权到期时，标的资产价格对看涨期权多头的影响见表9-8。

表9-8 标的资产价格对看涨期权多头的影响

标的资产价格	看涨期权多头损益	期权头寸处置方法
$S_T \leq K$	亏损，亏损值不变，等于期权的权利金	不执行期权，期权作废
$K < S_T < K + C$	亏损，亏损小于权利金，S_T越高亏损越少	行权，支付K购买标的资产
$S_T = K + C$	损益=0	
$S_T > K + C$	盈利，S_T越高盈利越多	

2. 买进看涨期权综合分析

买进看涨期权综合分析见表 9－9。

表 9－9　买进看涨期权（Call Options Long）综合分析表

损益	平仓损益＝平仓卖出价－开仓买进价 行权损益＝标的资产价格－执行价格－权利金
	最大损失＝权利金
	到期损益平衡点＝执行价格＋权利金
保证金	无须缴纳
期权头寸	看涨期权多头
行权方式和持仓	行权方式：买进标的资产；行权持仓：标的资产多头
适用情形（标的资产价格趋势）	（1）牛市或预期后市上涨 （2）价格见底，市场波动率大或正在扩大，或隐含波动率低（Low Implied Volatility）（隐含波动率低是指期权价格反映的标的资产价格波动率小于标的资产价格历史波动率或预期波动率）
基本运用	（1）赚取价差收益，获得更大的杠杆效应 （2）以较低成本持有标的资产，同时锁定最大损失 （3）规避标的资产价格上涨风险

买进看涨期权基本运用可进行如下分析。

（1）赚取价差收益，博取更大的杠杆效应。交易者通过对标的资产价格趋势分析，认为标的资产价格会继续上涨，或上涨的可能性很大，可以通过买入看涨期权获取价差收益。标的资产价格上涨时，看涨期权价格应该上涨，交易者可在市场上以更高的价格卖出期权获利。如果标的资产价格下跌，交易者可了结期权止损，其最大损失为购买期权的费用。

期权价格上涨值通常不会超过标的资产价格上涨值，但期权价格涨跌幅可能远远超过标的资产价格涨跌幅。所以，购买期权的资金收益率可能远远超过标的资产收益率，这便是期权的高杠杆性。

（2）以较低成本持有标的资产，同时锁定最大损失。如果交易者认为某资产价格会上涨，希望能够获得该资产价格上涨的收益。可通过购买该资产达到预期目的，也可以通过购买以该资产为标的的看涨期权达到相应的目的。

【例 9－2】 2021 年 6 月 11 日，上证 50ETF 基金的价格为 3.601 元，

某交易者分析认为，该基金价格会上涨，以 0.0923 元购买了 100000 份执行价格为 3.600 元的接近平值的该标的看涨期权，希望通过持有看涨期权多头获取标的基金价格上涨带来的收益。

购买一份期权的价格仅为购买一份基金价格的 0.0256 倍（0.0923/3.601），如果按照 1:1 的数量匹配期权数量，持有一份期权和持有一份基金相比，通过该看涨期权持有标的基金，资金占用仅为购买标的基金的 0.0256 倍。

在期权到期前，如果标的基金价格上涨，看涨期权价格也上涨时，交易者将期权对冲平仓，可获得平仓收益。根据平值期权 δ 取值分析，平值期权 $\delta = \triangle C/\triangle S \approx 0.5$，即期权价格变化值约等于标的资产价格变化值的 0.5 倍。理论上，期权的盈利值约等于标的基金盈利值的 0.5 倍。

如果持有期权至到期，标的基金价格上涨至 3.600 元以上，交易者行权买进标的基金，然后将标的基金平仓，收益比直接购买基金低 0.0913 元［=0.0923 -（3.601 - 3.600）］。这是通过看涨期权持有标的资产的代价。

7 月 26 日（2 日后期权到期）：

标的资产价格下跌至 3.259 元，下跌 0.342 元（=3.601 - 3.259），跌幅为 9.497%；

该期权的价格下跌至 0.0004 元，下跌 0.0919 元（= 0.0923 - 0.0004），跌幅为 99.57%。

如果持有到期，交易者将损失全部权利金 0.0923 元；将期权对冲平仓，损失 0.0919 元，可减少 0.0004 元的损失。

如果在 6 月 11 日直接购买基金，至 7 月 26 日，每份基金损失 0.342 元；购买看涨期权，每份期权损失 0.0919 元，比直接购买基金的损失低 26.87%（0.0919/0.342）。

（3）规避标的资产价格上涨风险。通过购买看涨期权规避标的资产价格上涨风险，适用的基本情形有以下两种：

①限制卖出标的资产风险。持有某资产多头的交易者，还想继续享受价格上涨的好处，但担心价格下跌，将资产卖出又担心价格上涨。在此情形下，可利用看涨期权为所持资产保险。

操作策略是：将所持资产卖出，同时买进该资产的看涨期权，从而限制卖出标的资产后价格上涨的风险。

如果将所持资产卖出后，资产价格继续上升，交易者可行权按执行价格买进标的资产，或继续持有看涨期权，直至期权到期时执行期权；如果资产价格下跌，交易者损失期权费，也可将期权平仓，以减少期权费损失，所以交易者最大损失为权利金。

从以上分析可见，此策略实际上是为标的资产保险策略，因此要付出保险成本，即期权费。如果标的资产价格上涨，购买的看涨期权可实现继续持有标的资产的目的；如果标的资产价格下跌，放弃执行期权，规避了标的资产价格下跌的风险。如果利用期货交易避险，如卖出资产的同时买进相关期货合约，当资产价格上涨时期货合约盈利，资产价格下跌时期货合约出现损失，所以利用期货避险与期权避险的结果不同。

另外，对于已生产出产品的厂商来说，其设想将产品储存到价格可能上升时再出售，以获取更大的利润，同时又担心万一价格不升反跌，这时就可考虑将产品卖出，同时买入与实物产品相关的看涨期权，既可立即获得货款，加快资金周转，还避免了因储存产品而产生的市场风险。同时，该操作也需要多付出权利金的代价。

②锁定未来购买标的资产成本。未来须购入现货的企业或经销商，当其认为现货市场价格趋势不明朗，为规避价格上涨导致购货成本提高，可通过买入该资产看涨期权进行保值，实现锁定购货成本、稳定企业利润的目的。

交易者买入看涨期权后便取得了以执行价格买进标的资产的权利，这样可以为将来计划买入的标的资产限定一个最高买价，以防止价格上涨而造成损失。当现货市场价格下跌时，期权购买者可以放弃行权，在现货市场买入标的资产，为此付出的最大代价是期权费。

（二）卖出看涨期权

卖出看涨期权损益与买进看涨期权刚好相反，看涨期权卖方能够获得的最高收益为卖出期权收取的权利金。

1. 看涨期权空头到期损益分析

卖出看涨期权并持有合约至到期，卖方或被要求履约，或无须履约期权作废。

看涨期权空头到期时的损益状况参见图 9 - 7。

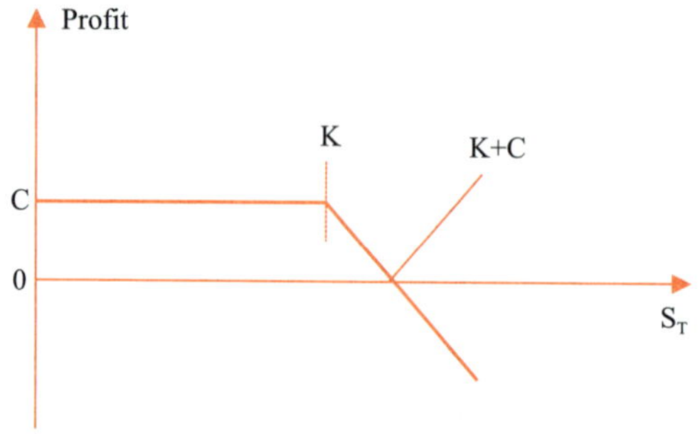

图 9－7　看涨期权空头到期损益结构图

在图 9－6 中，横轴 S_T为期权到期标的资产价格，纵轴 Profit 为看涨期权空头到期损益，C 为期权价格，K 为执行价格，K＋C 为期权到期看涨期权损益平衡点（相同条件的看涨期权多头和空头的损益平衡点相同）。

期权到期时，标的资产价格对看涨期权空头影响见表 9－10。

表 9－10　标的资产价格对看涨期权空头的影响

标的资产价格	看涨期权空头损益	期权头寸处置方法
$S_T \leq K$	盈利，盈利值不变，等于期权的权利金	不履约，期权作废
$K < S_T < K + C$	盈利，盈利小于权利金，S_T越高盈利越少	履约，以价格 K 卖出标的资产
$S_T = K + C$	损益＝0	
$S_T > K + C$	亏损，S_T越高亏损越多	

2. 卖出看涨期权综合分析

卖出看涨期权综合分析见表 9－11。

表 9－11　卖出看涨期权（Call Options Short）综合分析表

损益	平仓损益＝开仓卖出价－平仓买进价 行权损益＝执行价格－标的资产价格＋权利金
	最大盈利＝权利金
	到期损益平衡点＝执行价格＋权利金
保证金	须缴纳［对于备兑看涨期权（即持有标的资产多头头寸），则示备兑情况而定］
期权头寸	看涨期权空头

续表

履约方式和持仓	履约方式：卖出标的资产；履约持仓：标的资产空头（或平仓标的资产多头）
适用情形 （标的资产价格趋势）	（1）横盘整理或小幅下跌 （2）横盘，市场波动率低或收窄，或隐含波动率高（High Implied Volatility）
基本运用	（1）赚取权利金或期权价差收益 （2）履约平仓标的资产多头头寸

卖出看涨期权基本运用可作如下分析。

（1）赚取权利金或期权价差收益。赚取权利金或期权价差收益的基本情形有两种。

①交易者通过对标的资产价格变动趋势分析，认为标的资产价格会横盘整理或小幅下跌，或隐含波动率高、期权价格被高估，可选择卖出看涨期权，获得权利金收益。

在通常情况下，标的资产价格下跌时，看涨期权的价格应随之下跌，交易者可买进看涨期权将空头平仓，获得价差收益。

如果持有期权至到期时更为有利，在没有被要求履约的情况下，卖方则可选择持有期权至到期。期权到期时，如果标的资产价格高于执行价格，看涨期权空头被要求履约，有可能会产生较大损失，但也可能仍有盈利；如果标的资产价格小于或等于执行价格，多头不会要求行权，期权卖方可获得权利金收入，此种情形卖方的获利最大。

由于期权卖方最大的收益为期权费，所以，标的资产价格大幅下跌，看涨期权空头也不会获得更多的收益。因此，标的资产价格大幅下跌时卖出看涨期权不是最佳选择。

【例 9－3】2021 年 5 月底，交易者分析认为股票市场会有一定幅度下跌，但跌幅不会过大，决定卖出上证 50ETF 期权获取股市下跌收益。交易者在 5 月 27 日接近收盘时，卖出 50ETF 购 9 月 3300（9 月到期的执行价格为 3.300 元的 50ETF 看涨期权）10 份，卖出价 0.4148 元，得到权利金 41480 元（ $=0.4148\times10\times10000$ ），这是卖方能够获得的最大收益。

至 9 月 20 日，50ETF 的价格由 5 月 27 日的 3.658 元下跌至 3.199 元，下跌了 0.459 元，跌幅为 12.55%。标的基金价格下跌值超过了期权价格，但卖出期权的最高收益为权利金，在此情形下，采用买进看跌期权策略应该更为合适。

9 月 20 日，该看涨期权的价格下跌至 0.0014 元，跌幅为 99.66% [=(0.4148 - 0.0014）/0.4148]。期权价格跌幅远超过标的资产跌幅。如果交易者将看涨期权平仓，可获得总收益 41340 元。

卖出期权会得到权利金，但需要缴纳保证金，所以卖出期权的资金投入应该是保证金占用，而保证金通常会高于权利金，投资收益率是期权平仓收益或权利金收入与保证金占用的比率。因此该笔期权交易的投资收益率应该低于 99.66%，且卖出期权的收益率不会超过 100%。所以，卖出期权的杠杆性通常不及买进期权高。

②赚取期权的时间价值。随着期权到期日的临近，期权时间价值会加速损耗，即便标的资产价格上涨，看涨期权价格仍然可能下跌，卖出看涨期权可获得相应的价差收益。

（2）履约平仓标的资产多头头寸。如果交易者持有标的资产，但对标的资产后市谨慎看多，可考虑卖出看涨期权，通过履约方式将持有的标的资产卖出平仓。通过卖出看涨期权履约将标的资产多头平仓，目的是希望比按当时的市场价格卖出标的资产将多头平仓更为有利。此策略被视为一个标的资产多头和一个看涨期权空头的组合，标的资产多头对卖出看涨期权形成保护，称为有担保的看涨期权或备兑看涨期权。

如果标的资产价格超过执行价格，买方会执行期权，交易者履约将持有的标的资产卖出，标的资产卖价视同为“执行价格 + 权利金”。这种情形锁定并限制了标的资产卖出价，标的资产价格大幅上涨，其平仓价也不会提高。

如果标的资产价格下跌，则应迅速止损，将标的资产和期权同时平仓，卖出标的资产的价格视同为“标的资产价格 + 期权平仓损益”。当标的资产价格大幅下跌时，看涨期权空头最大盈利为权利金，赚取的权利金不能弥补标的资产价格下跌的损失。

因此，如果对标的资产后市谨慎看多，可卖出看涨期权履约将标的资产以更优的价格平仓；但卖出看涨期权后，如果标的资产价格大幅下跌而止损不及时，则会导致较大损失。

期权到期，组合策略损益状态见图 9－8。

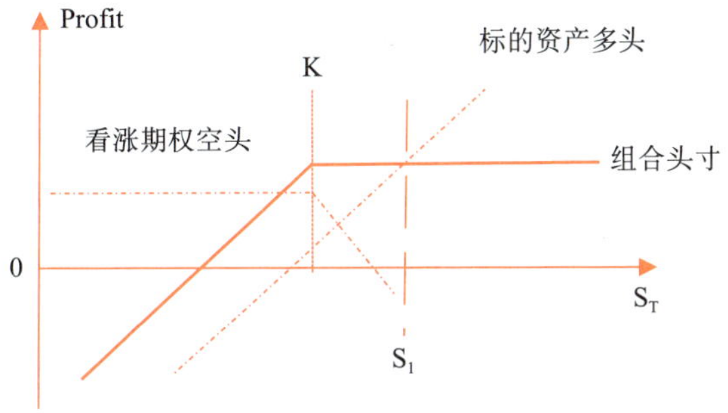

图 9－8 期权到期，看涨期权空头与标的资产多头组合损益结构图

从图 9－8 可见，持有标的资产，同时卖出该标的看涨期权，即标的资产多头和看涨期权空头构建的组合，相当于卖出看跌期权。所以，标的资产价格大幅下跌对该策略不利。

构建该组合策略主要考虑如下因素：（1）看涨期权的执行价格。所卖出期权的执行价格越高，买方行权的可能性越小，对构建该组合策略者越有利，但执行价格越高，看涨期权的权利金越低，卖出期权对增加标的资产持仓利润的影响越小。（2）标的资产价格变化趋势。如果标的资产价格在 S_1 以上时，该策略不如单独持有标的资产，即标的资产价格有较大幅度上涨时不宜采用此策略；构建该策略必须考虑和防止标的资产价格下跌幅度较大、速度较快的风险。所以，此策略适用于对标的资产价格谨慎看多的情形。

（三）买进看跌期权

1. 看跌期权多头到期损益分析

买进看跌期权并持有合约至到期，买方或行权卖出标的资产，或放弃执行期权，期权作废。

看跌期权多头到期时损益状况见图 9－9。

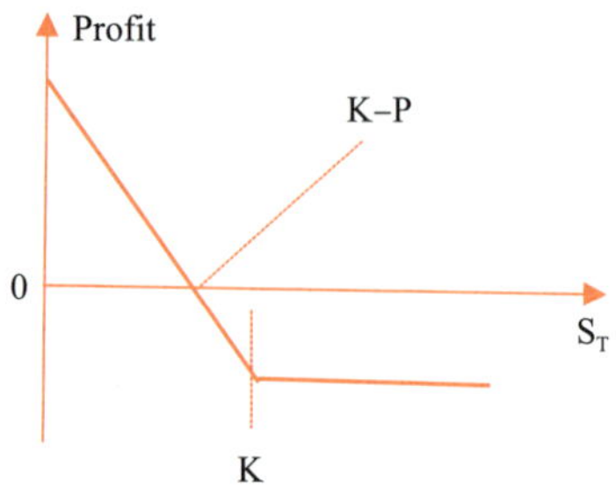

图 9－9　看跌期权多头到期损益状态图

在图 9－9 中，P 为期权价格，K－P 为期权到期看跌期权损益平衡点；其余符号和内容与图 9－5 看涨期权多头损益结构图相同。

期权到期时，标的资产价格对看跌期权多头的影响见表 9－12。

表 9－12　标的资产价格对看跌期权多头的影响

标的资产价格	看跌期权多头损益	期权头寸处置方法
$K-P<S<K$	亏损，亏损小于权利金，S_T 越低亏损越少	行权，以执行价格 K 卖出标的资产
$S=K-P$	损益为 0	
$S<K-P$	盈利，S_T 越低盈利越多，盈利最大值 $=K-P$	

2. 买进看跌期权综合分析

买进看跌期权综合分析见表 9－13。

表 9－13　买进看跌期权（Put Options Long）综合分析

标的资产价格状况	（1）熊市 （2）预测后市下跌 （3）价格见顶，波动率正在扩大，或隐含波动率低（Low Implied Volatility）
损益	平仓损益＝平仓卖出价－开仓买入价 行权损益＝执行价格－标的资产价格－权利金
最大损失	损失全部权利金
损益平衡点	执行价格－权利金

续表

保证金	无须缴纳
行权头寸性质	空头
适用情形 （标的资产价格趋势）	（1）熊市或预期后市下跌 （2）价格见顶，波动率大或正在扩大，或隐含波动率低（Low Implied Volatility）
基本运用	（1）赚取价差收益，获得更大的杠杆效应 （2）实现做空标的资产的目的，同时锁定最大损失 （3）规避标的资产价格下跌风险

买进看跌期权基本运用可作如下分析。

（1）赚取价差收益，博取更大的杠杆效应。交易者通过对标的资产价格趋势分析，认为标的资产价格会继续下跌，或下跌的可能性很大，可以通过买入看跌期权获取价差收益。标的资产价格下跌时，看跌期权价格应该上涨，交易者可在市场上以更高的价格卖出期权获利。如果标的资产价格上涨，交易者可了结期权止损，其最大损失为购买期权的费用。

【例 9-4】 2021 年 5 月底，交易者分析认为股票市场会有一定幅度下跌，但跌幅不会过大，决定买进上证 50ETF 期权获取股市下跌收益。交易者在 5 月 27 日接近收盘时，买进 50ETF 沽 9 月 3300（9 月到期的执行价格为 3.300 元的 50ETF 看跌期权）10 份，买进价 0.0465 元，支付权利金 4650 元（$=0.0465 \times 10 \times 10000$），这是买方可能的最大损失。

至 9 月 20 日，50ETF 的价格由 5 月 27 日的 3.658 元下跌至 3.199 元，下跌了 0.459 元，跌幅为 12.55%；该看跌期权的价格上涨至 0.1010 元，涨幅 117.20% [$=(0.1010-0.0465)/0.0465$]。购买看跌期权的收益率远超过标的资产价格下跌幅度，由此实现了赚取权利金价差收益，博取高杠杆效应的目的。

5 月 27 日至 9 月 20 日，50ETF 沽 9 月 3600 的价格由 0.1435 元上涨至 0.4000 元，涨幅 178.75% [$=(0.4000-0.1435)/0.1435$]。

由此可见，投资平值或接近平值的期权，如果获利的话，资金的收益率可能更高，期权的高杠杆性更为明显，反之亦然。

（2）实现做空标的资产的目的，同时锁定最大损失。对于标的资产没有做空机制或做空困难的情况，如果分析标的资产价格会下跌，但不能通过做空获取收益，在此情况下，可通过买进看跌期权实现盈利。

如我国境内股票市场，虽然可以通过融券实现做空，但由于融券限制较多，且要求的保证金较高，所以可以通过买进 ETF 看跌期权获取股市下跌的收益。

所以，如果预期标的资产价格有较大可能下跌，通过买进看跌期权，视同持有了标的资产空头，资金盈利率通常高于标的资产价格跌幅，且比直接卖出标的期货合约或融券卖出标的资产所需准备的初始资金少，如果标的资产价格上涨也不会被要求追加资金或遭受强行平仓。同时，由于买进期权的最大损失为权利金，所以通过看跌期权实现做空的目的，最大损失是可控的。

（3）规避标的资产价格下跌风险。通过购买看跌期权规避标的资产价格下跌风险，适用的基本情形有以下两种：

①保护标的资产多头。持有标的资产多头的投资者，如果继续看多标的资产后市，但又担心标的资产价格下跌而遭受损失，在此情形下，投资者可买进看跌期权。

如果标的资产价格下跌，卖出看跌期权获得价差收益，或按执行价格将标的资产卖出，从而对持有的标的资产形成保护，规避了标的资产价格下跌风险；如果标的资产价格上涨，看跌期权价格会下跌或期权作废，交易者最大损失为期权费，相当于提高了标的资产的持仓成本。

②锁定现货持仓价值或未来出售标的资产的收入。未来须卖出现货的生产企业或经销商，当其认为现货市场价格趋势不明朗，为规避价格下跌导致出售现货收入降低，可通过买入该资产看跌期权进行保值，实现锁定售货收入、稳定企业利润的目的。

交易者买入看跌期权后便取得了以执行价格卖出标的资产的权利，这样可以为将来计划卖出的标的资产限定一个最低卖价，以防止价格下跌而造成损失。当现货市场价格上涨时，期权购买者可以放弃行权，在现货市场上卖出标的资产，为此付出的最大代价是期权费。

与卖出期货合约对冲现货价格下跌风险相比，利用买进看跌期权规避标的资产价格下跌风险具有以下特征：

（1）资金占用可能更少，购买看跌期权所支付的权利金较卖出期货合约所需缴纳的保证金可能更少，而且无须考虑后续需要补交资金的问题。

但权利金一旦支付，所有权便发生转移，是看跌期权买方取得按约定价格卖出标的资产权利的代价；而卖出期货合约缴纳的保证金还属于期货合约的卖方。

（2）如果建仓后标的资产价格下跌，交易者卖出的期货合约和期权合约的盈利会弥补现货损失，但通常期权价格提高值不会超过期货价格的降低值。在这种情况下，卖出期货合约规避标的资产价格下跌风险比购买看跌期权的效果要好。

（3）如果建仓后标的资产价格上涨，期货持仓和期权持仓均会发生亏损，当标的资产价格上涨幅度较大，期货合约亏损会抵消现货上涨带来的好处，而期权的亏损最多为权利金。在这种情况下，购买看跌期权规避标的资产价格下跌风险比卖出期货合约的效果要好。

（四）卖出看跌期权

卖出看跌期权损益与买进看跌期权刚好相反，看跌期权卖方能够获得的最高收益为卖出期权收取的权利金。

1. 看跌期权空头到期损益分析

卖出看跌期权并持有合约至到期，卖方或被要求履约，或无须履约期权作废。

看跌期权空头到期损益状况见图 9－10。

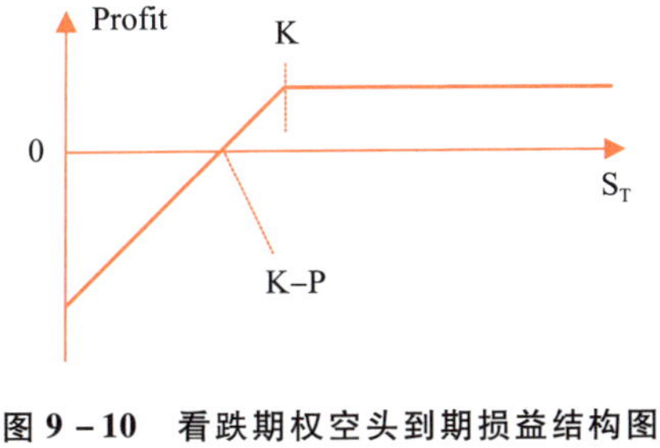

图 9－10 看跌期权空头到期损益结构图

在图 9－10 中，横轴 S_T 为期权到期标的资产价格，纵轴 Profit 为看跌期权空头到期损益，P 为期权价格，K 为执行价格，K－P 为期权到期看跌期权损益平衡点（相同条件的看跌期权多头和空头的损益平衡点相同）。

期权到期时，标的资产价格对看跌期权空头影响见表 9－14。

表 9-14　　标的资产价格对看跌期权空头的影响

标的资产价格	看跌期权空头损益	期权头寸处置方法
$S_T \geqslant K$	盈利，盈利值不变，等于期权的权利金	不履约，期权作废
$K-P<S_T<K$	盈利，盈利小于权利金，S_T越低盈利越少	履约，以价格 K 买进标的资产
$S_T=K-P$	损益 =0	
$S_T<K-P$	亏损，S_T越高亏损越多，最大亏损等于 K-P	

2. 卖出看跌期权综合分析

卖出看跌期权综合分析见表 9-15。

表 9-15　　卖出看跌期权（Put Options Short）综合分析表

损益	平仓损益 = 开仓卖出价 - 平仓买进价 行权损益 = 标的资产价格 - 执行价格 + 权利金
	最大盈利 = 权利金
	到期损益平衡点 = 执行价格 - 权利金
保证金	须缴纳［对于有保护的看跌期权（即持有标的资产空头头寸），则视保护情况而定］
期权头寸	看跌期权空头
履约方式和持仓	履约方式：买进标的资产；履约持仓：标的资产多头（或平标的资产空头）
适用情形（标的资产价格趋势）	（1）横盘整理或小幅上涨 （2）横盘，市场波动率低或收窄，或隐含波动率高（High Implied Volatility）
基本运用	（1）赚取权利金或期权价差收益 （2）履约平仓标的资产空头头寸 （3）履约买进标的资产

卖出看跌期权基本运用可进行如下分析。

（1）获得价差收益或权利金收益。卖出看跌期权赚取权利金或期权价差收益的基本情形可分为以下两种：

①交易者通过对标的资产价格变动趋势分析，认为标的资产价格会横

盘整理或小幅上涨，或隐含波动率高、期权价格被高估，可选择卖出看跌期权，获得权利金收益。

待标的资产价格上涨时，看跌期权的价格应随之下跌，交易者可买进看跌期权将空头平仓，获得价差收益。由于期权卖方最大的收益为期权费，标的资产价格大幅上涨，看跌期权空头也不会获得更多的收益，因此，标的资产价格大幅上涨时卖出看跌期权不是最佳选择。

如果持有期权至到期时更为有利，在没有被要求履约的情况下，卖方则可选择持有期权至到期。期权到期时，如果标的资产价格大于或等于执行价格，多头不会要求行权，期权卖方可获得权利金收入；看跌期权多头即便行权，空头仍可能盈利。

②赚取期权的时间价值。随着期权到期日的临近，期权时间价值会加速损耗，即便标的资产价格下跌，看跌期权价格仍然可能下跌，卖出看跌期权可获得相应的价差收益。

（2）履约平仓标的资产空头头寸。持有标的资产空头头寸，如已经卖出了期货合约的交易者，如果对标的资产后市谨慎看空，可考虑卖出看跌期权策略，通过履约方式买进标的资产，将标的资产空头平仓。通过卖出看跌期权履约将标的资产空头平仓，目的是希望比按当时的市场价格买进标的资产将空头平仓更为有利。

如果标的资产价格上涨，则所获得的权利金等于提高了标的资产的卖价；如果标的资产价格下跌，或期权买方行权，看跌期权空头被要求履行按执行价格买进标的资产，将其所持标的资产空头平仓。此策略被视为一个标的资产空头和一个看跌期权空头的组合，标的资产空头对卖出看跌期权形成保护，被称为有担保的看跌期权或备兑看跌期权。

当标的资产价格下跌至损益平衡点以下时，履约买进标的资产将空头平仓，标的资产买价 = 执行价格 - 权利金。

如果标的资产价格上涨，则应迅速止损，将标的资产和期权同时平仓。

平仓买进标的资产的价格 = 标的资产价格 - 期权平仓损益

因此，如果对标的资产后市谨慎看空，可卖出看跌期权履约将所持标的资产空头以更优的价格平仓；但卖出看跌期权后，如果标的资产价格大幅上涨而止损不及时，则会导致较大损失。

期权到期，组合策略损益状态见图 9－11。

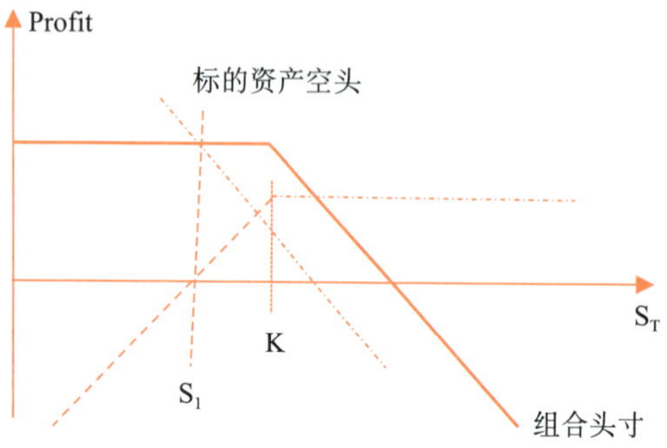

图 9－11　期权到期，看跌期权空头与标的资产空头组合损益结构图

由图 9－11 可见，持有标的资产空头，同时卖出该标的看跌期权，即标的资产空头和看跌期权空头构建的组合，相当于卖出看涨期权。所以，标的资产价格大幅上涨对该策略不利。

（3）履约买进标的资产。标的资产价格处于下降趋势，但交易者分析标的资产价格即将见底，可考虑卖出执行价格等于或接近标的资产价格的看跌期权。期权到期时，如果标的资产价格没有跌至执行价格以下，交易者获得权利金收益；如果标的资产价格跌至执行价格以下，该空头方履约买进标的资产，实现了买进标的资产的目的，同时获得权利金收益。

二、价差期权策略

期权与期权之间的组合可以分为价差期权策略和组合期权策略。

价差期权策略和组合期权策略构建方式、损益结构不同，适用情形也不相同。但构建策略损益分析均基于建仓并持有期权至到期的思路。

（一）价差期权策略概述

1. 构建方式

价差期权策略是指由类型相同的两个或多个期权头寸（即使用看涨期权或看跌期权）、采用不同的交易方向（即买入和卖出）构建。由于策略是通过买进和卖出相同类型、不同执行价格期权构建的，权利金总收支为卖出期权和买进期权的价差，所以称为价差期权策略。

2. 价差期权策略的特点

价差期权策略的交易方向特点和损益特点如下：

特点：
- 交易方向特点:交易方向不同,采用买进和卖出的交易方向进行构建。
- 损益特点：潜在收益和潜在损失都比较小。

3. 价差期权策略的类型

价差期权策略非常丰富，包括牛市价差、熊市价差、蝶式价差、日历价差、对角价差、比率价差、飞鹰式价差和铁秃鹰式价差等策略。以下详细介绍牛市价差和熊市价差期权的构建方法、损益特点、损益分析及适用情形，简单介绍蝶式价差的构建方法和损益特点以及其他价差期权的构建方法。

（二）牛市价差（Bull Spreads）期权

1. 构建方式

牛市价差期权是由同一期权系列的相同类型、不同执行价格的两个期权，采用买进低执行价格同时卖出高执行价格期权的方式构建的。

牛市价差期权可以用两个看涨期权构建，也可以用两个看跌期权构建。

2. 损益特征

由于该策略在标的资产价格上涨时获利、在标的资产价格下跌时亏损，所以称为牛市价差期权。

损益特征：在标的资产价格上涨时获利，但盈利有限；在标的资产价格下跌时亏损，亏损也有限。概括为上行收益有限，下行亏损有限。

3. 适用情形

由于该策略在标的资产价格上涨时获利，但获利有限，所以该策略适用于标的资产价格小幅上涨的情形。

该策略也可视为，交易者认为标的资产后市有一定程度上涨，但上涨幅度不会太大，购买看涨期权，为降低权利金投入成本，卖出执行价格更高的看涨期权抵补支出；或交易者对标的资产后市谨慎看多的情况下，卖出看跌期权，为防止行情判断错误造成较大损失，买进执行价格更低的看跌期权防范风险。

4. 用看涨期权构建的牛市价差期权

（1）构建方式及权利金收支情况。用看涨期权 1 和 2 构建，$K_1 < K_2$，买进看涨期权 1，同时卖出看涨期权 2。

建仓时权利金现金流 $= C_2 - C_1$

执行价格越高，看涨期权的价格通常越低，所以 $C_2 < C_1$，$C_2 - C_1 < 0$。

因此，用看涨期权构建的牛市价差期权，建仓时权利金现金流为流出，即权利金总收支情况为支出。建仓时的权利金现金流（$C_2 - C_1$）也是该策略的最大亏损。

（2）到期损益结构。用看涨期权构建的牛市价差期权到期损益结构见图 9－12。

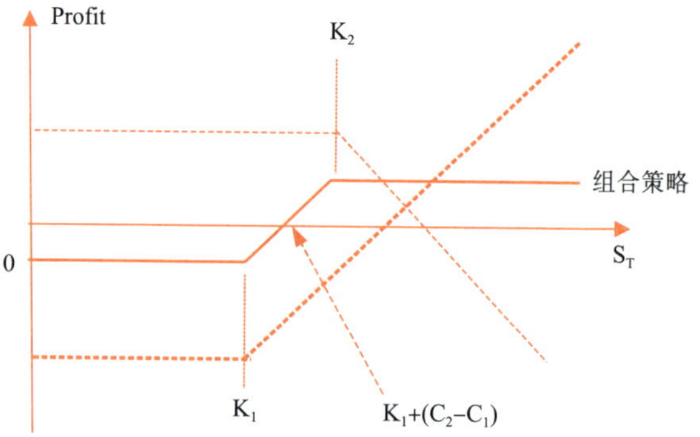

图 9－12　用看涨期权构建的牛市价差期权到期损益结构图

（3）到期损益分析。用看涨期权构建的牛市价差期权到期损益状况见表 9－16。

表 9－16　看涨期权牛市价差期权到期损益状况

标的资产价格	期权属性（实值、虚值或平值）		是否行权、履约及行权、履约方式		损益
	期权 1	期权 2	期权 1	期权 2	
$S_T \leq K_1$	虚值或平值	虚值	不行权	无须履约	亏损，损益 $= C_2 - C_1$ 为该策略的最大亏损
$S_T > K_2$	实值	实值	行权，支付 K_1 买进标的资产	履约，按 K_2 卖出标的资产	盈利，损益 $= (K_2 - K_1) + (C_2 - C_1)$ 为该策略的最大盈利

续表

标的资产价格	期权属性（实值、虚值或平值）		是否行权、履约及行权、履约方式		损益
	期权 1	期权 2	期权 1	期权 2	
$K_1 < S_T \leq K_2$	实值	虚值或平值	行权，支付 K_1 买进标的资产，并将标的资产按市场价格 S_T 卖出	履约	盈利或亏损，损益 $= S_T - K_1 + (C_2 - C_1)$
$S_T = K_1 - (C_2 - C_1)$	损益 $=0$；$K_1 - (C_2 - C_1)$ 为该策略的损益平衡点，损益平衡点位于 K_1 和 K_2 之间				
$S_T > K_1 - (C_2 - C_1)$	策略盈利，S_T 等于 K_2 时盈利达到最大，在 K_2 及以上盈利保持不变，盈利 $= (K_2 - K_1) + (C_2 - C_1)$				
$S_T < K_1 - (C_2 - C_1)$	策略亏损，S_T 等于 K_1 时亏损达到最大，在 K_1 及以下亏损保持不变，损益 $= C_2 - C_1$				

【例 9－5】 7 月 16 日，交易者认为 7 月底上证 50ETF 会有一定幅度上涨，决定用 7 月到期的执行价格为 3.300 元和 3.500 元的该标的看涨期权构建牛市价差期权。

建仓操作为买进 51005C2107M03300，价格 0.115 元；卖出 510050C2107M03500，价格 0.0116 元。建仓时权利金现金流 $= 0.0116 - 0.115 = -0.1034$ 元，为该策略的最大亏损。

7 月 28 日为该期权最后交易日和到期日。标的基金以 3.183 元收盘，即期权到期时，$S_T = 3.183$ 元，低于 K_1。因此，交易者持有的 2 个看涨期权均为虚值，多头不行权，2 个期权均作废。该策略损益为亏损 0.1034 元。

建仓后标的资产价格下跌，牛市价差期权亏损，标的基金价格下跌至 K_1 以下，该策略每份权利亏损 0.1034 元，达到牛市价差期权亏损的最大值。

5. 用看跌期权构建的牛市价差期权

（1）构建方式及权利金收支情况。用看跌期权 1 和期权 2 构建，$K_1 < K_2$，买进看跌期权 1 同时卖出看跌期权 2。

建仓时权利金现金流 $= P_2 - P_1$

执行价格越高，看跌期权的价格通常越高，从而 $P_2 - P_1 > 0$。

使用看跌期权构建的牛市价差期权策略，建仓时权利金现金流为净流入，即权利金总收支情况为收入。建仓时的权利金现金流（$P_2 - P_1$）也是该策略的最大盈利。

（2）到期损益结构。用看跌期权构建的牛市价差期权到期损益结构见图 9－13。

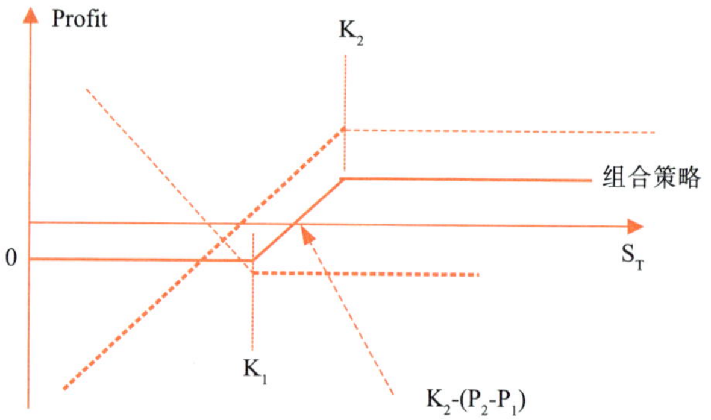

图 9－13　用看跌期权构建的牛市价差期权到期损益结构图

（3）到期损益分析。用看跌期权构建的牛市价差期权到期损益状况见表 9－17。

表 9－17　看跌期权牛市价差期权到期损益状况

标的资产价格	期权属性（实值、虚值或平值）		是否行权、履约及行权、履约方式		损益
	期权 1	期权 2	期权 1	期权 2	
$S_T \geqslant K_2$	虚值	虚值或平值	不行权	无须履约	盈利，损益 $= P_2 - P_1$ 为该策略的最大盈利
$S_T < K_1$	实值	实值	行权，按 K_1 卖出标的资产	履约，按 K_2 买进标的资产	亏损，损益 $= (K_1 - K_2) + (P_2 - P_1)$ 为该策略的最大亏损
$K_1 \leqslant S_T < K_2$	虚值或平值	实值	不行权	履约，按 K_2 买进标的资产，并将标的资产按市场价格 S_T 卖出	盈利或亏损，损益 $= S_T - K_2 + (P_2 - P_1)$

续表

标的资产价格	期权属性（实值、虚值或平值）		是否行权、履约及行权、履约方式		损益
	期权 1	期权 2	期权 1	期权 2	
$S_T = K_2 - (P_2 - P_1)$	损益 = 0；$K_2 - (P_2 - P_1)$ 为该策略的损益平衡点，损益平衡点位于 K_1 和 K_2 之间				
$S_T > K_2 - (P_2 - P_1)$	策略盈利，S_T 等于 K_2 时盈利达到最大，在 K_2 及以上盈利保持不变，盈利 = $P_2 - P_1$				
$S_T < K_2 - (P_2 - P_1)$	策略亏损，S_T 等于 K_1 时亏损达到最大，在 K_1 以下亏损保持不变，损益 = $(K_1 - K_2) + (P_2 - P_1)$				

【例 9－6】 使用例 9－5 数据，用 7 月到期的执行价格为 3.300 元和 3.500 元的该标的看跌期权构建牛市价差期权。

建仓操作为买进 51005P2107M03300，价格 0.0075 元；卖出 510050P2107M03500，价格 0.1045 元。建仓时权利金现金流 = 0.1045 － 0.0075 = 0.097 元，为该策略的最大盈利。

期权到期时 $S_T = 3.183$ 元，低于 K_1，交易者持有的 2 个看跌期权均为实值，持有的多头头寸行权，空头头寸须履约。损益 = $(K_1 - K_2) + (P_2 - P_1) = (3.3 - 3.5) + 0.097 = -0.103$ 元。

建仓后由于标的资产价格下跌，牛市价差期权亏损，标的基金价格下跌至 K_1 以下，每份权利亏损 0.103 元，达到牛市价差期权亏损的最大值。

因此，无论用看涨还是看跌期权构建牛市价差期权，标的资产价格下跌均会导致期权策略亏损。

（三）熊市价差（Bear Spreads）期权

1. 构建方式

熊市价差期权是由同一期权系列的相同类型、不同执行价格的两个期权，采用买进高执行价格同时卖出低执行价格期权的方式构建的。

熊市价差期权可以用两个看涨期权构建，也可以用看跌期权构建。

2. 损益特征

由于该策略在标的资产价格下跌时获利，标的资产价格上涨时亏损，所以称为熊市价差期权。

损益特征：标的资产价格下跌时获利，但盈利有限；标的资产价格上涨时亏损，亏损也有限。

3. 适用情形

由于策略在标的资产价格下跌时获利，但获利有限，因此该策略适用于标的资产价格小幅下跌的情形。

该策略也可视为，交易者认为标的资产后市有一定程度下跌，但下跌幅度不会太大，购买看跌期权，为降低权利金投入成本，卖出执行价格更低的看跌期权抵补支出；或交易者对标的资产后市谨慎看空的情况下，卖出看涨期权，为防止行情判断错误造成较大损失，买进执行价格更高的看涨期权防范风险。

4. 用看涨期权构建的熊市价差期权

（1）构建方式及权利金收支情况。用看涨期权 1 和看涨期权 2 构建，$K_1 < K_2$，买进看涨期权 2 同时卖出看涨期权 1。

建仓时权利金现金流 $= C_1 - C_2$。

执行价格越高，看涨期权的价格通常越低，从而 $C_1 - C_2 > 0$。

用看涨期权构建的熊市价差期权，建仓时权利金现金流为流入，即权利金总收支情况为收入。

（2）到期损益结构。用看涨期权构建的熊市价差期权到期损益结构见图 9－14。

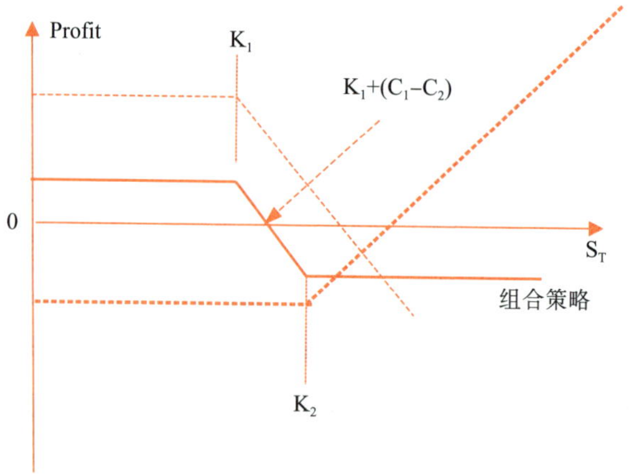

图 9－14　用看涨期权构建的熊市价差期权到期损益结构图

（3）到期损益分析。用看涨期权构建的熊市价差期权到期损益状况见表 9 – 18。

表 9 – 18　　看涨期权熊市价差期权到期损益状况

<table>
<tr><th rowspan="2">标的资产价格</th><th colspan="2">期权属性（实值、虚值或平值）</th><th colspan="2">是否行权、履约及行权、履约方式</th><th rowspan="2">损益</th></tr>
<tr><th>期权 1</th><th>期权 2</th><th>期权 1</th><th>期权 2</th></tr>
<tr><td>$S_T \leq K_1$</td><td>虚值或平值</td><td>虚值</td><td>无须履约</td><td>不行权</td><td>盈利，损益 = $C_1 - C_2$ 为该策略的最大盈利</td></tr>
<tr><td>$S_T > K_2$</td><td>实值</td><td>实值</td><td>履约，按 K_1 卖出标的资产</td><td>行权，支付 K_2 买进标的资产</td><td>亏损，损益 = $(K_1 - K_2) + (C_1 - C_2)$ 为该策略的最大亏损</td></tr>
<tr><td>$K_1 < S_T \leq K_2$</td><td>实值</td><td>虚值或平值</td><td>履约，按市场价格 S_T 买进标的资产，履约按 K_1 卖出</td><td>不行权</td><td>盈利或亏损，损益 = $K_1 - S_T + (C_1 - C_2)$</td></tr>
<tr><td>$S_T = K_1 + (C_1 - C_2)$</td><td colspan="5">损益 = 0；$K_1 + (C_1 - C_2)$ 为该策略的损益平衡点，损益平衡点位于 K_1 和 K_2 之间</td></tr>
<tr><td>$S_T > K_1 + (C_1 - C_2)$</td><td colspan="5">策略亏损，S_T 等于 K_2 时亏损达到最大在 K_2 及以上亏损保持不变，损益 = $(K_1 - K_2) + (C_1 - C_2)$</td></tr>
<tr><td>$S_T < K_1 + (C_1 - C_2)$</td><td colspan="5">策略盈利，S_T 等于 K_1 时盈利达到最大，在 K_1 及以下盈利保持不变，盈利 = $C_1 - C_2$</td></tr>
</table>

【例 9 – 7】 使用例 9 – 5 数据，7 月 16 日，交易者认为 7 月底上证 50ETF 会有一定幅度下跌，决定用 7 月到期的执行价格为 3.300 元和 3.500 元的该标的看涨期权构建熊市价差期权。

建仓操作为卖出 51005C2107M03300，价格 0.115 元；买进 510050C2107M03500，价格 0.0116 元。建仓时权利金现金流 = 0.115 – 0.0116 = 0.1034 元，为该策略的最大盈利。

期权到期时，标的基金的价格 S_T = 3.183 元，低于 K_1，交易者持有的 2 个看涨期权均为虚值，多头不行权，空头无须履约，2 个期权均作废。该策略损益为盈利 0.1034 元。

建仓后由于标的资产价格下跌，熊市价差期权盈利，标的基金价格下跌至 K_1 以下，该策略每份权利盈利 0.1034 元，达到熊市价差期权盈利的最大值。

5. 用看跌期权构建的熊市价差期权

（1）构建方式及权利金收支情况。用看跌期权 1 和看跌期权 2 构建，$K_1 < K_2$，卖出看跌期权 1 同时买进看跌期权 2。

建仓时权利金现金流 $= P_1 - P_2$。

执行价格越高，看跌期权的价格通常越高，从而 $P_1 - P_2 < 0$。

用看跌期权构建的熊市价差期权策略，建仓时权利金现金流为流出，即权利金总收支情况为支出。建仓时的权利金现金流（$P_1 - P_2$）也是该策略的最大亏损。

（2）到期损益结构。用看跌期权构建的熊市价差期权到期损益结构见图 9－15。

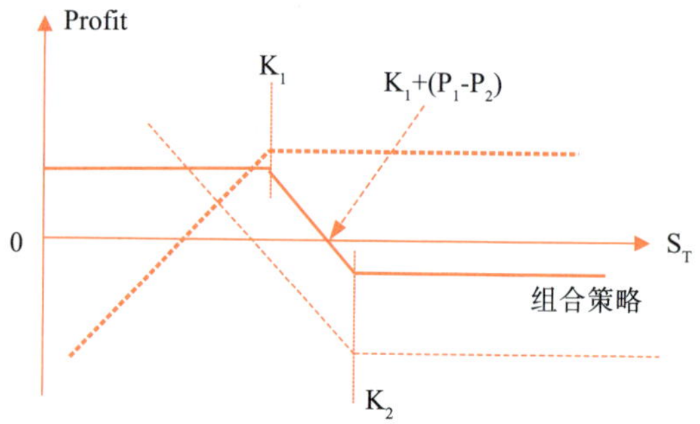

图 9－15　用看跌期权构建的熊市价差期权到期损益结构图

（3）到期损益分析。用看跌期权构建的熊市价差期权到期损益状况见表 9－19。

表 9－19　看跌期权熊市价差期权到期损益状况

标的资产价格	期权属性（实值、虚值或平值）		是否行权、履约及行权、履约方式		损益
	期权 1	期权 2	期权 1	期权 2	
$S_T \geq K_2$	虚值	虚值或平值	无须履约	不行权	亏损，损益 $= P_1 - P_2$ 为该策略的最大亏损
$S_T < K_1$	实值	实值	履约，按 K_1 买进标的资产	行权，按 K_2 卖出标的资产	盈利，损益 $= (K_2 - K_1) + (P_1 - P_2)$ 为该策略的最大盈利

续表

标的资产价格	期权属性（实值、虚值或平值）		是否行权、履约及行权、履约方式		损益
	期权1	期权2	期权1	期权2	
$K_1 \leq S_T < K_2$	虚值或平值	实值	无须履约	行权，按市场价格 S_T 买进标的资产，行权按 K_2 卖出	盈利或亏损，损益 $= S_T - K_1 + (P_1 - P_2)$
$S_T = K_1 + (P_1 - P_2)$	损益 = 0；$K_2 + (P_1 - P_2)$ 为该策略的损益平衡点，损益平衡点位于 K_1 和 K_2 之间				
$S_T > K_1 + (P_1 - P_2)$	策略亏损，S_T 等于 K_2 时亏损达到最大，在 K_2 及以上亏损保持不变，损益 $= P_1 - P_2$				
$S_T < K_1 + (P_1 - P_2)$	策略盈利，S_T 等于 K_1 时盈利达到最大，在 K_1 及以下盈利保持不变，盈利 $= (K_2 - K_1) + (P_1 - P_2)$				

【例9-8】 使用例9-5数据，7月16日，交易者认为7月底上证50ETF会有一定幅度下跌，决定用7月到期的执行价格为3.300元和3.500元的该标的看跌期权构建熊市价差期权。

建仓操作为卖出51005P2107M03300，价格0.0075元；买进510050P2107M03500，价格0.1045元。建仓时权利金现金流 = 0.0075 − 0.1045 = −0.097元，为该策略的最大亏损。

期权到期时，标的基金的价格 $S_T = 3.183$ 元，低于 K_1，交易者持有的2个看跌期权均为实值，持有的多头头寸行权，空头头寸须履约。

该策略损益为 $(K_2 - K_1) + (P_1 - P_2) = (3.5 - 3.3) - 0.097 = 0.103$ 元。

建仓后由于标的资产价格下跌，熊市价差期权盈利，标的基金价格下跌至 K_1 以下，该策略每份权利盈利0.103元，达到熊市价差期权盈利的最大值。

因此，无论用看涨还是看跌期权构建熊市价差期权，标的资产价格下跌均会获得收益。

（四）蝶式价差（Butterfly Spreads）期权

与牛市和熊市价差期权相似，蝶式价差期权可以用看涨期权构建，也可以用看跌期权构建。所不同的是，蝶式价差期权是由同一期权系列的相同类型、不同执行价格的三个期权，执行价格居中的期权使用两份、执行价格处于两端的期权各使用一份构建的。

构建方式为买进（卖出）两边执行价格期权（各一份），同时卖出（买进）中间执行价格的期权两份，中间执行价格的期权通常接近平值。

根据对两边执行价格和中间执行价格期权的操作方向，蝶式价差期权分为多头（正向）蝶式价差期权和空头（反向）蝶式价差期权。

1. 多头蝶式价差期权

（1）构建方法。1、2、3 为三个执行价格相邻的看涨或看跌期权，$K_1 < K_2 < K_3$，买进期权 1 和 3 各一份，同时卖出两份期权 2。

用看涨期权构建的蝶式价差期权，建仓时权利金现金流 $=2C_2-(C_1+C_3)$

用看跌期权构建的蝶式价差期权，建仓时权利金现金流 $=2P_2-(P_1+P_3)$

根据期权和执行价格比例关系，通常情况下，$C_1+C_3>2C_2$；$P_1+P_3>2P_2$

所以，多头蝶式价差期权建仓时权利金总收支为支出，故称为多头蝶式。

（2）期权到期损益分析。

①用看涨期权构建的多头蝶式价差期权到期损益分析。看涨期权多头蝶式价差期权到期损益分析见表 9－20。

表 9－20　看涨期权多头蝶式价差期权到期损益状况

标的资产价格	期权属性（实值、虚值或平值）			是否行权、履约及行权、履约方式			损益
	期权 1	期权 2	期权 3	期权 1	期权 2	期权 3	
$S_T \leqslant K_1$	虚值或平值	虚值	虚值	不行权	无须履约	不行权	亏损，损益 $=2C_2-[C_1+C_3]$
$S_T > K_3$	实值	实值	实值	行权，支付 K_1 购买标的资产。	履约，将标的资产按 K_2 卖出	行权，支付 K_3 购买标的的资产	亏损，损益 $=[2K_2-K_1-K_3]+[2C_2-(C_1+C_3)]$
$K_1<S_T<K_2$	实值	虚值	虚值	行权，支付 K_1 购买标的资产。	无须履约	不行权	盈利或亏损，损益 $=S_T-K_1+[2C_2-(C_1+C_3)]$

续表

标的资产价格	期权属性（实值、虚值或平值）			是否行权、履约及行权、履约方式			损益
	期权1	期权2	期权3	期权1	期权2	期权3	
$S_T = K_1 - [2C_2 - (C_1 + C_3)]$	损益 = 0；$K_1 - [2C_2 - (C_1 + C_3)]$ 为该策略左侧损益平衡点（S_1），$S_T < K_1 - [2C_2 - (C_1 + C_3)]$ 时亏损，等于 K_1 时亏损达到左侧最大，在 K_1 及以下亏损保持不变，损益 = $2C_2 - (C_1 + C_3)$。						
$S_T = K_2$	实值	平值	虚值	行权，支付 K_1 购买标的资产，按市场价格 S_T（K_2）卖出。	无须履约	不行权	盈利，损益 = $K_2 - K_1 + [2C_2 - (C_1 + C_3)]$
$K_2 < S_T \leqslant K_3$	实值	实值	虚值或平值	行权，支付 K_1 购买标的资产	履约，按 K_2 出售标的资产	不行权	盈利或亏损，损益 = $2K_2 - K_1 - S_T + [2C_2 - (C_1 + C_3)]$
$S_T = 2K_2 - K_1 + [2C_2 - (C_1 + C_3)]$	损益 = 0；$2K_2 - K_1 + [2C_2 - (C_1 + C_3)]$ 为该策略右侧损益平衡点（S_2），$S_T > 2K_2 - K_1 + [2C_2 - (C_1 + C_3)]$ 时亏损，等于 K_3 时亏损达到右侧最大，在 K_3 及以上亏损保持不变，损益 = $(2K_2 - K_1 - K_3) + [2C_2 - (C_1 + C_3)]$						
$S_1 < S_T < S_2$	S_T 在 $K_1 - [2C_2 - (C_1 + C_3)]$ 和 $2K_2 - K_1 + [2C_2 - (C_1 + C_3)]$ 之间，该策略盈利；$S_T = K_2$ 盈利最大						

②用看跌期权构建的多头蝶式价差期权到期损益分析。看跌期权多头蝶式价差期权到期损益状况见表 9－21。

表 9－21　　看跌期权多头蝶式价差期权到期损益状况

标的资产价格	期权属性（实值、虚值或平值）			是否行权、履约及行权、履约方式			损益
	期权1	期权2	期权3	期权1	期权2	期权3	
$S_T < K_1$	实值	实值	实值	行权	履约	行权	亏损，损益 = $(K_1 + K_3 - 2K_2) + 2P_2 - (P_1 + P_3)$
$S_T \geqslant K_3$	虚值	虚值	虚值或平值	不行权	不履约	不行权	亏损，损益 = $2P_2 - (P_1 + P_3)$

续表

标的资产价格	期权属性（实值、虚值或平值）			是否行权、履约及行权、履约方式			损益
	期权 1	期权 2	期权 3	期权 1	期权 2	期权 3	
$K_1 < S_T < K_2$	虚值	实值	实值	不行权	履约，支付 K_2 购买标的资产	行权，按 K_3 出售标的资产	盈利或亏损，损益 $=(K_3-2K_2+S_T)+2P_2-(P_1+P_3)$
$S_T=(2K_2-K_3)-[2P_2-(P_1+P_3)]$	损益 =0；$(2K_2-K_3)-[2P_2-(P_1+P_3)]$ 为该策略左侧损益平衡点（S_1），$S_T<(2K_2-K_3)-[2P_2-(P_1+P_3)]$ 时亏损，等于 K_1 时亏损达到左侧最大，在 K_1 及以下亏损保持不变，损益 $=(K_1+K_3-2K_2)+2P_2-(P_1+P_3)$						
$S_T=K_2$	虚值	平值	实值	不行权	无须履约	行权，从市场上按 S_T（K_2）买进标的资产，行权按 K_3 卖出	盈利，损益 $=K_3-K_2+[2P_2-(P_1+P_3)]$
$K_2 < S_T < K_3$	虚值	虚值	实值	不行权	无须履约	行权，从市场上按 S_T 买进标的资产，行权按 K_3 卖出	盈利或亏损，损益 $=K_3-S_T+[2P_2-(P_1+P_3)]$
$S_T=K_3+[2P_2-(P_1+P_3)]$	损益 =0；$K_3+[2P_2-(P_1+P_3)]$ 为该策略右侧损益平衡点（S_2），$S_T>K_3+[2P_2-(P_1+P_3)]$ 时亏损，等于 K_3 时亏损达到右侧最大，在 K_3 及以上亏损保持不变，损益 $=2P_2-(P_1+P_3)$						
$S_1 < S_T < S_2$	该策略盈利；$S_T=K_2$ 盈利最大						

（3）损益特征及适用情形。

①到期损益特征。用看涨和看跌期权构建的多头蝶式价差期权损益结构见图 9－16。

根据表 9－20 和表 9－21 和图 9－16 可知，期权到期时，标的资产价格在左侧损益平衡点和右侧损益平衡点之间时盈利，等于 K_2 时盈利最大；低于左侧、高于右侧损益平衡点均会亏损。

因此，多头蝶式价差期权在标的资产价格大幅波动时亏损，小幅波动或价格不变时盈利，但盈利和亏损均有限。

②适用情形。根据多头蝶式价差期权的损益特征，多头蝶式价差期权适用于标的资产价格小幅波动的情形。

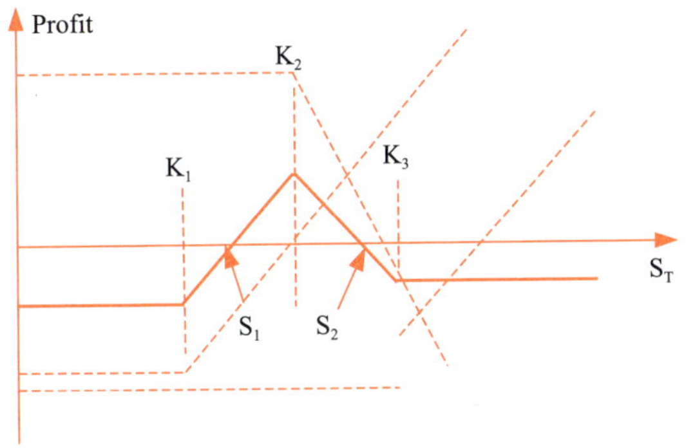

图 9-16　多头蝶式价差期权到期损益结构图

2. 空头蝶式价差期权

空头蝶式价差期权与多头蝶式价差期权的构建方法、损益特征和适用情形相反。

空头蝶式价差期权的构建方法为卖出两边执行价格的期权 1 和期权 3 各一份，同时买进两份中间执行价格的期权 2。

用看涨期权构建的蝶式价差期权，建仓时权利金现金流 $= (C_1 + C_3) - 2C_2$

用看跌期权构建的蝶式价差期权，建仓时权利金现金流 $= (P_1 + P_3) - 2P_2$

空头蝶式价差期权建仓时权利金总收支为收入，故称为空头蝶式。

期权到期时，标的资产价格在左侧损益平衡点和右侧损益平衡点之间时亏损，等于 K_2 时亏损最大；低于左侧、高于右侧损益平衡点均会盈利。空头蝶式价差期权到期损益结构图与多头蝶式价差期权损益结构以 X 轴对称，见图 9-17（图中单个看跌期权到期损益结构图省略）。

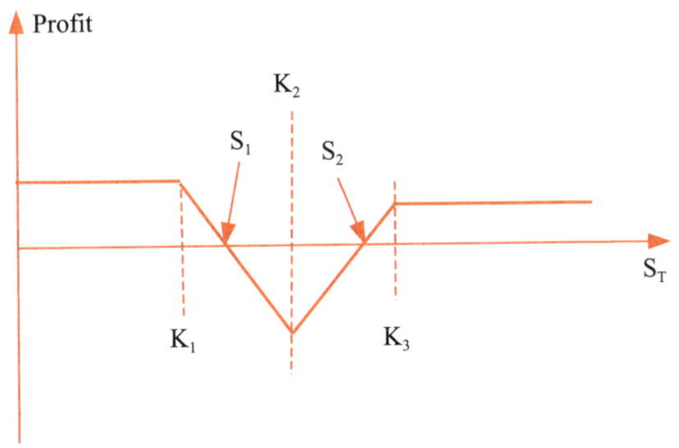

图 9-17　空头蝶式价差期权到期损益结构图

三、组合期权策略

（一）组合期权策略概述

1. 构建方式

组合期权策略采用看涨和看跌期权、相同交易方向构建。由于该策略是看涨期权和看跌期权的组合，权利金总收支为买进期权的权利金合计或卖出期权的权利金合计，故称为组合期权策略。

2. 组合期权策略的特点

组合期权策略的期权头寸特点、交易方向特点和损益特点如下：

特点
- 期权头寸特点:期权头寸类型不同(用看涨期权和看跌进行构建)
- 交易方向特点:交易方向相同(采用买进或卖出的交易方向进行构建)
- 损益特点:潜在收益和潜在损失都比较大

3. 组合期权策略的类型

常见的组合期权策略包括跨式期权、Strips 期权、Straps 期权和宽跨式期权等，下面着重对跨式期权和宽跨式期权进行介绍。

（二）跨式期权组合

1. 构建方式

跨式期权组合是用同一期权系列执行价格相同的一个看涨期权和看跌期权，采用相同的交易方向构建的。根据交易方向的不同，跨式期权分为多头跨式和空头跨式。

多头跨式期权的构建方法为同时买进看涨期权和看跌期权，权利金现金流 = $-C-P$，权利金总收支为支出。

空头跨式期权的构建方法为同时卖出看涨期权和看跌期权，权利金现金流 = $C+P$，权利金总收支为收入。

2. 到期损益分析

（1）多头跨式期权到期损益分析。多头跨式期权到期损益状况见表 9－22。

表 9－22 多头跨式期权到期损益状况

标的资产价格	期权属性（实值、虚值或平值）		是否行权、履约及行权、履约方式		损益
	看涨期权	看跌期权	看涨期权	看跌期权	
$S_T<K$	虚值	实值	不行权	行权，从市场上按 S_T 买进标的资产，行权按 K 卖出	盈利或亏损，损益 $=K-S_T+(-C-P)$
$S_T=K+(-C-P)$	损益 =0；$K-(C+P)$ 为该策略左侧损益平衡点 S_1				
$S_T>K$	实值	虚值	行权，按 K 买进标的资产，按 S_T 在市场上卖出	不行权	盈利或亏损，损益 $=S_T-K+(-C-P)$
$S_T=K$	平值	平值	不行权	不行权	亏损，损益 $=-C-P$
$S_1<S_T<S_2$	策略亏损，S_T 等于 K 时亏损达到最大，亏损等于建仓时的权利金支出				
$S_T<S_1, S_T>S_2$	策略盈利，$S_T<K-(C+P)$，越低盈利越多，最多等于 $K-(C+P)$；$S_T>K+(C+P)$，越高盈利越多，理论上可以无限大				

（2）空头跨式期权到期损益分析。空头跨式期权到期损益状况见表 9－23。

表 9－23 空头跨式期权到期损益状况

标的资产价格	期权属性（实值、虚值或平值）		是否行权、履约及行权、履约方式		损益
	看涨期权	看跌期权	看涨期权	看跌期权	
$S_T<K$	虚值	实值	不履约	履约，按 K 买进标的资产，按 S_T 在市场上卖出	盈利或亏损，损益 $=S_T-K+(C+P)$
$S_T=K-(C+P)$	损益 =0；$K-(C+P)$ 为该策略左侧损益平衡点 S_1				
$S_T>K$	实值	虚值	履约，从市场上按 S_T 买进标的资产，行权按 K 卖出	不履约	盈利或亏损，损益 $=K-S_T+(C+P)$
$S_T=K+(C+P)$	损益 =0；$K+(C+P)$ 为该策略右侧损益平衡点 S_2				
$S_T=K$	平值	平值	不行权	不行权	盈利，损益 $=C+P$

续表

标的资产价格	期权属性（实值、虚值或平值）		是否行权、履约及行权、履约方式		损益
	看涨期权	看跌期权	看涨期权	看跌期权	
$S_1 < S_T < S_2$	策略盈利，S_T 等于 K 时盈利达到最大，盈利等于建仓时的权利金收入				
$S_T < S_1$，$S_T > S_2$	策略亏损，$S_T < K-(C+P)$，越低亏损越多，最多等于 $K-(C+P)$；$S_T > K+(C+P)$，越高亏损越多，理论上可以无限大				

3. 损益特征及适用情形

（1）到期损益特征。多头跨式期权和空头跨式期权到期损益结构见图 9 - 18 和图9 - 19。

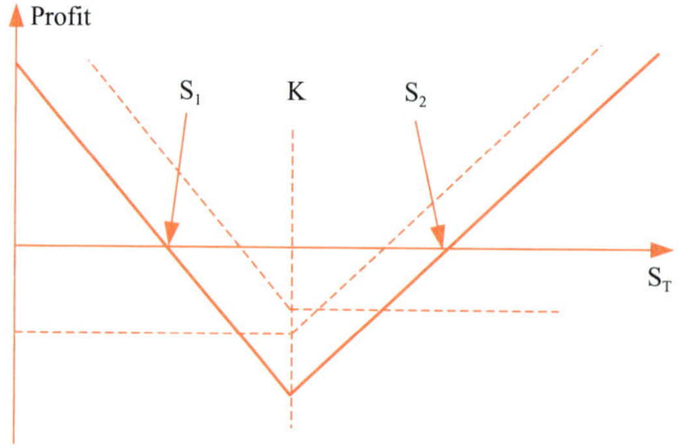

图 9 - 18　多头跨式期权到期损益结构图

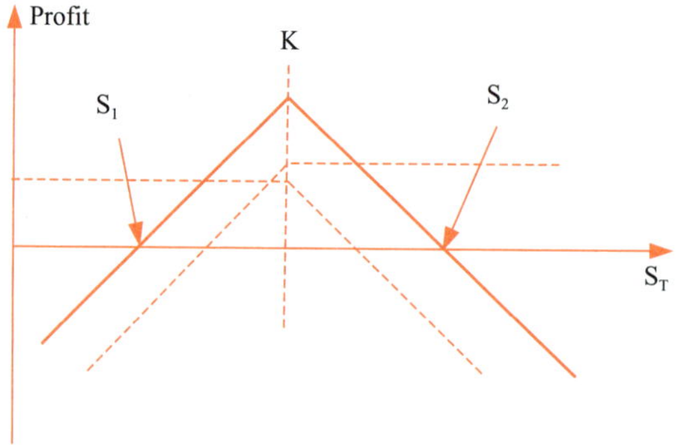

图 9 - 19　空头跨式期权到期损益结构图

根据表 9 - 22 和图 9 - 18 可知，多头跨式期权到期时，标的资产价格在左侧损益平衡点和右侧损益平衡点之间时亏损，等于 K 时亏损最大；低于左侧或高于右侧损益平衡点时均会盈利。

多头跨式期权在标的资产价格大幅波动时盈利，小幅波动或价格不变时亏损，最大亏损等于建仓时权利金总支出。

与多头跨式期权相反，空头跨式期权到期时，标的资产价格在左侧损益平衡点和右侧损益平衡点之间时盈利，等于 K 时盈利最大；低于左侧或高于右侧损益平衡点时均会亏损。

空头跨式期权在标的资产价格大幅波动时亏损，小幅波动或价格不变时盈利，最大盈利等于建仓时权利金总收入。到期损益分析和损益结构见表 9－23 和图 9－18。

（2）适用情形。根据跨式期权组合损益特征，多头跨式期权适用于标的资产价格大幅波动的情形，也称为做多波动率策略；空头跨式期权适用于标的资产价格小幅波动的情形，也称为做空波动率策略。

（三）宽跨式期权组合

与跨式期权相同，宽跨式期权也是用同一期权系列的一个看涨期权和看跌期权，采用相同的交易方向构建，根据交易方向的不同，宽跨式期权分为多头宽跨式和空头宽跨式。

多头宽跨式期权的构建方法是同时买进看涨期权和看跌期权；空头宽跨式期权组合是同时卖出看涨期权和看跌期权。

与跨式期权不同的是，宽跨式期权所用的看涨期权和看跌期权的执行价格不同，看跌期权的执行价格低于看涨期权的执行价格，这样才可以构造出跨式期权的宽度。

多头宽跨式期权和空头宽跨式期权到期损益结构见图 9－20 和图 9－21。

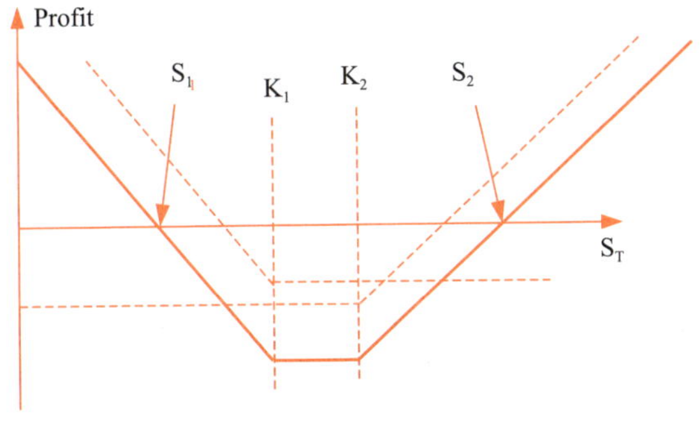

图 9－20 多头宽跨式期权到期损益结构图

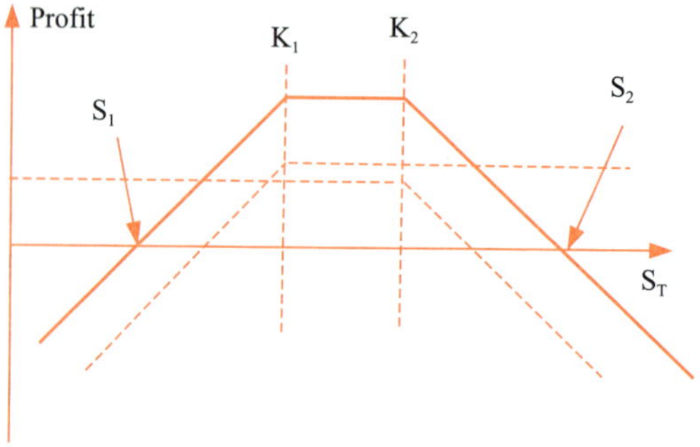

图 9－21　空头宽跨式期权到期损益结构图

宽跨式期权和跨式期权的适用情形相似，多头宽跨式期权适用于标的资产价格大幅波动的情形，也称为做多波动率策略；空头宽跨式期权适用于标的资产价格小幅波动的情形，也称为做空波动率策略。由于宽跨式期权是用执行价格不同的看涨期权和看跌期权构建的，两个损益平衡点的宽度大于跨式期权的损益平衡点的宽度。因此，与多头跨式期权相比，多头宽跨式期权适用于标的资产价格波动幅度更大的情形；与空头宽跨式期权相比，空头跨式期权适用于标的资产价格波动幅度更小的情形。

第四节　奇异期权

学习内容	知识点
奇异期权及分类	奇异期权主要类型和各类主要品种
主要的奇异期权	亚式期权、障碍期权、两值期权等期权的概念和收益特点
	其他主要奇异期权的概念

一、奇异期权及分类

期权市场是最活跃的金融市场，期权创新日新月异。20 世纪 90 年代以来，市场上出现了很多收益风险特征区别于普通期权的非标准化期权，统称为奇异期权（Exotic Option）。与奇异期权相对应，我们通常所说的看涨期权、看跌期权、欧式期权和美式期权等，为普通期权（Vanilla Option）或标准期权（Standard Option），奇异期权是比标准期权更复杂的金融衍生工具。

奇异期权的回报取决于各种独特的条款，附加期权激活或终止机制，用于满足投资者不同的需求，因而大受欢迎。

奇异期权的分类方式没有统一的口径，市场上常见的类型有路径依赖期权、多因子期权、时间依赖型期权、极值依赖期权和支付修正期权五类。

（一）路径依赖型期权

路径依赖型期权（Path - Dependent Option）的回报取决于期权有效期内标的资产的价格趋势，而不只是期权到期日或行权时标的资产的价格，亚式期权、阶梯形期权、棘轮期权、回望期权和呼叫期权等属于路径依赖型期权。

（二）多因子期权

多因子期权（Multi - Factor Option）的标的资产不再局限于单个基础资产。其标的资产可以是普通期权，也可以是多个资产形成的组合，期权的收益取决于两种或多种目标资产的价格。以普通期权作为标的资产的称为复合期权，其他多因子期权还有一篮子期权、交换期权、差价期权和彩虹期权等。

（三）时间依赖型期权

时间依赖型期权（Time - Dependent Option）是在期权到期前，赋予期权的多头方在某个时刻选择期权合约的某些特征，决定其到期收益的期权。最常见的时间依赖型期权是选择性期权和远期开始期权。

（四）极值依赖型期权

有的分类把极值依赖型期权也归入路径依赖期权，因为这种期权的收益广义上讲也是依赖于标的资产价格变化的路径。只是它的依赖方式比较特别，当标的资产价格达到某个临界值时，期权合约将被激活（Activated）

或宣告失效（Deactivated）。常见的极值依赖型期权包括障碍期权（Barrier Option）和自定义执行期权（Defined Exercise Option）。

（五）支付修正型期权

支付修正型期权是对普通期权的到期收益模式进行修正的结果。普通看涨期权的到期支付为 max（0，S－K），而普通看跌期权的到期支付是 Max（0，K－S），将这一支付进行修改，就得到支付修正型期权，常见的有数值期权和指数期权。

表 9－24 为各类奇异期权的类别归属。

表 9－24　　奇异期权产品分类

产品子类	产品
路径依赖性期权	亚式期权、回望期权、阶梯期权、棘轮期权、呼叫期权
多因子期权	复合期权、彩虹期权、一篮子期权、交换期权
时间依赖性期权	选择性期权、远期开始期权
极值依赖性期权	障碍期权、自定义执行期权
支付修正性期权	数值期权、指数期权

下面介绍几种最常见的奇异期权。

二、亚式期权

亚式期权（Asian Option）与欧式期权、美式期权相似，均以地域命名，而与地域无关。

欧式和美式期权是按执行期权的时间不同进行分类的，亚式期权与之不同，不根据执行期权的时间来区分。

亚式期权是典型的路径依赖期权，又称为平均价格期权，是在股票期权的基础上发展起来的。最早由美国银行家信托公司（Bankers Trust）在日本东京推出，它是当今金融衍生品市场上交易最为活跃的奇异期权之一，与通常意义上股票期权的差别在于对执行价格的限制或行权时确定收益的方式。

亚式期权在到期日确定期权收益时，不是采用标的资产当时的市场价格，而是用期权合同期内某段时间标的资产价格的平均值，这段时间被称为平均期。

通常情况下，标的资产价格在一段时间内平均值的变动比时点价格的变动程度要小，这就减少了期权风险，从而降低了其时间价值，并且可能更适合客户的需求，因此亚式期权通常比标准期权廉价。

在对价格进行平均时，采用算术平均或几何平均。按照计算基础价格的不同，亚式期权可分为平均价期权和平均执行价格期权。

1. 平均价格期权

平均价格期权的收益为执行价格与标的资产在有效期内的平均价格之差。

平均价格看涨期权(Average Price Call)的到期收益为 $\max(0,S_{ave}-K)$,平均价格看跌期权(Average Price Put)的到期收益为 $\max(0,K-S_{ave})$,S_{ave}是按预定方法（算数平均或几何平均）计算的平均期标的资产的平均价格。

2. 平均执行价格期权

平均执行价格期权将预定平均期标的资产价格的平均值作为执行价格，期权的收益为执行时的即期价格与所计算出的执行价格之差。

平均执行价格看涨期权(Average Strike Call)的到期收益为 $\max(0,S-S_{ave})$,平均执行价格看跌期权(Average Strike Put)的到期收益为 $\max(0,S_{ave}-S)$,S 是执行时标的资产的即期价格，S_{ave}仍然是按预定方法计算的平均期标的资产的平均价格。

三、障碍期权

障碍期权属于极值依赖性期权，其收益依附于标的资产的价格在一段特定时间内是否达到预先设定的水平，称为障碍值。

障碍期权分为敲入期权和敲出期权。敲出期权（Knock - out Option），指如果标的资产价格达到障碍值，期权作废；如果在规定时间内标的资产价格并未触及障碍水平，则是一个普通期权。敲入期权（Knock - in Option），指如果标的资产价格达到障碍值，期权被激活，反之该期权作废。

由于障碍期权只有在达到障碍水平时才被激活或达到障碍水平就会作废，所以障碍期权通常比普通期权廉价。

根据障碍值 H 与期权标的资产初始价格之间的关系，障碍期权又分为向上敲出和向下敲出期权以及向上敲入和向下敲入期权。

障碍期权的分类见表 9－25。

表 9－25　障碍期权分类

类型	H < S		H > S	
敲出期权	向下敲出看涨期权	向下敲出看跌期权	向上敲出看跌期权	向上敲出看涨期权
敲入期权	向下敲入看涨期权	向下敲入看跌期权	向上敲入看跌期权	向上敲入看涨期权

四、两值期权

两值期权（Binary Option）又称为二项式期权（Binomial Option），也称为数值期权（Digital Option），属于支付修正性期权。其中一种是现金或无支付期权（Cash－or－nothing Option），即要么支付固定现金 I，要么 0 支付（不付）。其到期支付情形为：

$$\text{看涨期权的到期支付}=\begin{cases} I，若 S>K \\ 0，若 S\leqslant K \end{cases}$$

$$\text{看跌期权的到期支付}=\begin{cases} 0，若 S>K \\ I，若 S\leqslant K \end{cases}$$

另一种数值期权称为资产或无支付期权（Asset－or－Nothing），即要么按资产价格支付，要么 0 支付（不付）。看涨期权到期时，若资产价格高于某一特定水平，期权持有者获得一单位资产价格，否则将不获任何支付；看跌期权正好相反，若资产价格低于某一特定水平，期权持有者获得一单位资产，否则将不获任何支付。

$$\text{看涨期权：到期支付}=\begin{cases} S，若 S>K \\ 0，若 S\leqslant K \end{cases}$$

$$\text{看跌期权：到期支付}=\begin{cases} 0，若 S>K \\ S，若 S\leqslant K \end{cases}$$

五、其他奇异期权

（一）回望期权（Lookback Option）

回望期权是指执行价格或标的资产的结算价格并非事先确定，而是在到期时通过回望最优价格来确定的期权，即在期权到期时期权多头可选择最有利行权价格执行的权利。

回望期权的执行价格依赖于有效期内（回望期）标的资产的价格，该期权的收益依附于期权有效期内标的资产达到的最高或最低价格。

欧式回望看涨期权的到期收益等于最后标的资产价格超过回望期内标的资产最低价格的差额；欧式回望看跌期权的到期收益等于回望期内标的资产最高价格超过最后标的资产价格的差额。

（二）阶梯形期权（Step OPtion）

阶梯形期权是指事先确定了一系列执行价格，并约定当标的资产价格达到下一个价格水平时，重新约定执行价格。

（三）棘轮期权（Ratchet Option）

棘轮期权又称为履约价期权，是指事先约定一系列执行价格，并预定在未来某些日期再根据届时标的资产价格对执行价格进行调整。

（四）呼叫期权（Shout Option）

呼叫期权也称为叫停期权，是指由期权多头自行判断，在其认为最有利的时候通过“呼叫”（即叫停）来重新约定执行价格的期权。

此类期权是一种特殊的欧式期权，这种期权的持有者有权在期权有效期内的某一时间锁定一个最小盈利。

（五）彩虹期权（Rainbow Option）

彩虹期权也称为极大或极小值期权，是指收益取决于两个或多个基础资产的最高价或最低价与执行价格之差的期权。

（六）一篮子期权（Basket Option）

一篮子期权是指期权的收益是由一篮子标的资产的加权平均价格与执行价格或执行价格的加权平均价格的差来决定的期权。这些资产包括单个股票、股票指数或外汇等，该期权在现代的结构化产品中较为常见。

（七）双币种期权（Dual Currency Option）

双币种期权是指标的资产以货币 A 计价而以货币 B 结算，其收益取决于非本币资产价格与其执行价格的差，但其风险来源还包括本币与标的资产货币之间的汇率变动的期权。

（八）复合期权（Compound Option）

复合期权属于多因子期权，其标的资产为期权，所以复合期权是一种更为特殊的期权。

（九）指数期权

指数期权（Index Options）其到期支付不再是标的资产价格与执行价格的价差，在期权到期时，指数看涨期权的收益是标的资产价格超过执行价格差额的幂函数，指数看跌期权的收益是执行价格超过标的资产价格差额的幂函数。指数期权放大了普通期权在实值状态下的收益，因而价格高于普通期权。

第十章　远期合约

本章学习目的与要求：

通过本章学习，了解远期合约的含义，特征和种类，了解商品远期的基本内容。掌握远期利率协议、外汇远期和外汇掉期的基本概念，种类及交易方式。理解利率远期和外汇远期、外汇掉期等在风险管理中的应用。

学习重点：

远期价值和远期价格的含义。远期利率协议、远期外汇协议的定义；远期合约中的术语，结算金的计算，远期合约在风险管理中的应用。

知识结构图：

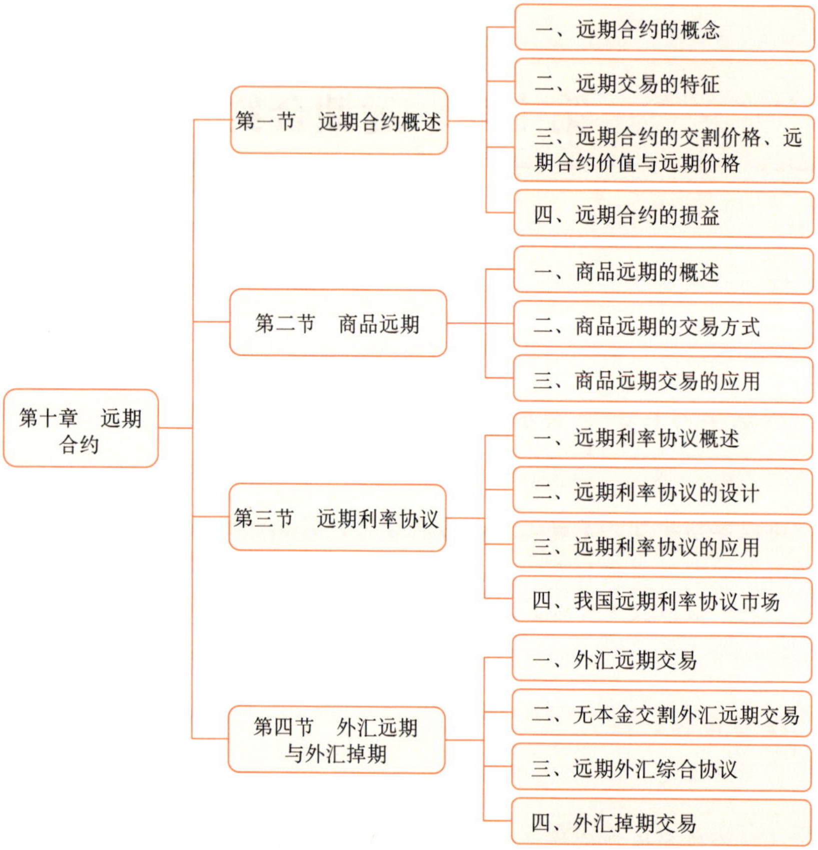

第一节　远期合约概述

学习内容	知识点
远期合约概念及远期合约交易的特征	远期合约的定义
	远期合约的基本特征
交割价格、远期价格与远期价值	交割价格、远期价值、远期价格的含义以及相互关系
远期合约的损益	买方损益图、卖方损益图

在众多的衍生品中，远期合约是一种最简单和最基本的衍生品，也是最早出现的金融衍生品，其他各种金融衍生品都是在远期合约的基础上发展起来的。远期合约之所以能够产生并成为金融市场中重要的一种衍生产品，是因为其能够防范标的物价格波动风险，规避因价格波动而给生产者或者经营者带来的价格风险。

一、远期合约的概念

远期合约（Forward Contract）是一种交易双方约定在未来某一确定时间，以合约协议的价格买入或者卖出一定数量的某种商品或者金融资产的合约。远期合约的实质是通过合约的形式将双方未来的权利和义务确定下来。通过远期合约，在未来确定的时间，无论盈亏利弊，买卖双方都必须按照合约完成交割，不受交割时点标的资产价值的影响。远期合约是一份具有法律约束力的约定。

通常，一份远期合约会明确以下内容：

(1) 买卖双方须交割的商品或金融资产的具体类型和数量；

(2) 到期交割的物流条款，即时间、地点等；

(3) 买卖双方在交割时须支付的价格和方式。

在合约中，双方约定买卖的资产称为标的资产，可以是商品，也可以是金融工具。约定的成交价格称为“协议价格”或者“交割价格”。以约定的价格在未来买入标的资产的一方称为“多头”或者“多方”；以约定的价格在未来卖出标的资产的一方称为“空头”或者“空方”。远期合约约定了双方进行交割的具体日期，该日期为合约的到期日或者结算日。在该日期，空方交付标的资产给多方，而多方则支付相应的资金。有些远期合约是现金结算，即不通过标的物的实物交割来实现清算。在合约到期日或者约定的结算时间，一方向另一方支付协议价格与标的资产市场价格之间的差价。

二、远期交易的特征

虽然远期与期货，都是在交易时买卖双方约定在未来的某个具体时间按约定条件买卖某种资产的合约，但远期交易与期货交易又有较大差异，二者相比，远期交易具有以下特征。

（一）远期交易属于场外市场

远期合约是在交易所之外交易的，即场外市场交易。远期合约通常是在金融机构之间或者金融机构与非金融机构之间以谈判的方式达成的协议，其交易并没有固定的交易场所，是一种分散的交易方式。当代远期市场借助于先进的电子通信网络系统将全球范围内的交易者连接起来，成为全球性市场。在金融远期交易中，很多商业银行推出外汇远期协议、远期利率协议等远期买卖报价以供客户选择，在远期市场中充当着重要的角色，有力地推动了金融远期的发展。

（二）远期合约通常是一种非标准化的合约

远期合约是买卖双方协商而达成的，合约条款如标的资产种类、数量、交割地点、时间以及交割或者结算方式等大多数都是由双方根据自身的需要确定的，其具体内容往往有很强的个体化特征，使得远期合约具有灵活性。

（三）远期交易违约风险相对较高

由于远期交易只涉及交易双方，只要双方达成一致，即可交易。合约能否履约，取决于买卖双方的信用状况；而且对于场外交易，没有履约担保机构，如果价格变动对一方不利时，他就有可能无诚意履约。一旦违约，另一方就会遭受损失。这导致远期合约买卖双方面临的违约风险相对较高。目前国际主要远期市场的参与者都是一些大的金融机构，其资质和信用级别较高，并且通过第三方或者资产担保等方式以降低违约风险。

（四）远期合约的流动性较差

远期合约没有固定的集中交易场所和信息披露制度，其信息传递较慢。另外，远期合约由买卖双方根据各自需求协商而定，满足了个性化需求的同时，也制约了其流动性。远期合约签订后，一般由交易双方持有到期进行交割或者进行结算。在合约到期前，远期交易的一方如果希望将合约转让给第三方，将很难找到刚好需要相同合约条款的接收者，而且合约的转让也需要征得原合约交易对手的同意。这导致远期合约的流动性较差。

（五）远期交易通常以交割方式了结持仓

远期合约持仓者通常会持有合约至到期，以交割方式了结持仓，特别是流动性不好的远期市场，很难通过对冲平仓了结持仓。

远期合约交割结算可以采用实物交割或者现金交割的方式。

实物交割是在合约规定的结算交割时间，买方支付交割款项，卖方转让特定数量和特定品质的标的资产以了结合约。随着远期合约的不断发展，一些远期合约尤其是金融远期普遍采用现金交割的方式进行结算，即通过计算到期的盈亏，由亏损方支付盈利方相应的盈亏金额的方式结清持仓。

（六）远期交易通常不实行逐日盯市的结算制度

对于不实行逐日盯市结算制度的市场，在合约存续期间，无论标的资产的市场价格如何变化，均不对交易者持仓和账户进行核算，只有到期结算时标的资产的市场价格与合约协议价格的差异才体现出交易者的真实盈亏。

在现实中，以银行为代表的金融机构往往在远期合约交易中承担重要的角色。他们或以交易者的身份直接参与交易，或提供远期产品以做市商的身份参与其中。这些金融机构承担了远期交易的信用中介，减少了市场摩擦，增加了市场效率。远期合约的一些缺陷，如流动性较差、违约风险较高等得到了很大改善。如今的利率远期、汇率远期等金融远期交易都有大的金融机构担任做市商，交易效率大大提升的同时也降低了违约风险。

三、远期合约的交割价格、远期合约价值与远期价格

即期价格是合约标的资产在即期交易中的成交价格。

远期合约交割价格（Delivery Price）是买卖双方在远期合约中约定的未来交付标的资产的价格，也称为协议价格。远期合约本身的价值称为远期合约价值，简称远期价值（Forward Value）。在合约签订时，如果市场是透明的，双方信息对称，则该交割价格对双方而言都是合理的，这时，确定的交割价格等于远期价格，远期合约本身的价值为零。因此，远期价格（Forward Price）也称为资产的远期价格，是指使远期合约价值为零的交割价格。

交易双方一旦达成协议，合约的交割价格将不再变化。然而，标的资产的市场价格会由于各种原因在不断发生变化，如市场利率或者汇率等的变化，合约持有者的一方将会因此获利，而另一方则会受损。从而，远期合约的价值将不再为零，对获利的一方，表现为正价值，而另一方则为负价值，即多空双方的远期价值将随着标的资产价格的变化而变化。

综上所述，远期价值是远期合约本身的价值，而远期价格是使得当时远期合约价值为零的交割价格，体现了基于当前市场信息对未来价格的无套利预期。在合约签订时，远期价格等于当时确定的未来交割价格，合约的远期价值为零。合约签订后，随着时间的推移，资产的市场价格波动使得标的资产的远期价格可能不等于已确定的合约交割价格。因此，原有合约的价值就可能不再为零，合约的价值由远期价格与交割价格之间的差额决定，多头的价值等于远期价格与交割价格差额的现值。

依据持有成本原理，远期价格等于标的资产即期价格与持仓成本的和，即远期价格与标的资产即期价格的差额不等于持仓成本，在不考虑交易成本和市场摩擦的情况下，存在套利机会。如果差额高于持仓成本，表明远期价格高估，套利者可以通过买入标的资产现货，卖出远期合约并进行交割以获取无风险利润，从而促使现货价格上升、远期价格下降，直至没有套利机会。反之，如果差额低于持仓成本，表明远期价格偏低，套利者可以通过卖空标的资产现货、买入远期合约以获取无风险利润，从而促使现货价格下跌、远期价格上升，套利机会消失。此时，远期价格等于理论价格。

【例10－1】假设一只无分红的股票价格为每手100元，市场无风险利率为5%，那么以这只股票为标的资产的远期合约价格应该是多少？

$100 \times (1 + 5\%) = 105$（元）

分如下两种情况进行讨论：

（1）若远期合约价格高于 105 元，如 110 元。投资者可以从货币市场以无风险利率借入 100 元购买一手该股票，同时做一份对应的远期合约空头。等到合约到期日，投资者以 110 元交割该股票，同时偿还货币市场上的负债 105 元。投资者在这个过程中获得了 5 元的无风险收益。

（2）若远期价格低于 105 元，如 102 元。投资者可以先卖空一手股票，获得 100 元的收益并将这笔收益以无风险利率投资于货币市场，同时做一份对应的远期合约多头。在远期合约到期日，投资者在货币市场收益为 105 元，他按合约交割价格 102 元买入一手股票，并以此平掉之前的股票空头仓位。投资者在这个过程中获得了 3 元的无风险收益。

因此，在无套利均衡定价的思想下，该远期合约的价格为 105 元。

四、远期合约的损益

一般而言，在远期合约到期时，无论标的资产的市场价格是多少，远期合约的买卖双方均有权利和义务履行合约。假设 K 为远期合约的交割价格，T 为合约的到期时间，S_T为远期合约到期时标的资产的即期价格。

履行远期合约之后，对于远期合约的多头来说，将支付 K 的金额，并从空头方获得相应的标的资产。此时多头如果立即在即期市场上卖出该资产，其价格为 S_T，因此，多方的每一单位标的资产的损益是 S_T-K 的价差。当 $S_T>K$ 时，则多方可以获得收益；反之，当 $S_T<K$ 时，则多方将遭受损失。即多头每一单位的到期损益可以表示为 S_T-K。

对于远期合约的空头来说，由于执行了远期合约，空头需要出售标的资产给多头，并得到 K 的收入。此时，空头相对于即期市场该资产的价格 S_T，当 $S_T<K$ 时，则空方可以获得收益；反之，当时 $S_T>K$，则空方将遭受损失。即空头每一单位标的资产的损益是 $K-S_T$。

由此可知，当 $S_T>K$ 时，多头有正收益，当 $S_T<K$ 时，空头有正收益，如图 10－1 所示。

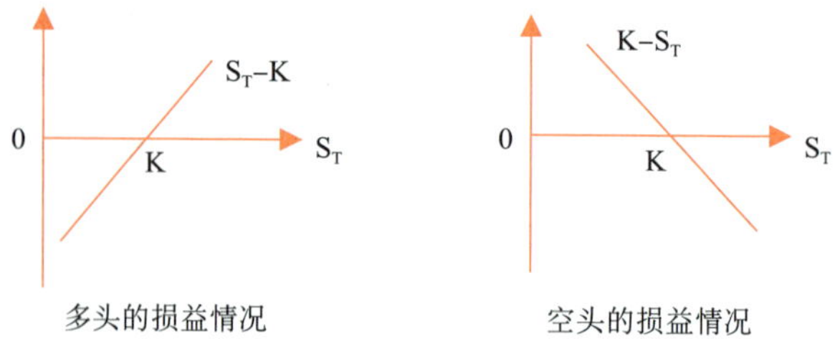

图 10－1 远期合约到期时多头和空头的损益状况

由图 10－1 可知，远期多头和空头面临的风险是对称的，其收益与损失都有发生的可能。一方的盈利就是另一方的亏损。因此，远期合约是零和博弈。

第二节 商品远期

学习内容	知识点
商品远期概述	商品远期合约的定义
	商品远期交易的作用
我国商品远期交易	我国商品远期交易概况

一、商品远期的概述

（一）商品远期的概念

商品远期合约是以特定商品作为标的物的远期合约，商品远期交易指交易双方事先约定，在交付日以约定的远期交割价格和商品标的数量买卖商品标的，或在结算日以远期交易结算金额进行现金结算的交易方式。

与日常交易中买卖双方签订的商品贸易合同相比，商品远期交易具有规范性，是一种有组织的场外交易，即投资者通过银行等金融机构，或者交易所的平台进行的交易。

商品远期交易中，远期买方是指在交付日按照约定的远期交割价格和商品标的数量买入商品标的的交易一方，或在结算日支付或收取远期交易结算金额的交易一方。对应的，远期卖方指在交付日按照约定的远期交割价格和商品标的数量卖出商品标的的交易一方，或在结算日收取或支付远期交易结算金额的交易一方。

远期交易可采取实物交割或者差额结算。后者即在结算日，根据标的物即期市场价格和合约中约定的远期交割价格计算其差额，由交易一方在结算日向另一方支付现金金额。计算公式为：

远期交易结算金额 =（远期交易结算价格 - 远期交割价格）×商品标的数量

其中，远期交割价格指交易双方在交易有效期中约定，在交付日买入或卖出商品标的的指定价格。远期交易结算价格指交易双方在交易有效期中约定，在结算日用来结算交易双方应收付款项的商品标的的指定价格。

（1）若远期交易结算金额为正，则由远期卖方向买方支付该金额；

（2）若远期交易结算金额为负，则由远期买方向卖方支付该金额；

（3）若远期交易结算金额为零，则交易双方之间无须进行支付。

（二）商品远期的产生与发展

作为最早出现的远期合约，商品远期合约是生产者和经营者为规避商品现货价格风险而创造出来的，是商品经济发展的产物。在商品的生产和交易过程中，由于产品的生产开始与最终产出及销售存在着时滞，价格波动的风险是买卖双方无法规避的。在长期的实践中，商品生产者和经销商事先签订远期供销合同，约定在未来某一个特定时间按双方事先确定的价格交易特定标的物。买卖双方以远期合约来锁定未来的交易价格。商品生产销售者通过远期交易，避免了未来价格下跌的风险，而商品的购买者通过远期交易避免了未来价格上涨的风险。远期交易的出现为商品生产经营活动带来了新的理念，降低了未来价格波动带来的潜在风险，使未来收益具有更好的确定性，稳定了供求双方之间的产销关系。

这种商品生产者与经销商签订的远期供销合同，在19世纪中叶形成了较为完善的远期合约，合约的条款、计价方式和结算等逐渐规范起来。1884年由82位商人发起成立的芝加哥交易所（Chicago Board of Trade，CBOT）进行规范化的远期合约交易，由交易所承担买卖双方的信用担保。

远期合约的条款包含商品的名称，品质，规格，交割数量、日期及地点等，合约是非标准化的。商品远期本质上属于现货交易，到期交收商品实物。19 世纪末 20 世纪初，随着远期合约的规范化和标准化，以及交易和结算制度的变化，现代意义的商品远期和期货合约交易产生了。

商品远期因其可以管理现货价格风险，发现商品价格以及投资等功能，在商品和金融市场上仍然发挥着重要作用。在国际市场上，商品远期交易较为活跃，为现货商品的生产经营者提供价格避险工具。

传统的远期交易主要包括贵金属、基本金属及矿产、能源类、农产品类和软商品类等品种，一些新兴产品也在不断丰富着商品远期市场。1989 年，由克拉克森船舶经纪旗下的克拉克森证券推向市场的远期运费协议（FFA）迅速崛起，并很快在全球发展起来，成为目前远期市场最为活跃的品种之一。另外，碳远期合约交易也在清洁发展机制中被普遍使用。

二、商品远期的交易方式

我国的一些商业银行为客户提供国际商品远期交易服务，即以双方约定的标的物价格为挂钩标的、以美元结算（不含任何实物交割）的远期交易。

商品远期交易的交易方式包括实时交易、挂单交易、询价实时交易和询价挂单交易。

第一，实时交易是指客户按照银行的交易报价实时进行商品交易，银行将根据市场活跃程度，适时推出或停止某一商品品种的实时交易方式。

第二，挂单交易是指客户提交挂单指令，当银行交易报价满足挂单条件时，按挂单价格达成交易。根据市场活跃程度，适时推出或停止某一商品品种的挂单交易方式。

挂单指令有效期内可以成交，超出挂单有效期而未成交的挂单将自动失效。客户可在挂单有效期内撤销尚未成交的挂单。

第三，询价实时交易是指客户向银行发起交易询价，银行根据客户需求进行报价，客户在规定时间内对银行报价确认后成交，规定时间内未确认的，视同客户放弃本次成交，客户可重新发起询价。

对于基本金属远期交易，询价实时交易分价格询价实时交易和价差询价实时交易两种，其中价格询价实时交易由银行根据客户需求进行报价，客户确认成交价格后，系统生成一笔远期交易成交；价差询价实时交易由银行根据客户需求进行报价，客户确认价差成交后，银行根据成交价差确认近端和远端成交价格，系统生成两笔远期交易成交。

第四，询价挂单交易是指客户以询价方式向银行提交商品交易挂单，银行按照客户询价挂单的价格、交易量和期限等要素，并根据市场情况，确定是否与客户达成交易和成交量。

对于基本金属远期交易，询价挂单交易分价格询价挂单交易和价差询价挂单交易两种，其中价格询价挂单交易由银行根据客户询价挂单的价格、交易量和期限等要素，确定是否与客户达成交易和成交量，系统生成一笔远期交易成交；价差询价挂单交易由银行根据客户询价挂单的价差、交易量和期限等要素，确定是否与客户达成交易和成交量，并根据成交价差确认近端和远端成交价格，系统生成两笔远期交易成交。

三、商品远期交易的应用

商品远期近十年来快速发展。贵金属、基本金属、矿产和能源等产品较为活跃，而一些新兴产品如远期运费协议、碳远期交易等也受到市场的欢迎，被金融机构和贸易公司作为避险或者投资的工具。

（一）黄金远期交易

黄金是一种特殊的商品，既有商品属性，也有金融属性。黄金远期交易在黄金的生产、加工、贸易领域有着重要作用，同时，在金融市场也占据一席之地，其价格的波动受到市场广泛关注。

2013 年，我国上海黄金交易所推出了银行间人民币黄金远期交易，市场参与者经上海黄金交易所核准，通过中国外汇交易中心的外汇交易系统以双边询价方式进行黄金远期交易。人民币黄金远期是指交易双方以约定的黄金交易品种、交易数量、交易价格，在约定的未来某一日期（非即期起息日）交割的黄金交易，如图 10－2 所示。

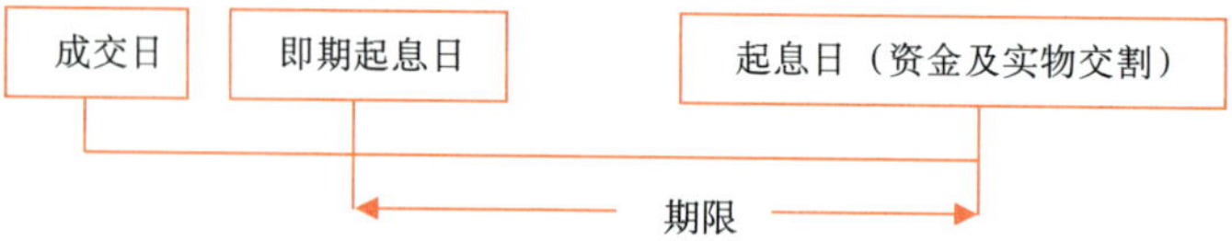

图 10－2　黄金远期交易流程图

黄金远期价格采用远期全价的方式，指黄金交易双方约定的在远期起息日买卖黄金的价格。远期全价的计算公式为：远期全价 = 即期价格 + 远期点。

其中，即期价格是远期交易成交时报价方报出的即期价格。远期点指用于确定远期价格和即期价格之差的点数，可以为正也可以为负。远期点以人民币分/克为单位，精确到小数点后一位。

如果发起方为卖方，则即期价格和远期点均使用 bid① 方报价，如果发起方为买方，则即期价格和远期点均使用 offer② 方报价。

【例 10－2】一笔 AUX. CNY 远期交易成交时，报价方报出的即期价格为 380.00/381.00，远期点为 100.0/101.0。

发起方为卖方，则远期全价为 380.00＋100.0 点＝381.000

发起方为买方，则远期全价为 381.00＋101.0 点＝382.010

在中国外汇交易中心，可以交易的品种包括 AUX. CNY 和 AUY. CNY。期限包括 1D（T＋3）、1W、2W、3W、1M、2M、3M、4M、5M、6M、9M、1Y 等，采用询价交易模式。

目前，挂牌的黄金询价交易品种包括 AUX. CNY 和 AUY. CNY，分别对应于成色不低于 99.95% 和不低于 99.99% 的黄金交易标的。

【例 10－3】2020 年 5 月 25 日，机构 A 通过外汇交易中心外汇交易系统与机构 B 成交一笔 1Y AUX. CNY 远期交易。约定机构 A 卖出 AUX60000。机构 A 为发起方，机构 B 报出即期价格 AUX. CNY＝350.00，远期点 5000.0，即机构 A 以 AUX. CNY＝400.000 的价格在 2021 年 5 月 25 日向机构 B 卖出 AUX60000。

涉及的要素如表 10－1 所示。

---

① bid 方报价指做市商或报价方买入黄金而报出的价格。

② offer 方报价指做市商或报价方卖出黄金而报出的价格。

表 10－1 黄金远期交易要素

发起方	机构 A	报价方	机构 B
成交日	2020－5－25	远期全价	400.000
交易品种	AUX.CNY		
交易标的	AUX	交易数量（克）	AUX60.000
计价货币	CNY	交易金额	CNY24000000
即期价格	350.00	远期点	5000.0
交易方向和金额	机构 A 卖出 AUX60.000 机构 B 买入 AUX60.000		
期限	1Y	起息日	2021－5－25
清算模式和方式	净额清算		

黄金远期交易的参与者主要目的是锁定未来的交易价格。对于黄金远期合约买方而言，其交易目的是管理未来黄金价格上涨风险，反之，对于黄金远期合约卖方而言，其交易目的是管理未来黄金价格下跌风险。

在该例中，机构 A 担心黄金价格在未来一年会有下跌风险，因此卖出 1Y 的黄金远期合约。如果一年以后，黄金价格低于 400 元/克，那么机构 A 能按照 400 元/克的价格进行交割，从而避免了黄金价格下跌带来的损失。

（二）远期运费协议

远期运费协议是（Forward Freight Agreement，FFA）是买卖双方达成的一种远期运费协议，协议规定了具体的航线、价格、数量等，且双方约定在未来某一时点，依据波罗的海航运交易所（The Baltic Merchantile and Shipping Exchange）的即期运费指数价格（BDI 指数）与合同约定价格的运费差额或租金差额进行结算。

与现货市场不同，FFA 并不涉及实际的货物运输，它是纸面上的运价，是运费或租金交易的金融衍生品。远期运费协议是波罗的海干散货指数（Baltic Dry Index，BDI）的衍生品，业务模式是场外达成交易、场内集中清算。在很多方面，FFA 具有期货交易的基本特征。BDI 作为 FFA 的现货标的指数，其主要反映的是不同时点国际航运费的变化，从而为 FFA 提供了价格波动的基础。目前，远期运费协议的主要参与者包括从事国际大宗散货运输的航运企业，从事矿石、煤炭、粮食等大宗商品进出口的贸易企业，从事矿石冶炼、粮食加工、电力、炼油等大宗原材料消耗的企业，以及金融机构。

本质上，远期运费协议与期货合约相似，具有套期保值、价格发现，以及投资的功能。

1. 运用远期运费协议进行套期保值

干散货主要是一些初级产品和原材料，如煤炭、金属矿石、粮食、钢材、化肥、水泥等。国际干散货运输主要是通过不定期船（租船）来实现的，这是一个国际化而且竞争充分的市场。由于受供求、政治和自然环境等多方面因素的影响，干散货的运费费率波动频繁而且剧烈，从而给需要货运的进出口商的收入带来不确定，甚至可能会遭受巨大经济损失。远期运费协议作为一种衍生品，主要用于规避运费波动，是干散货海运经营中常见的风险管理工具。

【例 10－4】某年 6 月，某进口公司以离岸价的方式签订 9 月份远期贸易进口合同。主要利用巴拿马型船由大西洋至远东航线运营（2A），但担心运费上涨，这个货主想在当前市场上进行运费保值，以保障其贸易收益。目前市场上该条航线的 9 月份日租金为 20000 美元/天。该货主买入 9 月份 2A 航线合约，合约天数 60 天。

假定运费在 9 月份出现大幅度上涨，9 月份日租金上涨到 23000 美元一天。该货主在 FFA 市场盈利（23000－20000）×60/天＝180000 美元。在该市场上的盈利将有效弥补运费上涨带来的损失，从而规避了运费价格波动风险，实现套期保值目的。

2. 运用远期运费协议进行投资

投资者可以利用远期运费协议进行投资交易。他们往往并没有现货头寸，而仅仅关注现货价格的变化，低买高卖获取差价收益。投机者可以进出口商或船舶所有人的身份买卖 FFA 合约，当预期远期运价上涨时做多，买进 FFA；反之，则做空，卖出 FFA。投资者的参与为远期运费协议交易提供了流动性。

第三节 远期利率协议

学习内容	知识点
远期利率协议概述	远期利率协议的定义、产生和发展
远期利率、远期利率协议中的重要术语、结算金计算方法	远期利率的计算方法
	远期利率协议中的重要术语，远期利率协议的表示方法
	结算金的计算方法和盈亏收付
远期利率协议运用	管理利率风险和投资
我国远期利率协议市场	我国远期利率协议市场的发展

一、远期利率协议概述

（一）什么是远期利率协议

远期利率协议（Forward Rate Agreements，FRA）指交易双方约定在未来某一日，交换协议期间内一定名义本金基础上分别以合同利率和参考利率计算利息的金融合约。远期利率协议是一种利率类远期合约。

远期利率协议的买卖通常是客户与银行或两个银行同业之间进行的交易。在这种协议下，远期利率协议的买方相当于名义借款人，而卖方则相当于名义贷款人，双方签订远期利率协议，相当于同意从未来某一商定日期开始，按协定利率借贷一笔数额、期限、币种确定的名义本金。只是双方在清算日时，并不实际交换本金，而是根据参照利率和协议利率之间的差额及名义本金计算利息差额，由交易一方支付给另一方结算金。

从本质上看，远期利率协议 FRA 是以固定利率授予的一笔远期对远期的贷款，但没有实际贷款义务。在 FRA 条件下，本金只是一种用于计算利息的名义本金，FRA 双方并不发生本金的实际借贷活动，所以 FRA 为资产负债表外的金融工具。

从使用者角度来看，远期利率协议是希望对未来利率走势进行保值或投机的双方所签订的一种协议。远期利率协议的买方即名义借款人，如果市场利率上升的话，按协议上确定的利率支付利息，就会有收益，但若市场利率下跌的话，仍然必须按协议利率支付利息，则会有损失；反之，远期利率协议的卖方即名义贷款人，按照协议确定的利率收取利息。显然，若市场利率下跌，将受益；若市场利率上升，则有损失。

FRA 市场的交易主体包括报告交易商、其他金融机构、非金融机构和高净值个人投资者。金融机构和非金融机构参与 FRA 市场的主要目的是管理利率风险或对冲主营业务风险。投资者则主要由交易商或者对冲基金构成。

二十世纪七八十年代，利率的自由化政策导致了西方国家利率市场出现频繁且剧烈波动，因此，防范利率波动风险对当时的金融机构来说就显得十分迫切。

正是出于这样一种客观需求，远期利率协议应运而生。1983 年，瑞士推出了第一份远期利率协议，之后在英国伦敦银行间同业拆借市场得到迅速发展。进入 21 世纪以来，全球远期利率协议发展迅猛，2008 年之后趋于平稳增长。目前，伦敦市场仍是远期利率协议的主要交易中心，纽约是另一个重要中心。

二、远期利率协议的设计

（一）即期利率与远期利率

即期利率是指当前的市场利率，是指从现在到未来某一时段内的利率。远期利率是指未来某一时点到更远时点期间的利率。

用 t 表示现在时刻，T 和 T^* 表示将来时刻，且 $T^* > T$，r 表示 T 时刻到期的即期利率，r^* 表示 T^* 时刻到期的即期利率，$\hat{r}$是指在 t 时刻，从 T 到 T^* 这一时间段的远期利率。如图 10－3 所示。

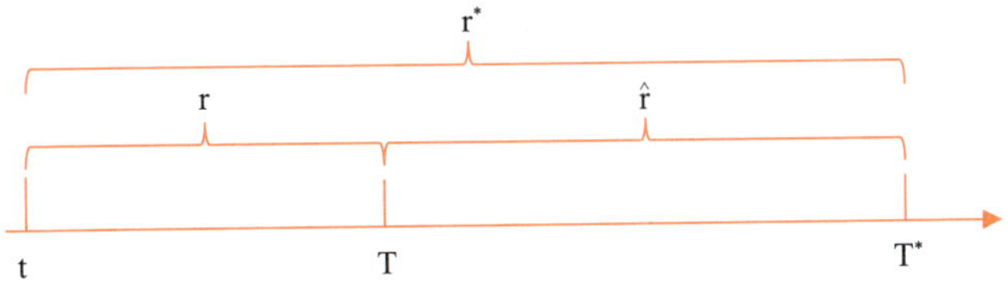

图 10-3 远期利率示意图

远期利率可以从市场上收益率曲线中求出。如果市场的收益率曲线反映了各个期限的投资收益，并且市场符合市场是无摩擦的假设，则根据无套利原理，收益率曲线就隐含了远期利率。则远期利率可以表示为：

$$(1+r)^{T}(1+\hat{r})^{T^*-T}=(1+r^*)^{T^*} \tag{10.1}$$

【例 10-5】 如果一年期的即期利率为 5%，两年期的即期利率为 5.5%，那么一年到两年的远期利率为 6%，即有 $(1+5\%)(1+6\%)\approx(1+5.5\%)^2$。

在即期利率和远期利率均为连续复利时，t 时刻的远期利率 $\hat{r}$ 应满足以下等式：

$$e^{r(T-t)}\cdot e^{\hat{r}(T^*-T)}=e^{r^*(T^*-t)}$$

根据上式，则有：

$$\hat{r}(T^*-T)=r^*(T^*-t)-r(T-t) \tag{10.2}$$

若式（10.2）不成立，就存在套利空间。套利的结果使式（10.2）成立。

将式（10.2）变形，即远期利率可以表示为：

$$\hat{r}=\frac{r^*(T^*-t)-r(T-t)}{T^*-T} \tag{10.3}$$

（二）远期利率协议的基本术语

为便于交易的进行、降低交易协商的成本，1985 年英国银行家协会制定了远期利率协议的规范条款文本，简称 FRABBA 条款。FRABBA 条款对远期利率协议市场的参与者并不具有强制力，但远期利率协议市场的参与方基本都接受这一条款，除非事先声明采用其他条款规范或者完全自定条款，所有的交易都是按 FRABBA 的条款来进行。此外，国际远期利率协议市场上还有国际互换商协会（ISDA）制定的 ISDAFRA 以及加拿大部分银行采用的 FRACAD 条款。

FRABBA 的主要条款有对交易的定义、报价标准、建议条款、交易文件样式。而其中的建议条款又包括代理、确认、结算、取消、协议利率、参照利率等数十条详细的条款标准。

作为 FRA 交易的标准化文本，FRABBA 对远期利率协议的一些基本术语作出了明确规定：

协议本金：名义上的本金额。

协议货币：协议金额的货币币种。

交易日：远期利率协议成交的日期。

起算日：一般在交易日后两个工作日，是递延期限的起始时间。

结算日：协议借贷开始的日期，即协议中规定的借贷款的起息日，是交易双方计算并交付利息差额的日期。

基准日：也称确定日，确定参考利率的日期。

到期日：名义借贷到期的日期。

协议期：结算日至远期利率协议到期日之间的天数。

递延期：起算日至结算日之间的天数。

协议利率：在协议中双方商定的借贷利率。

参照利率：在协议中确定的某种市场利率，用以在确定日确定结算金额，国际市场上通常为 Libor 或其他货币市场主要利率。

结算金：在结算日根据参考利率与协议利率的差额计算出来的买卖双方交割的资金。

PA：per annum，年利率。

以上基本术语的相互关系，可以通过远期利率协议交易的时间流程图（见图 10－4）来理解。

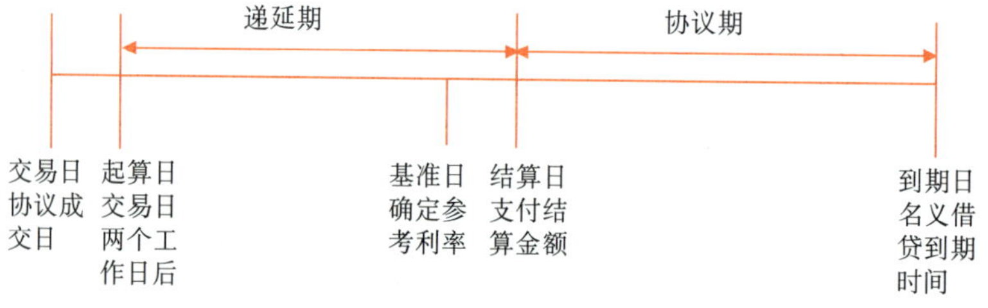

图 10－4 远期利率协议交易时间流程图

（三）远期利率协议的表示方法

远期利率协议用 M×N 表示，其中 M 表示递延期限，N 表示从起算日开始到协议结束的时间。

例如，1×4 远期利率协议，表示起算日和结算日之间为 1 个月，即递延期限为 1 个月；起算日至名义贷款最终到期日之间的时间为 4 个月，其协议期为 3 个月的远期利率协议。3×6 远期利率协议，表示 3 个月之后开始、6 个月之后结束，递延期限和协议期限均为 3 个月的远期利率协议。

【例 10－6】假定 2021 年 6 月 1 日，在远期市场上，两个金融机构同意成交一份 1×4，名义金额为 1000 万美元，协议利率为 0.2% 的远期利率协议。则递延期限为 1 个月，即交易日为 2021 年 6 月 1 日，起算日为 6 月 3 日，结算日为 7 月 5 日（7 月 3 日和 4 日为非工作日）。7 月 2 日为基准日，即以该日的 LIBOR 利率为参照利率进行远期利率协议结算。协议期限为 3 个月，即合约到期日为 2021 年 10 月 5 日。

（四）结算金的计算

在实际交易中，远期利率协议的交割结算一般在结算日支付结算金。两种利息的计算期限均为结算日至合约到期日。由于结算金交付日早于合约到期日，因此这笔结算金需要从合约到期日贴现到结算日。结算金计算公式如下：

$$结算金 = \frac{(r_r - r_c) \times A \times \frac{D}{B}}{1 + r_r \times \frac{D}{B}} \tag{10.4}$$

其中，r_r为参照利率，r_c为协议利率，A 为协议本金额，D 为协议期天数，B 为一年的天数计算惯例。

在式（10.4）中，分子表示参照协议利率与协议利率计算的利息差额，分母表示对该利息差额进行的贴现，以反映结算金的支付是在协议期借贷开始之日而不是在协议期结束时。

当基准日的参照利率大于协议利率时，即市场利率相对于协议利率上升，结算金为正值，由协议中的卖方向买方支付利息差额的现值。反之，当参照利率小于协议利率时，即市场利率相对于协议利率下跌，结算金为负值，由协议中的买方向卖方支付利息差额的现值。

【例 10－7】 某公司将在 7 月 1 日借入一笔为期 3 个月、以 Libor 浮动利率支付利息的 1000 万美元债务。现在是 4 月 1 日，为防止利率上涨，该公司买入一笔 1000 万美元、协议利率为 0.5% 的 3×6 的远期利率协议。假定 7 月 1 日进行结算时，基准日的 3 个月美元 Libor 上升为 0.65%。

由于购买了远期利率协议，在 7 月 1 日，基准日利率相对于协议利率上升，该公司将得到利息差额现值，即：

$$\text{结算金}=\frac{10000000\times(0.65\%-0.5\%)\times\frac{92}{360}}{1+0.65\%\times\frac{92}{360}}\approx 3826.98\text{ 美元}$$

三、远期利率协议的应用

（一）利率风险管理

远期利率协议主要用于利率风险管理，规避未来利率变动的风险。保值者可以通过签订远期利率协议，从而固定下来利率水平，以规避可能造成的损失。在未来时间里将持有大额负债的金融机构，面临利率上升、负债成本增加的风险时，可以买进远期利率协议；反之，在未来时间拥有大额资产的金融机构，在面临利率下降、收益减少的风险时，可以卖出远期利率协议。

【例 10－8】 7 月 1 日，假设某金融机构甲根据其经营计划在 3 个月后须向某银行乙拆借一笔 1 亿美元，期限 3 个月的资金，该银行预测在短期内利率可能在目前年利率 0.45% 的基础上上升，从而增加其利息支出，增大筹资成本。为了稳定资金成本，金融机构甲选择用远期利率协议固定其借贷成本。具体操作是：按 3 个月期年率 0.45% 的即期利率买进 1 亿美元的 3×6 的远期利率协议，协议期限是 92 天，参照利率为 Libor。3 个月后，3 个月期的 Libor 利率上升为 0.55%。但由于事先所做的远期利率协议，使得该笔贷款的利息被固定在 0.45%。具体过程如下：

（1）结算远期利率协议头寸，即按结算日的参照利率 Libor 为 0.55%

结算该远期利率协议的利息差。由于市场利率上升，金融机构甲获得该利息差收益。

$$结算金=\frac{(0.55\%-0.45\%)\times100000000\times\frac{92}{360}}{1+0.55\%\times\frac{92}{360}}=25519.69\text{（美元）}$$

（2）按结算日 Libor 0.55% 取得 3 个月期贷款 1 亿美元，并支付相关贷款利息。

贷款利息 $=100000000\times0.55\%\times92/360=140555.56$（美元）

由于金融机构甲做了一笔买入远期利率协议的交易，在市场利率 Libor 上升之后的收益弥补了利息支出的增加。

最终利息支出 $=140555.56-25519.69=115035.87$（美元）

$$年利率=115035.87\times\frac{\frac{360}{92}}{100000000}\times100\%=0.45\%$$

由此可见，金融机构甲通过远期利率协议交易，即使市场利率 Libor 上升，但它仍将其借贷利率基本锁定在协议利率水平 0.45%，避免了因利率上升借贷资金成本加大的风险。

（二）投资获利

对于投资者来说，他并未事先拥有大额的资产或者负债而面临利率风险，但投资者预期利率将要波动并希望从未来的利率变动中获利。在获取远期利率协议头寸后，投资者就会面临利率风险，但与套期保值者不同的是，这种风险是投资者为追求投资收益而自愿承担的风险。

【例 10-9】某投资公司根据市场利率走势的分析，认为一个月后的 3 个月期市场利率将会下跌，该公司决定用远期利率协议进行投资交易。其操作为以 0.62% 的价格卖出名义本金 5000 万美元的 1×4 的远期利率协议，参照利率为 Libor。

假定一个月后，Libor 下跌为 0.53%，按此计算结算金，该投资公司将在这笔远期利率协议中获利。即：

$$结算金=\frac{50000000\times(0.62\%-0.53\%)\times\frac{91}{360}}{1+0.53\%\times\frac{91}{360}}=11359.78\text{（美元）}$$

如果一个月后，Libor 上升为 0.71%，按此计算结算金，该投资公司将在这笔远期利率协议中有损失。即：

$$结算金=\frac{50000000\times(0.62\%-0.71\%)\times\frac{91}{360}}{1+0.71\%\times\frac{91}{360}}=-11354.62（美元）$$

四、我国远期利率协议市场

我国金融类远期交易的主要场所是在银行间市场。中国银行间市场交易商协会（NAFMII）作为银行间市场的自律组织，将 ISDA 主协议引入中国，2007 年发布了《中国银行间市场金融衍生工具交易主协议》，覆盖了利率类、债券类、外汇类远期和其他金融衍生品。

2007 年 10 月 8 日，中国人民银行发布了《远期利率协议业务管理规定》，自 11 月 1 日起即可开展远期利率协议业务。中国外汇交易中心即全国银行间同业拆借中心发布通知，将开展以上海银行间同业拆放利率 Shibor 为基准的远期利率协议报价。同年，中信银行与汇丰银行达成第一笔人民币远期利率协议，该协议本金为 2 亿元，3M×6M，以 3 个月 Shibor 为基准利率。

我国目前主要的远期利率协议品种为 1M×4M、2M×5M、3M×6M、4M×7M、5M×8M、6M×9M 等。

在我国，远期利率协议的参考利率是经中国人民银行授权的全国银行间同业拆借中心等机构发布的银行间市场具有基准性质的市场利率，或者中国人民银行公布的基准利率，究竟选哪一种由交易双方共同确定。目前，参考利率为 3M Shibor，即 3 个月上海同业拆放利率。

为了推动远期利率协议的发展，2014 年我国推出了标准化的远期利率协议合约。标准化的远期利率协议在 X－SWAP 平台采用双边授信方式，通过匿名点击达成交易。对于标准化的远期利率协议可以选择双边自行清算和中央对手方清算两种清算方式。合约交割日交易双方根据交易后处理服务平台生成的交割单进行现金交割。尽管如此，标准化的远期利率协议和利率期货在市场设计机制和结构上并不相同。

表 10－2　3 个月标准 Shibor3M 远期利率协议

项　目	协议内容
合约品种	以 Shibor3M 为标的的 3 个月标准远期利率协议：Shibor3M_ 3M
合约代码	SS3M_ 1412 等
合约月份	8 个最近的季月合约、季月合约后的 3 年的 12 月合约及不在季月循环里的最近的 2 个日历月合约
交割日（D）	合约月份的第三个星期三，如果这一天不是营业日，则为经调整的下一营业日
最后交易日	交割日前一个营业日（D－1 日） 最后交易日的交易结束时间与 Shibor3M 的发布时间保持一致
新合约上市日	前一合约最后交易日的下一个营业日，即 D 日
报价方式	系统采用收益率的报价方式 收益率：R R 为预期的最后交易日 Shibor3M 的值，为年利率
交易时间	周一至周五：北京时间 9：00—12：00，13：30—16：30，节假日除外
单位报价量	5000 万
单位变动点	0.005%（即 0.5bp），对应于单位报价量的价值变动为 50000000 × 0.005% × A/365，A 为计息期实际天数 （注：计息基准可调整，以下同）
交割方式	现金交割
每日结算利率	合约每日结算利率确定方法： (1) 取当日最后 1 小时成交的加权价格，该时段因系统故障等原因导致交易中断的，扣除中断时间后向前取满相应时段 (2) 若最后 1 小时成交笔数少于 5 笔，则取当日最后 5 笔交易的加权价格 (3) 若全天该合约成交笔数少于 5 笔，取最后一小时的（bid 的平均＋ofr 平均）×0.5 (4) 若无报价或出现其他难以确定结算利率的情况，则可取前一日结算利率（如为合约上市首日，则取挂牌基准利率） 挂牌基准利率为基于合约上市前一营业日交易中心利率互换收盘曲线推算出的新合约对应计息期的远期利率
到期结算利率	R 为（www.shibor.org）网站公布的最后交易日的 Shibor3M 值，对应计息期首日为交割日，尾日为与计息期首日相对应的三个月后的日历日，计息期尾日不按营业日准则调整，计息期算头不算尾

续表

项　目	协议内容
到期结算金额	（合约到期结算利率/100 × 合约面值 × A/360 － 合约成交价/100 × 合约面值 × A/365）/（1 + Shibor3M × A/360） 若结算金额大于零，则为卖方向买方支付；若结算金额小于零，则为买方向卖方支付

资料来源：中国外汇交易中心。

第四节　外汇远期与外汇掉期

学习内容	知识点
外汇远期交易概念	外汇远期的定义、应用和人民币外汇远期
无本金交割外汇远期	无本金交割外汇远期含义和人民币无本金交割外汇远期
远期外汇综合协议	远期外汇综合协议的含义、术语、应用
外汇掉期	外汇掉期的定义、类型和应用

外汇远期交易是外汇交易的衍生品。外汇远期是指外汇买卖双方在成交时先就交易的货币种类、数额、汇率以及交割的日期等达成协议，并用合约的形式确定下来，在约定的交割日双方履行合约，办理有关货币的实际交收结算。外汇掉期交易中隐含了远期交易，是外汇市场中重要的衍生金融工具。

外汇远期交易包含有本金交割外汇远期交易、无本金交割外汇远期交易，以及远期外汇综合协议。

一、外汇远期交易

（一）外汇远期的概念

外汇远期交易（Forward Exchange Transaction）也称期汇交易，指交易双方以约定的币种、金额、汇率，在未来某一约定的日期交割（非即期起息日）的外汇交易（见图 10－5）。交割方式可以是实物交割，即有本金交割的外汇远期交易，也可以采用现金交割方式，即无本金交割的外汇远期交易。

图 10－5 外汇远期交易示意图

【例 10－10】 2021 年 3 月 25 日，机构 A 通过外汇交易系统与机构 B 成交一笔 1 年期美元兑人民币远期交易。约定机构 A 卖出 1000 万美元，买入人民币。机构 A 为发起方，机构 B 报出即期汇率 USD/CNY＝6.5012，远期点 40.00bp（远期全价等于即期汇率加上远期点），即机构 A 以 USD/CNY＝6.5052 的价格在 2022 年 3 月 25 日向机构 B 卖出 1000 万美元，交易要素见表 10－3。

表 10－3 外汇远期交易要素

发起方	机构 A	报价方	机构 B
成交日	2021 年 3 月 25 日	远期全价	6.5052
货币对	USD/CNY	折美元金额	1000 万美元
交易货币	USD	交易货币金额	1000 万美元
对应货币	CNY	对应货币金额	CNY 6505.2 万元人民币
即期汇率	6.5012	远期点	40.00
交易方向和金额	机构 A 卖出 1000 万美元，买入人民币 6505.2 万元 机构 B 买入 1000 万美元，卖出人民币 6505.2 万元		
期限	1 年	起息日	2022 年 3 月 25 日
清算模式和方式	双边全额清算		

（二）外汇远期的应用

外汇远期交易通常应用在以下几个方面。

1. 进出口商通过锁定外汇远期汇率以规避汇率风险

商品贸易往来中，进出口商从签订买卖合同到交货、付款通常需要很长时间，有可能因汇率变动而遭受损失。因此，进出口商为规避汇率风险而进行外汇远期交易。

【例 10－11】 某年 5 月 1 日，某内地进口商与美国客户签订总价为

1000 万美元的汽车进口合同，付款期为 3 个月（实际天数为 92 天），签约时美元兑人民币汇率为 1 美元 =6.4509 元人民币。由于近期美元兑人民币汇率波动剧烈，企业决定利用外汇远期进行风险管理，锁定汇率水平。签订汽车进口合同当天，银行 3 个月远期美元兑人民币的报价为 6.4621 / 6.5146，企业与银行签订外汇远期合同，约定 3 个月后按 1 美元兑 6.5146 元人民币的价格向银行买入 1000 万美元用以支付货款（见表 10 -4）。

表 10 -4　远期交易过程

	汇率（美元/人民币）	合同金额	折合人民币
5 月 1 日签订进口合同	即期汇率：6.4509	1000 万美元	6450.9 万元
5 月 1 日利用外汇远期	3 个月远期汇率：6.5146	1000 万美元	6514.6 万元
8 月 1 日合同到期收汇	即期汇率：6.5513	1000 万美元	6551.3 万元

假设 3 个月后美元兑人民币即期汇率为 1 美元 =6.5513 元人民币，与不利用外汇远期进行套期保值相比，企业少支付货款 36.7（=6551.3 -6514.6）万元。企业有效地规避了风险，避免了因美元汇率波动带来的换汇成本增加。

2. 短期投资者或外汇债务承担者通过外汇远期交易规避汇率风险

在没有外汇管制的情况下，如果一国的利率低于他国，则该国的资金就会流向他国以谋求高息。假设在汇率不变的情况下纽约投资市场利率比伦敦高，二者分别为 9.8% 和 7.2%，则英国的投资者会用英镑买入美元，然后将其投资于 3 个月期的美国利率市场，到期后将美元本利兑换成英镑，这样投资者可多获得 2.6% 的利息。但是，如果 3 个月后，美元对英镑汇率下跌，投资者就得用更多的美元去兑换英镑，还有可能遭受损失。因此，英国投资者可以在买进美元现汇的同时卖出 3 个月的美元远期。只要美元远期汇率贴水不超过两地的利率差，投资者的汇率风险就可以规避。如果超过利率差，投资者可能无利可图而且还会遭到损失。

投资者如果在国外有定期外汇债务，则可以利用外汇远期交易以防债务到期时多付出本国货币。例如，我国某金融机构对美国有外汇债务 1 亿美元，为规避美元汇率波动造成损失，购买 3 个月期美元兑人民币外汇远期，汇率为 6.4709。3 个月后美元兑人民币即期汇率变为 6.4731，如果未进行外汇远期交易，则该金融机构须付出 6.4731 亿元人民币才能兑换 1 亿美元，但现在只需 6.4709 亿元人民币，规避了美元汇率风险。

（三）我国人民币外汇远期交易

我国的人民币远期外汇市场始于 1997 年 4 月中国银行推出的人民币远期结售汇。该业务开始办理以来，在国际外汇市场为其客户较好地起到了规范风险的作用。2005 年 8 月 10 日，我国银行间外汇市场推出人民币外汇远期交易，采用询价交易模式并引入做市商制度，从而诞生了首款人民币外汇衍生品合约。目前可交易的货币对即包括美元/人民币、欧元/人民币等 27 个人民币外汇市场品种，也包含了欧元/美元、英镑/美元等 11 个外币对市场的远期外汇交易品种，标准期限包括 1D（T+3）、1W、2W、3W、1M、2M、3M、4M、5M、6M、9M、1Y、18M、2Y、3Y 等。

为活跃银行间外汇市场远期交易、提高市场交易效率，中国外汇交易中心于 2016 年 5 月 3 日在外汇交易系统中推出标准化人民币外汇远期交易 C-Forward，见表 10-5。银行间外汇市场人民币外汇远期会员均可参与该交易。

表 10-5　　标准化人民币外汇远期交易 C-Forward

货币对	USD/CNY
期限	固定期限品种：1D、1W、1M 固定交割日品种：3 个最近的连续日历月和随后 3 个最近的连续季度月
价格	全价报价
交易模式	自动匹配报价成交：在双边授信的前提下，按照价格优先、时间优先的原则自动匹配成交 点击成交：若订单因价差无法自动匹配成交，可直接点击报价成交
清算模式和方式	双边清算 全额清算/差额清算，由交易双方自行约定 集中净额清算： 适用人民币外汇 1Y 以内（含）的询价远期交易 适用指定会员
报价精度	0.0001
最小交易金额	10 万美元（1 手）
最大交易金额	9990 万美元（999 手）

资料来源：中国外汇交易中心。

二、无本金交割外汇远期交易

（一）无本金交割外汇远期的含义

无本金交割外汇远期（Non - Deliverable Forward，NDF）也是一种外汇远期交易，所不同的是该外汇交易的一方货币为不可兑换货币。这是一种场外交易的离岸金融衍生工具，主要是由银行充当中介机构。交易双方基于对汇率预期的不同看法，签订无本金交割远期交易合约，确定远期汇率、期限和金额，合约到期只需对远期汇率与实际汇率的差额进行交割清算，结算的货币是自由兑换货币（一般为美元），无须对 NDF 的本金（受限制货币）进行交割，因此对企业未来现金流量不会造成影响。

无本金交割远期外汇交易与传统的远期外汇交易的主要差别在于不需要交割本金。早期的无本金交割外汇远期交易一般用于实行外汇管制国家的货币，为面对汇率风险的企业和投资者提供了一个对冲及投资的渠道。其兴起的直接原因是各国限制非居民参与本国远期市场。目前，亚洲地区的人民币、韩元、新台币等货币的非交割远期交易较为活跃，成为被普遍接受的一种外汇远期交易形式。

（二）人民币无本金交割远期交易

人民币 NDF 指交易双方在起息日根据合约约定的汇率与定价日中国外汇交易中心人民币即期汇率直接的差额计算盈亏，并使用美元进行交割的远期交易。无本金交割远期交易中的定价日是指确定轧差使用的参考汇率值的日期。

新加坡和中国香港人民币 NDF 市场是亚洲最主要的离岸人民币远期交易市场，该市场的行情反映了国际社会对于人民币汇率变化的预期。人民币 NDF 市场的主要参与者是欧美的大银行和投资机构，其客户主要是在中国有大量人民币收入的跨国公司，也包括总部设在香港地区的中国内地企业。众多企业和银行利用人民币 NDF 来规避人民币的汇率风险。同时，一些跨国集团公司可以利用在中国大陆质押人民币借入美元的同时在香港（境外）做 NDF 来进行套利。

【例 10－12】某进口商为规避三个月后的汇率风险，向银行购买三个月期的远期 1000 万美元，成交价格为 6.4660。目前，美元兑人民币即期汇率为 6.4760，假设三个月后，美元兑人民币的汇率变成 6.4810。若该公司当初是按交割远期外汇（DF）方式，则在合约到期当日，公司必须以人民币 6466 万元向银行购入 1000 万美元，即所谓的全额交割；若按 NDF 方式，则该公司已于三个月前锁住美元兑人民币的 6.4660 水准，如今美元兑人民币已涨至 6.4810，所以该公司的 NDF 头寸已产生利润，银行应付给公司：

$$\frac{(6.4810-6.4660)\times 1000000}{6.4810}=23144.58\text{（美元）}$$

人民币 NDF 产品的运行较为简单，一般按照标准的外汇远期市场双向报价的惯例，即以即期市场的升水或者贴水表示，国内银行通常用直接报价居多。

目前，中国外汇交易中心的人民币 NDF 交易支持 4 个货币对：USD. CNY、EUR. CNY、JPY. CNY、GBP. CNY。交易标准期限包括 1W、1M、3M、6M 和 1Y。

三、远期外汇综合协议

（一）远期外汇综合协议的概念

远期外汇交易往往涉及外汇交易本金的实际流动，买卖双方都需要缴纳相应保证金，受准备金的制约。20 世纪 80 年代末出现的远期外汇综合协议（Synthetic Agreement for Forward Exchange，SAFE）则克服了这一缺陷，成为不需要本金流动，而能对未来两种货币的利差和汇差变化进行风险管理和投资的表外工具。SAFE 是一种与远期利率协议相类似的场外交易工具。

远期外汇综合协议 SAFE 是指双方约定，买方在结算日按合约中规定的结算日直接远期汇率用第二货币（Secondary Currency），向卖方买入一定名义金额的原货币（Primary Currency），然后在到期日再按合约中规定的到期日直接远期汇率，把一定名义金额的原货币出售给卖方的协议。

具体而言，SAFE 在结算日和到期日并不实际支付外汇，而是按照协议约定汇率与基准日的市场汇率的差额支付汇差，而且，到期日的反向交易也在结算日完成，因此，合约实际结束时间，即买卖双方权利义务解除时间是在结算日而非到期日。

在前后两次名义本金兑换中，原货币的金额通常是相同的。SAFE 交易的买方是指最初买入原货币（Primary Currency）的一方，即在结算日买入原货币，而在合约到期日出售原货币的一方。卖方则是其交易对手，交易方向相反。

（二）远期外汇综合协议的基本术语

远期外汇综合协议的交易条件和规范术语由英国银行家协会编制。其中基本的术语有：

A_1：合约规定的在结算日将兑换的原货币的名义金额。

A_2：合约规定的在到期日将兑换的原货币的名义金额。

CR：合约汇率（Contract Rate），合约规定的结算日的直接汇率。

SR：结算汇率（Settlement Rate），在基准日确定的结算日的直接汇率。

CS：合约汇差（Contract Spread），合约签订时确定的结算日与到期日的汇差。

SS：结算汇差（Settlement Spread），基准日决定的到期日与结算日的汇差。

CR + CS：合约原先规定的到期日直接汇率。

SR + SS：基准日决定的到期日直接汇率。

i：结算日第二货币期限为结算日至到期日的无风险利率。

D：合约期限天数。

B：第二货币天数计算惯例。

（三）远期外汇综合协议的重要日期

远期外汇综合协议涉及的一些重要日期，与远期利率协议是一致的。

交易日：远期外汇综合协议成交的日期。

起算日：一般在交易日后两个工作日，是递延期限的起始时间。

结算日：远期外汇协议开始的日期，即协议中规定的第一次货币互换的开始日，也是交易双方计算并交付汇差的日期。

基准日：也称确定日，为确定参考汇率的日期。

到期日：名义远期外汇综合协议到期的日期，此时，买卖双方进行第二次货币互换。

协议期：结算日至远期外汇综合协议到期日之间的天数。

递延期：起算日至结算日之间的天数。

这些重要日期见图 10－6。

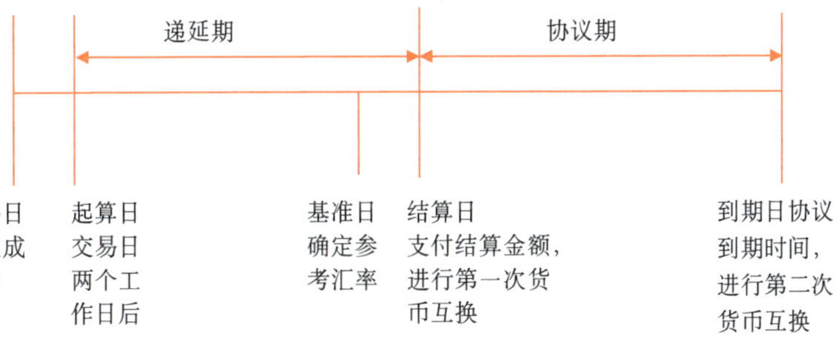

图 10－6　远期外汇综合协议交易时间流程图

远期外汇综合协议用 M×N 表示，其中 M 表示递延期限，N 表示从起算日开始到协议结束的时间。

例如，“1×4”表示远期外汇综合协议的起算日至结算日的时间为 1 个月，起算日至合约到期日的时间为 4 个月，协议期为 3 个月。

（四）远期外汇协议的标价

SAFE 的标价与外汇市场上其他金融产品的交易类似，即同时标出买入价和卖出价。

例如，银行一份 1×4 美元对人民币远期汇差的标价为 154/228，这一标价的含义为：买入价 154，作为报价方的银行买入第一货币美元的远期买入价；卖出价 228，作为报价方的银行卖出第一货币美元的远期卖出价。

【例 10－13】银行对 1×4 美元对人民币远期外汇综合协议的报价如表

10－6。

表 10－6　　1×4 远期外汇综合协议的报价

项目	报价（人民币/美元）
即期汇率	6.4450/6.4722
1 月期	337/368
3 月期	522/565
1×4 远期汇差	154/228

1×4 汇差计算方法：

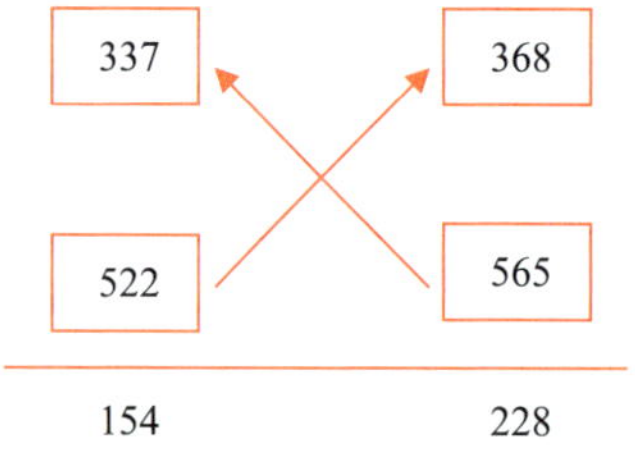

1×4 美元对人民币远期外汇综合协议的报价为 154/228，即指买入美元的远期汇差是 154 个基点，卖出美元的远期汇差是 228 个基点。需要注意的是，在 SAFE 中，原货币在结算日的购入方和到期日的卖出方是 SAFE 的买方，其对手方是 SAFE 的卖方。因此这里的报价是“卖价/买价”的形式。SAFE 的标价与外汇的即期汇率没有直接关系，它只与远期升水或贴水有关。

（五）远期外汇综合协议的结算及分类

远期外汇综合协议有两种结算金计算方式，因此可分为两类，即汇率协议（Exchange Rate Agreement，ERA）和远期外汇协议（Forward Exchange Agreement，FXA）。汇率协议 ERA 仅涵盖成交后结算日至到期日外汇汇差的变化，而远期外汇协议 FXA 不仅与汇差的变化有关，还与绝对汇率水平的变动有关。这就使得市场参与者在对未来汇率的变化有不同的预期或者对市场汇率关注的角度不同时，可以从二者中选择适用于自己的产品。ERA 与 FXA 的结算公式如下：

$$ERA = A_2 \times \frac{CS - SS}{1 + \left(i \times \frac{D}{B}\right)} \quad (10.5)$$

$$FXA = A_2 \times \frac{(CR + CS) - (SR + SS)}{1 + \left(i \times \frac{D}{B}\right)} - A_1 \times (CR - SR) \quad (10.6)$$

在大多数远期外汇综合协议中，$A_1 = A_2$。从上式可以看出，SAFE 合约的名义本金都是用原货币表示，而交割数额则以第二货币表示。在结算时，如果结果为正值，则将由卖方向买方支付该金额；反之如果结算结果为负值，则将由买方向卖方支付该金额。

【例 10 -14】 假设现行市场上的利率和汇率水平如表 10 -7 所示。

表 10 -7　　现行市场上的利率和汇率水平

项目	即期汇率	3 月期	6 月期	3×6 远期汇差（利率）
人民币/美元		552/555	778/779	223/227
人民币利率	6.4450	3.00%	3.25%	3.50%
美元利率		1.00%	1.25	1.5%

假设某投资者预期人民币和美元的远期利率会缩小，于是买入名义本金 1000 万美元的人民币对美元远期外汇综合协议。3 个月后不同情况下的 ERA 和 FXA 的结算金额如下。

（1）汇率不变，两货币利差缩小，3 个月后市场上的利率和汇率水平如表 10 -8 所示。

表 10 -8　　3 个月后市场上的利率和汇率水平

项目	即期汇率	3 个月
人民币/美元	6.4450	163/165
人民币利率		3%
美元利率		2%

虽然汇率水平没有变化，但是 3 月期两国货币利差缩小到 1%，远期外汇综合协议的汇差由原来的 223 点（先买入）减小到 165 点（后卖出）。如果投资者的预期是正确的，则存在获利机会。

$$ERA = 1000\text{ 万美元} \times \frac{0.0223 - 0.0165}{1 + 3.00\% \times \frac{90}{360}} = 57568.24\text{（元人民币）}$$

$$FXA = 1000\text{万美元} \times \frac{6.5229 - 6.4615}{1 + 3.00\% \times \frac{90}{360}} - 1000\text{万美元} \times (6.5005 - 6.4450)$$

$$= 54429.28\text{（元人民币）}$$

其中，6.5229 = 6.4450 + 0.0779，6.4615 = 6.4450 + 0.0165，6.5005 = 6.4450 + 0.0555。

从计算结果可以看出，无论是ERA还是FXA，二者的结算金金额都为正值，则SAFE的买方将获得结算金。从数值看，二者相对较为接近，投资者可以任选一种。

（2）汇率变化，利差缩小。假设在利差缩小的同时，汇率也发生了变化。具体数据如表10－9所示。

表10－9　　3个月后市场上的利率和汇率水平

项目	即期汇率	3个月
人民币/美元	6.9678	187/189
人民币利率		3%
美元利率		2%

这时，有：

$$ERA = 1000\text{万美元} \times \frac{0.0223 - 0.0189}{1 + 3.00\% \times \frac{90}{360}} = 33746.90\text{（元人民币）}$$

$$FXA = 1000\text{万美元} \times \frac{6.5229 - 6.9867}{1 + 3.00\% \times \frac{90}{360}} - 1000\text{万美元} \times (6.5005 - 6.9678)$$

$$= 69526.05\text{（元人民币）}$$

其中，6.5229 = 6.4450 + 0.0779；6.9867 = 6.9678 + 0.0189；6.5005 = 6.4450 + 0.0555

可见，在两种货币的利差变化导致汇差也发生变化时，如果汇率水平也发生了变化，且该变化对投资者是有利的，则采用FXA的结算方式其收益大于ERA。

四、外汇掉期交易

(一) 外汇掉期的定义

外汇掉期（Foreign Exchange Swap，FES）又称为汇率掉期，指交易双方在交易日约定，在前后两个不同的交割日即起息日（Value Date，货币收款或付款执行生效日）以约定的汇率进行方向相反的两次货币交换。具体而言，在第一次货币交换中，一方按照约定的汇率用 A 货币交换 B 货币；在第二次货币互换中，双方在按照另一约定的汇率，反向交割货币，用货币 B 交换货币 A。本质上是两笔不同交割期限的外汇交易的组合，如图 10－7 所示。

图 10－7 外汇掉期示意图

【例 10－15】 甲与乙进行外汇掉期交易，欧元/美元的即期汇率为 1.1120，3 个月后远期汇率报价为 1.1140。如图 10－8 所示。即期部分，按照即期汇率，客户甲卖给银行乙 1000 万美元，得到 8992805.76 欧元。3 个月后，银行乙付给甲 1000 万美元，甲支付 8976660.68 欧元。其中，差价为 16145.08 欧元。

图 10－8 欧元/美元外汇掉期简要示意图

(二) 外汇掉期的类型

外汇掉期与商品掉期类似。每笔掉期交易包含一个近端期限和远端期限，分别用于确定近端交割日和远端交割日。这两个期限可以是标准期限（如 1M、1Y 等），也可以是非标准期限。

在实务交易中，根据起息日不同，外汇掉期交易的形式包括即期对远期的掉期交易、远期对远期的掉期交易和隔夜掉期交易。

即期对远期（Spot - Forward）的掉期是指交易者在向交易对手买进即期外汇的同时卖出金额和币种均相同的远期外汇，或在卖出即期外汇的同时买进金额和币种均相同的远期外汇，而交易对手的交易方向刚好相反。

远期对远期（Forward - Forward）的掉期是指交易者向交易对手同时买进并卖出两笔金额相同但交割日不同的远期外汇，可在买进期限短的（如三个月到期）外汇的同时卖出期限长的（如六个月到期）外汇，也可在卖出期限短的远期外汇的同时买进期限长的远期外汇。同样，交易对手的交易方向刚好相反。

隔夜掉期交易包括 O/N（Overnight）、T/N（Tomorrow - Next）和 S/N（Spot - Next）三种形式。

O/N（Overnight）的掉期形式是买进当天外汇，卖出下一交易日到期的外汇；或卖出当天外汇，买进下一交易日到期的外汇。

T/N（Tomorrow - Next）的掉期形式是买进下一交易日到期的外汇，卖出第二个交易日到期的外汇；或卖出下一交易日到期的外汇，买进第二个交易日到期的外汇。

S/N（Spot - Next）的掉期形式是买进第二个交易日到期的外汇，卖出第三个交易日到期的外汇；或卖出第二个交易日到期的外汇，买进第三个交易日到期的外汇。

具体外汇掉期交易种类见表 10 - 10。

表 10 - 10　　　　我国外汇掉期交易分类

期限	全称	近端起息日	远端起息日
O/N	Over - Night	T	T + 1
T/N	Tomorrow - Next	T + 1	T + 2
S/N	Spot - Next	T + 2	T + 3
1W	Spot - one Week	T + 2	即期起息日之后一周
1M	Spot - one Month	T + 2	即期起息日之后一个月
1Y	Sopt - one Year	T + 2	即期起息日之后一年

资料来源：中国外汇交易中心产品指引版 v3.7 版。

（三）外汇掉期的报价

根据起息日的远近，每笔外汇掉期交易包含一个近端起息日和一个远端起息日。近端起息日指第一次货币交割的日期，远端起息日指第二次货币交割的日期。这两个不同起息日所对应的汇率称为掉期汇率（Swap Rate）。因此，掉期汇率可分为近端汇率和远端汇率，即第一次交换货币时适用的汇率和第二次交换货币时适用的汇率。远端汇率和近端汇率的点差被称为“掉期点”（Swap Point）。掉期点可正可负。

一般而言，在外汇掉期交易中交易双方分为发起方和报价方，双方会使用两个约定的汇价交换货币。这两个约定的汇价被称为掉期全价（Swap All－In rate），由交易成交时报价方报出的即期汇率加相应期限的“掉期点”计算获得。因此，掉期全价包括近端掉期全价和远端掉期全价。

由于掉期交易中发起方可以先买后卖，也可以先卖后买，发起方的掉期全价计算方法也有所不同。需要注意的是，一般掉期交易中汇率的报价方式为做市商式（bid/ask，即做市商买价/做市商卖价）报价。例如，美元兑人民币即期汇率报价为 6.4340/6.4343，表示报价方愿意以 1 美元兑 6.4340 元人民币的价格买入，以 1 美元兑 6.4343 元人民币的价格卖出。

因此，在外汇掉期交易中，发起方的近端掉期全价和远端掉期全价如图 10－9 所示。

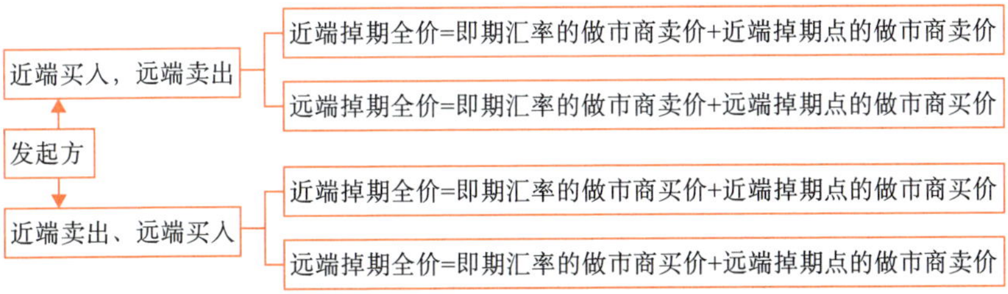

图 10－9　发起方的外汇近端掉期全价和远端掉期全价示意图

【例 10－16】 一笔 1M/2M 的美元兑人民币掉期交易成交时，银行（报价方）报价如下：

美元兑人民币即期汇率为：6.4340/6.4343

（1M）近端掉期点为：40.01/45.23bp

（2M）远端掉期点为：55.15/60.15bp

作为发起方的某机构，如果交易方向是先买入、后卖出，则近端掉期全价为6.4343+45.23bp=6.438823，远端掉期全价为6.4343+55.15bp=6.439815，掉期点为55.15bp-45.23bp=9.92bp；如果交易方向是先卖出、后买入，则近端掉期全价为6.4340+40.01bp=6.438001，远端掉期全价为6.4340+60.15bp=6.440015，掉期点为60.15bp-40.01bp=20.14bp。

（四）外汇掉期的适用情形

1. 对冲货币贬值风险

交易者持有货币A，因为需要转换成另一种货币B，而在远期又要将B换回成A，通过掉期交易可避免B的贬值风险。例如，客户想向银行借入一笔挪威克朗，期限6个月。于是银行可以在外汇即期市场以美元兑换为挪威克朗，即卖出美元买入挪威克朗，将挪威克朗向客户贷放。银行为了防止该笔挪威克朗贷款因6个月后挪威克朗贬值换回较少美元的风险，在贷出挪威克朗的同时做一个6个月远期买美元卖挪威克朗的反向交易。银行即期卖美元同时远期买美元就构成掉期交易，使原先所借的美元转换成挪威克朗，满足了客户要求，同时又防止了挪威克朗的贬值风险。

2. 调整资金期限结构

所谓资金期限结构是指企业或者金融机构支付外汇与收到外汇的期限分布。所谓调整就是当外汇收付时间不匹配时，将所持有的即期外汇变成远期外汇或将远期外汇变成即期外汇（或是比原来期限短的远期）使得外汇收付时间一致。例如，假如银行从客户手中买进100万6个月期远期英镑，为避免英镑贬值风险，银行可进行如下操作。

方案一：银行直接向其他银行卖出180天远期英镑。这在理论上当然未尝不可，但若此时该银行与其他银行进行单方向卖出远期英镑（即只卖出该笔英镑的远期而没有即期的买入）进行抵补，会破坏对方的头寸状态，增加对方银行头寸风险。这与一般商业客户的情况不同，商业客户可以进行单方向的远期交易以回避商业风险。事实上，大部分银行间的交易，都不是按方案一的单方向方式进行。

方案二：银行在买入100万远期英镑之后，立即在同业市场售出100万即期英镑，同时进行买/卖180天远期100万英镑的掉期交易。这样既可避免英镑贬值风险，同时又使银行英镑资金期限结构不匹配的情况得到调整。虽然本方案操作有两个步骤，但实际上比方案一更容易实现。银行进行即期交易极易找到对手，银行进行掉期交易也很容易找到对手（掉期交易意味着“双向交易”，不会破坏对方的头寸状态，因而这种做法并不增加对方的头寸风险）。

（五）外汇掉期交易的应用

外汇掉期基本不改变整体资产的规模，因此，企业进行风险管理的重点主要是分析自身的资产结构。另外，外汇掉期的外汇远期合约也意味着其具有一定的短期融资功能。

【例 10-17】某企业为德国一家贸易公司，贸易范围遍及全球。3 月，该企业与非洲某公司签订了一份贸易合同，约定当月月底进口一批货物，在 4 月底支付货款 80 万美元。同时，该企业在 3 月底将此货物转卖给亚洲一家公司，预期在 3 个月后获得收入 100 万美元。该企业认为目前欧元汇率不太稳定，准备采取风险管理来避免未来汇率风险带来可能的损失。

该企业目前面临 1 个月后支付 80 万美元，3 个月后获得 100 万美元的状况。为了避免汇率波动，该企业可以用欧元兑美元的外汇掉期来转移风险，管理未来外汇收支。当前金融机构报价见表 10-11。

表 10-11　　金融机构报价

项目	即期报价	1 个月掉期报价（bp）	3 个月掉期报价（bp）
欧元兑美元	1.1888/1.1905	182/225	42/122

（1）按照 1 个月期欧元兑美元远期汇率出售外汇远期，抛出欧元，买入 80 万美元，按照即期汇率报价和 1 个月远期报价，近端掉期全价是 1.1888 + 0.0182 = 1.2070。

（2）同时购入 3 个月期欧元兑美元外汇远期，用美元买入欧元，即抛出 80 万美元，买入欧元，按照即期汇率报价和 3 个月远期报价，远端掉期全价是 1.1888 + 0.0122 = 1.2010。

该企业通过掉期卖出 1 个月期欧元兑美元远期，同时买入 3 个月期欧元兑美元远期。1 个月后按约定汇率买入 80 万美元所需要的欧元为 80 万美元/1.2070 = 66.28 万欧元，即花费约 66.28 万欧元购入 80 万美元，用于4月底的支付。

3个月后，该企业一方面能够获得100万美元的收入，另一方面按照约定的3个月远期汇率卖价1.2010抛出美元买入欧元，所获得欧元金额为80万美元/1.2010 = 66.6112 万欧元。在此交易中，企业等于获得了66.6112 -66.28 =0.3312万欧元的差价（见表10 -12）。

表10 -12 外汇掉期交易

时间	交易	
1个月远期	买入：80万美元	卖出：66.28万欧元
3个月远期	卖出：80万美元	买入：66.6112万欧元
		差价：0.3312万欧元

假设该企业并未进行外汇掉期的风险管理措施：

（1）若未来3个月后的欧元兑美元即期汇率为1.1710/1.1780，则80万美元兑换得到欧元的金额为：80万美元/1.1780 =67.912万欧元。

（2）若未来3个月后的欧元兑美元即期汇率为1.2110/1.2190，则80万美元兑换得到欧元的金额为：80万美元/1.2190 =65.628万美元。

由此可见，企业对于80万美元的风险管理做得比较到位，面对未来可能的汇率波动，此笔掉期业务将风险控制在适当的范围内。在该例中，我们尤其需要关注的是，该企业的风险管理并没有对所有头寸都操作，而是留了20万美元的风险敞口。显然，这是企业基于整体风险考虑，若欧元兑美元方向对自身有利，可以继续等待，若汇率方向对自身不利，则可继续使用其他外汇风险管理工具进行风险管理。因此，在外汇掉期交易中，企业不一定要将所有的风险头寸都拿来交易，可以预留一定的头寸应对特殊的需求。具体需要留多大比例的头寸，应根据企业的整体风险大小和以往的经营状况而定。

第十一章 互　　换

本章学习目的与要求：

通过本章学习，掌握互换的概念，了解互换的基本类型和其他常见互换类型的概念；掌握并理解互换的基本应用；掌握利率互换和货币互换的概念、互换双方头寸方向的确定惯例和净现金流计算方法；掌握利率互换和货币互换的基本应用；能够分析并理解利率互换和货币互换案例中涉及的基本知识和应用情形。

学习重点：

利率互换、货币互换的概念；利率互换和货币互换交易方向的确定惯例、净现金流计算方法；利率互换、货币互换的目的和基本应用；利率互换和货币互换的应用情形。

知识结构图：

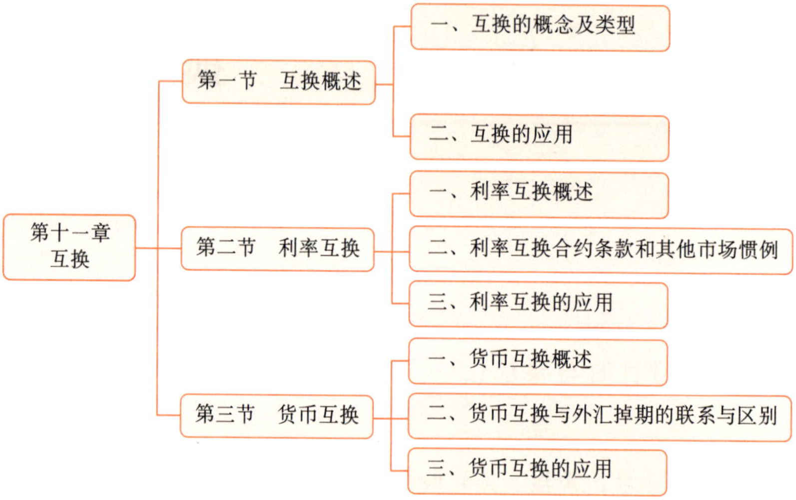

第一节　互换概述

学习内容	知识点
互换基本知识	互换概念；互换的基本类型和常见互换类型的概念
	互换的基本应用

一、互换的概念及类型

（一）互换的概念

互换（Swap）是指两个或两个以上当事人按照商定条件，在约定的时间内交换一系列现金流的合约。

互换的每一次现金流交换都可以视为类型不同、头寸相反的两份远期合约的轧差，如到期时间相同的一份浮动利率远期合约空头和一份固定利率远期合约多头的轧差。所以，互换可以说是一系列远期合约的组合。

（二）互换的种类

互换的类型有多种，利率互换、货币互换、商品互换、权益类互换、信用违约互换、总收益互换等均已较为常见。但最常见的、市场规模最大的仍然是传统的利率互换和货币互换，特别是利率互换，市场规模占互换总规模的60%以上。

对利率互换和货币互换的概念及互换方式等相关内容将在本章第二节、第三节重点介绍，以下介绍其他常见互换类型的概念。

1. 商品互换

商品互换是指所交换的现金流与某种商品价格相关，基本类型有固定价格换浮动价格的商品价格互换和商品价格与利息的互换。

2. 权益类互换

权益类互换也称股权互换（Equity Swap），是指互换双方中，至少有一方支付由某只股票或某种股票指数的收益决定的现金流，另一方支付的现金流可以由固定利率、浮动利率或另一只股票或股票指数的收益来决定。

3. 信用违约互换

信用违约互换（Credit Default Swaps，CDS）是最常用的一种信用衍生品，CDS实际上是在一定期限内，买卖双方就指定的信用事件进行风险转换的一个合约。

合约规定，信用风险保护买方向卖方就指定的信用事件定期支付固定的费用或者一次性支付保险费，以换取信用事件发生后的赔付。当信用事件发生时，卖方按协议约定向买方赔偿因信用事件所导致的损失。

4. 总收益互换

总收益互换（Total Return Swap）是按照特定的固定利率或浮动利率互换支付利率的义务。在总收益互换中，信用保障的卖方或总收益支付方将从信贷资产或“参照信用资产”处获得的收益全部转移给交易对手，即信用保障的买方或总收益接受方，而得到一个事先约定的利率回报，该利率可以是浮动利率或固定利率。

二、互换的应用

最早出现的货币互换主要是为了规避外汇管制，利率互换最初是通过比较优势进行套利，套利始终是互换的主要应用领域。

根据套利收益来源的不同，互换套利大致可分为信用套利、税收套利和规避管制套利。

互换种类不同，其管理的风险也不相同。利率互换主要用于管理利率风险；货币互换主要用于管理汇率风险；商品互换主要用于管理商品价格风险；权益类互换主要用于管理股票或股票组合风险。

此外，互换可与基础性金融工具或其他衍生金融工具结合，创新出新的金融产品。

第二节　利率互换

学习内容	知识点
利率互换基本知识	概念、现金流交换形式
	互换买卖双方的界定及现金流收付
	不同情形下双方达成互换协议须满足的基本条件
	互换的目的
利率互换合约的基本条款和其他市场惯例	支付周期、计息基础、浮动利率、合约相关日期等合约条款及基本规定
	净额结算、互换报价、合约了结等市场惯例的基本规定
利率互换的应用	不同目的的应用情形和相关分析

一、利率互换概述

（一）利率互换的概念

利率互换是指所交换的现金流为不同计息标准的利息，互换双方约定在未来的一定期限内根据同种货币相同的名义本金交换现金流。

（二）现金流交换形式——利息交换形式

利率互换由于本金和规模相同，所以互换时不用交换本金，只交换利息，未来现金流是交易双方利息的交换。利息交换形式有以下几种情形。

第一，固定换浮动。固定换浮动是最基本、最常见的利息交换形式，即一方的现金流根据浮动利率计算，另一方的现金流根据固定利率计算。

第二，浮动换浮动。互换双方的现金流也可以均为浮动利率，但互换双方浮动端利率基准不同，如一方的现金流根据 7 天回购利率计算，另一方的现金流根据 3 个月的 Shibor 计算，此类互换被称为基点互换。

第三，固定换固定。互换双方的现金流均为固定利率，这种互换通常是将融资的利息基础由正常息票固定利率换为无息票固定利率，即固定利息一次性支付，此类互换被称为零息互换。

本章下面的介绍均以常见的固定换浮动的利率互换为基础。

（三）利率互换的买卖双方及现金流收付

1. 互换买卖双方的界定

（1）买方。收取浮动现金流、支付固定现金流的一方被定义为买方，是利率看涨者。其目的是降低融资成本（有借款需求者）、规避利率上涨风险或赚取利率上涨收益。

（2）卖方。收取固定现金流、支付浮动现金流的一方被定义为卖方，是利率看跌者。其目的是降低融资成本（有借款需求者）、规避利率下跌风险或赚取利率下跌收益。

2. 利率互换的条件

交易双方达成互换协议，不同情形下需满足的条件有所差异，具体如下：

情形①：双方均有借款需求
- 第一，双方未来分别有固定利率和浮动利率的借款需求；
- 第二，借款规模和期限基本匹配；
- 第三，双方在利率市场上均存在比较优势；
- 第四，在自己比较劣势的市场上有借款需求。

情形②：利率资产或负债持有人
- 第一，双方分别持有固定利率资产（负债）和浮动利率资产（负债）；
- 第二，双方对自己持有的资产（负债）的现金流性质不满意，而希望与对方资产或负债的现金流进行交换；
- 第三，双方持有的资产（负债）规模和期限基本匹配。

第一种情形，通过互换可实现信用套利，同时管理利率风险；第二种情形，通过互换可转换资产或负债形式，管理利率风险。

（四）利率互换的目的

第一，降低融资成本或提高资产收益。融资双方分别在浮动利率和固定利率市场上存在比较优势，且在对方有优势的借贷市场上有借款需求或投资意愿，双方达成互换协议，先在各自优势的借贷市场上借款或投资，然后进行互换，总成本可以降低或总收益可以提高，从而借款（投资）双方既可达到按照各自意愿借入（投资）相应类型资金（资产）的目的，还可降低借款成本或提高投资收益。这种情形也可以说是交易双方由于信用不同，在固定利率市场或浮动利率市场存在比较优势，从而进行互换而降低融资成本或提高资产收益，即获得信用套利收益。

第二，管理利率风险。上面第一种情形的借款双方，在降低利率成本或提高资产收益的同时，满足了各自根据利率预期借入或投资相应类型资金，达到了规避利率风险的目的。

另一种情形是，持有不同计息标准的资产或负债的双方，如一方持有固定利率资产（负债），另一方持有浮动利率资产（负债），双方对利率趋势的预期不同，为规避利率风险，达成互换协议，转换所持有资产或负债的类型，实现管理利率风险的目的。

第三，构建结构化产品。通过利率互换，改变参与者的资产或负债结构或类型，构建适合客户需求的结构化产品。

二、利率互换合约条款和其他市场惯例

（一）合约基本条款

以我国银行间市场为例，说明利率互换合约应列出的主要条款，见表 11－1。

表 11－1 银行间市场利率互换合约条款

一般条款				
期限	名义本金（万元）	交易日	首期起息日	起息日
营业日准则	到期日	计息天数调整	计算机构	清算方式
交易双方支付条款				
固定利率支付				
固定利率（%）	固定利率计息方法	固定利率计息基准	固定利率支付周期	固定利率支付日
浮动利率支付				
参考利率	浮动利率计息基准	浮动利率计息方法		
浮动利率支付周期	浮动利率支付日	利率确定日		

（1）互换期限。传统互换的期限通常比较长，常见的有 1 年、2 年、3 年、4 年、5 年、7 年和 10 年等，也偶见 30 年和 50 年的。我国银行间市场目前还推出了 1 月、3 月、6 月、9 月的短期限利率互换协议，以及十几天超短期利率互换协议。

（2）支付周期。支付周期是利息支付频率的约定，如 S. A. 即 Semi－Annually 的缩写，表示每半年支付一次。利率互换中最常见的是每半年支付一次或每 3 个月支付一次。利率互换的固定利息与浮动利息支付频率通常是一致的，也有不一致的情形。例如，美国标准的利率互换是固定利息每半年支付一次，而浮动利息则与 3 个月期 Libor 挂钩，每 3 个月支付一次；又如，我国银行间市场基于 7 天回购利率的利率互换常见设定是每 3 个月交换一次，浮动端的支付额等于这 3 个月内所有 7 天回购利率的滚动复利值。

（3）计息基础。常见的计息基础有 Act/360、Act/365 和 Act/Act。前两种情形是现金流频率（计息期）按实际天数计算，1 年可按 360 天，也

可按365天计算，按365天计算是现金流支付频率（计息期）和一年的天数均按实际天数计算。

（4）浮动利率。国际上互换常用的浮动利率：3个月Libor——国际上最重要的浮动利率，3个月Euribor——欧洲银行制定的浮动利率。我国银行间市场互换常用的浮动利率：7天回购（7d repo）利率，隔夜Shibor（o/n Shibor）、3个月Shibor（3m Shibor），1年定期存款和1年贷款利率，定盘利率，GB10、CDB10、D10/G10和AAA3/D3、FDR007① 等。

交换现金流时，浮动利率的计算基准是上一支付日（或基准日）的浮动利率数据（参见例11－2）。所以，第一次现金流交换时，交易双方的净现金流是确定的，而其余现金流的交换，净现金流均是不确定的。因此，后面每一次现金流的交换都可以看作一个利率远期协议。

（5）相关日期。交易日（Exchange Date），即交易双方达成互换协议的日期。

起息日（Value Date），又称生效日（Effective Date），是互换中固定利率和浮动利率开始计息的日期，通常是交易日后两个营业日。

支付日（Payment Date），整个互换由若干个交换阶段构成，每个阶段末支付一次，这个时间称为支付日，有多少阶段就有多少支付日。

到期日（Maturity Date），或终止日，即整个互换结束日，也是最后一次现金流交换的日期。

（二）利率互换的其他市场惯例

利率互换市场多是OTC市场，但由于交易规模巨大，所以市场规则相对完善，合约条款相对规范，除前面介绍的合约条款外，利率互换市场对净额结算、互换报价、互换头寸的结清等方式均有相应的规范。

1. 净额结算

利率互换在实际结算时通常尽可能地使用利息净额交割，即在每个计息期初根据定期观察到的浮动利率计算其与固定利率的利息净差额，在计息期末支付。互换本金仅为计算利息时使用，从而成为名义本金。

净额结算能很大程度上降低交易双方的风险敞口头寸，降低信用风险。

---

① 银行间回购定盘利率是以银行间市场每天上午9：00－11：30的回购交易利率为基础，同时借鉴国际经验编制而成的利率基准参考指标。

2. 互换报价

利率互换的价格为互换合约的固定利率。根据不同的互换期限、支付频率和对应的浮动利率等，互换价格不同。

利率互换先就浮动利率的选择确定标准，图 11－1 中浮动利率分别为 7 天回购利率和 3 个月的 Sibor，其后报价和交易只需针对特定期限与特定支付频率的固定利率一方进行。

我国银行间市场交易系统提供公开报价、双向报价和对话报价三种报价方式。交易双方通过对话报价就交易要素进行商谈，达成一致后确认成交。公开报价和双向报价须转为对话报价后才能成交。

公开报价通常以买卖价格报价，交易者可根据交易意愿报出买进价或卖出价，具有银行间债券市场做市商或结算代理业务资格的金融机构可进行双向报价，即同时报出买进价和卖出价。

图 11－1 为银行间市场 2021 年 9 月 24 日利率互换相关品种的公开买卖报价。

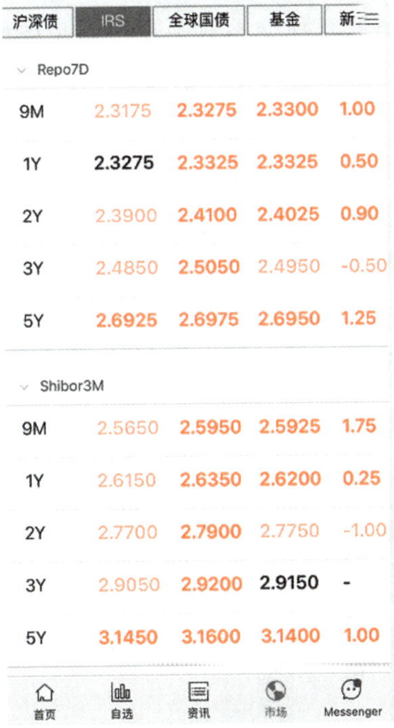

Repo7D				
9M	2.3175	2.3275	2.3300	1.00
1Y	2.3275	2.3325	2.3325	0.50
2Y	2.3900	2.4100	2.4025	0.90
3Y	2.4850	2.5050	2.4950	-0.50
5Y	2.6925	2.6975	2.6950	1.25
Shibor3M				
9M	2.5650	2.5950	2.5925	1.75
1Y	2.6150	2.6350	2.6200	0.25
2Y	2.7700	2.7900	2.7750	-1.00
3Y	2.9050	2.9200	2.9150	-
5Y	3.1450	3.1600	3.1400	1.00

图 11－1　银行间市场利率互换公开报价

公开报价可以互换利差报价，即报出特定期限的互换买卖利率与具有相同期限、无违约风险的平价到期收益率（Par Yield，即平价债券的票面利率）之间的差值。

3. 互换头寸结清

互换头寸结清指了结所持有的互换合约，结束相应权利义务的行为。

互换头寸可以通过出售原互换协议、对冲原互换协议和解除原互换协议等方式结清。

（1）出售原互换协议。在市场上出售未到期的互换协议，将原先利息收付的权利与义务完全转移给购买协议者。此时，无论持有合约多头还是空头，将所持合约转让给对手的行为均为出售。

由于不同交易者的信用风险不同，出售合约时交易必须经过互换原对手方的同意才能进行。互换协议出售后，实际上等同于原利率互换已终止，原交易对手与协议购买者签订了一份完全相同的新协议。

（2）对冲原互换协议。在市场上进行对冲交易，签订一份与原互换协议的本金、到期日和互换利率等均相同，但收付利息方向相反的互换协议。

如果该对冲交易与原互换交易对手进行，又被称为“镜子互换”，等价于终止了原利率互换。如果是与其他交易对手对冲原互换协议，在利息的现金流上确实能够实现对冲，但由于交易对手不同，仍然无法完全抵消对手方的违约风险。此外，交易互换期货、互换期权等互换衍生品也是对冲原互换头寸的一种方式。

（3）解除原互换协议。与原交易对手协议提前结束互换，双方的权利义务同时抵消。通常由希望提前结束的一方提供一定的补偿，或者协议将未来的现金流贴现后进行结算，提前支付未实现损益，使原互换协议解除。其优点在于既可对冲原有信用风险，也不产生新的信用风险。

总的来看，上述三种方式都为互换头寸的流动提供了重要的工具与途径，而国际互换交易的二级市场流动性不断增强，在互换市场的迅速发展中也起到了不可忽视的作用。

三、利率互换的应用

比较经典的利率互换业务模式有两种：一是双方有借款或投资需求；

二是已经持有资产或负债的双方，即双方不涉及借贷或投资需求。

（一）互换双方有借款需求

【例 11－1】 假定 A、B 公司均计划借入期限 10 年、半年付息一次的 1000 万元的借款，A 想以固定利率借款，B 想以 6 个月 Shibor 借款。但两家公司信用等级不同，所以市场向它们提供的利率不同，两公司的借款成本和比较优势如表 11－2 所示。

表 11－2　市场向 A、B 提供的借款成本及各自的优势比较

利率类型	A 公司	B 公司	A 公司	B 公司
			借贷市场优劣比较	
固定利率	4.25%	3.75%	劣 0.5% ＝50bp	优 0.5% ＝50bp
浮动利率	Shibor(6M)＋20bp	Shibor(6M)	劣 20bp	优 20bp

1. 比较优势、借款需求及互换条件分析

B 公司由于信用等级较高，所以在两个借贷市场上均存在优势，即两个市场的借款成本均低于 A 公司，但在固定利率市场的优势更大，所以 B 公司在固定利率市场上存在比较优势，固定利率市场和浮动利率市场的优势差，即比较优势＝50bp－20bp＝30bp。

B 公司计划以浮动利率借款，即在对方有优势的市场上借款。

A 公司在两个市场的借款成本均高于 B 公司，即两个市场上均处于劣势，但浮动利率市场高的少，所以 A 公司在浮动利率市场上存在比较优势，A 公司在浮动利率市场和固定利率市场的优势差，即比较优势也为 30bp。

A 公司计划以固定利率借款，同样在对方有优势的市场上借款。

A、B 两个公司分别在浮动利率和固定利率市场上存在比较优势，比较优势均为 30bp，都在对方有优势，或自己劣势的市场上有借款需求，且借款期限、规模相同，付息频率也相同（半年支付 1 次），具备互换条件。

2. 互换进程（见图 11－2）

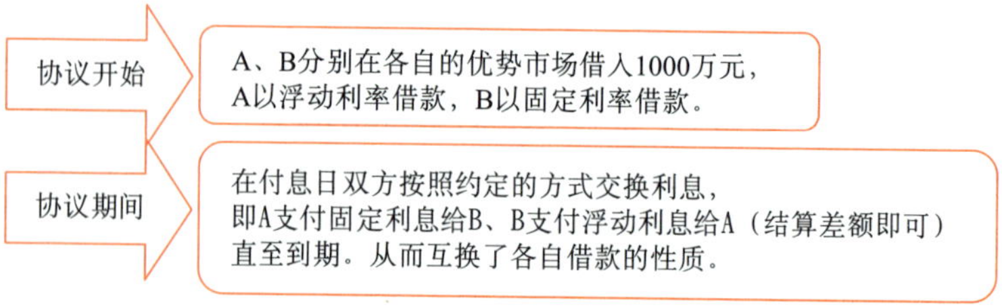

图 11－2　互换进程

3. 利率互换能够降低的融资总成本

如果不进行互换，A、B 根据各自需要借款，融资的总成本为：

A 以固定利率 4.25% 借款，B 按 6 个月 Shibor 借款。

A、B 借款总成本＝4.25%＋6 个月 Shibor

A、B 签订互换协议，在各自具有比较优势的市场上借款：

B 以固定利率 3.75% 借款，A 按 6 个月 Shibor＋20bp 借款。

A、B 借款总成本＝3.75%＋Shibor＋20bp

互换后总成本降低：

4.25%＋Shibor－（3.75%＋Shibor＋20bp）＝0.3%

互换能够降低的总成本等于双方在两个市场上的比较优势 0.3%，即 30bp。

4. 通过互换，双方的融资成本

如果没有中介参与，且双方协商平分互换收益，即降低的总成本双方平分，各自降低 0.15%；如果有中介参与，若中介获得 0.1%，剩余双方平分，则各自可降低 0.1%。

下面考虑没有中介参与双方平分的情形：

A 以固定利率借款，在原借款成本 4.25% 的基础上，降低 0.15%，A 公司的借款成本＝4.25%－0.15%＝4.10%。

B 公司以浮动利率借款，在原借款成本 6 个月 Shibor 的基础上，降低 15bp，B 公司的借款成本＝6 个月 Shibor－15bp。

通过利率互换交易，双方实现信用套利。

5. 互换交易头寸方向

A 公司计划以固定利率借款，表明其预期利率上涨，A 公司应该买进互换协议，持有互换协议多头头寸；B 公司计划以浮动利率借款，表明其预期利率下跌，B 公司应该卖出互换协议，持有互换协议空头头寸。

6. 现金流收支

A 公司收入浮动现金流，支付固定现金流；B 公司收入固定现金流，支付浮动现金流。

A、B 公司在降低融资成本的同时，实现了根据各自对利率市场的预期借入相应类型借款、管理利率风险的目的。

（二）互换双方持有资产或负债

【例 11－2】 某年 1 月 22 日，花旗银行宣布与兴业银行于 1 月 18 日完成了中国境内银行间第一笔基于上海银行间同业拆借利率（Shibor）的标准利率互换。公开披露的协议条款见表 11－3。

表 11－3　　兴业银行与花旗银行利率互换协议部分条款

名义本金	未透露
交易日	某年 1 月 18 日
到期日	某年次年的 1 月 18 日（协议期限 1 年）
固定利率支付方	兴业银行
固定利率	2.98%
浮动利率支付方	花旗银行
浮动利率基准	3M－Shibor
付息频率	3 个月，每 3 个月交换 1 次现金流（利息）
支付日	依次为某年 4 月 18 日、7 月 18 日、10 月 18 日及次年的 1 月 18 日，共 4 次

某年 1 月 18 日，协议签订时市场上 3 个月 Shibor 为 2.8080%。

假如事后各参考日市场 3 个月 Shibor 分别是：

某年 4 月 18 日，2.9049%；7 月 18 日，3.1421%；10 月 18 日，3.8757%。

（1）各支付日兴业银行的现金流。支付日，兴业银行与花旗银行现金流结构图见图 11－3。

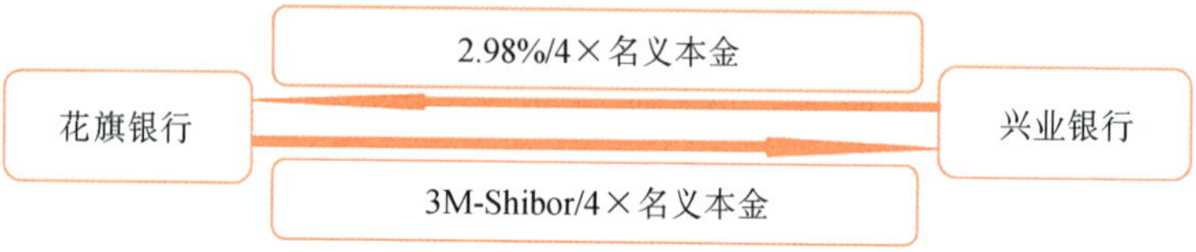

图 11－3　兴业银行与花旗银行利率互换现金流结构图

根据表 11－3 和图 11－3 的信息，兴业银行为收取浮动现金流、支付固定现金流的一方，各支付日兴业银行利息收支及净现金流（净收支）见表 11－4。

表 11－4　支付日兴业银行利息收支及净收支（每 1 元本金）

时点	3 个月期 Shibor	收到的浮动利息	支付的固定利息	净现金流
某年 1 月 18 日	2.8080%	—	—	—
某年 4 月 18 日	2.9049%	$\frac{2.8080\%}{4}=0.00702$	$\frac{2.98\%}{4}=0.00745$	－0.00043
某年 7 月 18 日	3.1421%	$\frac{2.9049\%}{4}=0.00726$	$\frac{2.98\%}{4}=0.00745$	－0.00019
某年 10 月 18 日	3.8757%	$\frac{3.1421\%}{4}=0.00786$	$\frac{2.98\%}{4}=0.00745$	0.00041
某年次年的 1 月 18 日	—	$\frac{3.8757\%}{4}=0.00969$	$\frac{2.98\%}{4}=0.00745$	0.00224

（2）依据以上信息，分析兴业银行和花旗银行利率互换的交易方向、对利率预期及负债或资产转换、进行利率互换的目的。

根据给定条件，兴业银行和花旗银行利率互换协议签订并未涉及双方借贷，协议开始的双方不涉及借贷需求。

互换协议中，兴业银行为获取浮动利息，支付固定利息的一方，是利率看涨者和协议的买方；花旗银行为获取固定利息、支付浮动利息的一方，是利率看跌者和协议的卖方。

兴业银行和花旗银行可能处于以下两种情形：一种是兴业银行持有浮动利率负债 X 万元，期限 1 年，付息频率为每 3 个月付息 1 次；花旗银行持有固定利率负债，规模、期限与付息频率与兴业银行相当；另一种是兴业银行持有固定利率资产 X 万元，期限 1 年，付息频率为 4 次/年，即 3 个月得到 1 次利息；花旗银行持有浮动利率资产，规模、期限与付息频率与兴业银行相当。

双方对各自持有的负债（或资产）类型不满意，由此达成互换协议。

通过互换，兴业银行将持有的浮动利率负债转换为固定利率负债，或将持有的固定利率资产转换为浮动利率资产，如果利率上涨，可减少利息支出或增加投资收益；花旗银行将持有的固定利率负债转换为浮动利率负债，或将持有的浮动利率资产转换为固定利率资产，如果利率下降，可减少利息支出或增加投资收益。

通过互换，双方实现了管理利率风险的目的，具体而言，兴业银行互换的目的是规避利率上涨的风险，花旗银行互换的目的是规避利率下跌的风险。

（三）运用利率互换进行金融创新

互换一经产生，人们就开始用它与基础性金融工具或其他衍生金融工具结合，根据不同需求创新出新的金融产品，下面举例说明互换在金融创新方面的应用。

【例 11-3】 如果甲公司拥有一份 2 年期的本金为 A、利率为 1 年期 Libor 的浮动利率资产（为简要起见，这里设定浮动期限为 1 年）。现在甲公司与乙银行签订一份名义本金为 2A 的 2 年期利率互换，支付 Libor，收到年利率 r，利息每年交换一次。

利率互换签订后，甲公司面临 3 个利息现金流：

（1）从资产中获得的浮动利息收入；

（2）从互换中收入固定利息；

（3）在互换中支付的浮动利息。

当市场利率上升时，甲公司利息现金流收入下降，该资产被称为反向浮动利率债券。因此，一笔名义本金为 A 的浮动利率资产与一份名义本金为 2A 的利率互换空头组合，可构造出一份合成的反向浮动利率债券。

由于利率互换既可以分解为债券头寸的组合，也可以拆解为远期协议的组合，在现实中，随实际市场状况、投资者预期与需要的不同，互换与其他金融资产可以再组合，构造出符合投资者需要的新金融产品。这也是互换市场飞速发展、影响越来越大的原因。

第三节　货币互换

学习内容	知识点
货币互换基本知识	货币互换概念；本金和利息交换形式
	交易方向确定惯例
	不同情形下双方达成互换协议须满足的基本条件
	货币互换的目的
货币互换与外汇掉期的比较	比较货币互换与外汇掉期的联系与区别
货币互换的应用	不同目的的应用情形及相关分析

一、货币互换概述

（一）含义

货币互换（Cross Currency Swap，CCS 或 Currency Swaps）是指在约定期限内交换约定数量两种货币本金，同时定期交换两种货币利息的交易。

（二）互换形式——利息和本金交换形式

1. 利息交换形式

第一，固定换固定。交易双方现金流均以固定利率计算利息，这是最传统、最常见的货币互换的利息交换形式。

第二，浮动换浮动。交易双方现金流均以浮动利率计算利息，这种货币互换通常以差额互换的形式进行，即交换两种货币的浮动利率，但按照一种货币的相同名义本金计算，从而可以利用不同市场的利率差异，而不用考虑汇率风险。

第三，固定换浮动。一方现金流按固定利率计算利息，另一方现金流按浮动利率计算利息，此类互换被称为交叉货币互换。

2. 本金交换形式（以我国银行间市场相关规定为例）

第一，在协议生效日双方按约定汇率交换两种货币的本金，在协议终止日双方再以相同的汇率、相同金额进行一次本金的反向交换。由于所交换的两种货币金额在期初与期末使用同一汇率计算，因而所交换的两种货币金额在期初与期末是相同的。

第二，在协议生效日和终止日均不实际交换两种货币的本金。

第三，在协议生效日或终止日仅进行一次两种货币的本金交换。

第四，主管部门规定的其他形式。

（三）货币互换交易方向确定

我国银行间市场货币互换又称为外汇货币掉期，根据货币对类型的不同，分为人民币外汇货币掉期和外币对货币掉期，前者货币对为人民币对外币，有人民币对美元、港元、日元、欧元、英镑、澳元；后者货币对为外币对外币，有澳元对美元、欧元对美元、英镑对美元、美元对港元、美元对日元。我国商业银行货币互换交易方向确定惯例如下：

1. 人民币外汇货币掉期的交易方向

人民币外汇货币掉期的货币对，以美元、港元、日元、欧元、英镑、澳元等外币为基准货币，人民币为计价货币。按照本金交换方向，期初收入外币、期末支付外币的一方为买方，即互换多头；期初支付外币、期末收入外币的一方为卖方，即互换空头。

买方利息现金流为支付外币利息，收入本币利息；卖方利息现金流为收取外币利息，支付本币利息。

下面为《中国外汇交易中心产品指引 V3.1》货币掉期交易样例：2014 年 4 月 21 日，机构 A 通过外汇交易系统与机构 B 达成了一笔 1Y 美元兑人民币货币掉期交易，机构 A 为发起方。约定机构 A 在 2014 年 4 月 23 日以 USD/CNY = 6.1560 的价格从机构 B 买入 USD1000000，在 2015 年 4 月 23 日以同样价格向机构 B 卖出 USD1000000。

双方约定每 3 个月向对方支付以换入货币计算的利息金额，机构 A 按照 USD3M Libor 向机构 B 支付美元浮动利率，定价日为起息日前两个营业日，日基准为 A/360。机构 B 按照 3M Shibor - 50.01bp 向机构 A 支付人民币浮动利率，定价日为起息日前一个营业日，日基准为 A/360。

2. 外币对货币掉期的交易方向

外币对货币掉期的两种货币均为外币，与人民币外汇货币掉期相似，按照本金交换方向，期初收入基准货币、期末支付基准货币的一方为买方，即互换多头；期初支付基准货币、期末收入基准货币的一方为卖方，即互换空头。

买方利息现金流为支付基准货币利息，收取计价货币利息；卖方利息现金流为收取基准货币利息，支付计价货币利息。

（四）货币互换的条件

交易双方达成互换协议，不同情形下须满足的互换条件有所差异，具体如下：

情形①：双方均有借款需求
- 第一，双方未来分别有不同币种的借款需求；
- 第二，借款规模和期限基本匹配；
- 第三，双方在不同的货币市场上存在比较优势或存在借款制度障碍；
- 第四，双方均对自己处于相对弱势或存在制度障碍的市场有借款需求。

情形②：不同比重资产或负债持有人
- 第一，双方分别持有固定利率资产（负债）；
- 第二，双方对自己所持资产(负债）的现金流性质不满意，而希望与对方资产或负债的现金流进行交换；
- 第三，双方持有的资产（负债）规模和期限基本匹配。

第一种情形，通过互换可以实现信用套利或制度套汇，同时管理汇率风险；第二种情形，通过互换可以转换资产或负债形式，管理汇率风险；采用差额互换的形式进行货币互换，或采用交叉货币互换，既可管理汇率风险，也可管理利率风险。

（五）货币互换的目的

交易者参与货币互换的主要目的有如下几点。

第一，降低融资成本，或提高资产收益。融资双方分别在两种不同币种的货币市场上存在比较优势，且在对方有优势的借贷市场上有借款需求或投资意愿，双方达成互换协议，先在各自优势的借贷市场上借款或投资，然后进行互换，可以降低总成本，或可以提高总收益，这也是货币互换实现信用套利收益的方式。

第二，管理汇率风险，或同时管理利率风险。与利率互换分析相似，有借款需求的交易双方，在降低融资成本或提高资产收益的同时，满足各自根据汇率预期借入资金或进行投资，达到规避汇率风险的目的。

此外，持有不同币种的资产或负债双方，对汇率趋势的预期不同，为规避汇率风险，达成互换协议，转换所持有资产或负债的货币种类，实现管理汇率风险的目的。

如果交易双方现金流形式不同，如以固定换浮动的货币互换，则可在管理汇率风险的同时，实现管理利率风险的目的。

第三，规避外汇管制或同时管理利率风险。货币互换的最初推出是为规避外汇管制，当前仍可选择货币互换规避外汇管制。

第四，构建结构化产品。通过货币互换，改变参与者的资产（负债）结构或类型，构造出符合客户需求的结构化产品。

二、货币互换与外汇掉期的联系与区别

中国外汇交易中心对货币互换和外汇掉期的定义为：货币互换，指在约定期限内交换约定数量的两种货币本金（也可以不交换本金），同时定期交换两种货币利息的交易。外汇掉期交易（Foreign Exchange Swap），指交易双方约定在一前一后两个不同的起息日进行方向相反的两次货币交换。在第一次货币交换中，一方按照约定的汇率用货币 A 交换货币 B；在第二次货币交换中，该方再按照另一约定的汇率用货币 B 交换货币 A。

两者的相同之处在于：第一，均涉及两种货币的交换；第二，常见的传统货币互换和外汇掉期，在协议开始和协议到期时，均涉及一前一后本金的实际交换，目前两种交易均可以不进行本金的实际交换或交割；第三，货币互换与外汇掉期均可用于规避汇率风险。

二者的不同之处在于：第一，本金交换的方式不同。对于货币互换，

如果协议开始和协议到期均进行本金交换，协议开始时互换双方按即期汇率进行货币交换，协议到期时再按照相同的汇率进行反向交换，中间交换两种货币的利息；对于外汇掉期，在协议开始（前端起息日）和协议到期（后端起息日），使用的汇率不同，分别称为前端掉期全价和后端掉期全价，实际上是一前一后两笔交易方向相反的货币买卖，先卖出基准货币再买进，或者先买进基准货币再卖出，改变了货币的持有期限。第二，货币互换协议开始时间是即期；外汇掉期的协议开始时间可以是即期，也可以是远期。第三，持有期现金流不同。货币互换在协议开始和协议到期之间，涉及多期利息交换；外汇掉期只进行一前一后的本金买卖，不交换利息，中间没有现金流。第四，两者应用情形不完全相同。

三、货币互换的应用

与利率互换的业务模式相似，比较经典的货币互换业务模式有两种：一是双方有不同币种的借款或投资需求；二是双方虽不涉及借贷或投资需求，但已持有不同币种的资产或负债。

（一）互换双方有借款需求

【例 11－4】 市场向 A、B 公司提供的借款利率见表 11－5。

表 11－5　　借款利率

	美元	英镑
A 公司	2.0%	3.6%
B 公司	3.0%	4.0%

A 公司有 1000 万英镑借款需求，B 公司有规模相当的美元借款需求，英镑兑美元汇率为 1.3766。

1. 比较优势、借款需求及互换条件分析

A 公司由于信用等级较高，在两个借贷市场上均存在优势，即两个市场的借款成本均低于 B 公司，美元借款利率低 1%，英镑借款利率低 0.4%，A 公司在美元市场上存在比较优势，比较优势＝1%－0.4%＝0.6%；B 公司在两个市场上融资成本均高于 A 公司，但英镑借款利率高的少，所以 B 公司在英镑市场上存在比较优势。

A 公司需要借入英镑，B 公司需要借入美元，即均在对方有优势的市场上有借款需求，因此，双方可以基于比较优势达成互换协议，通过互换既可实现借款目标，也可降低融资成本。

2. 通过互换可降低的融资总成本及双方融资成本

首先，A、B 公司分别在各自有比较优势的市场借款，B 公司借入英镑 1000 万；按照当时的汇率，A 公司借入美元 1376.6 万，然后进行互换。

如果按照各自的意愿借款，A 借英镑，B 借美元，融资总成本 = 3.6% +3.0% =6.6%。

如果 A 借美元，B 借英镑，融资总成本 =2% +4.0% =6%。

融资总成本可降低 0.6%，降低的融资成本等于比较优势，从而通过信用套利获得互换收益。

如果双方平分收益，且没有中介参与，A、B 融资成本分别为：

A 公司融资成本 =3.6% −0.6%/2 =3.3%；B 公司融资成本 =3% −0.6%/2 =2.7%。

3. 互换进程（见图 11 −4）

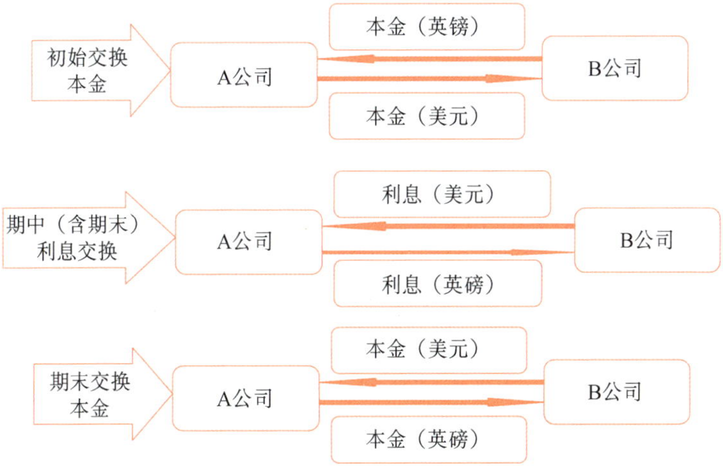

图 11 −4 A 公司和 B 公司货币互换现金流结构图

A 公司和 B 公司在降低融资成本的同时，可实现各自对借款币种的需求和管理汇率风险的目的。

（二）互换双方持有资产或负债

【例 11－5】 花旗银行（中国）有限公司与招商银行股份有限公司日元人民币的交叉货币互换，合约确认条款见表 11－6。

表 11－6　　花旗银行（中国）有限公司与招商银行股份有限公司互换协议确认条款

合约条款	甲方：花旗银行（中国）有限公司	乙方：招商银行股份有限公司
名义本金	日元 16000000000.00	人民币 129280000.00
交易日	某年 9 月 11 日	
初始名义本金交换日	某年 10 月 16 日	
起息日	某年 9 月 10 日，第一次利息交换日	
到期日	某年之后 3 年的 5 月 10 日（协议期限 3 年），期末名义本金和最后一次利息交换日	
期初名义本金交换	支付：全部人民币名义本金	支付：全部日元名义本金
期末名义本金交换	支付：全部日元名义本金	支付：全部人民币名义本金
现金流类型	日元浮动利率支付方	人民币固定利率支付方
利率或利率基准	一年期 JPY Libor＋0.90%（年利率）	3.5%（年利率）
支付频率及支付准则	每年付息，第一个计息期利率支付为某年 9 月 10 日，最后一个计息期利率支付日为到期日，所有支付日将遵循下述日元利率支付营业日准则	同前
计息期	每个计息期从上一利息支付日（含）[第一个计息期由起息日（含）开始] 起至下一利息支付日（不含），且最后的计息期止于到期日（不含）。各期 Libor 定盘价为该计息期起始日前两个伦敦工作日的 Reuters 上公布的 JPY Libor 价格	每个计息期从上一利息支付日（含）[第一个计息期由起息日（含）开始] 起至下一利息支付日（不含），且最后的计息期止于到期日（不含）
计息基准	实际天数/365，调整，单利	
支付营业日准则	经调整的下一营业日准则	
营业日	以北京时间为准	

根据以上确认条款，甲（花旗银行）乙（招商银行）双方互换现金流结构见图 11－5：

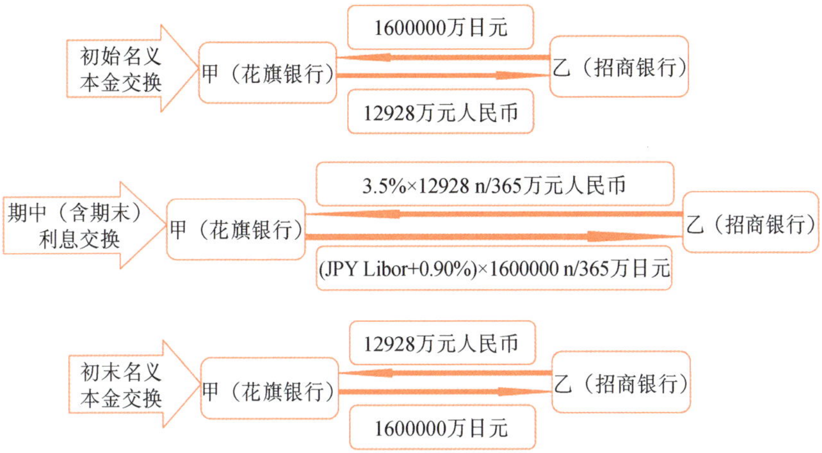

图 11－5 甲（花旗银行）乙（招商银行）双方互换现金流结构图

（1）协议类型和互换形式（利息和本金交换形式）。协议币种涉及日元和人民币两种货币，属于货币互换；利息交换形式为浮动换固定，属于交叉货币互换；期初和期末均不实际交换本金，本金只用作利息计算的基础，为名义本金。

（2）协议目的分析。由于互换双方并不实际交换本金，协议开始甲乙双方不涉及借贷需求，可能的情形是甲（花旗银行）持有 12928 万元人民币固定利率负债，乙（招商银行）持有 160000 万日元浮动利率负债。

花旗银行预期日元兑人民币汇率下跌，或人民币对日元升值，且预期利率下降；招商银行预期日元兑人民币汇率上升，即日元对人民币升值，且预期利率上涨。所以，双方对自己持有的负债币种及利率类型均不满意，从而达成互换协议。

花旗银行的现金流收支为收取固定的人民币利息，支付浮动的日元利息。可以理解为将从招商银行收取的以固定利率计息的人民币利息归还资金贷出方，将固定利率的人民币负债转换为每期支付给招商银行的以浮动利率计息的日元负债。

招商银行的现金流支为收取浮动的日元利息，支付固定的人民币利息。可以理解为将从花旗银行收取的以浮动利率计息的日元利息归还资金贷出方，将浮动利率的日元负债转换为每期支付给花旗银行的以固定利率计息的日元负债。通过互换，双方可实现管理汇率风险和利率风险的目的。

（三）税收及监管套利的业务模式

货币互换中的税收和监管套利是指交易者利用不同国家或经济体税收和监管规定的不同，运用互换规避税收与监管的特殊规定，从而降低成本、获取收益。

【例 11－6】澳元预扣税（Withholding Tax）的互换套利。澳大利亚规定，非澳大利亚居民在澳大利亚购买澳元证券所得的利息要缴纳 10% 的预扣税。例如，某欧洲投资者购买收益率为 13% 的澳联邦政府债券，在每个付息日将收到 11.70% 的收益，因为要从 13.00% 中扣除 10.00% 的预扣税。如果无法在本国税负中抵补该笔预扣税的话，将失去这 1.3% 的收益。

某信用等级接近澳联邦政府要求且希望发行美元债券的欧洲机构可运用互换对此预扣税进行套利，套利机制如下。

第一步，该机构在欧洲市场上发行欧洲澳元债券。由于欧洲澳元债券在澳大利亚之外发行，不受澳大利亚税法约束。因此，投资于欧洲澳元债券的利息所得免缴预扣税。假设欧洲澳元债券的收益率为 12.50%，低于澳洲联邦政府债券的收益率 13%。但对欧洲投资者来说，由于免缴预扣税，其实际投资所得仍比澳洲联邦政府债券高 0.8%。

第二步，该欧洲机构与澳大利亚国内机构进行货币互换。澳大利亚国内机构向该欧洲机构支付澳元利息，而欧洲机构向澳大利亚国内机构支付美元利息。由于节省了预扣税，此互换中的澳元利息低于澳大利亚国内债券利息，澳大利亚国内机构因此愿意向该欧洲机构收取比市场利率低的美元利息，从而降低了双方融资成本。

【例 11－7】日本外币资产投资监管的互换套利。1984 年底，在日元兑换限制解除的背景下，澳元证券的高收益引起了日本投资者的关注，但日本当局规定日本机构在外币证券方面的投资不应超过其证券组合的 10%。1985 年初，该 10% 的规定有所放宽，日本居民出于某些特殊原因投资外币证券不属于 10% 的外币证券份额。一些日本金融机构运用货币互换对上述监管制度进行了套利，具体机制如下。

第一步，日本金融机构向日本投资者发行澳元证券。这些证券的利率水平较高，但仍低于澳大利亚境内的澳元证券。在当时的监管规则下，日本投资者无法大量投资于澳大利亚境内的澳元证券，只能购买日本金融机构发行的澳元证券，这些证券被认定为不属于10%的外币证券份额之内。

第二步，日本金融机构与澳大利亚国内机构进行货币互换。澳大利亚国内机构向日本金融机构支付澳元利息，而日本金融机构向澳大利亚国内机构支付美元利息。由于日本境内的澳元利息成本低，此互换中的澳元利息低于澳大利亚国内债券利息，澳大利亚机构因此愿意向日本金融机构收取比市场利率低的美元利息，从可降低双方的融资成本。

例11-6和例11-7表明，只要税收和监管制度的规定导致定价差异，市场交易者就可以进入定价优惠市场，并通过货币互换套取其中的收益。

总的来说，不同国家或地区、不同种类收入、税收差异，人为的市场分割与投资限制、出口信贷和融资租赁能够得到补贴的优惠融资等，都可能成为互换套利的基础。与信用套利类似，税收及监管套利也是不稳定的。随着市场更加开放与完善，套利机会将越来越少。

第十二章　期货及衍生品价格分析

本章学习目的与要求：

通过本章学习，了解期货以及期权的行情解读；熟悉期货等衍生品基本面分析的基本框架和基本思路，掌握供求分析原理，能够根据宏观经济周期波动、宏观经济政策等变化对商品期货、金融期货等衍生品市场进行研判，了解高科技在商品期货等衍生品基本分析中的运用。掌握技术分析的主要方法，能够对期货等衍生品的走势进行分析。

学习重点：

期货行情解读，基本面分析中的供求理论，宏观经济周期，经济政策对市场的影响；技术分析的主要方法和价量分析。

知识结构图：

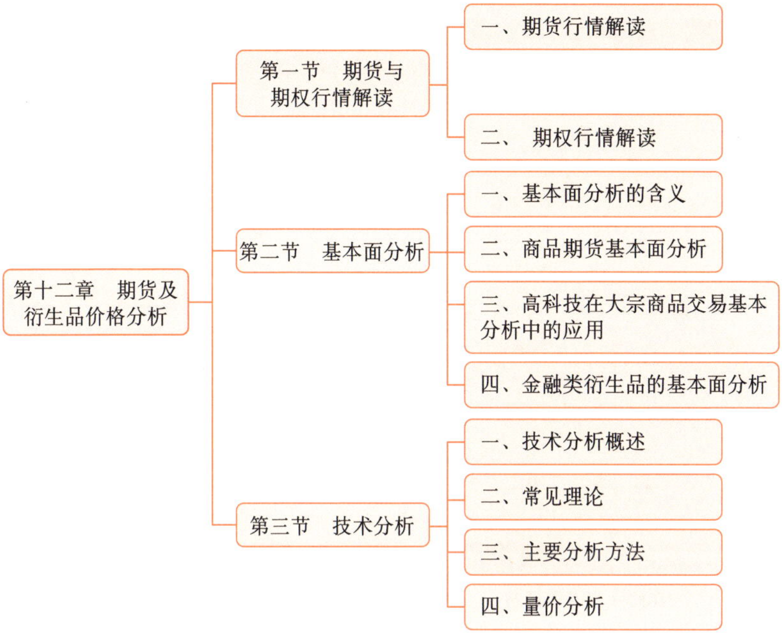

第一节　期货与期权行情解读

学习内容	知识点
期货行情解读	期货行情相关术语、常见的期货行情图
期权行情解读	期权行情、相关术语

一、期货行情解读

（一）期货行情相关术语

期货交易所和期货资讯机构发布的期货行情提供了期货交易的相关信

息。表 12 - 1 是大连商品交易所期货行情表，下面对表 12 - 1 中相关术语进行解读。

表 12 - 1　　大连商品交易所豆一期货日行情（2021 年 8 月 31 日）

< 豆一　豆二　豆粕　豆油　棕榈油　玉米　玉米淀粉　鸡蛋　粳米　生猪　纤维板　胶合板　聚乙烯　聚氯乙烯 >

合约	开盘价	最高价	最低价	最新价	涨跌	买价	买量	卖价	卖量	成交量	持仓量	收盘价	结算价	昨收盘	昨结算	分时图
a2109	5750	5787	5705	5753	-25	5708	1	5753	1	1723	3068	--	--	5762	5778	
a2111	5762	5776	5709	5750	-64	5750	19	5751	15	104823	130985	--	--	5762	5814	
a2201	5768	5785	5734	5771	-44	5770	3	5771	11	33045	48757	--	--	5768	5815	
a2203	5757	5783	5741	5778	-27	5777	31	5779	11	9201	19357	--	--	5763	5805	
a2205	5807	5823	5782	5823	-19	5818	3	5829	1	534	2095	--	--	5802	5842	
a2207	5797	5811	5768	5803	-18	5805	9	5807	4	3523	3948	--	--	5794	5821	

豆一	成交：152849	持仓：208210	豆二	成交：68362	持仓：50038	豆粕	成交：1241004	持仓：2184748
豆油	成交：796788	持仓：819279	棕榈油	成交：868774	持仓：673056	玉米	成交：467741	持仓：1306728
玉米淀粉	成交：141345	持仓：188706	鸡蛋	成交：124196	持仓：267928	粳米	成交：16667	持仓：29737
生猪	成交：28193	持仓：77957	纤维板	成交：6320	持仓：837	胶合板	成交：--	持仓：--
聚乙烯	成交：490585	持仓：642451	聚氯乙烯	成交：540943	持仓：757882	聚丙烯	成交：670013	持仓：801831
苯乙烯	成交：264981	持仓：242843	焦炭	成交：263632	持仓：247600	焦煤	成交：359052	持仓：356900
铁矿石	成交：747480	持仓：1090812	乙二醇	成交：274890	持仓：382179	液化石油气	成交：92732	持仓：110836
合计	成交：7616547	持仓：10440558						

资料来源：大连商品交易所网站。

1. 合约

行情表中第一行“豆一、豆二、豆粕、豆油、玉米……”，表示在期货交易所上市交易的期货品种。

行情表中每一个期货合约都用合约代码来标识。合约代码由期货品种交易代码和合约到期月份组成。以合约“a2111”为例，“a2111”代表大连商品交易所 2021 年 11 月到期交割的黄大豆一号期货合约。其中，“a”是黄大豆一号（简称“豆一”）期货品种的交易代码；“2111”是合约到期月份，指 2021 年 11 月合约到期。

表 12 - 1 中的第 1 列为上市交易的“豆一合约”不同交割月份的合约代码。表中显示 2021 年 8 月 31 日，“豆一”期货品种有 6 个不同月份的合约在交易，分别是 a2109、a2111、a2201、a2203、a2205、a2207。

2. 开盘价

开盘价是当日某一期货合约交易开始前 5 分钟集合竞价产生的成交价。如集合竞价未产生成交价，则以集合竞价后的第一笔成交价为开盘价。

表 12－1 中的第二列是不同月份期货合约的开盘价，其中 a2111 合约的开盘价为 5762 元/吨。

3. 最高价

最高价是指一定时间内某一期货合约成交价中的最高价格。表 12－1 中的第三列是不同月份期货合约的最高价，其中 a2111 合约的最高价为 5776 元/吨，是 2021 年 8 月 31 日开盘到当日行情发布时间内的最高成交价。

4. 最低价

最低价是指一定时间内某一期货合约成交价中的最低价格。表 12－1 中的第四列是不同月份期货合约的最低价，其中 a2111 合约的最低价为 5709 元/吨，是 2021 年 8 月 31 日开盘到当日行情发布时间内的最低成交价。

5. 最新价

最新价是指某交易日某一期货合约交易期间的即时成交价格。表 12－1 中的第五列是不同月份期货合约的最新价，其中 a2111 合约的最新价为 5750 元/吨。

6. 涨跌

涨跌是指某交易日某一期货合约交易期间的最新价与上一交易日结算价之差。表 12－1 中的第六列是不同月份期货合约的涨跌，其中 a2111 合约的涨跌为－64 元/吨。其含义是最新价 5750 元/吨与上一交易日结算价（昨结算）5814 元/吨的差价为下跌 64 元/吨。

7. 买价

买价是指当日买方申报买入但未成交的即时最高申报价格。表 12－1 中的第七列是不同月份期货合约的买价，其中 a2111 合约当时买方申报买入的即时最高价格为 5750 元/吨。

8. 买量

买量是指某一期货合约“买价”对应的下单数量，单位为“手”。表 12－1 中的第八列是不同月份期货合约的买量，其中 a2111 合约当前买价对应的申请买入数量为 19 手。

9. 卖价

卖价是指当日卖方申报卖出但未成交的即时最低申报价格。表 12－1

中的第九列是不同月份期货合约的卖价，其中 a2111 合约当日卖方申报卖出的即时最低价格为 5751 元/吨。

10. 卖量

卖量是指某一期货合约“卖价”对应的下单数量，单位为“手”。表 12 – 1 中的第十列是不同月份期货合约的卖量，其中 a2111 合约当前卖价对应的申请卖出数量为 15 手。

11. 成交量

成交量是某一期货合约当日成交的单边累计数量，单位为“手”。表 12 – 1 中的第十一列是不同月份期货合约的成交量，其中 a2111 合约的成交量为 104823 手。

12. 持仓量

持仓量，也称空盘量或未平仓合约量，是指期货交易者所持有的未平仓合约的单边累计数量。表 12 – 1 中的第十二列是不同月份期货合约的持仓量，其中 a2111 合约的持仓量为 130985 手。

13. 收盘价

收盘价是指某一期货合约当日最后一笔成交价格。表 12 – 1 中的第十三列是不同月份期货合约的收盘价。因为截取的是当日交易中即时行情，当日收盘价还未产生。

14. 结算价

结算价是当日未平仓合约盈亏结算和确定下一交易日涨跌停板幅度的依据。表 12 – 1 中的第十四列是不同月份期货合约的结算价。同理，因为是交易进行中的截图，当日结算价还未产生。在我国，商品期货结算价一般是指某一期货合约当日成交价格按成交量的加权平均价。当日无成交的，用上一交易日的结算价作为当日结算价。黄金期货、股指期货、国债期货等的结算价一般取收盘前一段时间内成交价格按交易量的加权平均价。

15. 昨收盘

昨收盘是“昨日收盘价”的简写，指某一期货合约在上一交易日的收盘价。表 12 – 1 中的第十五列是不同期货合约的昨收盘，其中 a2111 合约的上一交易日收盘价为 5762 元/吨。

16. 昨结算

昨结算是“昨日结算价”的简写，指某一期货合约在上一交易日的结算价。表 12 - 1 中的第十六列是不同期货合约的昨结算，其中 a2111 合约的上一交易日结算价为 5814 元/吨。

17. 其他

在期货行情表的下方，对当日截至当时的同一品种不同到期月份期货合约的成交量和持仓量进行了加总。例如，6 个不同到期月份豆一期货合约的成交量合计为 152849 手，持仓量合计为 208210 手。同时，豆一、豆二、豆粕、豆油、棕榈油、玉米、玉米淀粉、鸡蛋、粳米、生猪、纤维板、胶合板、聚乙烯、聚氯乙烯等 21 个期货品种的成交量和持仓量总计分别为 7616547 手和 10440558 手。

（二）常见的期货行情图

常见的期货行情图有分时图、Tick 图、K 线图等。

1. 分时图

分时图是指在某一交易日内，按照时间顺序将对应的期货成交价格进行连线所构成的行情图。图 12 - 1 为沪铜 210 合约的分时行情图，图中标注曲线即为分时图曲线。

图 12 - 1　沪铜 2110 合约分时图

2. Tick 图

Tick 图，也称闪电图，理论上是按照时间顺序将期货合约的每一笔成交价格依次标注出来并连线形成。在价格成交频率较高时，根据行情推送和更新频率确定，比如国内期货行情每 500 毫秒推送一次，Tick 图就是每

500 毫秒推送的最新价按时间顺序的连线。Tick 图可以标示出一段时间内所有成交价格及其变动幅度。图 12 - 2 为沪铜 2110 合约的 Tick 图，图中标注曲线即为其 Tick 图曲线。

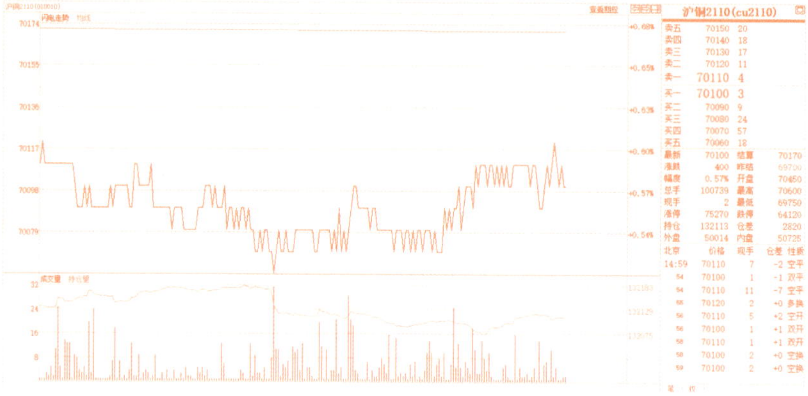

图 12 - 2　沪铜 2110 合约 Tick 图

3. K 线图

K 线图（Candle Stick Charts），也称蜡烛图、烛线图、阴阳线图等。蜡烛图起源于日本 18 世纪德川幕府时代（1603—1867 年）的米市交易，用来记录米价每天的涨跌。因其标画方法具有独到之处，人们把它引入股票市场价格走势的分析中，并广泛应用于期货、外汇、期权等市场。

图 12 - 3 为沪铜 2110 合约的日 K 线图，横轴代表时间，纵轴代表价格。

图 12 - 3　沪铜 2110 合约日 K 线图

K 线图中的每一根 K 线标示了某一交易时间段中的开盘价、收盘价、最高价和最低价。根据单根 K 线所代表的时间长短不同，可以画出不同周期的 K 线图，如 5 分钟 K 线、15 分钟 K 线、30 分钟 K 线、60 分钟 K 线、日 K 线、周 K 线、月 K 线等。

4. 主力合约连续图

因为期货合约的寿命期有限，要了解某期货品种的长期趋势，一般要将不同时间段的期货合约价格连在一起，形成连续图，其中最常用的是主力合约连续图。同一时间成交量和持仓量最大的合约为该品种的主力合约，取其价格和交易量作图，就可得到该期货品种的主力合约连续图。图 12－4 为沪铜期货的主力连续图。

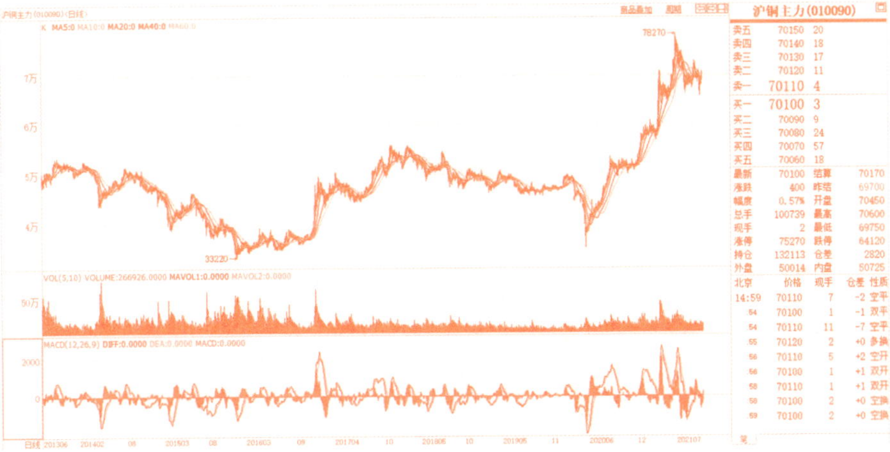

图 12－4　沪铜期货的主力连续图

二、期权行情解读

交易所和相关资讯机构发布的期权行情提供了期权交易的相关信息。期权行情一般有两种展示方式：一种是左右分列式，也称为“T 形报价”，即将同一行权价的看涨、看跌（或者认购、认沽）期权对称分列在表的左边和右边，到期日相同的期权列示在一张表上；另一种是纵列式，即按照到期时间、期权类型、行权价不同将所有挂牌合约列示在一张表格上。下面以上海证券交易所、中国金融期货交易所、上海期货交易所为例进行说明，其中前两者为左右分列式，后者为纵列式。最后，再简要介绍相关资讯机构发布的期权行情。

（一）上海证券交易所期权行情

表 12－2 是上海证券交易所期权行情表。表的上面“一横（行）”表示到期时间，中间“一竖（列）”是行权价格，组合起来像“T”字，因而被形象地称为“T 形报价”。“T 形报价”把同一到期时间的期权放在一个界面内，具有平价关系的看涨、看跌期权对称分列左右，并按行权价格由低到高排列。下面对表中相关内容及术语进行解读。

表 12－2　上海证券交易所上证 50ETF 期权行情（2021 年 8 月 31 日）

认购				10月份	认沽			
合约交易代码	当前价	涨跌幅	前结价	行权价	合约交易代码	当前价	涨跌幅	前结价
510050C 2110M02850	0.2916	-4.08%	0.3040	2.850	510050P 2110M02850	0.0158	0.64%	0.0157
510050C 2110M02900	0.2525	-3.26%	0.2610	2.900	510050P 2110M02900	0.0210	2.44%	0.0205
510050C 2110M02950	0.2060	-6.79%	0.2210	2.950	510050P 2110M02950	0.0300	-0.66%	0.0302
510050C 2110M03000	0.1755	-3.99%	0.1828	3.000	510050P 2110M03000	0.0419	1.21%	0.0414
510050C 2110M03100	0.1100	-5.82%	0.1168	3.100	510050P 2110M03100	0.0793	3.12%	0.0769
510050C 2110M03200	0.0640	-7.51%	0.0692	3.200	510050P 2110M03200	0.1288	-0.54%	0.1295
510050C 2110M03300	0.0350	-6.17%	0.0373	3.300	510050P 2110M03300	0.2011	2.86%	0.1955
510050C 2110M03400	0.0164	-9.39%	0.0181	3.400	510050P 2110M03400	0.2923	4.99%	0.2784
510050C 2110M03500	0.0087	-2.25%	0.0089	3.500	510050P 2110M03500	0.3770	2.95%	0.3662
510050C 2110M03600	0.0051	4.08%	0.0049	3.600	510050P 2110M03600	0.4779	3.26%	0.4628

资料来源：上海证券交易所网站。

1. 期权合约到期月份

表 12－2 列示的期权合约都有相同的到期日“2021 年 10 月”。此外，还有 2021 年 9 月、2021 年 12 月、2022 年 3 月到期的上证 50ETF 期权合约，分别列示在其他三张表中。

2. 行权价与行权价格间距

行情表中间一列为挂牌交易期权合约的行权价。行权价从上至下按由低到高的顺序排列，共有10个不同的行权价，其中前4个行权价为3元或以下，行权价间距为0.05元；后面系列行权价在3元至5元（含）之间，行权价间距为0.1元。

3. 认购期权行情区

行权价左右两边的区域是不同的期权类型。其中左边区域是认购期权行情区，列示了所有挂牌交易的认购期权（10月份到期）。

4. 认沽期权行情区

认沽期权行情区在右边区域，列示了所有挂牌交易的认沽期权（10月份到期）。同一行权价的认购期权和认沽期权对称分列左右两边。

5. 合约交易代码

认购期权行情区和认沽期权行情区的第一列都是期权合约交易代码。上证50ETF期权合约交易代码中列明了合约标的、合约类型、到期月份、行权价格等一些要素，由17位数字和字母组成。各部分分别表示：第1位到第6位是合约标的证券代码；第7位是C或P，表示认购期权或者认沽期权；第8位到第11位表示到期年月；第12位期初设为“M”，并且会根据合约调整次数按照“A”到“Z”依序变更。当标的证券发生除权除息情形后，将对期权合约的相关条款进行相应调整。如果变更为“A”，则表示期权合约首次发生调整，变更成为“B”就表示期权合约进行第二次调整；第13位到17位表示的是行权价格，以0.001元为单位。如“510050C2203M02850”表示“2022年3月到期、行权价2.85的上证50ETF认购期权”。

6. 当前价

当前价为期权最新一笔成交价。如“510050C2203M02850”的当前价为0.2916，表示每一份期权的价格0.2916，因为一手期权为10000份，则一手期权的价格为$0.2916 \times 10000 = 2916$元。

7. 前结算价

指上一交易日期权结算价。期权合约的结算价格为该合约当日收盘集合竞价的成交价格。“510050C2203M02850”的前结算价为0.3040。

8. 涨跌幅

指当前价相对于前结算价的涨跌百分比，如“510050C2203M02850”

当前的涨跌幅为 4.08%。

（二）中国金融期货交易所期权行情

表 12 - 3 是中国金融期货交易所沪深 300 股指期权行情表，该表包含 2021 年 9 月到期的所有挂牌交易的沪深 300 股指期权行情信息。该表与上证 50ETF 期权行情表大体一致，但包含了更多交易信息，如列明了当日的成交量和截至当日的持仓量。

表 12 - 3　中国金融期货交易所沪深 300 股指期权行情表（2021 年 8 月 31 日）

图表	持仓量	成交量	涨跌	最新价	行权价	最新价	涨跌	成交量	持仓量	图表
看涨					IO2109	看跌				
▼	112	21	↓33.80	637.80	4100	1.40	↑0.00	276	2067	▼
▼	77	6	↓11.80	560.00	4200	1.80	↑0.00	289	985	▼
▼	33	38	↓36.00	488.00	4250	2.40	↑0.00	335	728	▼
▼	92	29	↓5.40	472.20	4300	3.00	↓0.80	940	1546	▼
▼	27	40	↓20.40	408.20	4350	4.20	↓1.00	517	1207	▼
▼	138	98	↓20.60	360.60	4400	6.00	↓1.00	1167	2368	▼
▼	74	81	↓10.40	323.40	4450	8.00	↓1.60	1201	1564	▼
▼	333	115	↓6.80	281.00	4500	11.60	↓2.00	2185	3107	▼
▼	255	332	↓2.60	242.40	4550	17.00	↓3.00	1985	2630	▼
▼	955	1817	↓1.40	199.20	4600	24.20	↓4.00	5061	3263	▼
▼	1550	1681	↓2.40	160.40	4650	35.00	↓4.60	3216	2291	▼
▼	3209	7030	↓6.20	123.80	4700	49.80	↓5.60	8949	3024	▼
▼	3087	6507	↓7.60	92.60	4750	68.00	↓6.40	7474	2438	▼
▼	6280	13945	↓3.80	69.00	4800	95.00	↓2.40	12316	3903	▼
▼	5107	5525	↓5.20	49.80	4850	124.40	↓1.40	4178	3441	▼
▼	7047	7031	↓3.20	34.20	4900	158.20	↓4.60	4578	2518	▼
▼	3572	3099	↓2.40	23.40	4950	197.80	↓2.00	883	1590	▼
▼	10010	5610	↓1.40	16.00	5000	239.60	↓2.60	1209	3904	▼
▼	9230	2744	↓0.40	7.20	5100	333.20	↓9.00	520	2395	▼
▼	8190	1672	↑0.00	3.40	5200	427.80	↓9.60	222	1485	▼
▼	3665	668	↑0.00	1.80	5300	530.00	↓5.40	356	2251	▼
▼	3526	350	↑0.00	1.40	5400	632.80	↓1.40	13	987	▼

续表

图表	持仓量	成交量	涨跌	最新价	行权价	最新价	涨跌	成交量	持仓量	图表
看涨					IO2109	看跌				
▼	1318	112	↑0.20	1.20	5500	765.40	↑31.60	9	72	▼
▼	2649	79	↑0.20	1.20	5600	－－	↑0.00	0	568	▼
▼	735	72	↑0.00	0.80	5700	941.00	↑7.80	2	42	▼
▼	1518	48	↑0.00	0.80	5800	1038.20	↑5.20	7	413	▼
▼	1102	43	↑0.00	0.60	6000	1219.60	↓13.20	26	502	▼
▼	854	83	↑0.00	0.60	6200	－－	↑0.00	0	131	▼
▼	2144	42	↑0.00	0.60	6400	1637.20	↑4.20	36	105	▼

资料来源：中国金融期货交易所网站。

（三）上海期货交易所期权行情

上海期货交易所的期权报价采用纵列式，所有挂牌合约依序列在一张表上，因为同时挂牌的期权数量很多，完整的表格相当占篇幅。表 12－4 展示了上海期货交易所原油期货期权行情表的一部分，共有两个到期月份（11 月和 12 月）的原油期货期权合约。

表 12－4 上海期货交易所原油期货期权行情表（部分，2021 年 9 月 14 日）

延时行情（延时三十分钟）									2021－09－14 22:09:36						
合约代码	最新价	涨跌	成交量	持仓量	持仓量变化	申买价	申卖价	申买量	申卖量	结算价	开盘价	收盘价	最高价	最低价	前结算价
sc2111C350	111.70	0.00		0	0	79.65	148.50	2	1						111.70
……	……	……	…	……	……	……	……	…	…	…	……	…	……	……	……
sc2111C465	11.45	－2.15	19	159	－1	11.25	11.50	5	7		13.35		13.45	11.45	13.60
sc2111C470	9.35	－2.15	58	194	－10	9.10	9.30	10	2		10.65		10.90	9.20	11.50
sc2111C475	7.55	－2.10	64	205	－18	7.25	7.50	8	9		8.70		8.90	7.40	9.65
……	……	……	…	……	……	……	……	…	…	…	……	…	……	……	……
sc2111C520	0.95	－0.35	19	71	4	0.85	0.95	10	12		1.10		1.15	0.95	1.30
sc2111P350	0.25	0.20		208	0	0.15	0.25	79	4						0.05
……	……	……	…	……	……	……	……	…	…	…	……	…	……	……	……
sc2111P465	14.05	－2.85	9	66	－3	14.85	15.10	6	2		13.70		14.15	13.70	16.90

续表

延时行情（延时三十分钟）									2021-09-14 22:09:36						
合约代码	最新价	涨跌	成交量	持仓量	持仓量变化	申买价	申卖价	申买量	申卖量	结算价	开盘价	收盘价	最高价	最低价	前结算价
sc2111P470	17.30	-2.50	2	67	0	17.65	18.00	4	4		16.90		17.30	16.90	19.80
sc2111P475	20.95	-1.95	12	60	-4	20.85	21.20	2	8		19.25		20.95	19.10	22.90
……	……	……	…	……	……	……	……	…	…	…	……	…	……	……	……
sc2111P520	59.55	0.00		0	0	23.15	96.35	2	1						59.55
sc2112C365	93.50	0.00		0	0	57.40	130.00	2	1						93.50
……	……	……	…	……	……	……	……	…	…	…	……	…	……	……	……
sc2112C475	13.65	-1.00		37	0	12.45	12.70	2	6						14.65
……	……	……	…	……	……	……	……	…	…	…	……	…	……	……	……
sc2112C520	3.05	-1.05	9	9	9	3.00	3.15	5	10		3.45		3.50	3.05	4.10
sc2112P365	1.15	0.65		156	0	1.20	1.35	1	5						0.50
……	……	……	…	……	……	……	……	…	…	…	……	…	……	……	……
sc2112P510	57.50	0.00		0	0	54.55	57.45	1	1						57.50
sc2112P520	65.90	0.00		0	0	29.65	102.40	2	1						65.90

表12-4依次列出了四个系列的期权：11月到期的看涨期权、11月到期的看跌期权、12月到期的看涨期权、12月到期的看跌期权；每一个系列内部均按照行权价从低到高排列。如2021年11月到期的看涨期权，行权价从350到500元/桶时，行权价间距为5元/桶，共有31个合约，当行权价从500到520元/桶时，行权价间距为10元/桶，共有2个合约，因此共有33个11月到期的看涨期权合约挂牌交易。其他三个系列也各有33个合约。

该表提供了更多的行情信息。

1. 持仓量变化

持仓量变化表示与上一交易日相比，持仓量的增减情况。

2. 申买价

申买价为当前市场报价中买方的最高申报报价。

3. 申卖价

申卖价为当前市场报价中卖方的最低申报报价。

4. 申买量

申买量为申买价对应的买入申报数量。

5. 申卖量

申卖量为申卖价对应的卖出申报数量。

6. 结算价

结算价为当日期权合约的结算价，是当日规定时段内成交价格按照一定原则确定的加权平均价。

7. 前结算价

前结算价为上一交易日期权的结算价。

8. 开盘价

开盘价是指期权合约当日第一笔成交价。原油期货期权开盘价为开市前五分钟内经集合竞价产生的成交价格。集合竞价未产生成交价格的，以集合竞价后第一笔成交价为开盘价。

9. 收盘价

收盘价表示该期权合约当日交易产生的最后一笔成交价。

10. 最高价

最高价表示该期权合约当日交易产生的最高一笔成交价。

11. 最低价

最低价表示该期权合约当日交易产生的最低一笔成交价。

（四）相关资讯机构发布的期权行情

市场相关资讯机构发布的期权行情展示了更多信息。表 12 –5 是文华财经的豆粕期货期权行情（部分），该表为左右分列式，因篇幅所限，略去了右边的看跌期权。表 12 –5 的 T 形报价表的上面显示了相关信息，其中左上角显示了期权到期时间，为 2022 年 4 月 11 日；右边显示了期权标的期货合约“豆粕 2205”的行情。

相比于各交易所的行情，表 12 –5 除了市场可直接观察到的行情外，还提供了对行情信息进行加工和计算的信息。

1. 内在价值

内在价值由行权价和标的市场价格计算而来。看涨期权的内在价值为“标的市价 –行权价”。表 12 –5 中，标的价格为“3208”，因此，行权价“3250”及以上的看涨期权的内在价值均为 0，均为虚值期权。

表 12－5　　豆粕期货期权行情表（部分，2021 年 9 月 29 日）

标的 豆粕 m2205	合约名称	最新	涨跌	涨幅%	成交量	持仓量	日增仓	开盘	最高	最低	昨收	昨结算
到期日 20220411（剩余194天）	豆粕2205	3208	-34	-1.05%	91461	378990	5773	3229	3229	3202	3227	3242
	豆粕VIX	17.78	0.00	0.00%	110145	433212	7411	17.23	17.95	17.22	17.43	----

虚实度	日增仓	涨幅%	理论价	真实杠杆率	溢价率	杠杆比率	隐含波动率	内在价值	时间价值	持仓量	成交量	卖价	买价	涨跌	最新	看涨	〈行权价〉	看跌
0.0000	148	59.46%	7.3	5.92	19.37	108.75	19.72%	0.0	29.5	1116	511	35.5	5.5	11.0	29.5	C	3800	P
0.0000	4	45.65%	9.8	6.72	17.94	95.76	19.41%	0.0	33.5	523	74	104.0	3.5	10.5	33.5	C	3750	P
0.0000	-11	31.03%	13.1	7.56	16.52	84.42	19.08%	0.0	38.0	405	63	118.0	4.0	9.0	38.0	C	3700	P
0.0000	-51	22.54%	17.3	8.33	15.13	73.75	18.79%	0.0	43.5	613	186	123.0	42.5	8.0	43.5	C	3650	P
0.0000	1	11.49%	22.6	9.31	13.73	66.14	18.29%	0.0	48.5	617	94	54.5	6.5	5.0	48.5	C	3600	P
0.0000	-42	3.74%	29.3	10.02	12.39	57.80	17.96%	0.0	55.5	548	119	135.5	6.0	2.0	55.5	C	3550	P
0.0000	19	-0.78%	37.6	10.57	11.10	50.13	17.66%	0.0	64.0	656	108	72.5	6.0	-0.5	64.0	C	3500	P
0.0000	-16	-3.87%	47.7	10.92	9.87	43.06	17.45%	0.0	74.5	625	66	154.0	6.5	-3.0	74.5	C	3450	P
0.0000	16	-8.65%	59.8	11.43	8.62	37.96	16.98%	0.0	84.5	826	86	165.5	78.5	-8.0	84.5	C	3400	P
0.0000	44	-11.82%	74.4	11.67	7.45	33.07	16.60%	0.0	97.0	834	99	178.5	18.5	-13.0	97.0	C	3350	P
0.0000	-4	-12.74%	91.5	11.60	6.39	28.39	16.39%	0.0	113.0	1486	206	128.5	106.0	-16.5	113.0	C	3300	P
0.0000	29	-13.53%	111.4	11.43	5.39	24.49	16.15%	0.0	131.0	1811	162	138.0	130.5	-20.5	131.0	C	3250	P
0.0000	16	-13.92%	134.2	11.15	4.47	21.17	15.90%	8.0	143.5	2007	58	234.0	73.5	-24.5	151.5	C	3200	P
0.0000	338	-12.56%	160.0	10.61	3.73	18.07	15.96%	58.0	119.5	676	777	259.0	99.0	-25.5	177.5	C	3150	P
0.0000	58	-12.26%	188.9	10.16	2.99	15.73	15.77%	108.0	96.0	248	131	286.0	132.5	-28.5	204.0	C	3100	P
0.0000	-19	-10.94%	220.8	9.55	2.43	13.59	15.91%	158.0	78.0	168	47	317.5	159.0	-29.0	236.0	C	3050	P
0.0000	-7	-6.51%	255.5	8.66	2.24	11.46	17.28%	208.0	72.0	137	10	351.5	200.0	-19.5	280.0	C	3000	P
0.0000	0	-6.09%	293.0	8.16	1.81	10.15	17.42%	258.0	58.0	155	20	388.0	306.0	-20.5	316.0	C	2950	P
0.0000	-5	-8.39%	332.9	7.89	1.12	9.33	15.97%	308.0	36.0	1800	145	425.0	330.5	-31.5	344.0	C	2900	P
0.0000	-2	-4.92%	375.0	7.15	1.18	8.10	18.07%	358.0	38.0	10	2	467.5	307.5	-20.5	396.0	C	2850	P

2. 时间价值

时间价值等于“期权价格－内在价值”，其中，期权价格即表 12－5 中的“最新价”。

3. 理论价

理论价是根据标的资产价格波动率、标的价格、行权价、市场无风险利率等已知信息，用期权定价公式计算出来的期权理论价格。

4. 隐含波动率

隐含波动率是根据期权的实际价格（表中的“最新价”）计算出的标的资产价格波动率。

5. 溢价率

溢价率用来衡量期权到期前，标的物价格需要变动多少百分比才可让期权投资者在到期日实现损益平衡。溢价率衡量期权风险高低，该值越高，实现损益平衡越不容易，投资风险越高。

6. 杠杆比率

杠杆比率指的是标的价格与权利金的比值。比如，标的价格是 3208 元/吨，行权价 3200 元/吨的看涨期权的权利金是 151.5 元/吨，则杠杆比率为 3208/151.5，即 21.17。

7. 真实杠杆率

真实杠杆率用来表示当标的价格变化时，期权收益率和标的资产收益率的比值

真实杠杆率 = 杠杆比率 × delta 值。

第二节 基本面分析

学习内容	知识点
基本面分析的含义	基本面分析的定义
商品期货基本面分析	供给与需求的含义，影响供给需求的因素，均衡价格的形成与波动
	GDP、CPI、失业率等经济指标对大宗商品价格的影响
	货币政策，财政政策对大宗商品价格的影响
	产业链的含义，政治，自然因素，投资者心理
高科技在大宗商品价格基本分析中的应用	遥感技术的运用
汇率类、利率类和权益类衍生品基本面分析方法	货币供应量，利率，汇率，国际收支、货币政策，财政政策等因素对金融类衍生品的影响

对于商品期货（或商品类衍生品）而言，其基本面分析主要是研究标的商品价格变动的内在驱动因素和变化规律，重点分析在宏观经济背景下，标的商品的供求状况、产业因素和行业因素，乃至政治因素以及政策性因素等诸多因素对其价格的影响，从而对期货价格的未来变化作出一定的预测和判断。金融类衍生品基本面分析与商品类衍生品基本面分析较为相似，但更侧重分析宏观经济变量、货币政策、财政政策等因素的影响。

商品类或金融类衍生品，虽然有不同的表现形式，如远期、期货、互换、期权等，但基本面分析是针对这些衍生品的标的物而进行的，因此对不同类型衍生品的基本面分析具有异曲同工的效果。本节将首先介绍商品期货基本面分析方法，然后简要介绍金融类衍生品的基本面分析方法。

一、基本面分析的含义

基本面分析主要研究商品或金融衍生品标的物的供求变化及相关的政治、经济状况、经济政策等变量对该标的物价格的影响，对价格走势作出预测。

基本面分析方法以供求分析为基础，并结合对宏观经济因素、经济周期、经济政策等进行分析，研究价格变动的内在因素和根本原因，侧重于分析和预测价格变动的中长期趋势。

二、商品期货基本面分析

对于商品期货而言，基本面分析是指对期货标的物现货市场供求状况进行研究，从宏观分析出发，探究经济周期、经济政策等因素对商品供求的影响进而引起商品价格的变化，研判期货价格未来走势的方法。

基本面分析是对商品价格变化背后的原因进行研究，其理论基础是经济学中的供求分析，是从因果关系的角度去解释一段时间内价格变化的缘由。每种商品有不同的特点和用途，因而其价格变化的影响因素也存在差异。如黄金，它兼具商品属性和金融属性，其商品属性使其主要受黄金的供求影响，而金融属性的黄金则与美元关系密切，也与一国宏观经济状况如通货膨胀水平密切相关；另外，投机活动也对黄金价格有着较大影响。而农产品类的商品如大豆的价格，虽然也受到一些宏观经济和宏观政策的影响，但商品的供求关系是最主要的影响因素。尽管对于不同的期货品种，其价格影响因素各有不同，但其中不乏一些共性因素，这些因素包括宏观经济状况、宏观经济政策、自然因素、政治因素，以及投资者行为因素等。

（一）供求分析

供求分析是商品期货基本面分析的核心。对商品期货价格的供求分析基于经济学的均衡价格原理。根据该原理，一种商品的均衡价格是在供给与需求的共同作用下，供求平衡时所形成的价格。当影响商品的供给和需求的因素发生改变，该商品的价格会发生变化。

1. 供给及其构成

供给是指在一定时间和地点，在不同价格水平下卖方愿意并能够提供的产品数量。本期供给量由期初存量、本期产量和本期进口量构成。影响供给的因素有商品自身的价格、生产成本（要素价格）、生产的技术水平、相关商品的价格、生产者对未来的预期、政府的政策以及其他相关因素等。

可以用供给曲线来表示商品与价格的关系。通常情况下，一个商品的供给量与该商品的价格呈正相关关系，价格越高，商品的供给量越多，即供给曲线是向右上方倾斜。商品的供给则是指在商品价格给定的情况下，其他因素如成本、技术改进、政策、预期等所引起的商品供给数量的变化。当这些因素改变时，引起的是整个供给曲线的位移。

一种商品的供给的构成包括如下几个方面：

（1）期初库存量。期初库存量也就是上一期的期末结存量。期初库存量的多少，直接影响本期的供给。库存充足，将制约价格上涨；库存较少，则当期价格会有上涨压力。对于耐储藏的农产品、金属产品和能源化工产品，分析期初库存量非常重要。

（2）当期国内生产量。通常产品生产产量在短时间内并不会发生较大改变，可以根据历史的生产产量进行预估。但不同产品的产量受到不同因素的影响，某些因素的变化可能会使实际产量发生较大变化。例如，农产品的产量与播种面积和天气状况密切相关，恶劣天气会导致农产品大幅减产；矿产品的产能因新矿的发现和开采增加而增加；原油产量会受到石油输出国组织 OPEC 减产协议的影响；等等。因此，需要对产品产量的影响因素进行具体分析。

（3）当期进口量。进口量是本国市场销售的国外产品的数量。进口量主要受国内市场供求状况、内销和外销价格比、关税和非关税壁垒、汇率等因素影响。进口是国外生产者对本国的供给，若国内需求旺盛，进口量增加；反之，则进口量减少。

2. 需求及其构成

一种商品的需求是指在一定的时间和地点，在不同价格水平下买方愿意并有能力购买的商品数量。本期需求量由国内消费量、出口量和期末结存量构成。一般而言，影响某种商品需求的因素主要包括商品自身的价格、替代品和互补品的价格、消费者对商品价格的预期、消费者的收入水平、消费者的偏好、政府的消费政策等。

可以用需求曲线来表示商品需求数量与价格的关系。在通常情况下，一个商品的需求数量与该商品的价格呈负相关关系，价格越高，该商品的需求数量越少，即需求曲线是向右下方倾斜。商品的需求则是指在商品价格给定的情况下，其他因素，如偏好、收入、替代品或者互补品价格、政策、预期等因素所引起的商品需求量的变化。当这些因素改变时，引起的是整个需求曲线的位移。

一种商品需求的构成包括如下几点：

（1）当期国内消费量。国内消费量包括居民消费量和政府消费量，主要受消费者人数、消费者的收入水平或购买能力、消费结构、相关产品价格等因素影响。

（2）当期出口量。出口量是指本国生产的产品销往国外市场的数量。出口量主要受国际市场供求状况、内销和外销价格比、关税和非关税壁垒、汇率等因素影响。出口是国外市场对本国产品的需求，若总产量既定，出口量增加则国内市场供给量减少，出口量减少则国内市场供给量增加。

（3）期末结存量。期末结存量即当期供给数量超过需求数量的部分和以往期末结存量的累加。当本期产品供大于求时，期末结存量增加；当供不应求时，期末结存量减少。期末结存量的变动，可反映本期的产品供求状况，并对下期的产品供求状况产生影响。期末结存量是分析商品期货价格变化趋势最重要的数据之一。

3. 均衡价格

均衡是现代经济学的基本概念，市场供给数量与需求数量正好相等时所形成的价格便是均衡价格。图 12－5 表示了商品的供求均衡和均衡价格。在 P_1 的价格上，供给量大于需求量，出现过剩。在市场机制作用下，过剩将使价格下跌，从而刺激需求量增加，供给量减少。在 P_2 的价格上，需求量大于供给量，出现短缺。短缺将促使价格上涨，从而刺激供给量增加，需求量减少。显然，只有在供给曲线与需求曲线的交叉点上，供给量和需求量才停止调整，市场价格稳定在 P_0 的水平上。在均衡的价格水平上，市场不存在过剩和短缺，均衡数量为 Q_0。

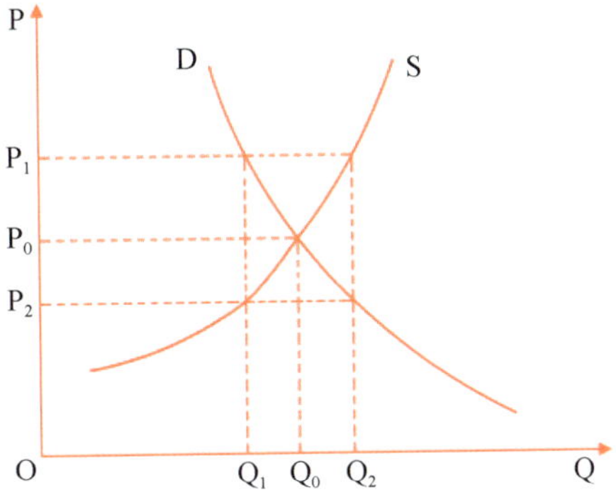

图 12－5 均衡价格的决定

均衡价格并不总是稳定的，当影响供给和需求的其他因素发生变化，则均衡价格受到扰动，将会形成新的均衡价格。具体来说，如果需求不变，供给增加，即供给曲线向右移动，商品的均衡价格下跌；反之，供给减少，即供给曲线向左移动，商品的均衡价格上涨。如果供给不变，需求增加，即需求曲线向右移动，则商品的均衡价格上涨，反之需求减少，需求曲线向左移动，则商品的均衡价格下跌。如果需求增加，供给减少，商品的均衡价格将会上涨；而需求减少，供给增加，商品的均衡价格必然下降。如果需求与供给同时增加或者减少，则均衡价格的变化将取决于二者的变化幅度。

4. 供求分析——平衡表法

供求平衡表分析是一种常见的供求分析方法。

一些重要的大宗商品都有专业的统计机构进行数据整理和跟踪，这些机构既有官方的，也有非官方的。官方统计机构如美国农业部，定期公布各种农产品的数据报告；非官方统计机构如国际橡胶研究组织，定期向会员提供全球橡胶的统计研究报告。在这些研究机构的各种统计报告中，供求平衡表（Balance Table）备受市场关注。

供求平衡表列出了大量的供给与需求方面的重要数据，如上期结转库存、当期生产量、进口量、消费量、出口量、当期结转库存等。除此之外，供求平衡表还列出了前期的对照值及未来的预测值。

通过供求平衡表，可以清晰地看到各种影响需求与供给因素的变动情况，尤其是对那些易储存的大宗商品，供求平衡表能够反映统计期末的结转库存，而库存数量对价格影响很大。这些数据便于投资者判断和预测未来价格的走势。表 12－6 是美国农业部公布的美国国内大豆供求平衡表，基本反映了大豆供求基本面的信息。

表 12－6　　美国大豆供需平衡表

项目	2012/2013*	2013/2014*	2014/2015*	2015/2016*	2016/2017*	2017/2018*	2018/2019*	2019/2020*	2020/2021*	2021/2022*		
										8 月	9 月	变动
期初库存（百万吨）	4. 61	3. 83	2. 5	5. 19	5. 35	8. 21	24. 74	24. 74	14. 28	4. 34	4. 76	0. 42
产量（百万吨）	82. 79	91. 39	106. 88	106. 86	116. 93	120. 07	96. 67	96. 67	112. 55	118. 08	119. 04	0. 96
进口量（百万吨）	1. 1	1. 95	0. 9	0. 64	0. 61	0. 59	0. 42	D. 42	0. 54	0. 95	0. 68	－0. 27
总供给（百万吨）	88. 5	97. 17	110. 28	112. 69	122. 89	128. 87	121. 83	121. 83	127. 37	123. 37	124. 48	1. 11
压榨量（百万吨）	45. 97	47. 19	50. 98	51. 34	51. 74	55. 93	58. 91	58. 91	58. 24	60. 01	59. 33	－0. 68
内需总量（百万吨）	48. 83	50. 09	54. 96	54. 47	55. 72	55. 93	61. 85	61. 85	61. 1	63. 24	62. 57	－0. 67
出口（百万吨）	35. 85	44. 57	50. 14	52. 86	58. 96	58. 07	45. 7	45. 7	61. 51	55. 93	56. 88	0. 95
总需求（百万吨）	84. 68	94. 66	105. 1	107. 33	114. 68	114	107. 55	107. 55	122. 61	119. 17	119. 45	0. 28
结转库存（百万吨）	3. 83	2. 5	5. 19	5. 35	8. 21	11. 92	14. 28	14. 28	4. 76	4. 21	5. 04	0. 83
库存消费比（%）	4. 52	2. 64	4. 94	4. 98	7. 16	10. 46	13. 28	13. 28	3. 88	3. 53	4. 22	0. 69

数据来源：飞创信息，发布时间 2021 年 9 月 13 日。

（二）宏观经济分析

1. 宏观经济数据

一种商品的供给和需求受到多种因素的影响而发生波动。其中，宏观经济的影响对于各种商品的影响具有普遍性。在商品价格变化的基本面分析中，一个非常重要的方法是基于宏观经济来对商品期货等衍生品价格进行研判。一国整体经济运行情况可以通过宏观经济指标来反映。经济数据的变化，揭示了一国宏观经济所处的状况，进而大宗商品的价格会作出相应反应。投资者可以从宏观经济数据和相关经济指标的分析入手，寻找宏观经济、大宗商品价格和其他相关因素的内在规律，分析和预测期货价格。

在宏观经济数据中，判断经济增长与经济周期的主要指标有国内生产总值（GDP）与经济增长率、采购经理指数（PMI）、失业率、通货膨胀率、利率、汇率等。国内生产总值是指一个国家或者地区在一定时期内生产出来的全部商品的市场价值总和，GDP 的增长速度则一般用来衡量一个国家或者地区的经济增长率，是用来反映一定时期经济发展水平程度的动态指标，也是反映一个国家经济活力的重要指标。采购经理指数是通过对采购经理的月度调查汇总出来的指数，反映制造业或者服务业的状况，进而能够反映经济的变化趋势。一般把 50 作为经济荣枯的分水岭。当 PMI 在 50 以上，说明经济是向好的，而低于 50 则表明经济在衰退。失业率也是一个衡量经济活力的重要指标。在通常情况下，失业率高企，往往与经济衰退相关，而经济繁荣则往往伴随着失业率下降。通货膨胀率衡量一般物价水平上涨的幅度，常用指标是消费物价指数（CPI）。过高的通货膨胀率会扭曲商品相对价格，降低资源配置效率，损害一国经济的健康发展。

判断金融市场形势的主要指标主要有货币供应量、利率和汇率等。货币供应量是指某一时点流通中的现金量和存款量之和，其变化反映了中央银行货币政策的变化，对企业生产经营、金融市场以及投资者的影响较大。货币供应量影响大宗商品有两种途径：首先，为本期通货膨胀的水平。货币供应量增加将直接导致货币名义收入的上升，短期内将会刺激对大宗商品的需求，推动大宗商品价格的上涨。其次，随着货币供应量的增加，会使得单位货币量的购买力下降，人们会放弃货币而选择大宗商品等物品以进行保值。大宗商品的投资性需求增加，推动大宗商品价格上升。

利率是在借贷过程中资金的价格，利率变化反映了资金供求的变动情况。以利率作为货币政策变量时，利率变化对大宗商品价格的影响以负相关为主。在我国，大宗商品真实价格与短期真实利率存在显著的负相关关系，而与长期真实利率并没有明显相关性。这是由于我国市场利率目前仍然存在一定的管制，利率传导的有效性不足。

汇率是外汇市场上一国货币与他国货币互相交换的比率，是国际市场商品和货币供求关系的综合反映。通常，本币贬值会扩大国内总需求，本币升值则会使得国内总需求减少。一国的汇率受该国国际收支、利率、通货膨胀、经济增长等各种因素的影响，反过来，汇率也会影响到一国的进出口贸易和投资，进而影响一国的经济增长。在经济全球化的背景下，国际贸易和国际投资的范围和规模不断扩大，各国经济间的联系非常紧密，汇率的波动对一国的国内经济必然产生重大影响。特别是世界主要货币汇率的变化，对期货市场有着显著的影响。例如，目前国际大宗商品大多以美元计价，美元贬值将直接导致大宗商品价格普遍上涨，商品期货价格相应也随之上升。

对于绝大多数大宗商品而言，其需求和供给受宏观经济波动的影响。虽然不同商品的受影响程度存在较大差异，但总体而言，如果经济指标向好，表明经济处于良好增长过程中，人们对未来是乐观的，对商品的总体需求就会增加，反之，则会减少对商品的需求。在商品期货中，通常金属、能源类的生产性原材料品种受宏观经济状况的影响大，如黄金、铜、铝、铁矿石、螺纹钢、焦煤、焦炭、原油、聚丙烯、PTA、天然橡胶、甲醇等。货币供应量和利率对于大宗商品具有普遍的影响。在一般情况下，货币供应量的增加，将引起大宗商品价格普遍上涨。而进出口交易量大的商品，如铁矿石、大豆等品种，则受汇率影响更显著一些。

2. 经济周期

经济周期是一个国家或地区的整体经济活动中出现波动的现象，一般由复苏、繁荣、衰退和萧条四个阶段构成。在经济周期性波动的不同阶段，大宗商品的供求和价格具有不同的特征，进而影响期货价格。这使得大宗商品价格的波动与宏观经济周期的波动呈现一定的相关性，尤其是对经济周期波动敏感的品种相关性较高。

在进行期货价格分析时，首先要明确所处经济周期的阶段，进而分析该阶段大宗商品供求关系以及对价格的影响。此外，还应关注宏观政策的逆周期取向对大宗商品价格的影响。

一般而言，复苏阶段开始时是前一周期的最低点，产出和价格均处于最低水平，随着经济的复苏、生产的恢复和需求的增长，价格也开始逐步回升。对于大宗商品而言，金属类的品种对经济周期的变化较为敏感。在复苏阶段金属类产品的反应往往要快于农产品品种和能源品种。繁荣阶段是经济周期的高峰阶段，经济扩张进入后期。由于投资需求和消费需求的不断扩张超过了产出的增长，刺激价格迅速上涨到较高水平。企业生产能力增速减慢，通胀水平较高。在此阶段，大宗商品价格保持与通胀水平同涨，此时，金属类资产表现较好。衰退阶段出现在经济周期高峰过去后，经济开始滑坡，由于需求的萎缩，供给大大超过需求，经济放缓，大宗商品价格尤其是金属、能源等迅速下跌。萧条阶段是经济周期的谷底，供给和需求均处于较低水平，商品价格停止下跌，处于低水平上。在整个经济周期演化过程中，商品价格波动略滞后于经济波动。

3. 经济政策

当宏观经济出现波动，政府的有关部门会采取一定的经济政策来熨平。常见的经济政策主要有货币政策、财政政策、汇率政策、产业政策等。经济政策对于商品期货价格的影响具有普遍性。

（1）货币政策。货币政策是世界各国普遍采用的经济政策。货币政策工具主要有法定准备金率、再贴现率和公开市场业务操作。核心是对货币供应量的管理。货币供应量是一国在某一时点上的货币存量，它由包括中央银行在内的金融机构的各项存款和现金货币两部分构成。通过对货币供应量的调整，影响利率，进而传导到实体经济和金融市场。通常，为了刺激经济增长，增加就业，中央银行实行宽松的货币政策，增加流通中的货币量，市场利率降低，通货膨胀预期增强，一般商品物价水平随之上升，受此影响，商品期货价格通常会上涨；反之，为了抑制通货膨胀，中央银行要实行紧缩的货币政策，减少流通中的货币量，市场利率提高，通货膨胀预期减弱，一般商品物价水平随之下降，商品期货价格通常会下跌。

（2）财政政策。财政政策也是一国对宏观经济进行调控的重要手段。财政政策主要是调节财政收入与支出，直接影响生产供给和市场需求状况。财政政策工具包括税收与政府支出，如政府购买和转移支付等。在经济繁荣的时候，往往采取紧缩的财政政策以使过热的经济降温，使大宗商品市场走弱，商品期货价格亦随之下跌；而经济萧条时则采取宽松的财政政策以刺激经济恢复，使大宗商品市场的外部环境得以改善，促使商品期货价格回升。

（3）汇率政策。汇率波动会对一国进出口贸易和国际投资等产生影响，引起国际收支失衡，进而对宏观经济运行带来负面作用。因此，各国政府部门常常对汇率的变动进行干预甚至对汇率直接管制。如当汇率上升时，为维持汇率稳定，政府部门可能会动用外汇储备，即抛出外汇，购入本币，从而使本国货币供给减少。另外，国际收支失衡反过来也会影响汇率，因此，政府部门也可能会采取关税政策，国际贸易补贴等方式以改变社会总需求和总供给，达到稳定汇率水平的目的。

（4）产业政策。产业政策也是常用的经济政策之一。产业政策往往有特定的产业指向，即扶持或抑制哪些产业发展。例如，为了应对2008年国际金融危机，中国出台的十大产业振兴规划，明确了政府鼓励发展的产业，提出了相应的政策措施。产业政策主要通过财政政策和货币政策实现其目标。2018年，供给侧结构性改革政策，采取了化解钢铁、煤炭、煤电等行业过剩产能的措施，使得相关行业供求关系显著改善。这对相关大宗商品的价格必然会产生影响。

（三）产业链分析

产业链分析，是指从期货品种的上下游产业入手，研究产业链各环节及相关因素对商品供求和价格影响及传导，从而分析和预测期货价格。

以铜的产业链为例。广义的铜产业分为铜矿开采、冶炼、加工和消费四个环节。其中，铜矿开采属于产业链上游，由于铜资源稀缺，铜矿开采获得了大部分的行业利润；冶炼环节属于产业链的中游，一般只赚取一定幅度的粗炼与精炼费用；中下游加工企业的生产主要根据消费企业的需求而定，消费环节主要包括电子元器件、机械制造、通信电缆、建材行业和空调行业，各个产品的利润视具体种类而定。从狭义上讲，铜产业仅包括铜冶炼的生产环节，它的上游包括铜矿开采，下游包括铜的加工、消费环节。

要研究铜价影响因素，可从铜产业链入手，进行深度挖掘，找出铜价波动的内在驱动因素。

（四）其他影响因素

1. 政治因素

期货市场对国家、地区和世界政治局势变化的反应非常敏感。罢工、大选、政变、内战、国际冲突等，都会导致供求状况发生变化进而影响期货价格。例如，2001年“9·11”恐怖袭击事件在美国发生，投资者纷纷抛售美元，购入黄金保值，使得世界黄金期货价格暴涨。同时，铜、铝等有色金属期货价格和石油期货价格也暴涨，而美元则大幅下跌。

2. 自然因素

自然因素主要是气候条件、地理变化和自然灾害等。具体来讲，包括地震、洪涝、干旱、严寒、虫灾、台风等因素。期货交易所上市的粮食、金属、能源等商品，其生产和消费与自然条件密切相关。自然条件的变化也会对运输和仓储造成影响，从而间接影响生产和消费。尤其是自然因素对农产品的影响大、制约性强。当自然条件不利时，农作物的产量受到影响，从而使供给趋紧，刺激期货价格上涨；反之，如气候适宜，会使农作物增产，从而增加市场供给，促使期货价格下跌。例如，巴西是咖啡和可可等热带作物的主要供应国，因而巴西灾害性天气的出现，对国际上咖啡和可可的价格影响很大。

3. 国际性行业组织政策

对期货市场产生影响的政策因素，既有来自各国政府的宏观调控政策，也有来自国际性行业组织的经济政策。例如，石油输出国组织（OPEC）经常根据原油市场状况，制定一系列政策，通过削减产量、协调价格等措施控制国际原油市场供求和价格。目前，国际大宗商品，包括石油、糖、可可、咖啡等的供求和价格，均受到相应国际性行业组织的影响。

4. 投资和心理因素

心理因素是指投机者对市场的预期。当人们对市场信心十足时，即使没有利好消息，价格也可能上涨；反之，当人们对市场失去信心时，即使没有利空因素，价格也会下跌。当市场处于牛市时，一些微不足道的利好消息都会刺激投机者的做多心理，引起价格上涨，利空消息往往无法扭转价格坚挺的走势；当市场处于熊市时，一些微不足道的利空消息都会刺激投机者的做空心理，引起价格下跌，利好消息往往无法扭转价格疲软的走势。在期货交易中，市场心理变化往往与投机行为交织在一起，相互依赖，相互制约，产生综合效应。过度投机将造成期货价格与实际供求相脱节。

在有些情况下，包括专业咨询机构的文章和观点、基金行为、多空双方资金性因素等对期货价格的波动产生影响，投资者也需要关注。

三、高科技在大宗商品交易基本分析中的应用

2020年11月，习近平总书记在上海浦东开发开放30周年庆祝大会上强调，要完善金融市场体系、产品体系、机构体系、基础设施体系，建设国际金融资产交易平台，提升重要大宗商品的价格影响力，更好地服务和引领实体经济发展。

大宗商品通常广泛用于工业生产和日常消费，其供需基本面均受到多重因素影响。对于大宗商品交易参与者而言，准确分析预测相关品种价格走势的前提之一，就是尽可能全面、及时、准确地获取大宗商品供需相关的基本面信息。传统的方法一般通过大宗商品的行业协会、仓储企业、交易所、政府统计部门、媒体等渠道获取，但所获取的数据信息往往比较零散，甚至有缺失，且存在较长时滞，更严重的是，由于利益冲突等问题，很多数据的真实性和可靠性很难保证。因此，越来越难以满足现代大宗商品交易的要求。

近年来，随着科学技术的不断进步，以大数据、人工智能、卫星遥感、全球定位、移动通信网络为代表的新技术被运用到大宗商品基本面分析的各个环节分析中，不仅提高了分析的准确性和时效性，而且也在更大的层面上保护了国内投资者利益，维护了国家安全。接下来将介绍这些技术的相关应用情况，并通过案例重点展示遥感技术的特点和运用场景。

（一）及时跟踪大宗商品的生产状况

遥感卫星最早应用于大宗商品交易主要发生在农业领域。由于不同农作物以及同种农作物的不同生长期的电磁反射特征不尽相同，这就使得我们可以利用电磁波、红外辐射、微波观测某种大宗农作物生长过程，并对未来产量进行评估。1972年美国宇航局（NASA）发射地球观测卫星“土地卫星1号”，探索遥感技术在农业上的应用，20世纪70年代后半叶，美国已可以利用多光谱卫星并结合区域气象情报估算世界主要粮食作物的种植面积和一些地区的粮食产量。随着遥感技术进步，我们目前已经可以通过卫星、无人机或飞机上搭载的传感器，利用遥感技术精确识别主要粮食

和油料作物、棉花、甘蔗等不同作物的种植地域和面积，跟踪观测其生长、发育、成熟，乃至病虫害情况等。随着遥感传感器以及数据处理系统不断迭代完善，目前存储和处理海量数据和卫星图像的能力大大提高，是农作物遥感观测识别在准确性、及时性、可靠性以及地域覆盖等方面大大高于传统的农业实地调查，已经成为预测农产品产量和价格的重要技术手段。

（二）准确反映大宗商品运输和库存变化

通过卫星对石油、铝、铜、锌、钢矿区的采掘设备、装载车辆、周边堆场情况进行观察，以及对车站、港口的装载、堆垛、进出等状态进行持续监测，可以估算大宗商品的采掘量和运输情况。通过监测仓储区域的原油存货信息，可以预测未来油价。例如，2011 年至 2017 年，美国遥感卫星数据应用商 RS Metrics 利用卫星对美国 44 个主要零售商的 67000 个商场进行观测，按日生成基于停车场车辆计数的数据报告供投资者使用。随着应用场景的不断挖掘，RS Metrics 利用高分辨率卫星对铜、铝等金属冶炼厂堆放的原料、成品量进行测算，进而预测相关商品的价格变化并形成指示信号。创立于 2013 年的 Orbital Insight 是基于卫星数据提供另类数据服务的另一个代表。它基于第三方商业遥感卫星运营商获取的遥感大数据监测大型原油存储基地的原油存量，为原油期货交易商提供库存信息。

（三）全面掌握需求动态情况

随着大众消费越来越依赖移动端电子商务，相关消费数据采集和分析为预测相关大宗商品需求量提供了重要线索。例如，衣食住行等领域的电子商务平台的大数据，可以揭示不同年龄段、不同地域、性别等方面的消费倾向、消费模式和消费水平。通过数据模型，可以建立对某种大宗商品需求的联系，进而分析预测未来的需求变动。此外，卫星遥感技术在获得房地产开工信息方面有较大优势，从而为分析螺纹钢等大宗商品需求提供了重要线索。

（四）提升大宗商品定价的自主权，维护国家利益

大宗商品基本都是关系到国计民生的战略资源。由于使用范围广、使用量大，即使是小幅的价格波动往往也将影响到国家宏观经济稳定，造成

国民财富得失。因此，能否有效开发和利用相关高技术，确保我国国内投资者在大宗商品价格供需信息的可获得性、准确性、及时性方面不处于劣势，已经成为当前大宗商品基本分析中更重要的一个考虑因素。例如，WTI（西德克萨斯中间基原油）的合约交割地位于美国库欣地区，目前该地区的库存数据来源主要依靠美国 EIA（美国能源署）每周三发布，但该发布频率不能满足当下市场对时效的要求。对此，我国的中科星睿推出了美国库欣地区原油库存日频数据。该数据早于 EIA 发布时间向市场推送库欣原油库存状况，使相关交易者获得市场优势。尤其是在当前部分国家推动对华进行技术封锁的情况下，掌握相关技术的核心知识产权，确保不受制于人，才能有效掌控大宗商品定价的自主权，更好地保护国内投资者利益和国家利益。

案例分析：

卫星遥感技术的特点及其在大宗商品基本分析中的应用

近年来，遥感卫星等新技术手段在获取市场信息方面得到了越来越广泛的应用，以遥感卫星数据为代表的一类非传统数据呈现爆炸性增长的趋势，为提升大宗商品市场透明度提供了新的可能性。利用高分辨率对地观测卫星手段，获得和发布全球大宗商品生产、库存和消费有关的信息，有助于解决全球大宗商品供应链受信息不足影响导致市场透明度不高的问题。

1. 对地观测遥感卫星的功能

遥感卫星包括微波、光学等多种观测手段。目前，用于获得地表信息的微波观测卫星以合成孔径雷达卫星为主。光学对地观测卫星则包括了可见光及近红外、短波红外、热红外等手段，根据空间分辨率的不同，分为高分辨率、中等分辨率和低分辨率等不同类型，根据光谱范围和光谱分辨率的不同，分为全色、多光谱、高光谱等不同类型。

很难用某种单一或固定的观测手段解决不同应用所面临的信息获得问题。建立全面多源的观测体系是遥感卫星赋能期货定价的必要条件。实践表明，使用遥感卫星获得关于大宗商品自产业上游至产业下游全链条信息的一个必要条件是多种类型遥感卫星的联合使用。表 12 - 7 是不同种类的卫星遥感技术的技术特点和运用情况。

表 12－7　　不同种类卫星遥感技术的技术特点和运用

<table>
<tr><th>卫星种类</th><th>功能</th><th>以原油期货为例的观测能力和信息维度</th></tr>
<tr><td>合成孔径雷达卫星（SAR）</td><td>（1）可以夜间成像及在云、雾、雨等条件下成像，因此可以在光学相机不能获得数据时用作对重要及时间敏感目标进行应急成像
（2）可以获取毫米级的地表形变数据</td><td rowspan="2">这两类卫星的联合使用可以按照稳定的观测频次定期获取全球各原油储存库区的储量信息，以及间接观测生产和销售的情况</td></tr>
<tr><td>高分辨率光学成像卫星</td><td>对重要目标及设施进行精细观测和信息提取，可服务客户定制需求的业务场景，如各类基础设施建设施工进度信息、露天矿场的生产信息、车辆等与物流相关的经营状态信息</td></tr>
<tr><td>宽幅中分辨率光学成像卫星</td><td>可用于全球地表的经济属性的分类，如工业园区、住宅区等，为其他遥感卫星应用提供基础信息</td><td rowspan="2">这两类卫星的联合使用可以获取行业宏观背景信息，从而辅助建立供需基本面的分析手段</td></tr>
<tr><td>夜光成像卫星</td><td>可用于区域和行业的宏中观分析、验证和预测。区域经济活动总量以及驱动力</td></tr>
<tr><td>热红外成像卫星</td><td>（1）获得区域及企业能耗数据，可服务企业分析，如能耗企业（炼油厂、发电厂等）的工作状态
（2）可与其他遥感数据共同使用，分析企业的碳及其他温室气体排放强度</td><td>热红外卫星的使用能够对原油的下游产业，例如炼化厂的开工率作出预测</td></tr>
<tr><td>环境探测卫星（通常是一种定制的高光谱成像卫星）</td><td>（1）可服务于 ESG 场景，分析园区、企业污染物排放以及对环境的影响
（2）可获取企业碳排放</td><td>对可能引起原油价格变化的碳排放、ESG 等风险因素作出评测</td></tr>
</table>

2. 卫星对地观测数据处理的方法

基于对地观测卫星的能力和数据，建立大宗商品的价格模型，通常包括三个方面的工作。一是明确所须观测的目标对象，二是明确从卫星影像上所须提取的信息及其方法，三是建立基于卫星提取的信息和商品价格之间的量化关系。以原油为例，可以通过卫星获得原油库存信息，并探索其与现货或期货市场的原油价格的关系。

（1）原油库存信息与价格的相关性。影响原油价格的因素，EIA 将其列举为非 OPEC 国家供应、OPEC 国家供应、OECD 国家需求、非 OECD 国家需求、库存、金融市场等六个方面。EIA、IEA 和 OPEC 等三家权威机构在观测市场及提供预测等领域的内容和方法也都大致类似，都采用供需平衡表分析法，基于以月度或季度为单位的供需平衡表，通过计算石油市场隐含库存的增加或减少，进而推断油价可能的变化。除此之外，世界银行也会对包括原油在内的大宗商品价格进行每季度展望，各个知名的国际投行也会发布相应的研究报告。

在原油从生产到消费的全产业链中，库存和运输是连接上下游的关键节点，也是遥感卫星可以发挥重要作用的领域。除全球原油库存信息以外，基于原油运输船只 AIS 信号（导航卫星信号）可以实时、动态观测全球原油船舶的数量和动向。

（2）利用对地观测卫星获得原油库存数据。美国库欣是全球交易量最大的美国 WTI 原油期货的交割地。库欣拥有世界最多的储油罐集群，包括 15 家公司运营的 339 个浮顶储油罐，总储存容量达 8400 多万桶，相当于全美总存储量的 13% 左右。库欣库存周报一般由美国能源署（EIA）发布。由于原油期货为每日交易，远远高于库存每周发布的频率，因此投资者更倾向于利用对地观测卫星获得库欣地区的原油库存信息，并将此作为建立与原油现货和期货价格之间关系的基础。

观测原油库存通常使用高分辨率光学成像卫星数据和合成孔径雷达（SAR）成像卫星数据。在晴朗的气象条件下，高分辨率光学卫星可获取浮顶原油储罐的精细结构信息及高精度阴影位置信息。结合卫星原始数据中包含的太阳高度角、卫星方位角等信息，通过算法即可得出储罐浮顶盖所处的位置，从而算出罐内原油储量。高分辨率合成孔径雷达（SAR）则是通过提取雷达图像上的主要散射中心，分析散射中心对应的储罐结构特征位置，计算得出储罐浮顶盖所处的位置。SAR 卫星可以克服由于天气原因不能获得数据的问题，是原油高频观察不可或缺的手段。

国内中科星睿公司与申银万国期货公司合作研究显示，通过对比 EIA、美国石油学会（API）发布的数据，卫星发布的存储量与 EIA 官方公布的库存量之间的相关系数为 0.9769，周度库存变化方向预测准确率为 85%，均高于 API 数据的准确率，而且卫星可超前 5 天获取预测结果，时效性高于 API 数据。

(3) 建立卫星观测原油库存数据与价格的关系。根据国内中科星睿公司与申银万国期货公司的合作研究，在极端行情和区间震荡行情两种情形下，卫星观测库存数据与 WTI 油价周涨跌方向的反向率分别为 81.82% 和 63.64%，存在较强的相关关系，表明卫星观测到的数据可以用于原油价格的基本分析。而且，由于卫星数据的时效性更强，因此在瞬息万变的市场交易中，更能让投资者把握战机。

随着中国在世界原油市场中的地位逐步提升，形成以中国市场为基础的亚太地区原油价格体系，对保障石油价格安全、促进油价形成机制的改革、增加原油市场调控手段、推进人民币国际化等具有重要的意义。在这一背景下，应进一步开发和掌握相关遥感卫星技术，对包括原油等大宗商品生产、运输和库存开展高频观测，提高相关大宗商品基本面分析能力和自主权。

资料来源：中科星睿科技（北京）有限公司。

四、金融类衍生品的基本面分析

金融类衍生品指标的资产为金融工具的衍生品，主要包括汇率类、利率类和权益类金融工具的期货、期权、远期、互换等衍生品。这些金融衍生品本质上是特殊的商品，其价格变动也受供求因素的影响，其基本面分析与商品类衍生品的基本面分析类似。金融类衍生品的基本面分析更偏重于对一些具有金融属性的指标的分析，如货币供应量、利率、汇率等，以及对应的货币政策和财政政策的分析。金融资产的定价往往与利率直接相关。因此，在金融类衍生品的基本面分析中，利率是最重要的指标。另外，这些金融指标有着很强的相互依存性，随着一国经济状况及其政策的改变，它们之间具有传导性。汇率类、利率类和权益类金融衍生品在基本面上有着较多共性，但也存在不同的侧重点和差异。

（一）汇率类衍生品

汇率类衍生品主要分析汇率的变化以及影响汇率变化的因素。汇率是货币与货币交换的价格，货币供求的变化将决定汇率水平。例如，如果一种货币需求增加，则该货币升值，汇率下降。但汇率变化是一种十分复杂的金融现象，众多因素会影响到汇率的变化。

1. 国际收支

在分析国际收支对汇率的影响时，主要分析资本项目和经常项目中所能带来的资金净流入或者净流出的变化，即顺差和逆差的变化。如果以外国货币表示的资金处于净流入状态，则本币升值，汇率下降；反之，如果以外国货币表示的资金处于净流出状态，本币贬值，汇率上升。

2. 利率变化

在资本可以自由流动情况下，各国利率水平的差异会促使短期资金流动导致外汇需求变动。如果一国利率提高，其他国家对于该国货币需求增加，该国货币升值，则其汇率下降。根据利率平价理论，远期汇率的计算公式为：

$$F_1 = F_0 e^{(r_d - r_f)T} \tag{12.1}$$

其中，F_1为T年之后的远期汇率，F_0是当前的汇率，r_d为本国货币年利率，r_f为外国货币年利率。从该式中可以看出，本国货币利率上升将导致远期汇率F_1上升。

3. 物价变化

从购买力平价理论看，汇率是由两个国家的物价总水平决定的，即：

$$E = P_d / P_f \tag{12.2}$$

其中，E是外汇的汇率，P_d是本国的物价总水平，P_f是外国物价总水平。如果一个国家的物价总水平高于另一个国家，则表示外汇汇率水平更高。但值得注意的是，购买力平价理论是从国际贸易角度进行的分析，投资者还须考虑资本流动对汇率的影响。

4. 宏观经济变量

一国经济增长对汇率变动的影响是多方面的。一国经济增长率高，意味着收入增加，国内需求水平提高，将增加该国的进口，从而导致经常项目逆差，这样，会使本国货币汇率下跌。但如果该国经济是以出口为导向，经济增长是为了生产更多的出口产品，则出口的增长会弥补进口的增加，减缓本国货币汇率下跌的压力。

货币供应量的改变也是投资者在分析汇率需要关注的一个重要宏观经

济变量。如果本国货币供应量增加，本币贬值，外汇汇率上升；如果本国货币供应量减少，本币升值，外汇汇率下降。由于货币供应量的变化与一国央行货币政策密切相关，因此，投资者须关注货币政策调整情况，尤其是为应对经济萧条或者过热而推出的非常规货币政策对货币供应量以及利率的影响。

（二）利率类衍生品

影响利率衍生品最重要的因素自然是市场利率。在对利率类衍生品（如利率期货）进行分析时，市场利率水平的变化具有决定性的作用，其他因素都是人们基于对利率的预期作出的反应。通常而言，利率期货合约的价格与市场利率是反方向关系，即利率水平上升，利率期货价格下跌，而利率水平下降，利率期货价格上扬。投资者需要关注金融市场的重要基准利率，如 Libor、Shibor、贷款市场报价利率（LPR）、银行间回购定盘利率等数据。此外也需关注债券收益率曲线、利率互换曲线、债券指数等的变化。

对于影响利率变化的因素，可以从以下几方面考虑。

1. 经济周期

经济周期反映了宏观经济周而复始的循环波动。经济周期经历的时间有长有短，形态也各有不同，对金融市场的波动有着较大影响。

在经济周期的扩张期，投资和消费需求旺盛，对资金的需求不断攀升，导致市场利率被推高。反之，在经济周期的收缩期，由于投资和消费需求低迷，对资金的需求下滑，导致市场利率下跌。

2. 货币政策

一般来说，如果经济数据疲软，表明经济下滑压力大，中央银行通过宽松的货币政策增加货币供应量，带来流动性，从而促使利率下跌。反之，如果经济数据向好，出现通货膨胀的势头，中央银行的货币政策则偏向于趋紧，进而促使利率上升。在我国，需要关注的央行主要政策手段包括法定准备金率的调整、定期存款利率的调整、正回购和逆回购操作等内容。

3. 财政政策

财政政策是政府财政部门为熨平经济波动而采用的经济政策。在积极财政政策下，社会总需求将增加，从而导致对资金的需求回升，使得市场利率水平高涨。而紧缩的财政政策，则使得社会总需求减少，利率水平回落。

（三）权益类衍生品

权益类衍生品的价格波动与股票市场有较高的相关性。影响股票市场的因素众多，宏观经济数据、各种经济政治军事因素、偶发事件、投资者行为等都会引起股票市场波动。

1. 经济周期

对于股票的衍生品而言，股票价格的波动大体上与经济周期一致。通常来说，在经济开始复苏阶段，随着公司经营状况的好转，股票价格率先回暖，并回升至一定水平，股票价格指数攀升。经济日益活跃，繁荣阶段来临。公司业绩不断提升，提振投资者信心，也促使股票市场价格以及股票价格指数大幅上扬。经济的过度扩张，使得公司经营成本上升，开始出现经济的停滞。在这个阶段，往往股市也开始掉头向下，出现疲软态势。而到了经济的谷底，经济的萧条也使得股票价格指数在低位徘徊。值得注意的是，股票市场的走势虽然与经济周期基本一致，但在时间上并不与经济周期相同。股票价格指数的走势总是先于经济周期，成为经济运行的“晴雨表”。

2. 货币政策与财政政策

货币政策以货币市场为媒介，调节货币供给量进而影响市场利率水平，最终传导至商品市场和金融市场。股票市场对于货币政策的反应敏感。通常，在宽松的货币政策下，市场利率水平下降，人们的预期变得乐观，股市上扬，而在紧缩的货币政策下，市场利率上升，股市下跌。

财政政策是以实体经济为媒介，通过调整财政收入和财政支出，改变社会总需求来促进经济状况向好。积极性的财政政策往往使得总需求增加，股市上涨。紧缩性的财政政策则使社会总需求减少，股市下跌。

金融衍生品也会受到政治、军事、偶发事件以及投资者行为等影响而发生波动，其作用机制与商品期货等类似。

第三节 技术分析

学习内容	知识点
技术分析概述	技术分析的含义
	技术分析的三大假设
技术分析常见理论	道氏理论，波浪理论，江恩理论，循环周期理论等常见理论的含义
技术分析方法	K 线分析
	趋势分析
	形态分析
	技术指标分析
价量分析	价量配合，持仓量分析

技术分析方法应用广泛，在股票市场、外汇市场、期货市场等领域，技术分析的基本原理和基本工具在应用上有很多共性，可以通用。本节主要介绍技术分析及其在期货市场的应用。

一、技术分析概述

（一）技术分析方法的含义

期货市场技术分析方法是通过对市场行为本身的分析来预测价格的变动方向，即主要是对期货市场的日常交易状况，包括价格、交易量与持仓量等数据，按照时间顺序绘制成图形、图表，或者形成指标系统，然后针对这些图形、图表或指标系统进行分析，预测期货价格未来走势。

（二）技术分析的三大假设

技术分析法的理论基础是基于以下三个假设。

1. 市场行为反映一切信息

这是技术分析的基础。技术分析法认为，投资者的交易行为已充分考虑了影响市场价格的各项因素，无论是经济方面的、政治的、心理的以及其他方面的因素，都已经涵盖在了市场价格当中。因此，只要研究期货市场交易行为及其表现即“价格、交易量与持仓量”，就可了解目前的市场状况，无须关心背后的影响因素。这一假设的实质是价格变化必定反映了供求关系，所有的技术分析实际上都是利用价格与供求之间的相互关系来进行分析和预测。

2. 价格呈趋势变动

这是技术分析最根本、最核心观点。“趋势”概念是技术分析的核心，市场是有趋势可循，技术分析才有意义。价格虽上下波动，但终究是朝一定的方向演进，即存在一定的趋势，其运动有保持惯性的特点。如果没有外在因素的影响，价格波动将会沿着这个方向持续下去。技术分析法利用图形或指标分析，以期确定当前价格趋势的规律，及时准确发现反转的信号，以掌握时机进行交易并获利。

3. 历史会重演

这是从人的心理因素方面考虑的。期货投资的目的是博弈和追求利润，这个动机总是存在的。因此，在这种心理状态下，投资者的交易行为将趋于一定的模式，从而导致历史重演。但历史不会简单地重复。所以过去价格的变动方式，在未来可能不断发生，值得投资者研究，并且利用统计分析的方法，从中发现一些有规律的图形，整理一套有效的操作原则。

二、常见理论

对于市场价格的走势，有很多的分析方法或者理念，下面简要介绍与技术分析相关的几种理论。

（一）道氏理论

道氏理论是技术分析的基本理论，创始人是美国人查尔斯·亨利·道（Charles H. Dow）。为了反映市场总体趋势，他与爱德华·琼斯创立了著名的道·琼斯平均指数。道氏理论是技术分析的鼻祖，主要是用于对证券市场的分析。道氏理论强调市场的总体行为（以指数为表示），以及强调总体市场的趋势。而趋势分析正是技术分析的核心。道氏理论的原理在期货市场等其他市场的分析亦适用。

道氏理论的观点主要包括：

（1）在证券市场中，市场价格指数可解释和反映市场的大部分行为。

（2）市场波动的三种趋势。道氏理论认为价格波动尽管表现形式不同，但最终可将它们分为三种趋势，即主要趋势、次要趋势和短暂趋势。道氏理论认为，主要趋势通常持续一年以上甚至更长时间，而次要趋势代表主要趋势中的调整，时间持续三个星期到三个月。短暂趋势通常在三个星期以内，是次要趋势中的短期波动。趋势的反转点是确定投资的关键。

（3）交易量在确定趋势中的作用。交易量应能验证趋势。交易量提供的信息有助于解决一些令人困惑的市场行为。

（4）收盘价是最重要的价格。道氏理论认为，在所有价格中，收盘价代表多空双方在一个交易日结束时的平衡点，因而最重要，甚至认为只需用收盘价作为当天价格的代表，别的价格可以忽略。

（二）波浪理论

波浪理论的全称是艾略特波浪理论，是以其创始人 R. N. Elliott 的名字命名的。波浪理论把价格的上下波动看成与波浪的上下起伏一样。波浪的起伏遵循自然界的规律，而价格也是像波浪一样，有着相应的规律。通过波浪的状况，去发现市场价格目前所在的趋势及所处趋势的阶段，从而判断买卖的时机。

波浪理论认为：

（1）价格上涨、下跌现象是不断重复的，而且价格涨跌规律具有周期性特征，像水的波浪一样，循环往复。

（2）价格运行的大的周期可以细分出小的周期，小的周期又可以再细分成更小的周期；价格周期无论时间长短，都是以一种运动模式进行。

（3）一个完整的价格周期要经过 8 个过程，上升周期由 5 个上升过程（上升浪）和 3 个下降调整过程（调整浪）组成，下跌周期有 5 个下跌过程（下跌浪）和 3 个上升调整过程（调整浪）组成，一个周期结束之后，才会进入下一个周期。

从图 12－6 可以看出，前面是 5 浪结构，即 1—5 浪，是上升周期；后面是 3 浪结构，即 a—c 浪，是调整浪。

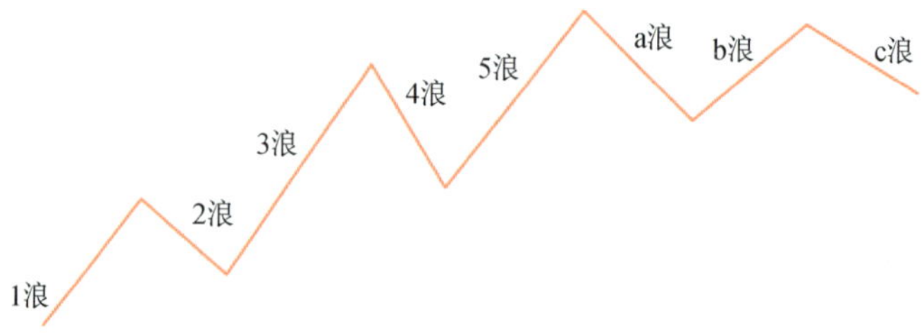

图 12－6　波浪理论示意图

波浪理论在应用中主要考虑三个方面：价格运行所形成的形态、价格形态中高点和低点所处的相对位置、完成价格形态所经历的时间，即所谓的“形态、比例和时间”。其中，价格形态是最重要的，是波浪理论赖以生存的基础。波浪理论中的各个波浪在波动长度上有一定的规律性，即通过其比例和时间，可以分析计算价格未来波动的支撑和压力位置。

（三）江恩理论

威廉·江恩（Willian D. Gann）是 20 世纪最著名的投资专家之一，在股票和商品期货市场的投资业绩骄人，平均成功率曾经高达 88%。

江恩认为股票、期货市场也存在自然规则，市场的价格运行趋势不是杂乱无章的，而是可以预测的。江恩通过对数学、几何学、宗教、天文学的综合运用建立了一套独特分析方法和预测市场的理论，称为江恩理论。

江恩理论包括江恩时间法则、江恩价格法则和江恩线等诸多内容。投资者可通过构造圆形图预测价格运行的时间周期，用方形图预测具体的价格点位，用角度线预测价格的支撑位和阻挡位，而江恩轮中轮则将时间和价位相结合进行预测。

（四）循环周期理论

循环周期理论认为，无论什么样的价格波动，都不会向一个方向永远走下去。价格的波动过程必然产生局部的高点和低点，这些高点和低点的出现，在时间上有一定的规律。价格的上升和下跌存在着周期性的特征。因而投资者利用价格波动的周期性，选择低点做多和高点做空获利。

（五）相反理论

相反理论认为，当绝大多数投资者看法一致时，他们通常是错误的。那么，投资者的正确选择应当是，首先确定大多数投资者的交易行为，然后反其道而行之。

投资者若想获得较大的投资收益，一定要同大多数人的交易行为不一致。相反理论在操作上的具体体现是，在投资者爆满的时候出场，在投资者稀落的时候入场。

三、主要分析方法

实践中，常见的技术分析方法有 K 线分析、趋势分析、形态分析、技术指标分析等。

（一）K 线分析

K 线图源于日本，也被称为蜡烛图，为古时日本米市的商人用来记录米市的行情与价格波动，后因其细腻独到的标画方式而被引入期货市场及股票市场。

K 线是将一段时间（如 1 分钟、3 分钟、日、周、月等）的开盘价（第一笔成交价）、收盘价（最后一笔成交价）、最高价、最低价，用图形的方式表示出来。K 线最上方的一条细线称为上影线，中间方块称为实体，下面的一条细线称为下影线，见图 12－7。

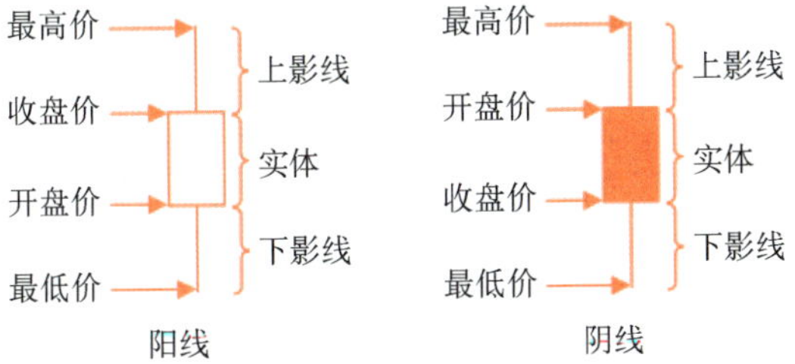

图 12－7　K 线的两种常见形状

当收盘价高于开盘价，K 线为阳线，中部的实体一般用空白或红色表示。其中，上影线的长度表示最高价和收盘价之间的价差，实体的长短代表收盘价与开盘价之间的价差，下影线的长度则代表开盘价和最低价之间的差距。

当收盘价低于开盘价，K 线为阴线，中部的实体一般用黑色或绿色表示。其中，上影线的长度表示最高价和开盘价之间的价差，实体的长短代表开盘价与收盘价之间的价差，下影线的长度则代表收盘价和最低价之间的差距。

K 线的四个价格即开盘价、收盘价、最高价和最低价的数值差异情况，导致每根 K 线形状各不相同。但基本可以归纳为这么几种，见图 12－8。

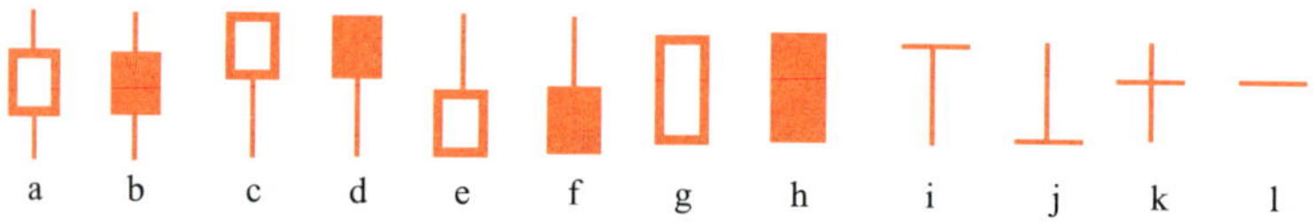

图 12－8　各种 K 线图

（1）K 线既有上影线和下影线，也有实体部分，表明这根 K 线涉及的四个价格各不相同。如图 12－8 中的 a 和 b。

（2）K 线中只有实体部分和下影线，如图 12－8 中 c 和 d。c 表示最高价与收盘价重合，d 则表示最高价与开盘价重合。

（3）K 线中只有实体部分和上影线，如图 12－8 中 e 和 f。其中，e 表示最低价与开盘价重合，f 表示最低价与收盘价重合。

（4）K 线只有实体部分。如图 12－8 中 g 和 h。其中，g 表示最高价与收盘价重合，最低价与开盘价重合。h 则表示最高价与开盘价重合，最低价与收盘价重合。

（5）K 线有下影线，实体部分为直线，如图 12－8 中 i，表明开盘价、收盘价、最高价重合。K 线有上影线，实体部分为直线，如图 12－8 中 j，表示开盘价、收盘价、最低价重合。K 线为十字，表示开盘价与收盘价重合，如图 12－8 中 k。K 线为一字，表明四个价格都一样。

在应用时，有时候会发现运用不同种类的组合得到不同的结论。一般说来，多根 K 线组合得到的结果的预测价值和可靠性会较高。有时应用一根 K 线组合分析得到下一交易日会下跌的结论，但实际上价格并没有下跌，而是出现了与预测相反的结果，此时使用根数更多的 K 线组合进行分析可靠性会更好。

在实际应用中，无论是一根、两根、三根还是多根 K 线的组合，都是对多空双方交易博弈的描述，由它们的组合得到的结论都是相对的。对具体进行期货交易的投资者而言，其结论只是起一种建议作用。

（二）趋势分析

价格趋势，是指价格运行的方向。但价格运行轨迹一般不会朝任何方向直来直去，而是曲折的，具有明显的峰和谷。价格运行的方向，正是由这些波峰和波谷依次上升、下降或者横向延伸形成的，即上升趋势、下降趋势和水平趋势。

1. 趋势的方向（见图 12－9）

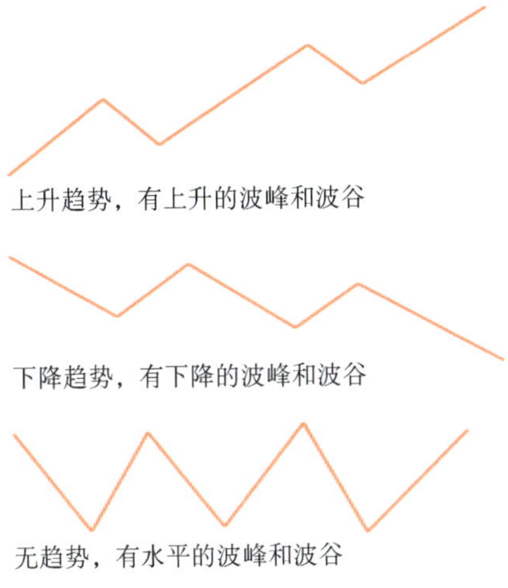

图 12－9　三种趋势示意图

（1）由一系列相继上升的波峰和波谷形成的价格走势称为上升趋势，其中，每个后面的峰和谷都高于前面的峰和谷。

（2）由一系列相继下降的波峰和波谷形成的价格走势称为下降趋势，其中，每个后面的峰和谷都低于前面的峰和谷。

（3）由一系列水平运动的波峰和波谷形成的价格走势称为水平趋势（也称“无趋势”），图形中后面的峰和谷与前面的峰和谷相比，没有高低变化，几乎是呈水平延伸，这时的趋势就是水平趋势。

2. 趋势的级别

趋势按时间长短、波动大小可分为不同级别的主要趋势、次要趋势（中级趋势）和短暂趋势（见图 12－10）。其中，1—4 为主要上升趋势，2—3 为中级下降趋势，A—B 为短期上升趋势，B—C 为短期下降趋势。整段趋势也是一个更大趋势中的组成部分。

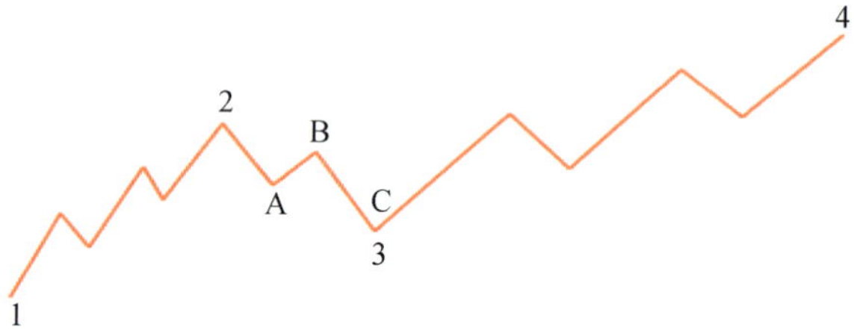

图 12－10　三种级别的趋势

3. 支撑线和压力线

一般把波谷或者向上反弹点称为支撑，用某个价格水平或者图表上某个区域来表示。这种支撑水平也可称为支撑线。在其下方，买方力量支撑卖方形成的压力（见图 12－11）。价格在这里暂时停止下跌，向上反弹。

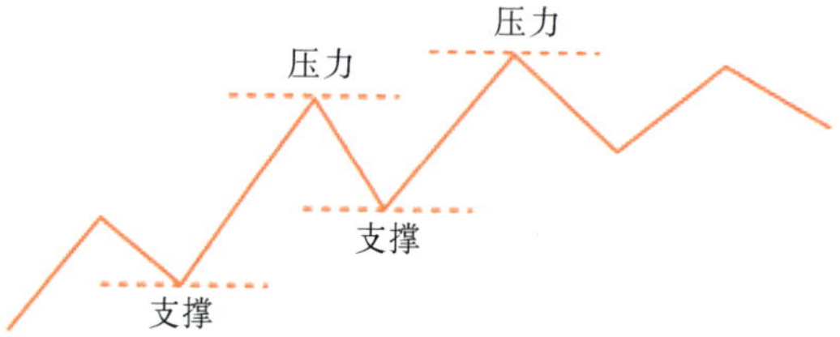

图 12－11　压力线与支撑线示意图

一般把波峰或者向下回调点称为压力，也用某个价格水平或者图表区域来表示。这种压力水平也称为压力线。在其上方，卖方力量阻挡了买方的推进，价格由上升转为下跌（见图 12－11）。

支撑线和压力线的作用是阻止或暂时阻止市场价格向一个方向继续运动。同时，支撑线和压力线又有彻底阻止市场价格按原方向变动可能。价格的变化要维持原有的趋势，就必须突破阻止其继续前进的阻力。如在上升趋势中，买方的力量必须有效冲破来自卖方的压力，才能维持原有的上升趋势。

4. 趋势线和轨道线

（1）趋势线。趋势线是衡量价格波动方向的，由趋势线的方向可以明确地看出市场价格的趋势。

上升趋势是由一系列依次升高的高点（波峰）和低点（波谷）构成。在上升趋势中，将两个低点连成一条直线，就得到上升趋势线（见图12－12a）。上升趋势线起到支撑作用。下降趋势是由一系列依次降低的高点（波峰）和低点（波谷）构成。在下降趋势中，将两个高点连成一条直线，就得到下降趋势线（见图12－12b）。下降趋势线起压力作用。

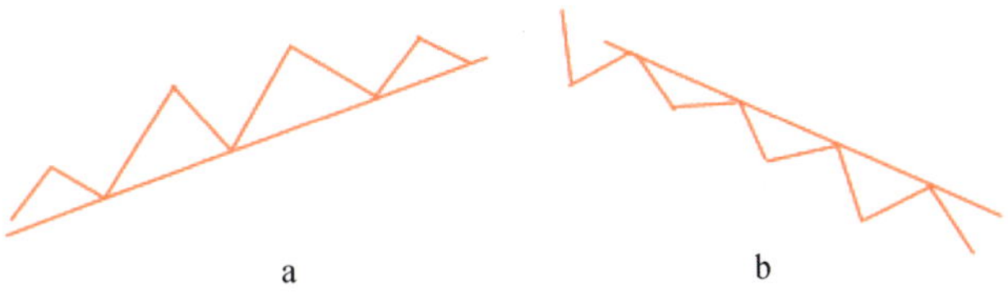

图12－12 上升趋势与下降趋势示意图

要得到一条真正的趋势线，需要确认两点：首先，必须有趋势存在。在上升趋势中，必须确认有两个依次上升的低点，在下降趋势中，则必须确认有两个依次下降的高点。其次，在连接两个低点画出上升趋势线后，最起码需要有第三点的验证才能确认这条趋势线是有效的；同样，在连接两个高点画出下降趋势线后，最起码需要第三个点进行验证以确认这条趋势线是有效的。对于趋势线，被触及的次数越多，说明这条趋势线的可靠性越强。

趋势线的作用表现在两方面：（1）对价格今后的变动起约束作用。一旦某个趋势如其趋势线所表示，具备了一定的坡度或推进速度后，通常将保持同样的坡度。上升趋势线使得价格总保持在趋势线的上方，即起到支撑作用；而下降趋势线则使价格总是保持在趋势线的下方，起到压力作用。（2）趋势线被有效突破后，是市场价格下一步的走势将要反转的信号。越重要的趋势线被突破，其趋势要反转的信号越强烈。被突破后的趋势线将变换角色。原来所起到的支撑，现在将起压力作用，而原来是压力作用的，现在将起到支撑作用。

（2）轨道线。轨道线又称通道线或管道线，是基于趋势线的一种支撑（压力线）。在已经得到了上升（下降）趋势线后，通过第一个峰（谷）

可以做出这条趋势线的平行线，这条平行线就是轨道线（见图 12－13）。

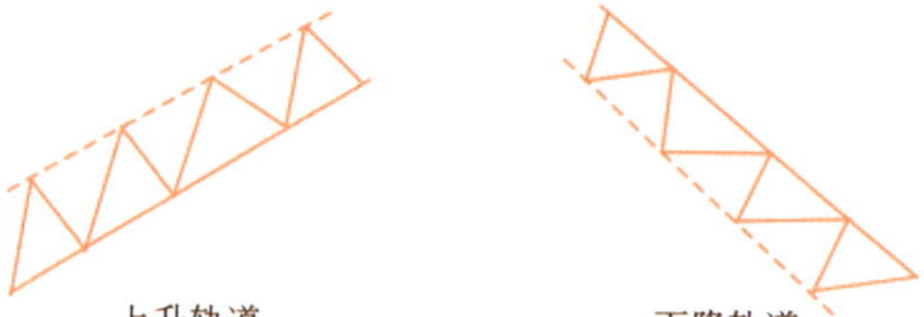

图 12－13　轨道示意图

两条平行线组成一个轨道，即上升或下降轨道。轨道的作用是限制市场价格的变动范围。当趋势没有变化时，价格在轨道内运行。

与突破趋势线不同，对轨道线的突破往往并不是趋势反向的开始，而是趋势加速的开始，如图 12－14a。而对趋势线的突破则往往意味着反转信号，如图 12－14b。

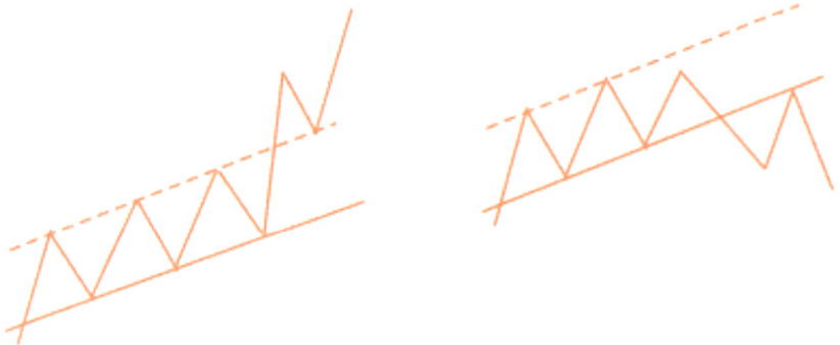

a　　　　b

图 12－14　轨道线突破示意图

轨道线的另一个作用是发出趋势转向的警报。通常，可以利用轨道线来辨别趋势减弱的信号。如果价格无力触及轨道线，也许就是趋势即将有变的警讯，趋势线被突破的可能性增加。

（三）形态分析

形态分析是以原始数据（价格、成交量和时间）构成的形态为对象来分析和预测市场价格变化的方向和趋势。形态分析是技术分析领域中比较简明实用的分析方法，主要通过研究价格运行的轨迹，预测分析未来价格的变化。典型的价格形态主要分为两大类：反转形态和整理形态。

1. 反转形态

反转形态指市场价格趋势逆转所形成的图形，即反转形态形成后，市场价格由原先的涨势转为跌势，或由原先的跌势转为涨势。反转形态意味着趋势正发生着重要反转，价格波动的方向与形态形成之前的价格趋势方向相反。典型的反转形态有头肩形、双重顶（M 头）、双重底（W 底）、三重顶、三重底，圆弧顶、圆弧底、V 形形态等。

（1）头肩顶和头肩底形态。头肩顶和头肩底形态是价格形态中常见的和可靠的反转形态，如图 12－15。在这种形态中，一般会出现三个局部的高点和低点。头肩顶形态中，见图 12－15a，中间的高点比另外两个高点都高，称为头，左右两个相对较低的高点分别称为左肩和右肩。将其低点位即支撑位连接出一条直线，该直线（即支撑线）称为颈线。

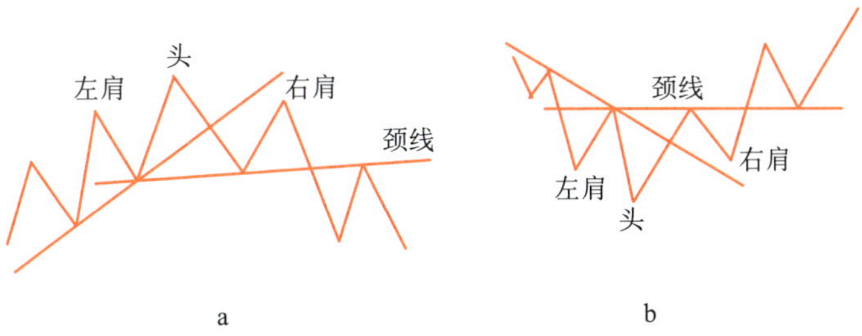

图 12－15　头肩顶和头肩底形态示意图

头肩底形态中（见图 12－15b），中间的低点比另外两个低点都低，称为头，而左右两个相对较高的低点则为左肩和右肩。头肩底的压力线为颈线。

头肩顶（底）的颈线被有效突破，反转形态确认，预示原有趋势将逆转。对于反转的深度，可以借助头肩顶（底）形态的进行测算，即从有效突破点开始，价格至少反转到与形态高度相等的距离。

（2）双重顶和双重底形态。双重顶和双重底形态，也称为 M 头或者 W 底，是市场中较为常见的反转形态。双重顶形态，即图 12－16a，表明该形态有两个相同高度的峰 A 和 C，B 点是该形态中的支撑位，过 B 点做支撑线，该支撑线称之为颈线。

而双重底形态，即图 12－16b，则表示该形态有两个相同高度的谷 A 和 C，B 点是该形态中的压力位，过 B 点做压力线，是该形态的颈线。

双重顶（底）反转突破形态主要的功能是测算功能。一旦该形态得到确认，即价格有效突破颈线，从突破点 D 算起，价格将至少变动与形态高度相等的距离。

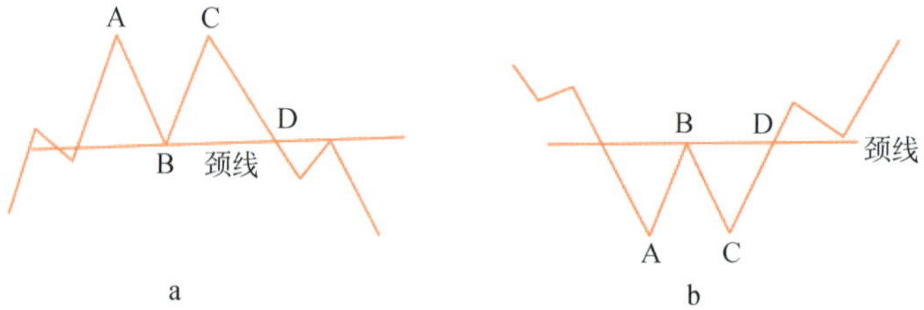

图 12－16　双重顶和双重底形态示意图

（3）圆弧顶和圆弧底形态。圆弧形又称碟形、碗形形态等。圆弧顶形态如图 12－17a，市场价格呈弧形上升，形似一个弧面朝上的圆弧。在该形态中，价格虽不断升高，但每一个高点升不了多少就回落，前半部分的新高点较前点略高，后半部分则是回升点略低于前点，这样把短期高点连接起来，就形成一圆形顶。该形态走势勾勒出了多空力量循序渐进的转变过程，表明市场价格上升势头减缓，抛压逐渐加大。当价格由缓慢下跌转为快速下跌破位，圆弧顶构筑完成。在成交量方面也会是一个两头多、中间少的圆弧状。圆弧底形态（如图 12－17b）则相反。圆弧顶和圆弧底提示市场出现反转，给投资者提供了卖出和买入的信号。

图 12－17　圆弧顶和圆弧底形态示意图

（4）V 形形态。V 形作为一种反转形态，往往在市场的剧烈波动中毫无征兆地出现而且趋势转换非常迅猛（见图 12－18）。此种反转形态，通常是在市场遭遇重大利空（见图 12－18a）或者利好（见图 12－18b）信息的情况下出现。

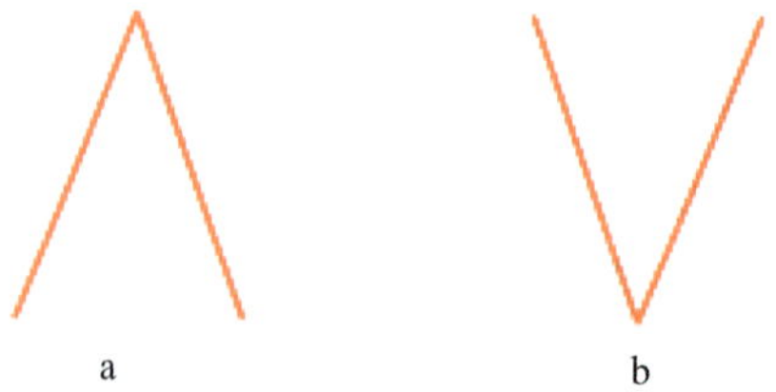

图 12－18　V 形形态示意图

2. 持续形态

在价格趋势运行的过程中，持续形态的形成表明，趋势（下跌或者上涨）在运行过程中出现暂时性的休整，蓄势休整之后，市场将维持原有的趋势继续前进。三角形态、楔形形态、旗形形态和矩形形态等通常属于持续形态。

（1）三角形形态。三角形形态，是指价格趋势的高点连线和低点连线相交叉后，形成一个三角形的形态。表现为价格走势为盘整阶段，涨跌变化幅度越来越小。该形态的成交量呈现出递减态势，而在形态完成时，往往伴随着有效突破，成交量相应放大。三角形形态有对称三角形、上升三角形和下降三角形等。

① 对称三角形形态。如图 12－19，对称三角形有两条收敛的直线，上面的顶线向下倾斜，为压力线，下面的底线向上倾斜，起到支撑作用。两条直线的交点为顶点。对称三角形突破的位置一般在基线到顶点 1/2 至 3/4 处。突破后，价格会继续原有的行进趋势。从突破点开始测算，突破幅度为三角形的高度，即三角形最宽的部分。

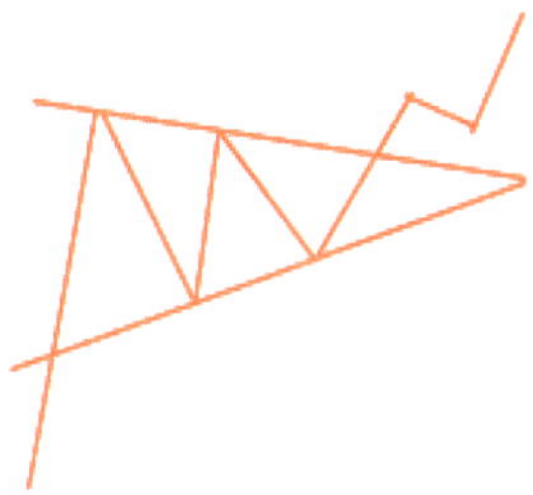

图 12－19 对称三角形形态示意图

② 上升三角形形态。上升三角形有一条上升的底部趋势线和一条水平的压力线，通常以向上突破作为这个持续过程终止的标志（见图 12－20）。上升三角形通常是价格上涨趋势中出现的整理形态，表明买方的力量越来越强，一旦向上突破压力线，价格趋势恢复上涨。向上突破过程中往往交易量放大。上涨幅度测算的方法与对称三角形类似。

③ 下降三角形形态。下降三角形与上升三角形正好相反，在这个形态中，有一条下降的趋势线和一条水平的支撑线（见图 12－21），是看跌的形态。下降三角形通常是价格下跌趋势中出现的整理形态，表明卖方的力

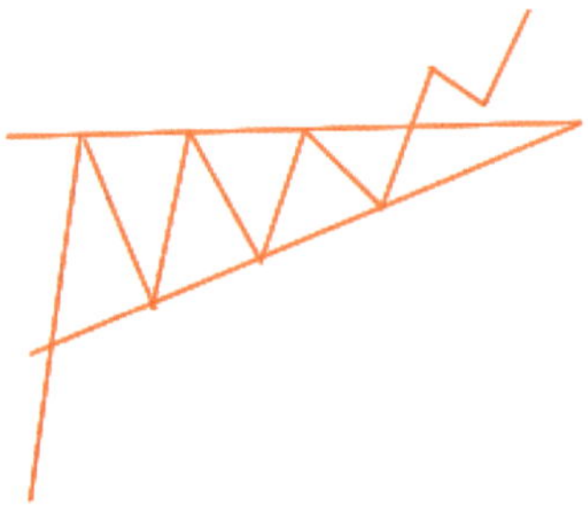

图 12－20 上升三角形形态示意图

量越来越强，一旦向下突破支撑线，价格趋势恢复下跌趋势。下跌幅度测算的方法与对称三角形类似。

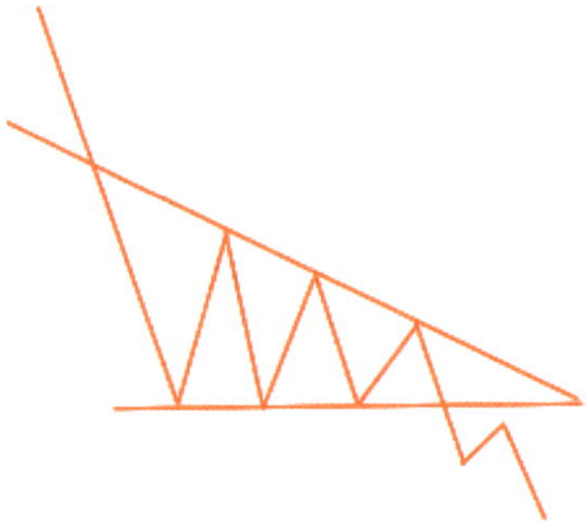

图 12－21 下降三角形形态示意图

需要注意的是，三角形形态通常可被认为是属于持续整理形态，但有时其突破也有朝着相反方向发展的可能，即作为反转形态出现。

（2）楔形形态。楔形形态也是一种常见的持续形态。在这个形态中，其价格介于两条收敛的直线中变动。表明价格变化幅度不断收窄。与三角形形态不同处在于楔形形态的两条界线同时上倾或下斜。成交量变化和三角形形态一样向顶端递减，在有效突破时有所放大。楔形形态被有效突破后，幅度测算的方法与对称三角形形态类似。楔形又分为上升楔形和下降楔形（见图 12－22）。

上升楔形出现在价格上升趋势中，如图 12－22a，其两条边界线即压力线和趋势线都是向下倾斜。上升楔形一旦被有效突破，则表明市场价格将持续原有的上升趋势。反之，下降楔形形态出现在价格下跌趋势中，如图 12－22b，其两条边界线即压力线和趋势线都是向上倾斜。下降楔形一

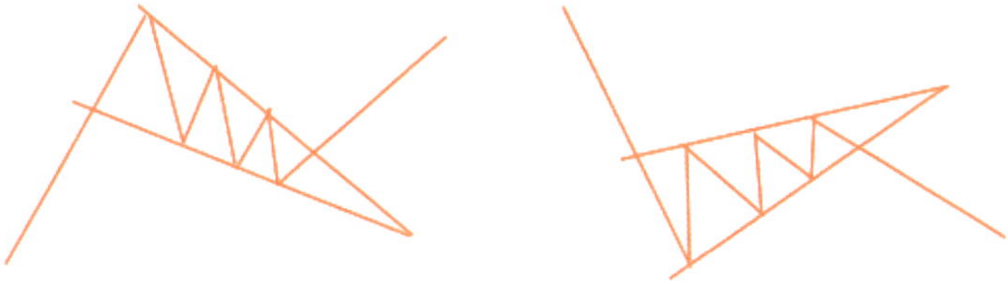

a b

图 12－22 上升楔形形态和下降楔形形态示意图

旦被有效突破，则表明价格将沿着原有的下跌趋势继续前行。

（3）旗形形态。旗形形态出现在一段行情的中途，是原有趋势的一个短期休整，休整之后还要保持原来的趋势方向。旗形形态又可分作上升旗形和下降旗形，旗形形态为向下倾斜或者向上倾斜的平行四边形（见图 12－23）。上下两条平行线起到压力和支撑作用。在旗形形态形成之前，市场波动往往较为剧烈，而旗形形态则是一个暂时休整的过程。当两条平行线的某一条被突破，旗形形态完成。成交量在旗形形成过程中，是显著地渐次递减的，但以成交量的放大印证形态的突破和完成。

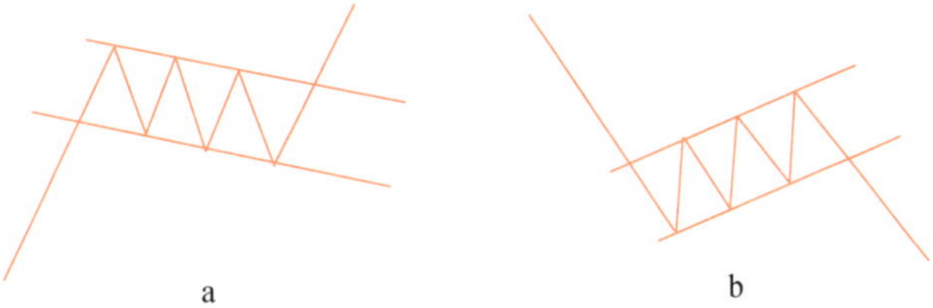

a b

图 12－23 上升旗形形态和下降旗形形态示意图

上升旗形形态通常发生在价格急剧上升过程中（见图 12－23a），形态为向下方倾斜的平行四边形，价格在这个平行四边形范围内窄幅波动，当价格有效突破上方的压力线，价格将继续上升。下降旗形通常发生在价格急剧下跌过程中（见图 12－23b），形态为向上方倾斜的平行四边形，价格在这个平行四边形范围内窄幅波动，当价格有效突破下方的支撑线，价格将继续下跌。在旗形形态中，原有的趋势变化好像一个旗杆，而形态本身像一个与趋势方向相反的旗面。价格突破后趋势持续的幅度能够达到与旗杆相等的垂直距离。

（4）矩形形态。矩形形态也是一种典型的整理形态，表现为市场价格在两条水平线之间上下波动。在大多数情况下，矩形只是中继形态，不会在顶部和底部出现，即上升途中会向上突破（见图 12－24a），下降途中会向下突破（见图 12－24b）。

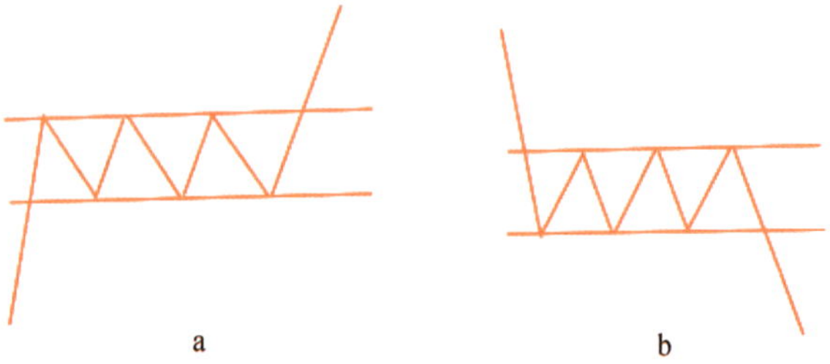

图 12－24 矩形形态示意图

（四）技术指标分析

技术指标分析，是指在期货价格、成交量和持仓量数据的基础上，按一定的计算方法设计出特定的技术指标，对原始数据进行处理，产生指标数值，将指标值制成图表，并以此来分析和预测未来价格的变化，为投资者的操作提供指导。

指标的类型繁多，而且还将不断涌现出新的技术指标。每种技术指标都有自己的适应范围和适用环境。常见的技术指标有移动平均线（MA）、平滑异同移动平均线（MACD）、威廉指标（WR）、随机指标（KD）、相对强弱指标（RSI）等。

应用技术指标主要包括以下六个方面：（1）技术指标的背离，指技术指标曲线的波动与价格曲线的趋势方向不一致。（2）技术指标的交叉，指技术指标图形中的两条曲线发生了相交的情况。（3）技术指标的极端值，指技术指标到达一个较高或者较低的数值，提示市场出现了“超买区”和“超卖区”。（4）技术指标的形态，是指技术指标的波动过程中出现了某种形态，提示市场可能会出现反转。（5）技术指标的趋势，技术指标绘制出的图形出现一些上下起伏波动的变化，可以画出趋势线，提示市场变化的信号。（6）技术指标的转折，是指技术指标在高位或者低位掉头，表示市场高位或者低位运行的终结。在实际应用中，这六个方面的使用者可以使用其中的一种或者多种的组合。

1. 移动平均线

移动平均线简称 MA，是将包括当天在内的最近一段时间（n 天）的收盘价相加，再除以天数 n，得到当天价格的平均数，并以此绘制的曲线。n 是时间参数，其数值可以根据使用者的需要来选择，如 5 日、10 日、30 日、60 日、120 日等。

移动平均线具有追踪趋势、助涨助跌性和支撑或压力线的特征。在投资分析中，投资者往往可以根据背离、交叉、支撑和压力等分析方式，判断买入和卖出信号。

2. 平滑异同移动平均线（MACD）

平滑异同移动平均线（MACD）由正负差（DIF）和异同平均数（DEA）两部分组成，DIF 是快速平滑移动平均线与慢速平滑移动平均线的差。快速和慢速是指价格平滑时采用的时间参数不同。快速是短期的，慢速是长期的。DEA 是 DIF 的移动平均值。投资者可以根据 DEA 和 DIF 的具体数值判断市场处于多头市场还是空头市场，也可以根据它们的走向与价格走向相背离来采取行动。底部背离是买进信号，顶部背离是卖出信号。

3. 威廉指标（WR）

WR 指标表示当天的收盘价在过去的某段时间的全部价格变动范围内所处的相对位置。把某段时间范围的最高价减去当日收盘价，再除以这段时间的全部价格范围，就得到当日的威廉指标。该指标介于 0—100%。如果收盘价越接近于最高价，则该指标越接近于 0；反之，收盘价越接近于最低价，该指标越接近于 100%。威廉指标表示的是市场处于超买还是超卖状态。当 WR 高于 80%，说明市场价格处于低位，属于超卖状态，有可能见底反弹；当 WR 低于 20%，说明市场价格处于高位，属于超买状态，有可能见顶下跌。

威廉指标也可以通过其形态以及背离原则来对市场进行分析。

4. 随机指标（KD）

随机指标是用于分析中、短期市场价格走势的工具。随机指标的目的在于，提示收盘价在过去一段时间内价格区间中的相对位置。首先计算未成熟随机值，即 RSV 值。RSV = 100 ×（收盘价 − n 日内最低价）/（n 日内最高价 − n 日内最低价）。对 RSV 进行平滑，计算 3 日移动平均数，得到 K 指标。再对 K 指标进行平滑，计算 3 日移动平均数，得到 D 指标。

在应用方面，可以从取值方面考虑。KD 的取值范围在 0—100%，将其划分为几个区域：超买区、超卖区、徘徊区。通常，80% 以上为超买区，20% 为超卖区，其余为徘徊区。

也可从 KD 指标曲线的形态方面考虑，利用形态、支撑线、压力线等进行分析。KD 指标的交叉可以提供买卖信号。K 上穿 D 线为买入信号；反之为卖出信号。而 KD 与市场价格的背离也是买卖信号。

5. 相对强弱指标（RSI）

相对强弱指标 RSI 以一特定时期内市场价格的变动情况推测价格未来的变动方向，并根据市场价格涨跌幅度显示市场的强弱。

相对强弱指标 RSI 表示向上波动在总波动中的占比，取值在 0—100。RSI 高于 50 表示为强势市场；指标上升到达 80 时，表示市场已有超买现象，如果一旦继续上升，超过 90 以上时，则表示已到严重超买的警戒区，市场价格已形成头部，极可能在短期内反转回调。强弱指标低于 50 表示为弱势市场。RSI 下降至 20 时，表示市场有超卖现象，如果一旦继续下降至 10 以下时则表示已到严重超卖区域，市场价格极可能有止跌回升的机会。

投资者也可以利用相对强弱指标与价格背离来确定买入和卖出信号。当 RSI 处于高位，并形成一峰比一峰低的两个峰，而对应的价格是一峰比一峰高，形成顶背离，这是卖出信号。反之，RSI 在低位形成的谷依次上升，而价格走势形成的谷依次下降，这是底背离，是买入信号。

四、量价分析

期货市场量价分析，是指在研究期货盘面价格的变化和交易量、持仓量的增减变化三者关系的基础上，分析判断未来期货价格走势。

（一）交易行为与持仓量

第一，只有当新的买入者和卖出者同时入市时，持仓量增加。

第二，当买卖双方有一方做平仓交易时（即换手），持仓量不变。

第三，当买卖双方均为原交易者，双方均为平仓时，持仓量减少。

如表 12 – 8 所示，如果买卖（多空）双方均建立了新头寸，则持仓量增加。如果双方均是平仓了结原有头寸，则持仓量减少。如果一方开立新的交易头寸，而另一方平仓了结原有交易头寸，也就是换手，则持仓量不变，这包括多头换手和空头换手两种情况。

表 12 – 8 交易行为与持仓量变化

	买方	卖方	持仓量的变化
1	多头开仓	空头开仓	增加（双开仓）
2	多头开仓	多头平仓	不变（多头换手）
3	空头平仓	空头开仓	不变（空头换手）
4	空头平仓	多头平仓	减少（双平仓）

（二）交易量与价格形态

期货合约的交易量反映的是合约成交的活跃程度和买卖双方博弈的激烈程度，经常用于验证价格形态。

在反转形态中，头肩顶成立的预兆之一是，在头部形成过程中，当价格冲到新高点时交易量较少，而在随后的跌向颈线时交易量却较大；在双重顶和三重顶中，在价格上冲到每个后继的峰时，交易量较少，而在随后的回落过程中，交易量较大。一般来说，所有价格形态在完结（突破点）时，只要这个突破信号是成立的，那么它就应当伴随较大的交易量。

（三）持仓量分析

持仓量是从期货合约开始交易起计算的未平仓合约数量，持仓量增加，表明资金流入期货市场；反之，则说明资金正流出期货市场。分析持仓量的变化可推测资金在期货市场的流向和主力资金的交易行为，有助于投资者判断下一步价格波动的方向。

以美国为例，美国商品期货交易委员会（CFTC）每周五公布截至本周二的上一周的持仓结构报告，主要分为非商业持仓、商业持仓以及非报告持仓三部分。非商业持仓主要指基金等大机构的投机仓位，商业持仓主要指套期保值的商业仓位，而非报告持仓为散户投机持仓。一般认为，基金是市场价格行情的推动力量，其净多、净空的变化对价格波动有很大影响。

以上这些技术分析方法是从不同角度理解和对市场进行的分析，有各自的特点和适用范围。尽管它们采取的方式存在差异，但他们之间彼此并不排斥，互相之间有交叉和联系，在使用过程中，往往会互相借鉴、互相验证，分析者往往同时使用多种分析方法进行市场研判。

第十三章　期货市场监管与风险控制

本章学习目的与要求：

通过本章学习，了解期货市场风险的类型与特征、期货市场风险的成因、期货市场“五位一体”监管体系；掌握期货市场风险管理流程，中国证监会、地方证监局、中国期货业协会、期货交易所和中国期货市场监控中心的监管职责，期货交易所、期货公司和机构投资者的内部风险控制机制；熟悉期货交易所、期货公司和期货交易者的风险来源。

学习重点：

期货市场风险的类型与特征；期货市场“五位一体”监管体系；期货交易所和期货公司的内部风险控制机制。

知识结构图：

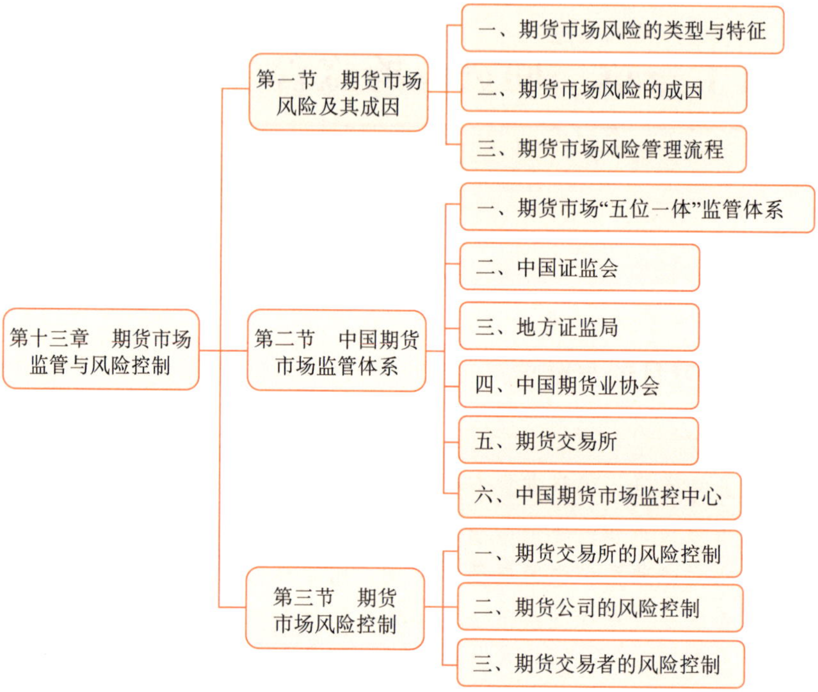

众所周知，期货市场均为场内标准化交易，其他衍生品交易既有场内标准化交易，也有场外非标准化的交易形式。场内交易有严格的交易制度和管理流程，交易过程中的风险来源和特征较为明确，风险监管和风险控制相对规范，有一定的科学依据可循。场外交易市场一般不遵循统一的交易制度，交易行为具有较强的个性化特征，其风险来源较为复杂，风险形成和防范呈多样化特点，而且场外交易涉及的交易主体具有多元化和广泛性特征，难以制定统一的风险监管制度和防控措施。因此，本章主要针对场内期货市场的风险监管和控制进行论述。

第一节 期货市场风险及其成因

学习内容	知识点
期货市场风险的类型与特征	期货市场风险的类型；期货市场风险的特征
期货市场风险的成因	期货市场风险的成因
期货市场风险管理流程	期货市场风险的识别；期货市场风险的测度；期货市场风险的控制

一、期货市场风险的类型与特征

期货交易作为一种独特的交易方式，在其自身运行过程中蕴涵了很大的风险。与其他市场的风险相比，期货市场的风险是复杂的、多方面的，因此有必要对其进行深入细致的研究，从而寻求防范、管理期货市场风险的有效措施，以保证期货市场的正常运转，保证市场参与者的共同利益，保证期货市场功能的实现。

通常，对风险有两种定义：一种是强调风险表现为损失的不确定性；另一种则强调风险表现为不确定性。若风险表现为损失的不确定性，说明风险只能表现出损失，没有从风险中获利的可能性，属于狭义风险。而风险表现为不确定性，说明风险产生的结果可能带来损失、获利或是无损失也无获利，属于广义风险，期货市场的风险属于后者。风险和收益成正比，按照风险偏好程度不同，期货市场套期保值者属于风险厌恶者，投机者则属于风险偏好者。

（一）期货市场风险的类型

期货市场的风险具有多样性和复杂性，可从不同角度对风险进行划分、归类。归纳起来，可以从下面四个角度对期货市场风险进行划分。

1. 从风险是否可控的角度

从风险是否可控的角度，期货市场风险可以分为不可控风险和可控风险。

（1）不可控风险。不可控风险是指风险的出现不受风险承担者所控制，这类风险通常来自期货市场之外，但对期货市场的相关主体可能产生影响，具体包括两类：一类是宏观经济环境变化风险。这类风险是通过影响供求关系进而影响相关期货品种的价格而产生。具体可分为不可抗力的自然因素变动的风险，以及政治因素、经济因素和社会因素等变化的风险，这些因素的变动，影响交易者对价格的合理预期，尤其是突发的或偶然事件的发生，会扰乱正常的供求规律，使期货市场产生剧烈震荡，如异常恶劣的气候状况、突发性的自然灾害及一个国家政局的动荡等。

另一类是政策性风险。管理当局根据期货市场发展的特定阶段，通过制定、颁布、实施政策加强对期货市场的宏观管理。政策是否合理，在很大程度上取决于管理部门对期货市场的管理经验和认知程度，因此政策的实施、变动有很大的主观性，如果政策不合理、政策变动过频或者政策发布缺乏透明度等，都可能在不同程度上对期货市场的相关主体直接或间接地产生影响，造成不可预期的损失，引发风险。

（2）可控风险。可控风险是指通过采取措施，是可以控制或可以管理的风险。这些风险可以通过市场主体采取一些措施进行防范、控制和管理。因此与不可控风险相比，具有更积极的意义。期货市场的风险管理重点放在可控风险上。

2. 从期货交易环节划分

客户从事期货交易主要面临以下三种风险：

（1）代理风险。代理风险是指客户在选择期货公司确立代理过程中所产生的风险。客户在选择期货公司时应对期货公司的规模、资信、经营状况等对比选择，确立最佳选择后与该公司签订《期货经纪合同》，如果选择不当，就会给客户将来的业务带来潜在风险。

（2）交易风险。交易风险是指期货交易者在交易过程中产生的风险。它包括由于市场流动性差，期货交易难以迅速及时地成交所产生的风险，以及当期货价格波动较大，保证金不能在规定时间内补足，交易者可能面临强行平仓的风险。

（3）交割风险。交割风险是客户在准备或进行期货交割时产生的风险。期货合约到期后，所有未平仓合约都必须进行实物交割，因此，不准备进行交割的客户应在合约到期之前或合约交割月到来之前将持有的未平仓合约及时平仓，免于承担交割责任。

3. 从风险产生的主体划分

期货市场涉及期货交易所、期货公司、期货交易者和监管部门等主体，他们在期货市场中扮演着不同的角色。期货交易的风险具有复杂性和多样性，部分风险的产生与这些主体的行为直接相关。

（1）期货交易所。期货交易所为期货交易提供场所、制定交易规则、设计期货合约和组织监督交易，承担着期货市场微观管理的职责。交易所在期货市场风险防范与管理中起重要作用。但如发生交易所风险管理措施不严密，风险管理丧失公平、公正原则，有意偏袒交易一方甚至纵容交易者操纵市场等，交易所不仅不能防范或化解风险，反而会加大市场风险。期货交易所的风险主要包括交易所的管理风险和技术风险。前者是指由于交易所的风险管理制度不健全或者执行风险管理制度不严、交易者违规操作等原因所造成的风险，后者是指由于计算机交易系统或通信信息系统出现故障而带来的风险。

（2）期货公司。期货公司是联系交易所与客户之间的桥梁，也是风险控制的重要环节。但是，如果期货公司由于自身原因，在利益驱使下，进行违法、违规活动，欺骗客户、损害客户利益或者由于运作不规范、经营管理不善等均可能产生风险，甚至对期货市场产生重大影响。期货公司的风险可以分为两种：一种是由于期货公司自身的原因而引起的风险，如由于期货公司管理不善、期货公司从业人员职业道德缺乏或操作失误等原因给自身或客户甚至整个市场带来风险。另一种是由于客户的原因而给期货公司带来的风险，如客户资信状况恶化、客户发生违规行为等。

（3）期货交易者。交易者是期货市场最基本的交易主体。他们利用期货市场规避风险，同时由于交易行为不规范也会给市场带来风险。期货交易者的风险主要可分为两种，一种是由于期货公司选择不当等原因而给自身带来的风险，另一种是指由于自身投资决策失误或违规交易等行为所产生的风险。

（4）政府及监管部门。期货市场是市场经济发展到一定阶段的产物，其运行遵循一定的内在规律。但作为市场体系的重要组成部分，期货市场无法脱离现实经济发展环境独立存在，需要政府及监管部门运用宏观管理手段，调节期货市场与其他市场以及与整个经济发展的关系，从而使期货市场能够协调发展、平稳运行，发挥其应有功能。政府的宏观管理手段包括制定政策、法规，规范各主体的行为，设置管理机构对期货市场进行行业监管及采取经济措施调整期货市场的发展。如果政府宏观政策失误、宏观政策频繁变动或对期货市场监管不力、法制不健全等，均会对期货市场产生重大影响。

4. 从风险来源划分

从风险来源划分，可分为市场风险、信用风险、流动性风险、操作风险与法律风险。

（1）市场风险。市场风险是因价格变化使持有的期货合约的价值发生变化的风险，是期货交易中最常见、最需要重视的一种风险。导致期货交易的市场风险因素一般可分为自然环境因素、社会环境因素、政治法律因素、技术因素和心理因素等。

（2）信用风险。信用风险是指由于交易对手不承担履约责任而导致的风险。期货交易由结算机构担保履约而几乎没有信用风险。现代期货交易的风险分担机制使期货交易发生信用风险的概率很小，但在重大风险事件发生时或风险监控制度不完善时也会发生信用风险。

（3）流动性风险。流动性风险主要可分为两种：一种可称作流通量风险，另一种可称作资金量风险。流通量风险是指期货合约无法及时以合理价格建立或了结头寸的风险，这种风险在市况急剧走向某个极端时或者因进行了某种特殊交易想处理资产但不能如愿以偿时容易产生。通常用市场的广度和深度来衡量期货市场的流动性。广度是指在既定价格水平下满足投资者交易需求的能力，如果买卖双方均能在既定价格水平下获得所需的交易量，那么市场就是有广度的；而如果买卖双方在既定价格水平下均要受到成交量的限制，那么市场就是狭窄的。深度是指市场对大额交易需求的承接能力，如果追加数量很小的需求可以使价格大幅度上涨，那么，市场就缺乏深度；如果数量很大的追加需求对价格没有大的影响，那么市场就是有深度的。较高流动性的市场，稳定性也比较高，市场价格更加合理。资金量风险是指当投资者的资金无法满足保证金要求时，其持有的头寸面临强制平仓的风险。

（4）操作风险。操作风险是指因信息系统或内部控制方面的缺陷而导致意外损失的可能性。操作风险包括以下几方面：因负责风险管理的计算机系统出现差错，导致不能正确地把握市场风险，或因操作错误而破坏数据的风险；储存交易数据的计算机因发生灾害或操作错误而引起损失的风险；因工作责任不明确或工作程序不恰当，不能进行准确结算或发生作弊行为的风险；执行交易的操作人员指令处理错误所造成的风险；不完善的内部制度与处理步骤等。

（5）法律风险。法律风险是指在期货交易中，由于相关行为（如签订的合同、交易的对象、税收的处理等）与相应的法规发生冲突致使无法获得当初所期望的经济效果甚至蒙受损失的风险。如有的机构不具有期货代理资格，投资者与其签订经纪代理合同就不受法律保护，投资者如果通过这些机构进行期货交易就面临法律风险。

（二）期货市场风险的特征

1. 风险存在的客观性

期货市场风险的存在具有客观性。这种客观性一方面体现了市场风险的共性，就是说，在任何市场中，都存在由于不确定性因素而导致损失的可能性。另一方面，期货市场风险的客观性也来自期货交易内在机制的特殊性，期货交易的产生给套期保值者规避风险提供了有效手段，没有风险就不会有套期保值。与此同时，期货交易具有的“杠杆效应”、双向交易、对冲机制的特点，使其吸引了众多投机者的参与，从而蕴涵了很大的风险。

2. 风险与机会的共生性

期货交易的风险并不仅仅意味着发生损失的可能性，也存在着获取高额收益的可能，即高收益与高风险并存。期货交易的这种风险与机会的共生性，是期货投机的驱动力。与此同时，期货交易的高风险性也给交易者带来压力，促使交易者提高自身素质，规范交易行为，把风险降到最低限度。

3. 风险因素的放大性

期货市场的风险与现货市场的风险相比具有放大性的特征，主要有以下三方面原因：（1）期货交易实行保证金制度，由于保证金交易具有杠杆性和“以小博大”的特征，投机性较强，增加了更高风险出现的可能性；

（2）期货交易是双向交易，并可采取对冲交易方式了结合约，对冲机制在一定程度上增加了交易者的投机动机，容易诱发过度投机现象，从而扩大交易风险；（3）期货交易采用 T+0 制度，这一交易制度给交易者带来频繁交易的机会，导致交易量过大，风险过度集中。

4. 风险损失的均等性

对于所有参与期货交易的双方来说，期货风险可能带来的损失都是客观存在的、均等的。在期货市场上，无论是套期保值者还是投机者，尽管面临风险程度的大小是由交易者持有的头寸和经济实力的差异决定的，但他们都同样面临遭受损失的风险。就套期保值者而言，虽然是在两个市场上同时进行交易，两个市场的盈亏可以大体相抵，但仍然面临着基差不利变动可能带来的损失。对投机者而言，如果市场的变化与他的判断、预期相反，也会遭受损失。

5. 风险的可防范性

期货市场风险虽然存在不确定因素，但也不是不可预测的。期货市场风险的产生与发展存在着自身的运行规律，可以根据历史资料和统计数据等对期货市场变化过程进行预先测定，掌握其征兆和可能产生的后果，并完善风险监管制度、采取有效措施，对期货市场风险进行防范，达到规避、分散和减弱风险的目的。

二、期货市场风险的成因

期货市场风险来自多方面。从期货交易起源与期货交易特征分析，其风险成因主要有四个方面：价格波动、保证金交易的杠杆效应、交易者的非理性投机和市场机制的不健全。

（一）价格波动

在市场经济条件下，商品的价格受供求关系因素的影响而上下波动。对于商品的生产和经营者来说，价格波动的不可预期性增加了生产、经营的不稳定性，而期货市场特有的运行机制可能导致价格频繁乃至异常波动，从而产生较高风险。

（二）杠杆效应

期货交易实行保证金制度，交易者只需支付期货合约一定比例的保证金即可进行交易，保证金比例通常为期货合约价值的5%—15%，以此作为合约的履约担保。这种以小博大的高杠杆效应，既吸引了众多投机者的加入，也放大了本来就存在的价格波动风险。价格的小幅波动，就可能使头寸规模较大的交易者损失大量保证金。在市场状况恶化时，他们可能无力支付巨额亏损而发生违约。期货交易的杠杆效应是区别于其他投资工具的主要标志，也是期货市场高风险的重要原因。

（三）非理性投机

投机者是期货交易中不可缺少的组成部分，既是价格风险的承担者，也是价格发现的参与者，不仅促进合理价格形成，也提高市场流动性。但是，在风险管理不健全、制度实施不严的情况下，投机者受利益驱使，极易利用自身的实力、地位等优势进行市场操纵等违法、违规活动。这种行为既扰乱了市场正常秩序，扭曲了价格，影响了价格发现功能的实现，还会造成不公平竞争，损害其他交易者的正当利益。

（四）市场机制不健全

期货市场在运作中由于管理法规和机制不健全等原因，可能产生流动性风险、结算风险和交割风险等。在期货市场发展初期，这种不健全的机制产生的相应风险始终存在，有关部门应给予高度重视，并应及时出台、修订和完善各项法规，使期货市场运行机制不断完善。

三、期货市场风险管理流程

风险管理（Risk Management）是识别、分析度量和处理损失敞口并进行风险控制以减轻损失带来不利影响的持续过程，也就是在一个有风险的环境里把风险减至最低的管理过程。风险管理的基本流程可以归纳为：风险的识别、风险的测度和选择有效的手段处理或控制风险。

（一）风险的识别

风险识别是风险管理的首要环节。只有在全面了解各种风险的基础上，才能够预测风险可能造成的危害，从而选择处理风险的有效手段。在实践中，企业可以采用风险列举法、流程图分析法、分解分析法帮助识别风险。

风险列举法指风险管理部门按照业务流程，列举出各个业务环节中存在的风险。

流程图法指风险管理部门对整个业务过程进行全面分析，对其中各个环节逐项分析可能遇到的风险，找出各种潜在的风险因素。

分解分析法指把一个复杂的事物分解为多个比较简单的事物，将大系统分解为具体的组成要素，从中分析可能存在的风险及潜在损失的威胁。也可以采用图解表示的方法来调查损失发生前各种失误事件的情况，或对各种引起事故的原因进行分解分析，具体判断哪些失误最可能导致损失风险发生。

（二）风险的测度

风险测度实际上就是估算、衡量风险，由风险管理人运用科学的方法，对其掌握的统计资料、风险信息及风险的性质进行系统分析和研究，进而确定各项风险的频度和强度，为选择适当的风险处理方法提供依据。风险的测度一般包括风险的预测和度量两个过程。风险的预测包括概率和强度两个方面。

预测风险的概率：通过资料积累和观察，发现造成损失的规律性。预测风险的强度：假设风险发生，导致的直接损失和间接损失。

在金融市场上，随着计算机技术及统计方法的提高和普及，利用统计技术对风险进行计量或预测越来越受到重视。期货交易所普遍采用相应的模型测算波动性风险，并以此决定保证金水平，金融机构根据自己的需要也开发了许多风险计量模型。

G30 集团在研究衍生品的基础上，发表了题为《衍生品的实践和规则》的报告，提出了度量市场风险的 VAR（Value at Risk）方法，即在险价值法，该方法已成为目前金融界测量市场风险的主流方法。后由摩根

(J. P. Morgan）推出的用于计算 VaR 的风险控制模型被众多金融机构广泛采用。

VaR 方法一经提出便受到广泛欢迎。巴塞尔银行监管委员会于 1996 年推出的巴塞尔协议的补充规定中，明确提出基于银行内部 VaR 值的内部模型法，并要求作为金融机构计量风险的基本方法之一；美国证券交易委员会（SEC）于 1997 年 1 月规定上市公司必须及时披露其金融衍生工具交易所面临风险的量化信息，指出 VaR 方法是可以采用的三种方法之一。

VaR 是指市场正常波动下，某一金融资产或证券组合的最大可能损失。更为确切的是指，在一定的置信水平下，某一金融资产或证券组合在未来特定的一段时间内的最大可能损失。用数学公式可表示为：

$$Prob(\triangle P \triangle t > VaR) = 1 - c$$

其中，$\triangle P$ 为证券组合在持有期内的损失，$\triangle t$ 为持有期，c 为置信水平，VaR 为置信水平 c 下处于风险中的价值。其中，VaR 及损失均取正数。

例如，某一投资公司持有的证券组合在置信度为 95% 证券市场正常波动情况下的日 VaR 值为 500 万元。其含义是指，该公司的证券组合在一天内由于市场价格变化而带来的最大损失超过 500 万元的概率为 5%，平均 20 个交易日才可能出现一次这种情况。或者说有 95% 的把握保证该投资公司在下一个交易日内的损失在 500 万元以内。5% 的概率反映了金融资产管理者的风险厌恶程度，可根据不同的投资者对风险的偏好程度和承受能力来确定。

VaR 方法不仅可以用来简单明了表示市场风险的大小，技术简单，没有任何专业背景的普通投资者和管理者都可以通过 VaR 值对金融风险进行评判；而且可以事前进行风险计算，与其他在事后衡量风险大小的风险管理方法不同。VaR 既可计算单个金融工具的风险，也可计算由多个金融工具组成的投资组合风险，这是传统金融风险管理方法难以实现的。

期货合约是杠杆性较高的金融工具，具有高风险、高收益特征，因此对期货交易风险的控制与管理也显得异常重要。VaR 方法可以让期货交易者清晰地了解目前市场上的风险是不是过大，让期货交易者做期货交易之前判断时机是否恰当，是否适合立即进行合约买卖的操作。如果 VaR 值比较大，则表示此时进场所承担机会成本将会较大；反之，如果 VaR 值比较小，则表示此时进场所承担机会成本将会较小。而对已拥有期货头寸的期货交易者来说，VaR 可以表明目前所承担的风险是否已超过可忍受的限度。

（三）风险的控制

风险控制的最高境界是消除风险或规避风险，比如对套期保值者而言，其目的就是期望通过期货交易规避企业无法消除的价格风险。但杜绝风险是一种理想状态。利益主体在作出很大努力之后仍旧会面临风险是正常的。一方面是因为有些风险是利益主体无法控制的；另一方面原因是风险控制也有一个成本收益之间的平衡或选择问题。比如，期货交易所或期货公司长时间大幅提高保证金比例，自然可以消除客户的爆仓风险，从而杜绝自身受到损失的可能，但此举同时不可避免地会造成负面影响，最终可能导致客户放弃交易，使期货交易所和期货公司面临另一种风险即经营风险。又例如，期货交易所推出创新业务，更好地服务市场，也具有一定的风险，如单纯从杜绝风险角度考虑，自然会对创新活动采取抵制态度，但这是以牺牲整个市场效率为代价的。另外，对期货投机者而言，参与期货交易的目的是获取风险收益，如果以杜绝风险为目的，那就没有必要去参与期货交易了。

风险控制包括两方面的内容：一是风控措施的选择，这是成本收益权衡的结果；二是制订切实可行的应急方案，最大限度地对所面临的风险做好充分的准备，当风险发生后，按照预设方案实施，将损失控制在最低限度。

第二节　中国期货市场监管体系

学习内容	知识点
期货市场“五位一体”监管体系	“五位一体”监管体系的主要内容
中国证监会	中国证监会的监管职责
地方证监局	地方证监局的监管职责
中国期货业协会	中国期货业协会的监管职责
期货交易所	期货交易所的监管职责
中国期货市场监控中心	中国期货市场监控中心的监管职责

一、期货市场“五位一体”监管体系

2007年8月，为适应期货市场发展的新形势，整合期货监管系统资源，进一步夯实监管基础，落实监管责任制，提高监管效率，增强防范、控制和化解期货市场风险的能力，根据《期货交易管理条例》及相关法规和规范性文件，中国证券监督管理委员会（以下简称“中国证监会”）发布了《期货监管协调工作规程（试行）》（证监期货字〔2007〕139号），建立了中国证监会、证监局、期货交易所、中国期货保证金监控中心有限责任公司（2015年4月更名为中国期货市场监控中心）和中国期货业协会“五位一体”的期货监管协调工作机制。按照“统一领导、共享资源、各司其职、各负其责、密切合作、合力监管”的原则，监管协调机制各方形成了一个分工明确、协调有序、运转顺畅、反应快速、监管有效的工作网络，保证了监管工作的顺利进行和监管效能的有效发挥。

二、中国证监会

期货市场是高风险的市场，高风险不仅来自期货交易机制自身，期货行业内各利益主体可能存在的不规范运作将加剧风险的程度，甚至本身就是风险的源头。利益主体的不规范运作，不仅加大自身风险，且容易出现风险外溢，侵犯其他投资者或业内其他利益主体的正当权益，人为加剧了他们的风险。严重的风险事故甚至引发全行业的系统性风险，使投资者丧失信心，摧毁期货市场的生存基础。因此，为了规范各利益主体的行为，保护各方的合法利益和社会公共利益，维护期货市场的正常秩序，需要政府依法行政，对期货行业实施全方位的监管。

中国证监会为国务院直属正部级事业单位，依照法律、法规和国务院授权，对期货市场实行集中统一的监督管理，维护其市场秩序，保障其合法运行。中国证监会作为中国期货市场的主管机关，为防范市场风险，规范市场运作，出台了一系列行政规章和规范性文件，如《期货交易所管理办法》《期货公司管理办法》《期货公司董事、监事和高级管理人员任职资格管理办法》《期货从业人员管理办法》《期货市场客户开户管理规定》等，对包括期货交易所、期货公司、期货从业人员等在内的市场各类主体进行行政管理。

依据有关法律法规，中国证监会在对期货市场实施监督管理中履行下列具体职责：制定有关期货市场监督管理的规章、规则，并依法行使审批权；对品种的上市、交易、结算、交割等期货交易及其相关活动进行监督管理；对期货交易所、期货公司及其他期货经营机构、非期货公司结算会员、期货保证金安全存管监控机构、期货保证金存管银行、交割仓库等市场相关参与者的期货业务活动，进行监督管理；制定期货从业人员的资格标准和管理办法，并监督实施；监督检查期货交易的信息公开情况；对期货业协会的活动进行指导和监督；对违反期货市场监督管理法律、行政法规的行为进行查处；开展与期货市场监督管理有关的国际交流、合作活动；法律、行政法规规定的其他职责。

在五位一体监管体系中，中国证监会负责监管协调机制的规则制定、统一领导、统筹协调和监督检查。具体包括：

（1）在净资本监管工作中，负责制定期货公司风险监管指标标准、监管规则及净资本补足制度，督促、指导期货公司净资本监管工作的落实以及采取必须由中国证监会采取的监管措施等。

（2）在保证金安全监管工作中，负责制定保证金存管制度和监管工作指引，负责预警信息处置工作的领导和协调。

（3）在期货公司董事、监事和高级管理人员监管工作中，负责研究制定期货公司董事、监事和高级管理人员监管制度框架，制定和修改期货公司董事、监事和高级管理人员管理办法和规则；核准期货公司董事长、监事会主席、独立董事、总经理、副总经理和首席风险官的任职资格；指导地方证监局对违规高管进行责任确认和追究，并依法采取监管措施；建立与完善期货公司高管人员监管数据库，建立期货公司董事、监事和高级管理人员诚信档案，组织期货公司董事、监事和高级管理人员培训等；监督、指导证监局日常监管工作。

（4）在期货公司风险处置工作中，负责法规政策的制定，对地方证监局风险处置工作进行指导和协调。

三、地方证监局

中国证监会在省、自治区、直辖市和计划单列市设立36个证券监管局，以及上海、深圳证券监管专员办事处。各地证监局是中国证监会的派出机构，中国证监会对证监局实行垂直领导的管理体制。中国证监会及其下属派出机构共同对中国期货市场进行集中统一监管。

各地证监局的主要职责是：根据中国证监会的授权，对辖区内的上市公司，证券、期货经营机构，证券期货投资咨询机构和从事证券期货业务的律师事务所、会计师事务所、资产评估机构等中介机构的证券、期货业务活动进行监督管理；查处辖区范围内的违法、违规案件。

在五位一体监管体系中，证监局的工作具体包括：

(1) 在净资本监管工作中，负责对期货公司风险监管报表进行审核，持续监控期货公司净资本等风险监管指标是否符合标准，对期货公司进行现场检查，及时采取监管措施，并按规定将有关情况报告中国证监会。

(2) 在保证金安全监管工作中，负责保证金的日常监管和现场检查，对预警信息进行核实与处理。

(3) 在期货公司董事、监事和高级管理人员监管工作中，负责依照《期货公司董事、监事和高级管理人员任职资格管理办法》等规定和中国证监会的授权对期货公司董事、监事和高级管理人员进行监督管理；负责核准除期货公司董事长、监事会主席、独立董事以外的董事、监事以及公司财务负责人、营业部负责人的任职资格；对违规高管进行责任确认和追究，依法采取监管措施，并及时向中国证监会报告。管理和维护辖区内高管人员监管数据库，建立、管理期货公司董事、监事和高级管理人员日常监管工作档案，对其合格和诚信情况进行记录，掌握其动态，配合中国证监会对有关人员的诚信状况进行调查与查询。根据中国证监会关于对期货公司首席风险官的管理规定，督导期货公司设立合格的首席风险官，督促、保障首席风险官认真、充分履行职责，促进期货公司建立良好的公司治理和内控机制。

(4) 在期货公司风险处置工作中，负责提出风险处置方案并组织实施，及时向中国证监会报告风险处置进展情况，维护辖区期货市场秩序和社会稳定。

四、中国期货业协会

2000 年 12 月，我国成立了中国期货业协会。中国期货业协会的宗旨是：在国家对期货业实行集中统一监督管理的前提下，进行期货业自律管理；发挥政府与期货业间的桥梁和纽带作用，为会员服务，维护会员的合法权益；坚持期货市场的公开、公平、公正，维护期货业的正当竞争秩序，保护投资者利益，推动期货市场的规范发展。

中国期货业协会是期货业的自律性组织，是非营利性的社会团体法人。中国期货业协会由会员、特别会员和联系会员组成。会员是指经中国证监会审核批准设立的期货公司、从事期货业务或相关活动的机构。特别会员是指经中国证监会审核批准设立的期货交易所。联系会员是指经各地方民政部门审核批准设立的地方期货业社会团体法人。期货公司以及其他专门从事期货经营的机构应当加入期货业协会，并缴纳会员费。期货业协会的权力机构为全体会员组成的会员大会。中国期货业协会的章程由会员大会制定，并报国务院期货监督管理机构备案。中国期货业协会接受业务主管单位中国证监会和社团登记管理机关民政部的业务指导和监督管理。

依据有关法律法规，中国期货业协会履行下列职责：（1）教育和组织会员及期货从业人员遵守期货法律法规和政策，制定行业自律性规则，建立健全期货业诚信评价制度，进行诚信监督。（2）负责期货从业人员资格的认定、管理以及撤销工作，负责组织期货从业资格考试、期货公司高级管理人员资质测试及行政法规、中国证监会规范性文件授权的其他专业资格胜任能力考试；监督、检查会员和期货从业人员的执业行为，受理对会员和期货从业人员的举报、投诉并进行调查处理，对违反章程及自律规则的会员和期货从业人员给予纪律惩戒。（3）向中国证监会反映和报告会员和期货从业人员执业状况，为期货监管工作提供意见和建议。（4）制定期货业行为准则、业务规范，参与开展行业资信评级，参与拟订与期货相关的行业和技术标准。(5) 受理客户与期货业务有关的投诉，对会员之间、会员与客户之间发生的纠纷进行调解。(6) 为会员服务，依法维护会员的合法权益，积极向中国证监会及国家有关部门反映会员在经营活动中的问题、建议和要求。(7) 制定并实施期货业人才发展战略，加强期货业人才队伍建设，对期货从业人员进行持续教育和业务培训，提高期货从业人员的业务技能和职业道德水平。(8) 设立专项基金，为期货业人才培养、投资者教育或其他特定事业提供资金支持。(9) 负责行业信息安全保障工作的自律性组织协调，提高行业信息安全保障和信息技术水平。(10) 收集、整理期货信息，开展会员间的业务交流，推动会员按现代金融企业要求完善法人治理结构和内控机制，促进业务创新，为会员创造更大市场空间和发展机会。(11) 组织会员对期货业的发展进行研究，参与有关期货业规范、发展的政策论证，对相关方针政策、法律法规提出建议。(12) 加强与新闻媒体的沟通与联系，广泛开展期货市场宣传和投资者教育，为行业发展创造良好的环境。(13) 表彰、奖励行业内有突出贡献的会员和个人，组织开展业务竞赛和文化活动，加强会员间沟通与交流，培育健康向上的行业文化。(14) 开展期货业的国际交流与合作，代表中国期货业加入国际组织，推动相关资质互认，对期货涉外业务进行自律性规范与管理。(15) 法律、行政法规规定以及中国证监会赋予的其他职责。

在五位一体的监管体系中，中国期货业协会的工作具体包括：

(1) 在净资本监管中主要负责对期货公司从业人员进行有关净资本工作的培训，对违规人员按照自律规则进行处罚。

(2) 在保证金安全监管工作中，负责对期货从业人员进行保证金安全存管规定的培训，向期货投资者宣传监控中心客户查询系统的功能，提醒投资者经常登录监控中心客户查询系统核对客户权益变动情况。

(3) 在期货公司董事、监事和高级管理人员监管工作中，负责对拟任期货公司董事长、监事会主席、独立董事、总经理、副总经理、首席风险官的资质测试，对期货公司董事、监事和高级管理人员进行自律管理和业务培训，对违规人员按照自律规则进行处罚。

(4) 在期货公司风险处置工作中，负责对相关会员单位提出自律要求，为风险处置工作营造良好外部环境。

五、期货交易所

期货交易所是期货市场重要的自律监管机构。从国际经验看，各国期货交易所进行的自律管理所涉及的内容基本相似，具体一般包括：

（1）对会员资格审查。期货交易所一般以会员制为主，交易所对申请加入交易所的会员都要进行资格审查，只有符合交易所规定的道德、财力、信誉、知识和技能等方面的具体要求，才可能取得交易所会员的资格。

（2）监督交易行为规则和程序的执行。交易所对场内交易行为制定了一定的程序和相应的制约措施。这些程序和措施包括交易厅的纪律、交易报单的规则和报价制度；每一交易者最大持仓限额及其调整程序（如涨跌停板）；交易结算要求以及到期合约的交割程序等。交易所按这些规定对场内交易进行监控，是交易所自律监管的最主要方面。

（3）制定客户定单处理规范。这方面的规定主要涉及五个方面的内容：一是对所使用的指令类型作出特别的限定，比如市场指令、开盘价指令、止损指令、停止限价指令、组合指令等；二是要求公平、合理、及时地执行交易指令；三是对定单流程作出规定，如定单的每一处理环节必须加盖时间印戳等；四是规定处理定单的佣金和交易所服务水平；五是定单所必需的基本内容和记录规定。

（4）规定市场报告和交易记录制度。法律规定一切交易必须在市场上公平进行，交易所一般都规定一切交易必须在交易大厅内通过竞价达成，开价和出价必须所有参与者知晓，成交情况作为市场行情及时公告；所有在交易中形成的单据、凭证、账册等资料必须妥善保管，以备政府或行业协会检查；交易所还有责任要求接受客户指令的经纪商定期向客户报告账户情况。

（5）实施市场稽查和惩戒。交易所要求对交易行为进行监督稽查，按法律和交易所规定对违法违规行为进行量定，然后实施相应的处罚。另外，交易所还为解决会员之间、会员与客户之间的纠纷制定了详细的仲裁条款，以保证交易公平、公正、公开地进行。

（6）加强对制造假市场的监管。交易所对违规制造假市的会员予以非常严厉的处分，直到追究其法律责任。

我国的期货交易所是按照其章程的规定实行自律管理的法人。根据国务院《期货交易管理条例》，期货交易所应当依照条例和国务院期货监督管理机构的规定，建立、健全各项规章制度，加强对交易活动的风险控制和对会员以及交易所工作人员的监督管理。

期货交易所履行下列职责：提供交易的场所、设施和服务；设计合约，安排合约上市；组织并监督交易、结算和交割；为期货交易提供集中履约担保；按照章程和交易规则对会员进行监督管理；国务院期货监督管理机构规定的其他职责。

中国证监会《期货交易所管理办法》规定，除履行《期货交易管理条例》规定的职责外，还应当履行下列职责：制定并实施期货交易所的交易规则及其实施细则；发布市场信息；监管会员及其客户、指定交割仓库、期货保证金存管银行及期货市场其他参与者的期货业务；查处违规行为。

在“五位一体”的监管体系中，期货交易所的工作具体包括：

（1）在净资本监管中主要负责提供期货交易等相关数据，参与定期或不定期现场检查，配合证监局或证监会采取相关监管措施。

（2）在保证金安全监管工作中，负责监控期货公司的交易情况，发现异常动态应当及时采取措施，并向相关证监局通报，对保证金安全存管及监控工作提供必要的帮助。

（3）在期货公司董事、监事和高级管理人员监管工作中，负责依法对会员期货公司董事、监事和高级管理人员进行自律管理；在期货公司风险处置工作中，参与市场风险处置，并根据有关法规和风险处置工作的需要，及时采取相应措施。

六、中国期货市场监控中心

期货市场监测监控是期货市场监管的重要抓手，对维护期货市场稳定运行具有重要作用。《期货交易管理条例》（以下简称《条例》）规定，中国证监会应当建立、健全保证金安全存管监控制度，设立期货保证金安全存管监控机构。客户和期货交易所、期货公司及其他期货经营机构、非期货公司结算会员以及期货保证金存管银行，应当遵守中国证监会有关保证金安全存管监控的规定。期货保证金安全存管监控机构依照有关规定对保证金安全实施监控，进行每日稽核，发现问题应当立即报告中国证监会。中国证监会应当根据不同情况，依照条例有关规定及时处理。期货保证金安全存管监控机构的董事、监事、高级管理人员，实行资格管理制度。

2007 年中国期货保证金监控中心成立，2015 年其正式更名为中国期货市场监控中心。中国期货市场监控中心依照有关规定对保证金安全实施监控，进行每日稽核，发现问题应当立即报告中国证监会。中国证监会根据不同情况，依照《条例》有关规定及时处理。中国期货市场监控中心接受中国证监会的指导、监督和管理。

随着期货市场的发展，中国期货市场监控中心的职能也逐步拓展。现有职能主要包括：期货市场统一开户；期货保证金安全监控；期货市场运行监测监控；期货经营机构监测监控；期货及衍生品交易报告库的建设及运营；为期货投资者提供交易结算信息查询；宏观和产业分析研究；代管期货投资者保障基金；为监管机构和期货交易所等提供信息服务；期货市场调查；协助风险公司处置。

在五位一体的监管体系中，中国期货市场监控中心的工作具体包括：

（1）在净资本监管中主要负责提供期货保证金等相关数据，监控期货公司保证金封闭圈内最低结算准备金是否符合监管要求，出现不符合监管要求情况时，及时向证监局和证监会报告。

（2）在保证金安全监管工作中，负责协助研究保证金存管制度，负责保证金监控系统日常监控工作，向证监局通报保证金安全预警信息。

（3）在期货公司风险处置工作中，负责对保证金缺口等风险进行及时预警和监控，根据证监局等有关方面的要求，及时提供风险期货公司的相关数据。

（4）为了监管协调机制的有效运转，监管协调机制还要求各方按照资源共享原则的要求，建立并不断完善信息查询制度，充分发挥和利用各方现有系统的功能，根据监管工作需要为其他方开立查询端口，并根据规则开放信息查询权限，建立畅通的信息共享渠道，包括定期发布信息、定向发布信息、受托提供信息等。中国证监会还将在条件成熟时组织建立统一的监管信息共享系统。信息使用方对从他方获取的信息负有保密义务，并仅可用于期货监管工作；未经中国证监会或者信息提供方许可，不得提供给第三方，不得向社会公开。

第三节　期货市场风险控制

学习内容	知识点
期货交易所的风险控制	交易所的主要风险源；交易所的内部风险监控机制
期货公司的风险控制	期货公司的主要风险；期货公司内部风险控制机制
期货交易者的风险控制	客户的主要风险；投资者的风险防范措施；机构投资者内部风险监控机制

根据期货交易风险的特点，市场各参与者应从各自不同的交易地位出发，在识别主要风险源的基础上，对可能出现的各种风险采取必要的防范措施，建立并完善各自的内部风险监控机制。

一、期货交易所的风险控制

交易所是期货成交合约双方的中介，期货结算机构作为卖方的买方和买方的卖方，担任双重角色，应保证合约的严格履行。交易所是期货交易的直接管理者和风险承担者，这就决定了交易所的风险监控是整个市场风险监控的核心。

（一）交易所的主要风险源

交易所在期货交易中的地位和作用，表明其主要风险源有两个：一是监控执行风险；二是市场非理性价格波动风险。

1. 监控执行风险

为保证期货交易的顺畅进行，交易所都有一整套风险监控制度，如保证金制度、逐日盯市制度、当日无负债结算制度、最大持仓限制制度和大户申报制度等。交易所的监控制度、措施是风险控制的必要条件，但不是决定因素。影响风险发生的关键是交易所对监管的行为因素，即执行力度，能不能有效、及时地执行有关监管措施，做到及时发现问题、及时处理。

2. 非理性价格波动风险

价格频繁波动是期货市场生存与发展的基础。如果没有期货价格（与现货价格）的频繁波动，则投机者就失去了获取风险收益的机会，套期保值者也无须规避价格波动风险，因而期货市场就没有必要存在。换句话说，期货市场需要价格的频繁波动，期货市场同价格波动是相容的，相互依存。因此，价格波动引发的风险是期货市场永恒的、客观必然的风险。

价格波动风险一般是可以估量的。理性（正常）价格波动引起的风险的大小一般是在一定的范围内；而非理性（异常）价格波动造成的风险大小，则难以估量。造成期货价格非理性波动的因素很多，如合约设计上的缺陷，会员结构不合理，交易规则执行不当，监管措施不完善，以及人为操纵、过度投机等。但是，人为的非理性投机因素是其中最直接、最核心的因素。主要是这种非理性投机因素导致期货价格非理性波动，造成期货价格与现货价格背离，也正是这种非理性的投机因素影响了期货市场功能的正常发挥。

与非理性价格波动风险紧密联系、互为因果的风险还有两个：一是大户持仓风险。期货市场一般都通过最大持仓限制制度来防止大户垄断操纵。但如执行不力，持仓过分集中就可能导致市场的大亏大盈，价格被少数交易者左右或持仓对峙难以流动而引发非理性价格波动风险。二是资金风险。“爆仓”是期货俗语，就是说在期货市场价位剧烈波动的情况下，会员或客户的保证金不能满足交易所规定的要求，即按当时价位平仓，则会员或客户的平仓亏损大于其现有的保证金总额。交易中如果出现大面积“爆仓”或巨额“爆仓”，将是交易所和全体会员的灾难。

（二）交易所的内部风险监控机制

1. 正确建立和严格执行有关风险监控制度

交易所除了加强前面提到的已有的风险监管制度执行力度的同时，根据期货交易风险的特点，还可采取以下措施，加强对风险的监控：(1) 加强资本的充足性管理，制定适当的资本充足标准，以避免信用风险发生。投资主体的资本是稳健经营的基础，资本充足性要求已成为控制投资主体无偿付能力风险、保证整个期货市场业务健全运转的重要监管工具。期货作为金融衍生品的一种，虽然是一种表外业务，但它会使投资主体承受额外的风险，因此，应要求投资主体提供额外资本去防止可能产生的巨额亏损，防止连锁性信用风险的产生，危及整个市场。(2) 根据资本多少确定交易的持仓限额。(3) 合理制定并及时调整保证金率，以避免发生连锁性的合同违约风险。(4) 加强清算、结算和支付系统的管理，协调期货和现货市场，以增强衍生品的流动性和应变能力，降低流动性风险。(5) 加强交易系统的开发、维护和检修，防止因系统故障而造成作业风险的发生。(6) 加强交易合约的合理化设定，实行适当的交易制度，尽可能保持交易活动最大的流动性。

2. 建立对交易全过程进行动态风险监控机制

为了及时控制风险，交易所应建立相应的动态监控系统，对交易运作进行全程监控，主要包括交易价位的变动、交易规模的变化、交易头寸的转换、账户存有资金和持仓规模的比例等，以便交易所及时掌握情况，做好风险防范工作，针对交易过程中可能出现的非理性价格被动风险及其密切相关的大户持仓风险和资金（爆仓）风险，交易所更有必要建立风险异常监控系统，以求有效地监测和控制。风险异常监控系统可设以下相应指标：

$$(1)\quad \text{市场资金总量变动率}=\frac{\text{当日市场资金总量}-\text{前 N 日市场资金总量}}{\text{前 N 日市场资金总量均值}}\times 100\%$$

本指标表明在近 N 日内市场交易资金的增减状况。如果其变动大小超过某特定值（或者说临界值），可以确定期货市场价格将发生大幅波动。N 通常取值为 3。

$$(2)\quad \text{市场资金集中度}=\frac{\sum \text{前 n 名会员期货市场交易资金}}{\text{市场资金总量}}\times 100\%$$

$$(3)\quad \text{某合约持仓集中度}=\frac{\sum \text{交易资金处于前 n 名会员某合约持仓总量}}{\text{某合约的持仓总量}}\times 100\%$$

指标 (2) (3) 的联合，是风险管理者判定期货市场价格波动是否是因人为投机而起的重要依据之一。如果两指标同向变动，则价格非理性波动的可能性就大。

（4）$某合约持仓总量变动比率=\frac{当日某合约的持仓量}{前\ N\ 日某合约的持仓量均值}$

（5）$会员持仓总量变动比率=\frac{当日合约持仓总量(属某会员)}{前\ N\ 日某合约的持仓总量均值(属某会员)}$

综合考虑指标（4）（5），可以初步判定市场持仓量的变动是否是因个别会员的随意操纵市场所致。如两指标同向变动，且指标（5）远远大于指标（4）及该会员该合约持仓量较大，则价格因人为因素而波动的可能性较大。

（6）$现价期价偏离率=\frac{现货价格-期货价格}{现货价格}\times 100\%$

现价期价偏离率反映期货非理性波动的程度。现价期价偏离率越大，期货价格波动越离谱。

（7）$期货价格变动率=\frac{当日期货价格-前\ N\ 日期货价格的平均价}{前\ N\ 日期货价格的平均价}\times 100\%$

本指标反映当前价格对 N 天市场平均价格的偏离程度。其值越大，期货市场风险就越大，同时，期货价格非理性波动的可能性也越大。

一旦发现上述指标发生异动，则应立即查明原因，采取相应措施，予以控制与排解。

3. 建立和严格管理风险基金

交易所（结算机构）虽然采取了一系严密的风险管理措施，但是由于会员或交易所本身的某些原因，如会员破产、倒闭、会员或交易所遇不可抗拒的原因而无法履约的可能性还是存在的，因此，必须建立风险基金以应对这类事件的发生。一旦发生紧急情况，交易所（结算机构）能否直接从公积基金或风险基金中划拨亏损金额，以承担履约责任，是交易所整体抗风险能力的反映。

1995 年 10 月 16 日，新加坡国际金融交易所（SIMEX）宣布对原英国巴林银行新加坡期货公司罚款 500 万美元，罚款将从该公司存于 SIMEX 的公积基金中扣除。显然，新加坡国际金融交易所的自身履约能力是完善的，否则，若不能履约的话，交易所就有可能面临破产、倒闭的可能。

设立风险基金以应对当会员无力偿还债务所带来的风险是必需的，但不能用作日常交易的保证金和日常的盈亏结算。当会员申请资格时须缴纳一笔指定数目的保证基金，以备会员无法偿还欠债时使用。另外，交易商在结算机构进行结算时，手续费中的一部分也被用作专项设立的赔偿或风险基金。比如，香港交易所规定，投资者买卖期货交易所合约时，每单边须付港币五角的赔偿费。如果遇有会员无法结算欠下客户保证金或利润，赔偿基金便会用来赔偿客户的损失。

结算会员在期货交易中违约的，结算机构应先运用该结算会员的交易保证金账户内的财产补偿对方损失；上述财产不足补偿的，应运用风险和储备基金，最后运用结算机构的自有资金予以补偿。最为重要的是无论在何种情况下，结算机构绝对不能运用其他会员或客户除了风险基金之外的资金去填补某一会员无力偿付的债项。风险基金使结算会员之间在财务的清偿上负有连带责任。

为了实施有效的风险管理，结算机构除了规定结算会员的账户只允许在指定银行划转外，还要求结算会员必须接受结算机构在必要时可以无条件地对结算会员的银行账户存款提出的条件。同时，由于各项基金是以现金方式支付的，而银行保证金也是以现金形式借出的，因此，在风险发生时，结算机构可以即时以现金形式将资金注入市场，从而除去了缺乏弹性的固定资产所带来的阻碍。

目前，我国期货交易所建立和管理的风险基金主要有风险准备金和结算担保金。风险准备金是指由期货交易所设立，用于为维护期货市场正常运转提供财务担保和弥补因交易所不可预见风险带来亏损的资金。《期货交易管理条例》要求各期货交易所建立健全风险准备金制度。期货交易所应当按照中国证监会、财政部的规定提取、管理和使用风险准备金，不得挪用。风险准备金的来源主要有两点：一是交易所按向会员收取手续费收入（含向会员优惠减收部分）20%的比例，从管理费用中提取；二是符合国家财政政策规定的其他收入。风险准备金单独核算、专户存储。

结算担保金是指由结算会员依期货交易所规定缴纳的，用于应对结算会员违约风险的共同担保资金。《期货交易管理条例》规定，实行会员分级结算制度的期货交易所，应当向结算会员收取结算担保金。中国金融期货交易所实行了结算担保金制度。根据中国金融期货交易所交易规则规定，结算担保金分为基础结算担保金和变动结算担保金。基础结算担保金是指结算会员参与交易所结算交割业务必须缴纳的最低结算担保金数额。

变动结算担保金是指结算会员结算担保金中超出基础结算担保金的部分，随结算会员业务量的变化而调整。结算担保金应当以现金形式缴纳。交易所在银行开立结算担保金专用账户，对结算会员缴纳的结算担保金进行专户管理。结算会员缴纳的结算担保金依法使用后，应当按照规定补足。

二、期货公司的风险控制

期货公司作为期货交易的直接参与者和交易的中介，对期货交易风险的影响处于核心地位，因为交易所（结算机构）的风险是期货公司严重亏损、无法代客履约后出现的风险，客户爆仓既是客户的风险，也是期货公司的风险。

（一）期货公司的主要风险

期货公司在期货交易中的地位，决定其风险主要来源于自身管理、客户素质及同业竞争等。

1. 管理风险

主要指期货公司管理不当可能造成的损失。比如，期货公司在客户未办理委托的情况下，就为客户交易或在客户开户资金未到位便开始做交易等，均会造成风险。

2. 预测风险

期货公司人员在进行预测时，由于价格变化复杂，往往出现偏差，给客户造成损失，将会失去客户信任，使期货公司交易萎缩。

3. 业务操作风险

期货公司业务操作熟练程度直接影响公司的业绩。重要的业务操作手段包括如何建议客户进行合理的风险分散化投资，如何准确迅速地协助客户下单，如何制订有效的交易计划等，对经纪人员来说，业务操作风险时时存在。

4. 客户信用风险

期货公司在代理客户进行交易时，如遇客户无法履约，将由期货公司代为履约，客户的任何信用风险都将影响期货公司的业绩，因此对客户资金的信用状况了解便至关重要。客户信用风险有以下两种情况：一是客户因法人代表更迭、所有权变动等重大事件，经营状况的恶化及不可抗力的发生而不能履约；二是期货市场发生重大变化，价格急剧变动，使客户无力承受、无法履约。

此外，期货公司还有可能遇到技术风险、法律风险和道德风险等。技术风险表现为期货公司电脑硬件、软件及网络系统出现故障而产生的风险。法律风险表现为因客户提出法律诉讼而产生的风险。道德风险来自客户与公司从业人员两个方面。客户爆仓往往从市场风险转化为信用风险，而从业人员内外勾结或不守职业道德也会给公司造成风险。

（二）期货公司内部风险控制机制

期货公司作为代理期货业务的法人主体，其期货经营中的风险管理牵涉到它的兴衰成败。其风险管理的目标是：为客户提供安全可靠的投资市场，维护其市场参与的权益。通常采用的风险监管措施主要有如下几点。

1. 严格遵守净资本管理的有关规定

期货公司风险控制以净资本为核心，充足的资本是期货公司应对和解决风险的基础和保障。2007 年 4 月 18 日，中国证监会发布了《期货公司风险监管指标管理试行办法》（以下简称《办法》），确立了以净资本为核心的期货公司财务风险监控指标体系，要求期货公司建立与风险监管指标管理相适应的内部控制制度，建立动态的风险监控和资本补足机制，确保经调整净资本等风险监管指标持续符合监管要求。净资本是期货公司风险监管指标体系的核心指标，是在期货公司净资产的基础上，按照变现能力对各资产负债项目进行风险调整后得出的衡量期货公司抗风险能力的综合性风险监管指标。

《办法》明确，期货公司必须持续符合以下风险监管指标标准：净资本与净资产的比例不得低于 40%；净资本与负债的比例不得低于 8%；流动资产与流动负债的比例不得低于 100%。期货公司经营期货经纪业务的，必须符合以下要求。一是净资本不得低于以下三项指标中的最高值：人民币 1500 万元；公司客户权益总额的 6%；按营业部数量平均折算额（净资本/营业部家数）不得低于 300 万元；二是保证金封闭圈内的自有资金不得低于交易所要求的最低结算准备金标准。此外，如果净资本指标与上期相比变动超过20%的，期货公司应在报送风险监管报表的同时向公司注册地的派出机构书面报告，说明原因。并在5个工作日内向公司全体董事书面报告，10个工作日内向公司全体股东书面报告。

对于期货公司风险监管指标不符合规定标准的，《办法》规定，自整改期限到期次日起，中国证监会及其派出机构可以采取以下监管措施：限制或者暂停部分期货业务；停止批准新增业务或者分支机构；限制分配红利，限制向董事、监事、高级管理人员支付报酬、提供福利；限制转让财产或者在财产上设定其他权利；责令更换董事、监事、高级管理人员或者有关业务部门及其分支机构的负责人员，或者限制其权利；限制期货公司自有资金或者风险准备金的调拨和使用；责令控股股东转让股权或者限制有关股东行使股东权利。经过整改，期货公司风险监管指标仍不符合规定标准，严重影响正常经营的，中国证监会可以撤销期货公司部分或全部期货业务许可，关闭其分支机构。

2. 设立首席风险官制度

2008年3月27日，中国证监会发布了《期货公司首席风险官管理规定（试行）》，并于2008年5月1日起施行。首席风险官是负责对期货公司经营管理行为的合法合规性和风险管理状况进行监督检查的期货公司高级管理人员。首席风险官向期货公司董事会负责。首席风险官向期货公司总经理、董事会和公司住所地中国证监会派出机构报告公司经济管理行为的合法合规性和风险管理状况。首席风险官按照中国证监会派出机构的要求对期货公司有关问题进行核查，并及时将核查结果报告公司住所地中国证监会派出机构。

首席风险官对期货公司经营管理中可能发生的违规事项和可能存在的风险隐患进行质询和调查，并重点检查期货公司是否依据法律、行政法规及有关规定，建立健全和有效执行以下制度：（1）期货公司客户保证金安全存管制度；（2）期货公司风险监管指标管理制度；（3）期货公司治理和内部控制制度；（4）期货公司经纪业务规则、结算业务规则、客户风险管理制度和信息安全制度；（5）期货公司员工近亲属持仓报告制度；（6）其他对客户资产安全、交易安全等期货公司持续稳健经营有重要影响的制度。

对于依法委托其他机构从事中间介绍业务的期货公司，首席风险官还监督检查以下事项：（1）是否存在非法委托或者超范围委托等情形；（2）在通知客户追加保证金、客户出入金，与中间介绍机构风险隔离等关键业务环节，期货公司是否有效控制风险；（3）是否与中间介绍机构建立了介绍业务的对接规则，在办理开户、行情和交易系统的安装维护、客户投诉的接待处理等方面，与中间介绍机构的职责协作程序是否明确且符合规定。

对于取得实行会员分级结算制度的交易所全面结算业务资格的期货公司，首席风险官还监督检查以下事项：（1）是否建立与全面结算业务相适应的结算业务制度和与业务发展相适应的风险管理制度，并有效执行；（2）是否公平对待本公司客户的权益和受托结算的其他期货公司及其客户的权益，是否存在滥用结算权利侵害受托结算的其他期货公司及其客户利益的情况。

首席风险官发现期货公司有下列违法违规行为或者存在重大风险隐患的，应当立即向公司住所地中国证监会派出机构报告，并向公司董事会和监事会报告：（1）涉嫌占用、挪用客户保证金等侵害客户权益的；（2）期货公司资产被抽逃、占用、挪用、查封、冻结或者用于担保的；（3）期货公司净资本无法持续达到监管标准的；（4）期货公司发生重大诉讼或者仲裁，可能造成重大风险的；（5）股东干预期货公司正常经营的；（6）中国证监会规定的其他情形。

对上述情形，期货公司应当按照公司住所地中国证监会派出机构的整改意见进行整改。首席风险官应当配合整改，并将整改情况向公司住所地中国证监会派出机构报告。

3. 控制客户信用风险

（1）严格开户程序。期货公司要根据证监会的要求和交易所制定的标准，建立健全客户管理制度，履行客户开户环节的标准验证工作，做好对客户的适当性管理。对那些资信差、不符合期货投资要求的客户要拒之门外。

（2）严格委托程序。在接受客户委托时，严格依法操作，注意及时提醒客户风险，依法履行通知义务，为客户追加保证金留出合理时间，对客户执行强行平仓要适度，避免发生不必要的法律风险。

（3）根据客户资信情况进行风险管理。为控制交易风险，期货公司一般在交易所规定的保证金上再加上一定的比率向客户收取，否则风险极大，难有回旋余地。因此，不少期货公司对客户有最大持仓限额，控制其交易规模。

（4）对客户进行必要的培训，加强其风险意识，提高客户的交易技能，减少大幅度亏损的可能性。

4. 严格执行保证金和追加保证金制度

保证金是客户履约的保证，期货公司的保证金标准一般要高于交易所的保证金收取标准。客户必须在规定时限内追加保证金，做到每日无负债，而客户无法追加时实行强制平仓。对客户在途资金的处理，也是风险控制的一个重要环节。由于银行结算系统的限制，个别还会发生退票或空头支票的现象。因此，客户在途资金一般不能用于开新仓，只作为追加保证金；在市场价格波动剧烈时，在途资金也不能作为不被强行平仓的依据。

5. 严格经营管理

必须及时公开市场信息、数据，理性地参与市场。严禁为了私利而采用违规手法，扰乱正常交易；对财务的监督，必须坚持财务、结算的真实性，坚持对客户和自身在期货交易全过程中的资金运行进行全面的监督。

6. 加强对从业人员管理，提高业务运作能力

期货公司要加强人员培训，提高从业人员素质，健全场内、场外经纪人及其他工作人员的岗位责任制和岗位管理守则，加强经纪人的职业道德教育和业务培训，增强市场竞争能力。

7. 健全信息技术管理，做好技术保障

因期货公司自身过错导致的技术系统故障给客户交易造成损失的，期货公司应当承担相应的责任。期货公司应加强对信息技术的投入和管理，避免因技术问题引发的风险发生。

（三）期货居间人的风险控制

期货公司应当制定居间人管理制度，包括但不限于居间人管理部门及其职责、居间人行为准则、权利和义务、培训管理、解除合同条件和罚则等内容。

期货公司应当履行居间人信息明示如下义务：

（1）在营业场所或者公司网站公示手续费收取最高标准、居间人信息，建立健全居间人信息查询制度，公示的居间人信息应当包括但不限于居间人名称、照片、居间合同有效期等。

（2）期货公司应当在与投资者签订期货经纪合同时，向投资者揭示居间人的身份、权利义务、禁止行为，明示手续费收取标准，并要求投资者对《期货居间投资者风险告知书》（附件 2）的内容进行填写确认。

期货公司不得向居间人提供任何可能误导投资者认为居间人为本公司员工的身份证明文件，包括介绍信、名片等。期货公司不得协助虚构居间人，不得配合投资者及居间人以他人名义担任挂名居间人。投资者在开户时未填写居间人信息的，期货公司不得将该投资者变更为居间人名下客户；已填写居间人信息的，期货公司不得变更居间人。

期货公司应当指定人员以电话录音、视频录像等适当方式对居间人名下客户进行回访并完整记录，回访过程不得出现诱导性陈述。负责客户回访的人员不得为居间人。

（1）应当于客户提交开户申请 24 小时后完成特别回访，客户确认下述回访内容后方可申请交易编码。回访内容包括但不限于确认客户是否本人办理开户手续、客户是否由居间人介绍、客户是否知悉居间人不是期货公司员工并确认居间人具体身份信息、客户是否知悉居间人的权利义务和禁止性行为、居间人是否存在禁止性行为、客户是否知悉手续费收取标准、客户是否知悉居间人报酬将从客户手续费中提取、客户是否知悉投诉纠纷处理机制等信息。

（2）期货公司应当建立健全异常交易和操作监测机制，采取技术手段，对居间人名下客户的期货交易账户及其交易设备的 IP 地址、MAC 信息等进行有效监控，对于居间人名下客户交易频繁、手续费留存较高、亏损较大、存在代理客户交易或者有利益输送嫌疑等情况的，应当进行持续跟踪回访。回访内容包括但不限于确认客户是否清楚知悉其账户的交易情况、客户的日常交易是否由其本人操作、居间人是否存在不正当行为等，并向客户进行风险提示。

期货公司承担对居间人的培训管理主体责任。除协会提供的网络统一培训课程外，期货公司应当通过各种培训渠道和方式，切实提高居间人执业素质和执业水平。

期货公司应当承担居间人名下客户投诉处理的首要责任，建立健全投诉处理机制，公开投诉处理流程，建立投诉记录台账，妥善处理客户投诉及与客户的纠纷。

期货公司在合作过程中发现居间人存在违反法律法规、部门规章、自律规则、公司内部管理制度等行为时，应当及时进行调查处理，按照有关规定和居间合同的约定采取相关措施并追究其责任，同时进行信息登记。涉嫌犯罪的，应当及时向有权机关举报。

期货公司应当建立健全居间人档案管理制度，实现居间人管理过程留痕。居间人档案应当记载居间人基本信息、合同文件、培训情况、开展居间活动情况、客户投诉及处理情况、违法违规记录及处理情况、考核情况等信息。居间人档案应当自首次签署居间合同之日起至少保存 20 年。

期货公司应当对负责与居间人开展合作的相关部门、工作人员及业务流程进行监督，定期或者不定期开展内部检查，对发现的问题及时整改，情节严重的对责任人按照有关规定问责处理。

三、期货交易者的风险控制

客户是期货交易的间接参与者，但却是利益的主体，是利益与风险的直接承受者。一般客户要参与期货交易，必须通过期货公司的代理在交易所内进行，他们既面临期货经纪公司的违约风险，也面临期货价格波动带来的风险。因此，客户风险管理也是期货交易风险管理的重要组成部分。

（一）客户的主要风险

1. 价格波动风险

价格波动风险是指价格波动使投资者的预期收益受损的可能性。换言之，价格波动风险是由于价格变化方向与投机者的预测判断和下单期望相背而产生的。价格波动风险是投资者的主要风险源。

2. 代理风险

代理风险是指客户在选择期货公司确立代理过程中所产生的风险。客户在选择期货公司时应对期货公司的规模、资信、经营状况对比选择，确立最佳选择后与该公司签订“期货经纪合同”，如果选择不当，就会给客户将来的业务代理产生不便和风险。

3. 交易风险

交易风险是指交易者在交易过程中产生的风险。它包括由于市场流动性差，期货交易难以迅速、及时方便地成交所产生的风险，以及当期货价格波动较大，保证金不能在规定时间内补足，交易者可能面临强行平仓的风险。

4. 交割风险

交割风险是客户在准备或进行期货交割时产生的风险。期货合约到期后，所有未平仓合约都必须进行交割，因此，不准备进行交割的客户应在合约到期之前或合约交割月到来之前将持有的未平仓合约及时平仓，免于承担交割责任。

5. 投资者自身因素而导致的风险

作为期货交易利益的直接承受者，其自身的素质、知识水平、进行期货交易的经验和操作水平，都是影响风险的因素。主要表现在以下几点：

（1）对价格预测的能力欠佳。期货投机交易是一种典型的价差投机，投机者力图通过对未来期货价格变动判断和预测来赚取价差。然而，不少投资者在价格预测方面，没有系统的方法，仅仅凭消息或者主观随意猜测，当价格走势与判断相违时，自然出现亏损。

（2）满仓操作，承受过大的风险。一些投机者在进行期货交易时，只看到获取利润的机会而忽视其中蕴含的风险，习惯于满仓操作，一旦遭遇价格稍大的波动，就导致大部分的资金损失甚至爆仓。

（3）缺乏处理高风险投资的经验。期货交易是高风险交易，而对期货价格上下波动频繁，预测固然重要，但如果缺乏处理高风险投资的经验，不养成及时止损的习惯，很容易导致失败。在实践中，经常有一些投机者因为拒绝止损而最终导致重大损失。又如，对套期保值者而言，因为缺乏经验而导致套期保值失败的现象也时有发生。

（二）投资者的风险防范措施

客户作为期货市场利益承担的主体，其风险管理的目标是：维持自身投资的权益，保障自身财务的安全。客户常可采取如下一些防范措施。

1. 充分了解和认识期货交易的基本特点

客户投资期货市场事先必须对期货交易有足够的了解和认识，必须掌握如何识别交易中的欺诈行为，以维护自身的权益。

2. 慎重选择期货公司

认真了解期货公司的资信情况，交易业绩、代理业务的范围和资格以及有关的规则和制度，以寻找安全可靠的期货经纪公司，降低其代理风险。

3. 制定正确投资战略，将风险降至可以承受的程度

入市前要认真考虑期货风险，正确估量财力，分析期货价格变动规律，制订正确投资战略，降低投资风险。

另外，投资者还应运用回撤来控制风险。回撤是期货交易或资金管理中用来描述一段时间内账户资产减少的情况。具体而言，是在某一特定的时期内，账户净值由最高值一直向后推移，直到净值回落到最低值，其间净值减少的幅度。期货投资者一般可采用两种方法来设置回撤点，一是支撑或阻力位止损止盈，即买入建仓在支撑位，止盈平仓在阻力位，买进之后跌破支撑位止损，反之亦然。二是运用资金额进行止损，即在每次入市进行买卖之前，要明确地计划好亏损多少点止损离场，但前提是投资者要拥有一个胜出率高于60%的模式，同时保证盈利总点数高于止损总点数。

4. 规范自身行为，增强风险意识和心理承受力

投资者必须严格遵守政府、交易所、经纪公司的有关法规，约束自身行为，严禁违法交易，不断提高业务技能，诚实守信、严格履约。同时，加强风险意识，增强心理承受能力。

（三）机构投资者的内部风险控制机制

期货作为一种重要的金融衍生工具，被退休基金等各类基金及投资银行、金融机构广泛地使用。但巴林银行破产事件给我们敲响了警钟。1995年10月，新加坡财政部发表对巴林事件的调查报告显示，内部管理中的严重缺陷是导致巴林银行垮台的主要原因。巴林集团内部的组织结构和报告制度存在严重缺陷，公司高级执行人员，包括直接负责期货业务的经理，都对期货交易缺乏了解。调查报告认为，在问题发展到不可收拾之前，早已有一些先兆出现，但巴林内部监控似乎失灵。1992年初，尼克·里森被

派到新加坡时，他的任务只是负责巴林新加坡期货公司的结算工作。然而，从巴林新加坡期货公司的交易业务一开始，里森就在新加坡国际金融交易所作为巴林的场内交易员进行交易。巴林集团让里森同时既负责交易，又掌管结算，这种安排根本上违反了正常内部监控的基本原则。该事件提醒人们，无论技术多么高明、资本多么雄厚的金融机构，如果疏忽了安全保障和风险防范，都难免遭受市场的惩罚。风险的存在是永恒的，只有加强内部风险控制，才能将失误导致的损失减少到较小程度。

巴林事件后，欧美各主要投资银行和基金纷纷采取措施，加强机构投资者的内部风险监控措施。

1. 建立风险管理系统

该风险管理系统由董事会、高层管理部门和风险管理部门组成。高层管理部门负责拟定风险管理的书面程序，并报董事会同意。董事会定期考核机构风险暴露状况，并对上述程序进行评估与修正。风险管理部门必须独立于业务部门，是联系董事会、高层管理部门和业务部门的纽带。

2. 制定合理的风险管理流程

该过程至少应包括：风险衡量系统，即对机构在交易中面临的风险进行全面、正确和及时的衡量；风险限制系统，即为风险设置分类界限，保证风险暴露超过界限时要及时报告管理层，并由其授权同意；管理资讯系统，即由风险管理部门将所衡量的风险及时向管理部门和董事会报告。

3. 建立相互制约的业务操作内部监控机制

前台——负责具体交易操作，严格各项操作规定并按有关规定和权限调拨与管理交易资金，且详细记载每天的交易活动，向中台和后台报告交易情况。

后台——负责每天交易复核、对账，确认买卖委托，以及各类财务处理并跟踪近期交易（即确认到期交易合约）情况，同时按规定独立监管前台交易和完成后续结算，且随时协助前台交易人员准备盈亏报告，进行交易风险的评估，分析市场信用。

中台——负责监督并控制前台与后台的一切业务操作，核对持有头寸限额，负责比较后台结算与前台交易之间计算出的损益情况，并根据交易的质量采取必要的措施，以保证会计记录的准确性；对交易质量、财务信息管理和回报率的质量实施监督职能，负责交易情况的分析及对交易误差作出正确解释而后内部稽核，最终负责公布监控结果。中台（一般指业务经理）是高层管理人员直接领导下的监督职能部门，它与高层管理人员中的风险管理人员组成一个管理阶层，可以在不受任何制约的情况下，从容地对整个交易过程实施监督，并利用与前台、后台无直接业务关系的条件，随时向有关的风险管理人员报告监督情况。因此，应加强并充分发挥中台的监督作用。

4. 加强高层管理人员对内部风险监控的力度

高层管理人员在协同有关部门进行内部风险监控时，应采用总量控制和交易程序化的方式，以实现在期货交易中降低风险获取盈利的目的。具体包括：（1）对运行事先作出评估；（2）制定切实可行的盈利目标，目标应实事求是、可实现，对不同时期利润指标的修改应是明显的；（3）经常根据前台交易人员所提供的损益报告来分析盈利及损失的主要原因，并视情况对具体业务交易人员的交易行为进行控制；（4）对前台、后台交易人员的每日交易情况依据交易票据进行必要的比较，提出具体明确的要求，以保证交易记录的真实性和准确性；（5）对后台呈报的近期交易材料的分析，以及对前台在盈亏范围的交易情况进行分析和考核，并将结果记录在结算会计系统和交易程序内，以便吸取教训、积累经验。

5. 强制执行交易风险监控措施

对交易风险监控的手段，必须由监控部门以书面形式作出文字规定，并强制交易人员贯彻执行。这种手段既包括管理目标、交易形式、交易管理手段，又要有交易人员的授权权限（以防止持仓过度）、交易损失与收益的评估标准、交易监控手段、计算盈亏差额的结算原则。依据这些手段，高层管理人员就可以通过对衍生金融产品的交易活动和整个交易过程进行有效的监控。

参考文献

1. Donald Lien, Y. K. Tse, 2002, Some Recent Developments in Futures Hedging, Journal of Economic Surveys 16: 357 – 396.

2. Johnson, Leland L. , 1960, The Theory of Hedging and Speculation in Commodity Futures, Review of Economic Studies 27, 139 – 151.

3. Working, H. 1953, Futures Trading and Hedging, American Economic Review, 314 – 343.

4. 安毅. 金融衍生工具 [M]. 北京：清华大学出版社，2017.

5. 陈蓉，郑振龙. 固定收益证券 [M]. 北京：北京大学出版社，2011.

6. 丁鹏. 量化投资——策略与技术 [M]. 北京：电子工业出版社，2012.

7. 方星海. 稳慎推进新的商品期货和金融期货品种研发上市，加大期货市场制度供给和扩大对外开放 [N]. 上海证券报，2021 – 09 – 01.

8. 盖伦·D. 伯格哈特，等. 王伟译. 国债基差交易（第三版）[M]. 北京：中国金融出版社，2010.

9. 洪磊. 期货衍生品市场助力实体经济高质量发展——郑州国际期货论坛 [N]. 中国期货业协会网站，www. cfachina. org，2021 – 09 – 01.

10. 胡俞越，高扬主编. 期货市场学 [M]. 北京：中央广播电视大学出版社，2004.

11. 胡俞越. 中国期货市场的发展回顾与展望 [J]. 北京工商大学学报（社会科学版），2020. 04.

12. 华仁海，仲伟俊．期货市场套期保值理论评述［J］．经济学动态，2002. 11.

13. 姜昌武等．套期保值实务［M］．中国金融出版社，2010.

14. 刘迎秋主编．现代期货大辞典［M］．北京：人民出版社，1996.

15. 刘志超主编．境外期货交易［M］．北京：中国财政经济出版社，2005.

16. 刘志东主编．投资学［M］．北京：高等教育出版社，2020.

17. 欧洲期货交易所编．杜瑞琪，等译．利率衍生产品交易策略［M］．北京：中信出版社，2004.

18. 上海清算所．人民币远期运费协议（FFA）业务介绍，2013. 09.

19. 戎志平．国债期货交易实务［M］．北京：中国财政经济出版社，2017.

20. 孙才仁．套期保值与企业风险管理实践［M］．北京：中国经济出版社，2009.

21. 孙建明．商品期货基本面分析［M］．北京：地震出版社，2018.

22. 童宛生，胡俞越，冯中越．中国商品期货价格形成理论与实证分析［M］．北京：中国财政经济出版社，1997.

23. 王道平．商品投资［M］．北京：中国商业出版社，2019.

24. 王德河．衍生金融工具［M］．北京：北京大学出版社，2019.

25. 王晋忠等．衍生金融工具［M］．北京：中国人民大学出版社，2019.

26. 王舟．妙趣横生的国债期货［M］．北京：机械工业出版社，2017.

27. 上海黄金交易所，中国外汇交易中心．银行间黄金询价业务产品指引 V 1. 1，2014. 12.

28. 俞业安．实用期货交易分析［M］．北京：中国纺织出版社，1998.

29. 约翰·墨菲．期货市场技术分析［M］．北京：地震出版社，1994.

30. 约翰·C. 赫尔著，王勇，索吾林译．期权、期货及其他衍生产品（原书第 10 版）［M］．北京：机械工业出版社，2018.

31. 战雪丽，张亚东主编．量化交易基础［M］．北京：高等教育出版社，2016.

32. 郑振龙等．金融工程［M］．北京：高等教育出版社，2020.

33. 中国金融期货交易所国债期货开发小组．国债期货产品制度设计及应用策略［M］. 北京：中国财政经济出版社，2013.

34. 中国期货业协会编．外汇期货（第二版）［M］. 北京：中国财政经济出版社，2020.

35. 中国期货业协会编．国债期货（第二版）［M］. 北京：中国财政经济出版社，2020.

36. 中国期货业协会编．场外衍生品（第二版）［M］. 北京：中国财政经济出版社，2020.

37. 中国证监会期货部，中国期货业协会编．中国期货市场发展研究报告［M］. 北京：中国财经出版社，2004.

38. 中国证券业协会编．金融市场基础知识［M］. 北京：中国财政经济出版社，2020.

39. 兹维·博迪，罗伯特·C. 默顿，戴维·L. 克利顿著．曹辉，曹音译．金融学［M］. 北京：中国人民大学出版社，2013.

40. 兹维·博迪，亚历克斯·凯恩，艾伦·J. 马库斯著．汪昌云，张永骥，等译．投资学（原书第 10 版）［M］. 北京：机械工业出版社，2017.

后　记

《期货及衍生品基础（第三版）》是在第二版的基础上，根据市场发展变化以及期货从业人员资格考试的需要，由中国期货业协会主持编写。洪磊会长亲自指导本书编写工作，张晓轩副会长、冉丽副秘书长对相关内容提出了具体意见。本书编写组由胡俞越教授担任组长，邵永同教授担任副组长，胡俞越、刘晓雪、杨艳军、高扬、邵永同、马刚、王德河、刘宏、黄映红、阎石具体负责各章的编写工作。

协会资格与培训部红妹、曹巍、张国栋、戴雨彤为本书编写做了具体协调工作。在此，对所有参与本书编写工作的领导、专家、编写人员以及业内同仁表示真挚的谢意。

中国期货业协会

2021 年 12 月